Ganzheitlich Heilen

Buch

Im Mittelpunkt dieses kreativen Selbsthilfebuchs zum Umgang mit der Heilkraft des Aura-Soma-Systems steht die Symbolik der Farben. Farben können eindeutige Hinweise auf seelische Befindlichkeiten, Potentiale und persönliche Entwicklungen geben. Mit Hilfe von Aura-Soma werden diese inneren Schichten ins Bewußtsein gebracht, wobei die Plazierung der vier in einer Aura-Soma-Sitzung gezogenen Flaschen eine entscheidende Rolle spielt.
Erstmals wird in diesem Buch jede Aura-Soma-Flasche differenziert nach ihrer Position im Gesamtbild gedeutet. Durch diese feine Nuancierung entfaltet sich erst das ganze Aussagespektrum des Farbsystems und erlaubt dem Benutzer, sich mit seiner inneren Kraft zu verbinden.

Autorin

Nicola Waddington ist Heilpraktikerin mit Schwerpunkt Farbtherapie und Homöopathie. Die gebürtige Engländerin gehörte zu den ersten, die in Deutschland mit Aura-Soma gearbeitet haben. Sie lebt und arbeitet heute in Kanada.

NICOLA
WADDINGTON

AURA-SOMA

Durch Farben zur Erkenntnis

Die Bedeutung der Balance-Öle in ihrer jeweiligen Position

GANZHEITLICH HEILEN
GOLDMANN

Originalausgabe

Fotos: Dieter Bork

Umwelthinweis:
Alle bedruckten Materialien dieses Taschenbuches
sind chlorfrei und umweltschonend.

Originalausgabe Mai 1997
by 1997 Wilhelm Goldmann Verlag, München,
in der Verlagsgruppe Random House GmbH
Umschlaggestaltung: Design Team München
Umschlagfoto: Guido Pretzl
Satz: DTP im Verlag
Druck: GGP Media GmbH Pößneck
Verlagsnummer: 13973
Lektorat: Olivia Baerend
Redaktion: Christine Schrödl
Herstellung: Sebastian Strohmaier
Made in Germany
ISBN 3-442-13973-2
www.goldmann-verlag.de

5. Auflage

Für Christian,
meinen geliebten Weggefährten

Inhalt

Anhang

Einführung

Mit diesem Buch möchte ich Sie in die Sprache der Farben einführen – über den Weg der Farben von Aura-Soma. Aura-Soma ist eine Farbtherapie. Sie arbeitet mit rund hundert sogenannten Balance-Flaschen, die ein farbiges Fluidum, bestehend aus einer Ölschicht über einer wäßrigen Schicht, enthalten. Die Farben besitzen eine starke Leuchtkraft; es ist ein eindrucksvolles Erlebnis, sie zu betrachten. Ob Gelb über Rot, Grün über Violett oder Blau über Orange – jede Farbkombination der mit Pflanzen- und Kristallessenzen angereicherten Substanzen hat ihre eigene Bedeutung.

Ich habe mich sehr intensiv mit der Symbolik, Sprache und Wirkung von Farbe beschäftigt, und immer mehr wurde mir im Zusammenhang mit meiner Arbeit klar, wie bedeutsam und ehrlich diese Sprache ist und wie sehr alle Menschen sie unbewußt beherrschen. In Beratungen und Behandlungen muß ich immer wieder darüber staunen, wie es Menschen gelingt, sich selbst über das Medium Farbe aus ihrem Inneren heraus zu definieren, und wie sie dabei erkennen, wer sie sind und wohin sie auf ihrem Lebensweg gehen.

Es ist die Begegnung mit jenem unverfälschten Teil von uns, der voller Kraft, Licht und Liebe ist, aber auch die Auseinandersetzung mit den Schattenseiten und Problemen, mit denen wir fast alle im Leben zu kämpfen haben. Über die Sprache der Farbe können wir uns erhebliche Umwege ersparen und sehr viel schneller auf die Kernthemen kommen, die uns so beschäftigen. Dieses Geschenk der Selbsterkenntnis ist mir in dem

Maße noch in keiner anderen vergleichbaren Form begegnet, und meine Erfahrung in der Praxis hat den Wert der Farben als Unterstützung und Heilungsimpuls bestätigt.

Bei einem Vortrag in Frankfurt im April 1990 hat Vicky Wall, Gründerin dieses Farbsystems, folgendes über Aura-Soma gesagt: »Farbe ist der Schlüssel. Die Aromaessenzen in den Substanzen tragen den Code. Die potenzierten Energien der Kristalle, der Mineralien und alle anderen darin enthaltenen Stoffe bewegen sich durch das Tor, wenn der Schlüssel gedreht wird.« Wir erhalten so Zugang zu unserem Inneren und haben dann die Möglichkeit, aus unserem Kern heraus Heilung zu erfahren.

Diesen Farbschlüssel möchte ich Ihnen nun näherbringen – in der Sprache, in der wir verbal miteinander kommunizieren und die uns vertraut ist. Zwar wissen nur Sie allein, welche Farbkombination Ihnen den Zugang zu Ihrem innersten Wesenskern eröffnet. Aber die Interpretation der Farben hilft Ihnen, die gegebenenfalls nötige Bewegung in Ihr Leben zu bringen, in der für Sie individuell richtigen und gleichzeitig ganzheitlichen Art und Weise.

Nutzen Sie dieses große Potential, das uns in der heutigen Zeit zur Verfügung gestellt wird – aus Liebe zu sich selbst. Sie selbst sind Ihr wertvollster Schatz, aus dem heraus Sie schöpfen können. Die Gaben, die in Ihnen vorhanden sind, Stück für Stück und Schritt für Schritt nach außen hin sichtbar zu machen ist ein Ausdruck echter Lebensfreude. Die Sprache der Farbe überwindet Grenzen und Barrieren und sieht durch die äußere Form nach innen. Ob Sie jung oder alt sind, in Asien, Afrika, Amerika oder Europa leben, ob Sie reich oder arm, gesund oder krank sind – durch die Auswahl verschiedener Farbkombinationen erkennen Sie intuitiv Ihr wirkliches Potential, vor allem auf der seelischen Ebene.

In den einzelnen Beschreibungen der Balance-Flaschen gehe ich hauptsächlich auf die Gefühlsebene ein. Fast immer sind es Gefühle, die unser Leben bestimmen und die dann ganz konkret auf der emotionalen, mentalen, physischen und spirituellen Ebene ihren Ausdruck finden. Wenn wir uns aus der Gefühlsebene heraus bewegen, arbeiten wir an der Heilung der Ursachen unserer Probleme und bearbeiten nicht nur Symptome. Viel zu sehr stecken wir oft in einem alltäglichen Überlebenskampf fest und verlieren unsere höhergeistigen Aspekte aus den Augen. Diesen Teil zu erkennen und wiederzufinden ist der Anfang des Heilungsprozesses. Sie dabei ein Stück zu begleiten und zu unterstützen sehe ich als Ziel dieses Buches.

Aura-Soma und seine Bedeutung

Aura-Soma ist der Name einer Firma, die ihren Hauptsitz in der kleinen englischen Ortschaft Tetford, die nordöstlich von London liegt, hat und die seit 1984 besteht. Ihre Arbeit und ihr Produktangebot befassen sich mit dem Einfluß von Farbe auf unser Leben.

Auf dem Umschlag dieses Buchs sehen Sie vier Balance-Flaschen, die jeweils zwei Farben zeigen. Es sind vier von insgesamt fast einhundert verschiedenen Farbkombinationen von Aura-Soma. Einen Gesamtüberblick aller bisher entstandenen Kombinationen erhalten Sie in der Buchmitte. Schlagen Sie doch einfach einmal diese Abbildungen auf und lassen sie auf sich wirken. Diese Farbkombinationen können als Herzstück des Aura-Soma-Heilsystems betrachtet werden. »Balance« heißt soviel wie die Waage halten, im Gleichgewicht sein. In den Farben spiegeln sich Körper, Geist und Seele. Es ist also ein ganzheitliches System.

Ich habe selbst erlebt, wie sehr die Substanzen von Aura-Soma eine sanfte Bewußtseinserweiterung bewirken und daß sie mir die in bestimmten Phasen notwendige Unterstützung und Begleitung gegeben haben. Aura-Soma trat in mein Leben ein, und es kam alles in Bewegung. Das Loslassen von alten Mustern, Ängsten und negativen Gewohnheiten mußte ich mir Schritt für Schritt erarbeiten (und tue es noch immer), aber stets mit dem Gefühl, dabei beschützt zu sein und niemals mehr auf einmal zu bearbeiten, als ich bewältigen kann. Immer werde ich für diese Schattenarbeit auf irgendeine Art und Weise belohnt, was manchmal erst viel später erkennbar wird.

Aura-Soma ist eine Lichttherapie und vermag uns als solche mit unseren lichtesten Aspekten näher vertraut zu machen. Es ist in diesem Zeitalter sehr wichtig, eine Brücke zu haben, über die wir zu diesem göttlichen Kern in uns gelangen können. Je mehr Menschen dies tun, desto mehr wird diese Lichtbrücke in ihrer Energie verstärkt. Sie können also allein durch die Anwendung von Aura-Soma einen Beitrag zur Wandlung dieser Erde in einen Ort des Lichts leisten. Niemals sollten wir unsere eigene schöpferische Kraft unterschätzen. Wir können den Himmel auf Erden schaffen, oder auch die Hölle. Es liegt an uns. Durch die Farben und Energien von Aura-Soma ist es sehr viel leichter geworden, diesen »himmlischen« Aspekt in unseren Alltag zu integrieren.

Doch fangen wir beim Anfang an! Wer hat Aura-Soma erschaffen, und was ist es genau?

Entstanden ist dieses einzigartige Therapie- und Begleitsystem durch eine Frau namens Vicky Wall. Sie war Engländerin und erlebte von frühester Kindheit an eine scheinbar nicht abreißen wollende Kette von harten Lebensprüfungen und Schicksalsschlägen. Der frühe Tod der Mutter, mangelnde Liebe und Eifersucht seitens der Stiefmutter und der daraus folgende Schritt in ein selbständiges Leben mit sechzehn Jahren sind nur die ersten Hürden, die sie überwinden mußte. Die Erkrankung an Diabetes im Kindesalter brachte eine Vielzahl von körperlichen Folgeerscheinungen mit sich, unter anderem die fast vollständige Erblindung im späteren Leben und ein schweres Herzleiden. Als ältere Frau erlebte sie die Veruntreuung ihrer gesamten, für den Ruhestand gedachten Ersparnisse. Die 1991 verstorbeneVicky Wall kannte sich also im Bereich der Schmerzen und des Leidens auf der körperlichen, geistigen und materiellen Ebene sehr wohl aus. Sie hatte die Schattenseiten des menschlichen Daseins zur Genüge erlebt.

Ihr beruflicher Werdegang erfolgte im Dienst der Menschheit. Sie erlernte den Beruf der Apothekerin und übte diesen Beruf über viele Jahre hinweg aus. Den Zugang zur Welt der Heilkräuter hatte sie lange Zeit vorher durch ihren Vater vermittelt bekommen. Vicky entstammte einer jüdischen Familie, und ihr Vater war Eingeweihter der Kabbala. Er besaß wie seine Tochter Vicky große hellsichtige Fähigkeiten und ermunterte sie in ihrer Kindheit dazu, das »Wesen« der Pflanzen zu erspüren und ihre jeweiligen Heilkräfte intuitiv wahrzunehmen. Später kam ihr diese Fähigkeit bei der Entwicklung der Aura-Soma-Substanzen sehr zugute. Es folgte eine jahrzehntelange Arbeit als Fußpflegerin in einer sehr erfolgreichen Praxis gemeinsam mit der Osteopathin Margeret Cockbain, der Mitbegründerin von Aura-Soma.

Nachdem Vicky erblindet war, erhöhte sich ihre Hellsichtigkeit deutlich. Sie nahm die Aura der Menschen wahr und »sah« in ihren wechselnden Farben die verschiedenen Gefühlsregungen widergespiegelt. Ihre innere Stimme wurde deutlicher, und mit ihren aus der Apothekerzeit erworbenen Fähigkeiten sowie ihrer Sensitivität entstanden intuitiv eines Nachts 1984 die ersten Balance-Flaschen.

Zu den Balance-Ölen kamen dann noch Pomander hinzu, Essenzen, die in das elektromagnetische Feld des Körpers eingefächelt werden und so dem Menschen Schutz geben, sowie Quintessenzen, die im seelisch-geistigen Bereich, zum Beispiel zur Unterstützung der Meditation, benutzt werden.

Tinkturen, die Farbschwingungen enthalten, sowie eine Vielfalt weiterer Produkte, unter anderem im kosmetischen Bereich, runden das reichhaltige Angebot von Aura-Soma ab. Ich konzentriere mich in diesem Buch jedoch auf die *Balance-Öle, Pomander und Quintessenzen,* da sie den für mich wichtigsten Teil dieser Farbtherapie darstellen.

Die steigende Nachfrage und Verbreitung der Aura-Soma-Produkte weltweit ist ein Zeichen ihrer Wirksamkeit. Die Möglichkeiten des Einsatzes im Bereich der seelisch-geistigen Diagnostik – beispielsweise im Rahmen der Psychotherapie oder der klassischen Homöopathie – steckt noch in den Anfängen und stellt meines Erachtens für die Zukunft ein großes Betätigungsfeld dar. Hier hat der Therapeut die Chance, sich zusätzlich zu den verbalen Aussagen noch ein umfassenderes Bild des Patienten zu machen, um dann gezielter auf die Bedürfnisse einzugehen und die nötigen Heilungsschritte zu unterstützen.

Der wohl wichtigste Aspekt dieser Therapie ist die Tatsache, daß wir durch die persönliche Auswahl der Farbkombinationen selbst aussagen, was wir benötigen. Wir übernehmen die Verantwortung für unser Leben und signalisieren die Bereitschaft, an die Ursachen unserer Probleme zu gehen, um im Sinne unserer Weiterentwicklung an uns selbst zu arbeiten. Als Geschenk für diese Einwilligung erhalten wir einen Einblick in unsere seelischen und geistigen Stärken. Wir schauen direkt in unser eigenes inneres Licht. Ich empfinde dies als einen der schönsten Aspekte überhaupt. Immer wenn sich meine kritische Stimme urteilend über jemanden erhebt, stelle ich mir vor, wie sich diese Person Balance-Flaschen aussucht und mir dadurch ihr Licht offenbart. Es hat mir sehr dabei geholfen, weniger wertend zu reagieren und mehr Mitgefühl, Verständnis und Liebe zu entwickeln. Wir sind dieses Licht, wir verstecken es nur meistens, setzen uns Masken auf, verbergen uns hinter Schutzschichten und verkleiden uns fast bis zur Unkenntlichkeit. Wie eine Zwiebel können wir dann die äußeren Schalen Schicht für Schicht abziehen, bis wir an unseren Kern gelangen, aus dem heraus wir leuchten. Hierbei helfen uns die farbigen Aura-Soma-Substanzen.

Meine Erfahrung in den vielen Beratungen hat gezeigt, daß Selbsterkenntnis über die Sprache der Farbe sehr tief geht und endlich sichtbar gemacht wird, wie wunderschön wir sind, welche enormen Fähigkeiten, welche Kreativität, welches Wissen und welche Kraft in uns vorhanden sind – und vor allen Dingen wie empfänglich wir für die Botschaft der Liebe sind. Wie eine Rose, die sich durch die Wärme der Sonne entfaltet, blühen wir alle auf, wenn wir wahrhaftige Liebe erfahren. Wenn wir diesen Strahl der Liebe, der ausnahmslos in uns allen vorhanden ist, in Form von persönlich ausgesuchten Farben als Spiegelbild unseres Selbst sehen, strecken wir uns nach dieser Liebe aus. Wir bewegen uns unweigerlich in Richtung des Lichts. Es ist unmöglich, sich davor zu verschließen. Nur die Geschwindigkeit, mit der wir uns öffnen, variiert je nach Temperament und Willen. Nach Beratungen erlebe ich ein unendliches Gefühl des Glücks, der Nähe und der Liebe, und ich spüre diese Reaktion auch im Ratsuchenden. Das Erkennen unserer eigentlichen lichtvollen Qualitäten bringt Transformation mit sich. Natürlich ist dieser Prozeß nicht immer ganz einfach. Da ist kein Zauberstab, der alles Leid auf einmal verschwinden läßt. Eher entsteht eine Vision: Wir sehen das Licht, wir bekommen ein Gefühl für den göttlichen Aspekt in uns, und wir spüren die Liebe, die auf uns wartet. Dann klettern wir Schritt für Schritt aus dem dunklen Loch heraus, in das wir fast alle (sonst wären wir nicht hier) vor langer Zeit hineingefallen sind. Vor allen Dingen sehen wir einen Ausweg, das Licht am Ende des Tunnels, und können die Hände annehmen, die uns gereicht werden. Für mich verkörpern vor allem die Balance-Öle, die Quintessenzen und die Pomander (aber auch indirekt die Tinkturen) jene Hilfe und Unterstützung. Wir erhalten hier eine enorme energetische Kraft als Begleitung auf unserem Weg ins Licht. Es ist wichtig, sich auf diese Kraft zu besinnen und sich nicht in eine falsche Richtung ablenken zu lassen.

Farbe – Die Sprache Gottes

Bereits im Alten Testament erfahren wir die Bedeutung von Farben. Nach der Sintflut offenbart Gott Noah durch einen Regenbogen am Himmel sein Zeichen des Bündnisses zwischen ihm und der Erde: »Das ist das Zeichen des Bundes, den ich stifte zwischen mir und euch« (Gen. 9,11). Die Brücke zwischen Himmel und Erde wird durch Farben geschlagen. Farbe steht also für unsere Beziehung mit Gott. Durch die sichtbare Brükke wird eine Verständigung von Gott und zu uns, aber auch von uns und zu Gott ermöglicht.

Gott ist für mich eine übergeordnete Kraft – jenseits von Raum und Zeit existierend und damit weder männlich noch weiblich und nicht mit unseren normalen Sinnen erfaßbar. Gott steht für mich auch über jeglicher Religion. Die einzelnen Glaubensgemeinschaften stellen für mich verschiedene Pfade dar, mit denen wir alle zu dem einen Ziel gelangen. Ob wir nun einen christlichen, buddhistischen, hinduistischen, islamischen oder atheistischen Weg einschlagen, ob wir als Naturvolk über Rituale mit den Naturelementen Verbindung aufnehmen oder als Eremit leben – wir alle bewegen uns entsprechend unserem individuellen Willen dabei in Richtung Gott.

Die Deutungen zu den einzelnen Balance-Ölen reflektieren hauptsächlich unsere Gefühlsebene. Es sind eher kontemplative Worte und daher für den Verstand teilweise schwer erfaßbar, geschweige denn wissenschaftlich belegbar. Wenn ich also immer wieder über Gott, die Liebe und das Licht schreibe, dann geschieht dies aus dem Grund, daß sich diese Energien mit den Farben verbinden. Die Farben drücken diese Elemente unseres Seins ganz klar aus, genauso wie der Regenbogen es symbolisch tut.

Vicky Wall sagte in einem Vortrag über Aura-Soma: »Es ist eine nicht eingreifende Methode. Ein Spiegel, eine Reflexion Ihres Potentials, Ihrer Vergangenheit, Ihrer Persönlichkeit, was Sie waren und was Sie sein werden. Dies ist das Wunder. Es führt Sie in das Licht der Selbsterkenntnis. Denn wenn Sie wissen, wer Sie sind und was Sie sind, dann wissen Sie auch, warum Sie sind. Dies ist das Neue Zeitalter. Es geht darum, sich der Eigenverantwortung zu stellen.«

Mir gefällt die Formulierung der Anonymen Alkoholiker: »Gott, so wie wir ihn verstehen.« Egal wie also Ihr persönliches Verständnis von Gott sein mag – ob Sie an ihn glauben oder nicht –, die Wirkungskraft der Aura-Soma-Substanzen bleibt davon unberührt. Sie erhalten ein Bild davon, wer Sie sind, wohin Sie gehen, und Sie bekommen Unterstützung. Sie müssen nur an sich selbst und ihre eigene innere Kraft glauben.

Unser Ziel als Menschen ist es nicht, in himmlische Sphären abzudriften, sondern bewußt unser Licht zur Erlösung unserer Schattenseiten einzusetzen, und zwar im tagtäglichen Leben. Verzückt und abgehoben zu sein bringt weder uns noch andere weiter. Körper, Geist und Seele müssen in Harmonie, in *Balance* sein.

Die Meister

Innerhalb des Aura-Soma-Systems spielen die sogenannten Meister eine wichtige Rolle. Es gibt spezielle Meisterflaschen, das sind die Balance-Flaschen mit den Nummern 50 bis 64. Zusätzlich gibt es noch die Quintessenzen der Meister, das sind Substanzen, die in die Aura eingefächelt werden. In dem Kapitel über die Quintessenzen wird ausführlich beschrieben, welche Eigenschaften diese Meister haben.

Doch wer sind diese Meister, und welche Verbindung haben sie zu Gott und zu uns?

Es handelt sich dabei um Seelenkräfte, die ihr irdisches Dasein überwunden haben oder seit jeher in einer höheren spirituellen Dimension weilen. Ähnlich unseren Schutzengeln dienen sie sowohl Gott als auch dem Fortschritt der Menschheit in Richtung Erlösung und Einheit mit Gott. Sie wollen uns auf unserem Weg helfen, und sie wirken somit als Bindeglied zwischen Gott und Mensch. Daher ist es auch unumgänglich, über Gott zu reden, wenn über die Aura-Soma-Substanzen gesprochen wird.

Es ist sehr leicht, der Versuchung zu erliegen, sich an diese Meister zu klammern. Doch dann können sie ihre Wirkung nicht entfalten. Es ist wichtig zu verstehen, daß diese Meister

Energien und Kräfte darstellen, *die wir in uns tragen*. Ich denke, daß es in der spirituellen Welt keine Hierarchien in unserem Sinne geben kann. Dort ist alles eins, und wo Einssein, also die völlige Verschmelzung herrscht, kann es kein individuelles Ich-Bewußtsein mehr geben, sondern nur noch ein Wir-Bewußtsein als Einheit. Ich stelle mir vor, daß in der geistigen Welt lediglich ein Verständnis für die jeweilige Aufgabe vorhanden ist. Vom kleinsten Engel bis zum größten Meister hat jeder seine Rolle zu erfüllen, aber in dieser Sphäre gibt es kein Bewußtsein von »klein« oder »groß«, sondern nur ein *Sein*. Alles hat seinen natürlichen Platz innerhalb von Gottes Schöpfung.

Die Meister helfen uns, unseren Platz wiederzufinden, und begleiten uns in verschiedenen Phasen unseres Lebens jeweils mit einer anderen Art von Energie. So hilft uns die Christusenergie bei der Entfaltung von selbstloser Liebe, und die Saint-Germain-Energie hilft uns, alte Wunden zu heilen. Wenn wir uns zu einem Meister hingezogen fühlen, dann geschieht dies, weil wahrscheinlich ein übergeordnetes Lebensthema durch ihn angesprochen wird. Wenn ich mich also von der Farbe Türkis angezogen fühle und der zugeordnete Meister Maha Chohan ist, dann ist es gut möglich, daß ich in diesem Leben lernen muß, das, was ich weiß, fühle und kann, anderen zu vermitteln und weiterzugeben, damit der Kreislauf von Nehmen und Geben gewahrt bleibt.

Ich sollte mir allerdings klarmachen, daß ich nicht dem Licht oder Gott automatisch näher bin, nur weil ich eine Meisterflasche ausgesucht habe. Damit würde ich einer Illusion erliegen und die Bearbeitung meiner Schattenbereiche vermeiden.

Licht- und Schattenarbeit

Es führt kein Weg daran vorbei – wenn wir wirklich weiterkommen wollen, müssen wir uns irgendwann an die Arbeit machen und die versteckten und ungeliebten Anteile in uns hochholen und anschauen. Das muß nicht in einem dramatischen Wandlungsprozeß geschehen. Im Gegenteil, je sanfter und langsamer wir diese Schattenarbeit leisten, desto dauerhafter wird sie sein.

Die Gefahr besteht immer, daß wir bei drastischen Änderungen zu schnell in eine neue Richtung gehen und uns irgendwann die Vergangenheit wieder einholt. Wir wundern uns dann, daß wir in einer Krise stecken, wo wir doch bereits soviel Lichtarbeit geleistet haben. Auf der körperlichen Ebene ist es mit einer Hungerdiät zu vergleichen: Wir sind entsetzt, wenn wir mit großer Geschwindigkeit unser altes Gewicht wieder erreichen und sogar darüber hinaus noch mehr Pfunde angesetzt haben. Kleine Schritte sind also beständiger, rauben uns nicht unsere Kraft und lassen uns gezielter vorgehen.

In der ersten Zeit meiner Arbeit mit Aura-Soma bin ich der Versuchung erlegen, eine Art spirituellen Hochmut zu entwickeln. Ich fand es einfach sehr erhaben, über die Quintessenzen mit den Meistern höchstpersönlich zu kommunizieren und ein Teil der Brigade der Lichtarbeiter hier auf Erden zu sein. Hier sollte jeder achtsam sein und aufpassen, nicht »von oben herab« auf die restliche Menschheit zu schauen. Echte Hingabe und Demut in der Lebenshaltung zu erreichen ist eine große Herausforderung.

Überhaupt ist es – auch innerhalb der Produktionsfirma Aura-Soma mit ihrem Vertriebsnetz und ganz normalen kaufmännischen Notwendigkeiten – sehr schwierig, einen Konsens mit der spirituellen Seite zu finden, die ja jenseits der Materie liegt. Konflikte, die innerhalb dieser Brücke auftreten, sind vorhersehbar, da es sich um »lebende und zum Teil geistige Energien« handelt, die über die Marktwirtschaft an den Anwender gelangen. Die Schattenthemen, die wir persönlich erleben, werden wahrscheinlich genauso innerhalb von Aura-Soma auftreten, und es ist auch gut so. Viel schlimmer wäre es, wenn alles nur auf den Wolken der göttlichen Liebe schweben würde, denn dadurch würde der irdische Gegenpol nicht in der richtigen Relation stehen, und die Schattenaspekte würden verdrängt.

Der spirituelle Weg ist für mich ein Weg zur Ehrlichkeit. Ehrlich zu sein ist eine sehr mutige Eigenschaft, denn sie beinhaltet, daß wir uns ohne Vorbehalte so zeigen, wie wir sind. Nicht Perfektion wird von uns verlangt, sondern uns so zu geben – urteilsfrei –, wie wir sind. Wenn wir an diesem Punkt angelangt sind, wenn wir unsere Schuld- und Schamgefühle abgelegt haben und zu uns und unseren vermeintlichen Schwächen ohne Angst stehen, dann haben wir wirkliche Transformationsarbeit geleistet, haben unser Innerstes nach außen gekehrt. Dies ist die Basis der bedingungslosen Liebe. Daraus entspringen Handlungen, die von Liebe geprägt sind. Solange wir uns noch verstecken und hinter Fassaden verbergen, tun wir uns sehr schwer, das unendlich befreiende Gefühl zu erleben, das mit dieser Ehrlichkeit einhergeht.

Das Verheimlichen von vermeintlichen Lastern ist eines der großen Hindernisse auf dem spirituellen Weg. Weil wir ein Bild davon haben, wie ein erleuchteter Mensch sein muß, geraten wir in die Mühlen der Verhaltensregeln: viel Meditation, weder Fleisch noch Alkohol oder Zigaretten, Kontrolle über Begierde und Lust, eine stets gebende, verzeihende und liebende Haltung nach außen usw., usw. Je höher der Maßstab, desto wahrscheinlicher das Gefühl, dem nicht gerecht zu werden. Je bewußter wir werden, desto mehr wissen wir ja auch, was wir eigentlich tun sollten und was für unseren Weg nicht gut ist. Die schmerzliche Erkenntnis, daß wir in der Ausübung der Disziplin häufig stolpern, und das Gefühl, dies verbergen zu müssen, erfaßt viele von uns. Vor allem Therapeuten, Heiler oder Menschen, bei denen die Einhaltung hoher Ideale vorausgesetzt wird, damit sie als gutes Beispiel vorangehen, sind von dem Druck, ihre Schattenseiten zu verbergen und zu verdrängen, betroffen.

Es geht also wirklich um das Erkennen des ganzen Spektrums unseres Daseins. Das geht nur, wenn man zu sich selbst ehrlich ist. Erst dann kann Umwandlung stattfinden. Die Auswahl von vier Balance-Flaschen im Rahmen einer Aura-Soma-Beratung spiegelt unser Licht und unseren Schatten wider und signalisiert unsere Bereitschaft zur Ehrlichkeit. Das ist für viele der schwierigste Schritt. Aber in allem, was danach kommt, erhalten wir unendlich viel Hilfe – viel mehr, als uns wahrscheinlich bewußt ist.

Freiheit oder Abhängigkeit?

Mit Farben zu arbeiten bedeutet auch, flexibel und offen zu sein. Lassen Sie sich von Ihrem Gefühl leiten. Sie sollen Spaß und Freude beim Umgang mit den Substanzen empfinden. Im Reich der Farben entfaltet sich unser spielerisches Talent – seien Sie mit besten Absichten bei der Sache, aber gönnen Sie sich auch Leichtigkeit. Im Lachen sind wir Gott viel näher als im Weinen. Bei aller Arbeit an sich selbst und dem Wunsch voranzukommen ist es wichtig, die Qualität des reinen Seins zu spüren, diese Lebendigkeit, die wir vor allem in den verspielten Momenten des Lebens genießen können. Wie wir alle wissen, ist Lachen die beste Medizin. Verspüren Sie Freude beim Betrachten der leuchtenden Farben und bei der Anwendung der Aura-Soma-Substanzen.

Benutzen Sie die verschiedenen Substanzen, wann immer Sie sie brauchen, aber lassen Sie sie auch wieder los. Es sollte keine Abhängigkeit davon bestehen. Sie sind nicht frei, wenn Sie nur nach der Anwendung eines Pomanders aus dem Haus gehen oder nur mit Hilfe einer Quintessenz in den Zustand der Meditation kommen. Wenn Sie ohne eine Balance-Flasche nicht mehr leben können, wird diese zeitweilige Hilfe zu einer Krücke. Sich eine Kette um den Hals zu hängen mit einer Miniaturausgabe einer Balance-Flasche, einem Pomander oder einer Quintessenz ist für mich ähnlich einem Schnuller, der einem Kleinkind um den Hals gehängt wird: etwas zum Festhalten und Beruhigen. Wir alle brauchen zwar Unterstützung, Liebe, Geborgenheit. Irgendwann müssen wir aber soweit sein, uns aus eigener Kraft heraus diese Bedürfnisse innerhalb der Gemeinschaft zu erfüllen. Alle Eltern müssen einmal ihre Kinder loslassen und ihnen Eigenständigkeit einräumen – und dennoch die Möglichkeit der Rückkehr bieten, falls es Probleme gibt oder einfach das Bedürfnis nach Nähe da ist. Aura-Soma schenkt uns diese Möglichkeit der Einkehr – immer wieder, wann immer wir sie brauchen. Durch die zeitweilige Anwendung – im Gegensatz zum Dauergebrauch – erkennen Sie außerdem das Licht viel schneller. Aura-Soma ist eine Therapie der Liebe und birgt daher in sich immense Heilkräfte. Nutzen Sie die Substanzen für sich und für andere. Aber nutzen Sie sie mit Weisheit und nicht blind.

Farben und Chakren

Bei Aura-Soma spielt das System der Chakren eine Hauptrolle in der Vermittlung der Farbenergien für unseren Körper und Geist.

Die Farben in einem Regenbogen bestehen aus den sieben Spektralfarben. Wer einen Lichtstrahl durch ein Prisma lenkt, kann diese Farben des Lichts sichtbar machen. Die Inder haben sie den Chakren zugeordnet. »Chakra« kommt aus dem Sanskrit und bedeutet »Rad«. Die Chakren gelten als Kraftzentren unserer feinstofflichen Energien. Diese Energien stehen im Gegensatz zu den grobstofflichen Energien unserer materiellen Welt. Sie sind in unserem sogenannten Ätherleib vorhanden, einem unsichtbaren Energiekörper, der unseren physischen Körper umgibt.

Die Chakren sind Hauptzentren dieses Energiekörpers, also eine Art Energiestationen. Je nachdem, wie gut sie energetisch arbeiten, erleben wir Gesundheit auf der physischen, mentalen und emotionalen Ebene. Wie sehr wir mit unserer spirituellen Seite (die meines Erachtens göttlichen Ursprungs ist und daher aus sich heraus nicht erkranken kann) verbunden sind, läßt sich ebenfalls aus der Gesundheit der Chakren ersehen. Diese Chakren sind wie Räder, die pulsieren und rhythmisch von innen nach außen kreisen. Ihre Leucht- und Bewegungskraft ist ein Indiz für unser Befinden. Ihre Energie erhalten sie auf der feinstofflichen, kosmischen Ebene.

Die sieben Farben der Chakren sind Rot, Orange, Gelb, Grün, Blau, Königsblau und Violett. Diese sieben Farben werden verschiedenen Körperregionen zugeordnet (siehe auch die

Übersicht am Ende des Buches). *Rot* wird dem ersten, dem sogenannten Basis- oder Wurzelchakra zugeordnet; es befindet sich am Ende des Steißbeins zwischen Anus und Genitalien. *Orange* gehört zum Sakralchakra, der zweiten Station. Das Chakra liegt oberhalb der Schamhaargrenze und verläuft bis zum Bauchnabel. *Gelb* ist drittens dem Solarplexuschakra zugeordnet, es liegt etwa drei Zentimeter oberhalb des Bauchnabels. Das vierte Chakra, das Herzchakra wird durch die Farbe *Grün* bestimmt und liegt in der Brustmitte. Ein neues Chakrazentrum, zwischen viertem und fünftem Chakra gelegen, wird jetzt der Thymusdrüse zugeordnet und trägt die Farbe *Türkis*. Diese Energiestation befindet sich auf der rechten Körperseite zwischen Herz- und Halschakra. Die Halsmitte ist der Ort des fünften Hals- oder Kehlchakras, das in der Farbe (Saphir-)*Blau* schwingt. Unser sechstes Chakra, das Stirnchakra ist *Königsblau* und liegt zwischen den Augenbrauen über der Nasenwurzel. *Violett* ist die Farbe unseres Kronenchakras oben am Scheitel.

Bei Aura-Soma kommen Sie noch mit weiteren Farben in Berührung. Die Farbe *Rosa*, eine hellere Version von Rot, wird sowohl dem Basischakra als auch dem Herzchakra zugeordnet. Rosa verbindet also das erste mit dem vierten Chakra. Die Farbe *Koralle* besteht aus Rosa und Gold und verbindet damit das erste, das dritte und das vierte Chakra, das heißt Wurzel-, Solarplexus- und Herzchakra. Die Farbe *Gold* ist eine Zwischenstation von Orange (Sakralchakra) zu Gelb (Solarplexuschakra). Daneben enthält *Olivgrün* die Möglichkeit, Gelb und Grün, also Solarplexus und Herz beziehungsweise drittes und viertes Chakra, miteinander zu verbinden. Die Farbe *Magenta* wird einem achten Chakra oberhalb des violetten Kronenchakras zugeordnet. Alle Farben werden in der Farbe *Weiß* (im Aura-Soma-System auch *Klar* genannt) vereinigt. Wenn wir also von unten nach oben in der Farbordnung gehen, uns vom ersten bis zum achten Chakra hocharbeiten, ergibt sich in den durch die Balance-Öle von Aura-Soma sichtbar gemachten Farben folgende Reihenfolge: Rot, Rosa, Koralle, Orange, Gold, Gelb, Olivgrün, Grün, Türkis, Saphirblau, Königsblau, Violett, Magenta. Diese Reihenfolge bedeutet keinerlei Wertung. Rot ist also nicht weniger spirituell oder heilkräftig als Magenta. Wichtig ist, daß alle Energiestationen, also alle Chakren, optimal funktionieren, denn das kennzeichnet Gesundheit.

Jedes Chakra hat eine bestimmte körperliche Zuordnung sowie Eigenschaften, die sich auf der mentalen, emotionalen und spirituellen Ebene ausdrücken. So steht beispielsweise das erste Chakra mit der Farbe Rot für Lebenskraft. Ihm zugeordnet sind die Körperteile Wirbelsäule, Knochen, Beine, Rektum, Darm und Blut sowie die Nebennieren. Wenn wir also nicht genug Lebenskraft besitzen, wenn uns die Farbe Rot und damit unser erstes Chakra Probleme bereiten, kann es sein, daß wir nicht nur müde und erschöpft sind, sondern auch im Bereich der oben aufgeführten Körperteile Beschwerden bekommen. Bei den Farbmischungen, also beispielsweise bei Olivgrün, das aus Gelb und Grün besteht, werden im übrigen zwei Chakren energetisch angesprochen.

Wenn Sie sich eine Balance-Flasche von Aura-Soma aussuchen, sagt die Farbkombination eine Menge aus; unter anderem erkennen Sie, welche Chakren angesprochen sind.

Ein Beispiel: Sie fühlen sich durch die B5, Gelb über Rot, angezogen. Rot steht für das Wurzelchakra, Gelb für das Solarplexuschakra. Es geht hier um Themen, die durch diese beiden Chakren verkörpert werden. Irgend etwas in diesen Chakren ist nicht im Gleichgewicht, oder ihre Intuition sagt Ihnen, daß Sie Ihre Aufmerksamkeit auf diese Region lenken sollten. Ihre Lebenskraft, Ihr Wandlungspotential werden hier angesprochen, aber auch auf der körperlichen Ebene Ihre Lebensenergie, Sexualität und Ihre Verdauungsorgane. Indem das Öl auf die dem Chakra zugeordnete Körperzone aufgetragen wird, kann die Schwingung auch auf der feinstofflichen Ebene aufgenommen werden und an jeweiligen bedürftigen Ebenen (physisch, mental, emotional) den heilenden Impuls weitergeben sowie mit dem entsprechenden spirituellen Seelenaspekt Verbindung aufnehmen. Sie als Anwender berühren damit nicht nur einen Aspekt, sondern erreichen alle relevanten Ebenen: Es werden Körper, Geist und Seele angesprochen.

Die Aura-Soma-Farbberatung

Bei einer Aura-Soma-Farbberatung bestimmen Sie durch die Auswahl von Farbkombinationen, welche der Öle oder anderen Essenzen für Sie wichtig sind. Sie sind also Ihr eigener Therapeut/Ihre eigene Therapeutin. Der Berater/die Beraterin übersetzt die Sprache der Farben in für Sie verständliche Worte, damit Sie besser erkennen können, welche Botschaften Sie sich selbst zu diesem Zeitpunkt geben, und unterstützt Sie energetisch bei diesem tiefen Prozeß. Sehr wichtig ist es dabei, das gesamte Spektrum der Balance-Flaschen auch ganz real betrachten zu können. Die Lebendigkeit und die Leuchtkraft der Farböle lassen sich nicht über ein Foto vermitteln. Es gibt inzwischen einige esoterische Buchhandlungen und auch Aura-Soma-Läden, in denen Sie sich die Balance-Öle anschauen können. Oder Sie gehen zu einem Berater oder einer Beraterin.

Wie verläuft in der Regel eine Aura-Soma-Beratung?

Sie erhalten zunächst einmal Gelegenheit, sich in Ruhe vier Balance-Öle auszusuchen. Um diese vier Favoriten auszuwählen, sollten Sie folgendes beachten: Zunächst einmal ist es wichtig, die Auswahl aus der richtigen Haltung heraus vorzunehmen. Bitten Sie innerlich darum, von Ihrer göttlichen Führung geleitet zu werden. Verbinden Sie Ihren Willen mit dem göttlichen Willen. Wenn Sie nicht an Gott glauben, bitten Sie darum, daß der für Sie im Sinne Ihrer persönlichen Entwicklung beste Weg über die Farbkombinationen gezeigt wird. Warum ist dies wichtig?

Immer wieder habe ich in der Praxis erlebt, wie Menschen von zwei verschiedenen Ausgangspunkten ihre Auswahl der Balance-Öle vornahmen. Diejenigen, die ausschließlich zur Lebensberatung kamen, wollten in der Regel wissen, wer sie sind und wohin sie gehen. Jedoch eine Reihe von Menschen, bei denen vor allem körperliche Beschwerden im Vordergrund standen, haben bei der Auswahl unbewußt die Bedeutung der ersten mit der zweiten Flasche vertauscht. Die erste Flasche sagt Ihnen, wer Sie sind, und die zweite Flasche zeigt Ihnen Ihre Stärken und Schwächen. Manche Patienten haben sich also häufig unbewußt – verständlicherweise – primär ihrer Gesundheitsstörung, also der Schwäche, zugewandt und dann erst folgte im zweiten Schritt die Aussage, wer sie auf der seelischen Ebene sind. Hier können also Mißverständnisse in der Interpretation auftauchen. Meistens merkt man es recht schnell, da der Betroffene mit den Aussagen nicht viel anfangen kann beziehungsweise sich nicht damit identifiziert. Aus diesem Grund muß ganz deutlich ausgedrückt werden, auf welcher Ebene die Auswahl erfolgen soll.

Die Auswahl der vier Balance-Öle

Als erstes erfolgt also die Verbindung mit Ihrem höheren Selbst, Ihrer inneren Führung, Ihrem göttlichen Kern oder wie immer Sie diese weise und wissende Instanz in sich nennen mögen. Dann schauen Sie sich alle Farbkombinationen der Balance-Öle an. Überlegen Sie dabei, welche *eine* Balance-Flasche Ihnen am allerbesten gefällt. Damit Ihnen diese Entscheidung leichter fällt, gehen Sie in Gedanken auf eine kleine Phantasiereise: Stellen Sie sich vor, Sie würden eine Reise zum Mond machen und dort einige Zeit verbringen. Sehen Sie die karge, graue und staubige Mondlandschaft vor Ihrem inneren Auge. In Ihrem Raumschiff ist kaum Platz, und Sie dürfen nur eine einzige Balance-Flasche mitnehmen. Welche Farbkombination würden Sie dann wählen?

Sie können sich auch vorstellen, auf eine einsame Insel zu reisen. Allerdings habe ich schon erlebt, daß aufgrund des türkisfarbenen Wassers und der grünen Palmen bestimmte Farben vom Verstand her gleich ausgeschlossen wurden. Daher ist mir persönlich die graue und farblose Mondlandschaft als Hintergrund lieber.

Nun nehmen Sie diese Balance-Flasche, und stellen Sie sie am besten außer Sichtweite. Dann beginnen Sie von vorn. Sie wiederholen die imaginäre Reise zum Mond und überlegen, welches von den nun vorhandenen Ölen Sie am meisten anzieht und für Sie unbedingt mit ins Reisegepäck müßte. Wieder nehmen Sie die Flasche und stellen sie *rechts* neben die erste ausgesuchte Balance-Flasche. Es ist wichtig, diese Flaschen nicht mehr im Blickfeld zu haben, weil Sie sonst anfangen könnten, zu kombinieren und zu überlegen, was am besten dazu paßt. Dann mischt sich massiv Ihr Verstand ein.

Schauen Sie sich die übrigen Balance-Öle nun erneut an. Wieder ist es Zeit, auf die Reise zu gehen und eine Flasche mitzunehmen. Wieder treffen Sie Ihre Wahl und stellen die Balance-Flasche rechts neben die beiden anderen Flaschen. Sie fahren so fort, bis Sie insgesamt *vier Balance-Öle* ausgesucht haben. Links steht die erste ausgewählte Flasche, rechts davon folgen die drei anderen Farbkombinationen Ihrer Wahl.

Wenn es gar nicht anders geht und Sie nur über ein Foto Ihre Auswahl treffen können, dann schreiben Sie sich die ausgewählten Farbkombinationen nacheinander auf. Eventuell können Sie mit einem weißen Papier die jeweilige Lieblingsflasche auf der Abbildung zudecken, damit Sie nicht immer darauf schauen und sich dadurch bei der nächsten Wahl beeinflussen lassen.

Nachdem die Auswahl Ihrer Flaschen feststeht, erfolgt die Deutung. Dabei werden die Farbkombinationen von der ersten bis zur vierten Flasche ausführlich besprochen. Grundlage ist die Tatsache, daß Sie über den Weg der Farben auf der höheren

Ebene erkennen, wer Sie sind, womit Sie momentan zu tun haben und was auf Sie zukommt. Sie schauen von einer höheren Warte auf Ihr Dasein auf Erden. Mit Hilfe der Farben ist es möglich, sowohl eine Aussage über die für Sie im Leben wichtigen Seelenaspekte als auch über Vergangenheit, Gegenwart und Zukunft zu machen. Die Farben tragen Botschaften, beziehungsweise Sie teilen sich über »Ihre« Farben mit.

1. Die *erste Farbkombination,* also die Balance-Flasche, die Ihnen am meisten gefällt, offenbart Ihnen, wer Sie in Ihrem innersten Wesenskern sind. Durch alle Schichten hindurch erstrahlt dieses Seelenlicht in Ihnen. Hier machen Sie es sichtbar. Es ist die Essenz Ihrer Seele, die jenseits von Raum und Zeit ewig lebt, vollendet und erfüllt. Es ist der Teil, mit dem Sie sich am meisten identifizieren, und der spirituelle Aspekt, den Sie in Ihrem Leben ausdrücken möchten.

In einer Aura-Soma-Beratung erfahren Sie außerdem, was Ihre Lebensaufgabe, Ihre Mission ist. In einem Buch, ohne direktes Gespräch, halte ich eine solche Prognose für riskant und wenig glaubwürdig, da immer auch das Gesamtbild wichtig ist. Was ich im folgenden vermitteln kann, sind Hinweise auf Ihre vorhandene Seelenkraft, die sich durch die Farben der ersten Flasche spiegelt, und wie sich diese Energie zeigt. Es ist die Qualität des ICH BIN, das Sie auf Erden in sich tragen. In den folgenden Beschreibungen heißt dieser Aspekt: *»Wer bin ich?«*

2. In der *zweiten Farbkombination* wird sichtbar, wo konkret Ihre Stärken und Schwächen liegen. Hier sehen Sie Ihre Stolpersteine, die Dinge, mit denen Sie immer wieder hadern oder Schwierigkeiten haben. Es sind die Schattenseiten, die erkannt und bearbeitet werden wollen. Zusätzlich zeigen die Farben der zweiten Flasche, welche Stärken, welches Licht in Ihnen steckt. Meistens ist es so, daß wir in unseren Schattenmustern hängenbleiben und damit die Entfaltung unserer Gaben verhindern. Oft pendeln wir auch zeitweilig zwischen beiden Bereichen hin und her, erleben dann abwechselnd die Talfahrt in

den Schattenbereich und danach den Aufschwung ins Licht. Die Aufgabe liegt darin, verstärkt an den eigenen Schattenbereichen zu arbeiten, um mehr Ausgeglichenheit und Harmonie im Leben zu erzielen. Wir haben dann wirklich dazugelernt, wenn unser Leben balancierter verläuft. Vorher ist es aber enorm hilfreich, sich seine eigenen Muster vor Augen zu führen. Unsere Schattenbereiche können auch aus vergangenen Leben stammen oder Familienthemen betreffen, die seit Generationen vorhanden sind. Natürlich können sie auch weniger scharf zutage treten, als in den jeweiligen Beschreibungen vorgestellt, beziehungsweise können nur einzelne Aspekte relevant sein. Die Beschreibung der zweiten Flasche gliedert sich in zwei Teile auf: *»Mein Licht«* und *»Mein Schatten«*.

3. Die *dritte Farbkombination* beschreibt die Gegenwart. Was sind Ihre derzeitigen bewußten und unbewußten Absichten? Worauf ist es wichtig, jetzt zu achten? An welchen Themen sollten Sie arbeiten, um sich selbst zu verwirklichen? In den Beschreibungen zur dritten Flasche wird unter *»Mein Weg«* vorgestellt, was Sie heute ganz konkret in Ihrem Leben tun wollen. Auch hier geht es meistens um Absichten, die auf Ihre Gefühlswelt Einfluß nehmen. Indem Sie Ihre Intention aussprechen, tun Sie einen ersten Schritt, sie praktisch umzusetzen. Die Materie folgt dem Gedanken. Sie werden hier aber nicht mit der Aufforderung konfrontiert, zum Beispiel um sieben Uhr aufzustehen und Gymnastik zu machen, sondern Ihren Körper mehr zu lieben. Wie das dann im einzelnen geschieht, ist individuell verschieden. Vielleicht kommt ein Werbeblatt über ein Fitneßzentrum ins Haus geflattert, oder eine Freundin fragt, ob Sie nicht Lust hätten, an einem Massagekurs teilzunehmen. Vielleicht sehen Sie einen relevanten Beitrag im Fernsehen, oder ein Buch zum Thema »Körper und ganzheitliche Gesundheit« fällt Ihnen in einem Schaufenster ins Auge. Wenn Sie wirklich diese inneren Vorstellungen annehmen, bewegt sich kraft Ihres Willens Ihr Leben auch in die entsprechende Richtung. Es treten Ereignisse in Ihr Leben, die Sie bei Ihren Vorhaben unter-

stützen. Sie müssen es allerdings auch wirklich für sich selbst wollen.

4. Der zuletzt ausgesuchten *vierten Farbkombination* liegt visionäre Kraft inne. Wenn Sie Ihre jeweils relevanten Themen, Ihre Schattenbereiche ehrlich bearbeitet haben, was erhalten Sie dann als Geschenk? Welches Potential auf der Ebene von Körper, Geist und Seele steht Ihnen dann künftig zur Verfügung? Sie erreichen Ihr Ziel auf jeden Fall. Diese Lebensqualität wird sowieso zu einem Teil Ihres Lebens. Wenn Sie aus tiefster Seele beschließen, sich weiterzuentwickeln, können Sie in Ihrem Vorhaben nicht scheitern. Die vierte Balance-Flasche schenkt Ihnen die Motivation weiterzumachen, zeigt Ihnen, welche Früchte Sie ernten werden, wenn Sie das, was Sie gesät haben, auch bis zur Ernte pflegen und bearbeiten. In den Beschreibungen der einzelnen Balance-Flaschen finden Sie die entsprechenden Deutungen unter *»Ausblick«*.

Da es bei den genannten Aspekten der Deutung fast nur um den Ausdruck unserer Gefühlswelt geht, ich aber den Körper nicht außer acht lassen möchte, finden Sie unter der Rubrik *»Schattenaspekte auf der Körperebene«* weitere Informationen. Wenn wir entgegen unserem Lebensplan vorgehen, uns nicht in die richtige Richtung bewegen und dies bewußt verdrängen, meldet sich unser Körper und erinnert durch Krankheitssymptome an unsere Themen. Die Körpersymptome geben also Rückschlüsse auf zu bearbeitende Konflikte in unserer Gefühlswelt. Die unter den jeweiligen Balance-Ölen beschriebenen Symptome stellen aber nur *Möglichkeiten* dar, wie sich dies über den Körper darstellen könnte. Keineswegs ist damit gemeint, daß jemand, der diese Farbkombination aussucht, auch diese Symptome bekommen wird!

Wie ein Puzzlespiel fügen sich die vier Balance-Flaschen zu einem Gesamtbild zusammen. In einer persönlichen Aura-Soma-Farbberatung erfahren Sie dann, was die von Ihnen gewählten

Farböle im Zusammenhang aussagen. Häufig zieht sich eine Farbe durch alle vier Flaschen durch oder ist innerhalb einer Farbkombination verborgen vorhanden. Da es über tausend Kombinationsmöglichkeiten gibt, ist es in einem Buch nicht möglich, jede denkbare Kombination von vier Flaschen in ihrer Deutung geschlossen darzustellen. Das kann nur in einem persönlichen Beratungsgespräch aufgezeigt werden.

Die Anwendung der Balance-Öle, Quintessenzen und Pomander

Bei der Arbeit an unseren Licht- und Schattenseiten brauchen wir alle Hilfe und Unterstützung. Zum einen wollen wir uns mehr mit unserem inneren Licht verbinden und zum anderen unsere Schattenbereiche bewußt wahrnehmen und an ihrer Erlösung arbeiten. Es ist nicht sinnvoll, nur unseren göttlichen Anteil anzuschauen. Es ist zwar gut, etwas über unsere Seelenebene zu wissen, aber wir brauchen unsere irdische Ebene, da wir nun einmal alle in einem Körper auf dieser Erde leben. Die Art, wie wir in der Gegenwart leben, wird von unserem ganzheitlichen Bewußtsein geprägt, also von der Integration unserer positiven und negativen Seiten. Die Zukunft kommt sowieso auf uns zu; wir können ihre Ankunft nicht beschleunigen, indem wir verstärkt danach greifen.

Am hilfreichsten für unsere Entwicklung ist demnach die *zweite* Balance-Flasche. Diese Flasche wird auch meistens zur Anwendung empfohlen. Durch das Auftragen der Substanz machen Sie sich immer wieder, so lange wie nötig, Ihre eigenen Talente und Ihre möglichen Schwächen bewußt. Sie sehen beide Seiten – verfügen also über eine ganzheitliche Sicht.

Neben der Anwendung der von Ihnen gewählten Balance-Flasche wird die Benutzung einer Quintessenz und eines Pomanders empfohlen. Auf Ihrem Weg brauchen Sie Führung – die erhalten Sie durch die Anwendung der *Quintessenzen*. Es wird die Quintessenz benutzt, die mit Ihrer an erster Stelle gewählten Balance-Flasche korrespondiert, die ja Ihre persönliche Seelenebene darstellt. Entscheidend ist die Farbe der unteren Flaschenhälfte. Beispiel: Wenn Sie als erste Flasche die B30, Blau über Rot, ausgesucht haben, dann ist Rot die für den Ausdruck Ihrer Seele relevante Farbe. Der Farbe Rot wird die Quintessenz »Der Christus« zugeordnet. Sie werden also am meisten von dieser Quintessenz profitieren. Die Quintessenzen werden zur Reflexion oder Meditation benutzt, und so erhalten Sie dann über die Christus-Quintessenz die beste Möglichkeit, sich mit Ihrem inneren Kern zu verbinden und von dort Führung zu erhalten.

Außer der Führung auf Ihrem neuen Weg brauchen Sie auch Schutz. Diesen Schutz erhalten Sie durch die *Pomander*. Hier gilt ebenfalls die Regel: Die untere Farbe der ersten Flasche bestimmt den Pomander, der angewendet werden soll. Bei unserem Beispiel wäre es also ein roter Pomander.

Wenn eine Farbe absolut abgelehnt wird, kann es sein, daß ein bestimmter Schattenaspekt damit zusammenhängt, den wir uns nicht anschauen wollen. Hier ist eventuell die Einnahme der entsprechenden Tinktur angezeigt, damit wir uns diesen Themen nähern können.

Indem wir also mit der Farbe und den Energien in den Aura-Soma-Substanzen arbeiten, verbinden wir uns verstärkt mit unseren höheren Bewußtseinsaspekten, bleiben aber dennoch mit beiden Füßen auf der Erde.

Nachdem Sie also in einer Beratung Einsichten über Ihren Lebensweg erhalten haben, wird Ihnen gesagt, welche Balance-Flasche, Quintessenz, welcher Pomander und eventuell welche Tinktur für Sie empfehlenswert sind. Sie erhalten außerdem Informationen über die Anwendung dieser Substanzen.

Ein Beispiel: Nehmen wir die Auswahl der vier Flaschen auf dem Umschlag dieses Buchs. Dort sehen Sie als erste Flasche von links die B45, Türkis über Magenta. Diese Balance-Flasche ist Ausdruck Ihrer Seelenenergie und sagt aus, wer Sie auf Seelenebene sind. Dann folgt als zweite Flasche von links die B20, Blau über Rosa. Diese Flasche zeigt Ihnen Ihre positiven und negativen Persönlichkeitsaspekte, Ihr Licht und Ihren Schatten. Die dritte Flasche von links ist die B28, Grün über Rot. Sie stellt Ihre Absichten im Hier und Jetzt, Ihren Weg dar. Die vierte Flasche ist die B95, Magenta über Gold; sie gibt Ihnen einen Ausblick auf das Potential, auf das, was in der Zukunft auf Sie zukommt.

Sie schlagen also die jeweiligen Beschreibungen der einzelnen Balance-Flaschen nach und lesen den entsprechenden Abschnitt: Sie lesen bei Balance Nr. 45 den Abschnitt »1. Wer bin ich?«. Dann unter Balance Nr. 20 den Abschnitt »2. Mein Licht/Mein Schatten«. Unter Balance Nr. 28 den Abschnitt »3. Mein Weg«. Unter Balance Nr. 95 lesen Sie den Abschnitt »4. Ausblick«. Für das Verständnis der zweiten Flasche sind auch die Aussagen der Rubrik »Schattenaspekt auf der Körperebene« relevant. Hilfreich ist es zudem, die einzelnen Abschnitte abzuschreiben und die vier Teile als ein Gesamtbild zu betrachten. Sich in der Meditation oder Reflexion eingehend mit den Texten zu beschäftigen verstärkt den Gesamteindruck.

Benutzen sollten Sie die zweite Flasche, in unserem Beispiel B20, Blau über Rosa. Wo die Substanz aufgetragen wird, steht jeweils am Ende der einzelnen Beschreibungen unter »Anwendung«, in unserem Beispiel: überall am Körper, wo nötig. Hinweise, wie das Öl aufgetragen wird und wie es wirkt, finden Sie zu Beginn des Kapitels »Die Balance-Öle«. Es gibt keine festen Regeln darüber, wie oft Sie Ihr Öl benutzen sollten. Verlassen Sie sich dabei auf Ihr Gefühl. Einmal oder mehrmals am Tag auftragen oder die Balance-Flasche nur in Sichtweite stehen haben – folgen Sie bei der Anwendung der Flasche Ihrer Intuition. Wenn Sie merken, daß Sie die Anwendung vergessen und keine Lust mehr haben, mit dieser Balance-Flasche zu arbeiten, ist es möglich, daß eine erneute Auswahl von »Lieblingsflaschen« nötig ist, um die nächsten Themen anzugehen. Quintessenz und Pomander werden entsprechend der ersten Flasche gewählt, in unserem Beispiel der B45, Türkis über Magenta.

Demnach wären für Sie hier die Quintessenz »Pallas Athene« sowie der Pomander »Tiefmagenta« am hilfreichsten.

Es gibt Balance-Flaschen, denen zwei Quintessenzen oder Pomander zugeordnet werden. Wenn beispielsweise die B20, Blau über Rosa, an erster Stelle stehen würde, kämen die Quintessenzen »Lady Nada« oder »Orion und Angelika« in Frage. Um zu entscheiden, welche eher für Sie geeignet ist, können Sie entweder unter den einzelnen Quintessenzen nachlesen, was Sie mehr anspricht, oder aber den Riechtest machen. Die Essenz, die Sie über den Duft mehr anzieht, ist auch die, die Sie benutzen sollten. Das gilt ebenso für Pomander, zum Beispiel Rot oder Dunkelrot, Saphirblau oder Königsblau.

Sowohl die Quintessenzen als auch die Pomander werden tropfenweise auf den Puls beziehungsweise in die Handfläche geträufelt und dann in die Aura gefächelt. Die genaue Prozedur wird jeweils in den Kapiteln »Quintessenzen« und »Pomander« beschrieben. Die Quintessenzen werden jeweils vor der Meditation, vor dem Gebet oder wenn Sie sich in die Stille zurückziehen möchten, angewendet, also immer wenn Sie um Führung bitten oder sich mit Ihrem höheren Selbst verbinden wollen. Die Pomander sind dann sinnvoll, wenn Sie Stärkung, Schutz und ein Gefühl der Geborgenheit brauchen.

Wenn Sie Ihre persönlichen Themen bearbeiten, kann es immer sein, daß Sie das Bedürfnis verspüren, auch eine andere Quintessenz oder einen anderen Pomander bei einem speziellen Ereignis, in einer bestimmten Situation zu benutzen. Lassen Sie sich von Ihrem Gefühl leiten, aber benutzen Sie die Substanzen mit einer ernsthaften Intention. Ein bißchen hiervon und ein bißchen davon zu konsumieren hilft Ihnen nicht wirklich weiter. Seien Sie kreativ im Umgang mit den Aura-Soma-Substanzen. Wählen Sie beispielsweise einfach nur eine Balance-Flasche aus, wenn Ihnen irgend etwas am Herzen liegt, und erspüren Sie, ob Sie sich mit dem Deutungstext und den zugeordneten Pomandern und Quintessenzen identifizieren können.

Die Balance-Öle

Jede Balance-Flasche zeigt zwei Schichten. Die untere Schicht besteht aus einer wässrigen Lösung und die obere Schicht aus einer öligen Lösung, weswegen sie auch schwimmend auf der unteren Hälfte ruht. Die untere wässrige Hälfte enthält Farbstoffe, die natürlichen Quellen entstammen, sowie Kräuterextrakte und Kristallenergien. Außerdem trägt die Lösung die Schwingung des Heilwassers der Chalice-Quelle in Glastonbury, England. Die obere ölige Hälfte enthält ebenfalls Farbstoffe sowie Aromaöle und Kristallenergien. Welche Kräuter- und welche Kristallenergien in welcher Zusammensetzung enthalten sind, wird durch die jeweiligen Farben bestimmt.

Die Balance-Öle werden direkt auf die Haut aufgetragen. Ihre Konsistenz ermöglicht eine optimale Absorption der Substanzen durch die Haut. Laut Aura-Soma dringen die Energien der Balance-Öle dann in das lymphatische System und von dort aus in den Blutkreislauf ein. Das Blut arbeitet als Trägersubstanz und bringt die Energien der Farben, Pflanzen und Kristalle zu den jeweiligen bedürftigen Organen und endokrinen Drüsen. Die endokrinen Drüsen geben die Energien wiederum an die betreffenden Chakren ab und damit an unseren feinstofflichen Körper weiter. Also geht der Heilimpuls von außen nach innen und wieder nach außen. Unsere Energiestationen (Chakren) werden gereinigt, und indem ihre Leuchtkraft wieder erstrahlt, erhöht sich auch ihre Schwingungsfrequenz.

Die obere und untere Hälfte der Balance-Flasche müssen sich vermischen. Dazu wird die Flasche geschüttelt. Dies geschieht mit der linken Hand. Schrauben Sie die Kappe ab. Dann halten Sie mit Ihrem linken Daumen die Flasche von unten. Ihr Zeigefinger ruht auf der rechten Schulter der Flasche (von Ihnen aus gesehen), Ihr mittlerer Finger ruht auf der Öffnung, und Ihr Ringfinger ruht auf der linken Flaschenschulter. Die Flasche wird also von unten und oben sowie an den beiden Schultern gehalten. Dadurch können Sie die Flasche optimal schütteln, bringen gleichzeitig Ihre eigenen Energien in die Substanz ein und verbinden sich mit den Farben.

Sie schütteln kräftig, bis sich die beiden Hälften vermischen (sie gehen aber hinterher sofort wieder auseinander) und geben ein wenig von dem Öl auf Ihre Handfläche. Danach können Sie es auftragen. Wo Sie welches Öl auftragen, finden Sie bei den einzelnen Beschreibungen unter »Anwendung«.

Ausnahme: Wenn Sie ein Balance-Öl für jemand anders anwenden, zum Beispiel in der Therapie, dann schütteln Sie es mit der rechten Hand, während Sie Ihre linke Hand auf die jeweilige Person legen. Dadurch wird die Substanz nicht mit Ihrer Energie belebt, sondern mit der des Patienten. Dies geschieht nur temporär, so daß Sie eine Flasche auf diese Weise wiederholt benutzen können.

Wie oft und wann Sie Ihr Öl anwenden liegt ganz in Ihrem eigenen Ermessen. Wichtig dabei ist, daß Sie nicht nur den vorderen Bereich Ihres Körpers einreiben, sondern die Substanzen stets ringförmig auftragen.

Die Beschreibung der Balance-Öle in ihrer jeweiligen Position

Balance Nr. 0

Königsblau über Tiefmagenta

Quintessenz: Pallas Athene
Pomander: Tiefmagenta

1. Wer bin ich?: Ich bin wie eine Quelle tiefer Liebe; bereit, diese Liebe in die Welt hineinfließen zu lassen. Sensibel, einfühlsam und mit viel Intuition erspüre ich die Bedürfnisse meiner Mitmenschen. Ich weiß, wo ich gebraucht werde; und in Situationen, in denen andere mit Panik oder Angst reagieren, vermag ich mit meiner ruhigen Ausstrahlung und Handlungsweise wieder Harmonie herbeizuführen. Ich fühle mich verbunden mit der Unendlichkeit des Universums und mit Gott. Meine Liebe für das Leben läßt mich mit Sorgfalt und Achtung meinen Tag erleben. Ich lebe bewußt, weil ich meiner inneren Führung vertraue und ihr folge.

2. Mein Licht: Durch meine sensible Wahrnehmungsfähigkeit kann ich Geschehnisse vorausahnen. Mein tiefes Mitgefühl macht mich zu einem Helfer und Heiler in der Gemeinschaft. Nicht so sehr durch Worte als durch Taten vermittle ich meiner Umgebung tiefen Frieden. Wo Menschen und Lebewesen in Not sind, kann ich wirkungsvoll unterstützen. Weil ich soviel Verständnis habe, ist Vergebung kein Fremdwort für mich. Ich vertraue auf Gott und seine Führung, was mich mit viel Liebe im Herzen für alles Wunderbare des Lebens offen sein läßt.
Mein Schatten: Es kann vorkommen, daß ich mich zu sehr den Bedürfnissen anderer öffne und mich dabei selbst verliere. Ich höre dann nicht mehr auf meine innere Führung und Weis-

heit, sondern reagiere nur noch auf die Wünsche der anderen. Die vielen Aufgaben überfordern mich dann, und mein Selbst- und Gottvertrauen leiden darunter. Ich muß darauf achten, daß ich behutsam mit meinen Gaben umgehe und meine Sensitivität nicht ausnutze oder für falsche Zwecke verwende.

3. Mein Weg: Ich will jetzt Zugang zu all den wunderbaren Fähigkeiten finden, die mir mitgegeben wurden. Ich habe etliche Schwierigkeiten meistern müssen und mir die Frage gestellt, welchen Sinn und Zweck mein Leben hat. Ich will einen neuen Weg gehen und nicht mehr in der täglichen Routine steckenbleiben. Ich bin dabei, mein inneres Gehör zu schärfen, damit ich besseren Zugang zu meiner Intuition bekomme. Ich will einen sinnvollen Beitrag zum Leben in unserer Welt leisten, dort helfen, wo ich gebraucht werde. Ich bin dabei, mich für die geistige Ebene zu öffnen, mehr Spiritualität in mein Leben zu bringen. Ich will nicht mehr an der Oberfläche des Lebens schwimmen, sondern in die Tiefe meines Seins eintauchen. Ich will Gott in mein Leben treten lassen.

4. Ausblick: Ich nehme mir jetzt täglich Zeit für mich, damit Reflexion und Innenschau in meinem Leben Raum finden: durch einen kurzen Spaziergang in der Natur, Meditation, dem Lauschen eines klassischen Musikstücks bei geschlossenen Augen oder einfach, indem ich nur einen Moment zur Ruhe komme und keine äußere Aktivität zulasse. Hier geht es nicht um die Quantität, sondern um die Qualität solcher Augenblicke. In der Stille kann sich meine schlummernde innere Stimme hörbar melden – mit jedem Mal klarer und deutlicher. Nur wenn ich mich selbst liebe, kann ich auch andere wahrhaftig lieben, und so arbeite ich daran, liebevoll mit mir selbst umzugehen. Das gibt mir mehr Ausdauer und mehr Kraft, um wiederum helfend und heilend auf meine Umwelt einzuwirken. Ich bemühe mich, trotz Alltagsstreß Momente der Ruhe zu finden, und erhalte dafür ein Vielfaches an Belohnung zurück. Meine Seele atmet auf und entfaltet sich. Alles andere fügt sich nach und nach.

Schattenaspekte auf der Körperebene: Große Offenheit führt manchmal dazu, daß zu viele Eindrücke auf einen einstürmen. Das kann sich als Druck im Kopfbereich, meist in Form von Kopfschmerzen ausdrücken. Dadurch daß nur schwer Grenzen gezogen werden können, ist es möglich, daß dies künstlich versucht wird – durch Nikotin, Alkohol, Drogen oder übermäßiges Essen. Biochemische Vorgänge geraten aus den Fugen, das Nervenkostüm ist belastet, was zu Nervosität und Unkonzentriertheit oder Überreizung führen kann. Auch Schlafstörungen können eine Folge sein. Eine erhöhte Unfall- und Verletzungsneigung kann sich daraus ergeben. Mangelnde Selbstliebe kann depressive Verstimmungen oder Vernachlässigung der eigenen Bedürfnisse verursachen.

Diese Farbkombination will helfen, den Körper zu lieben, für ihn zu sorgen und über ihn die vorhandene Sensitivität sinnvoll auszudrücken. Sie hilft, seelische Krisen zu bewältigen.

- **Anwendung: In akuten Fällen überall, wo nötig, ansonsten am Kopf um den Haaransatz herum.**

Besonderheit: Wird die »Spirituelle Erste-Hilfe-Flasche« genannt.

Balance Nr. 1

Blau über Tiefmagenta

Quintessenz: Pallas Athene
Pomander: Tiefmagenta

1. Wer bin ich?: Ich bin hier, um Menschen zu unterstützen, ihr Leben positiv zu verändern. Dadurch trage ich zum Heilsein der Erde bei. Dies geschieht durch mich auch in den kleinen, scheinbar unwichtigen täglichen Begegnungen. Durch mich fließt eine positive Energie in meine Umwelt, und so kann ich helfen, trübe Situationen aufzuhellen. Selbst unter den schlimmsten Umständen reagiere ich mit Gelassenheit und Sicherheit, weil ich schon viel Erfahrung in der Meisterung von Problemen habe, und ich weiß, daß es immer einen Ausweg aus unseren Schwierigkeiten gibt. Ich bin bescheiden in meinen Ansprüchen und weiß, daß mir alles gegeben wird, was ich brauche. Daher bin ich in der Lage, bedingungslos zu geben und zu helfen.

2. Mein Licht: Ich bin schon immer eine reife Seele gewesen. Dahinter stecken ein intuitives Wissen und ein schnelles Auffassungsvermögen. Ich habe ein Gespür für die wesentlichen Dinge des jeweiligen Moments und bin damit häufig meiner Zeit voraus. Ich kann blitzschnell Situationen in vollem Umfang erfassen und entsprechend danach handeln. Diese Führungsqualitäten machen mich zum Vorbild für andere Menschen. Meine Klarheit und meine Kraft, die durch Liebe getragen werden, bringen Linderung und Heilung von Schmerzen und Wunden in der Seele und damit auch im Körper.
Mein Schatten: Es kann sein, daß ich manchmal zuviel Verantwortung übernehme und mich in meinem Wunsch, anderen ein Vorbild zu sein, überfordere. Die Ziele, die ich mir selbst und anderen stecke, sind dann zu hoch, und es kann passieren, daß mir alle Mittel recht sind, um diese Ziele zu erreichen. Ich gerate innerlich unter Druck. Diese Überspannung kann sich dann in einer erhöhten Unfall- oder Erkrankungsneigung zeigen. Wenn ich angespannt bin, kann ich gereizt und nervös werden und fühle mich dann einsam, alleingelassen und unverstanden.

3. Mein Weg: Jetzt ist der Zeitpunkt in meinem Leben gekommen, tief durchzuatmen und einfach loszulassen. Loszulassen von allen Vorstellungen, wer und wie ich sein sollte. Loszulassen von Erwartungen, von Problemen, die mir schlaflose Nächte bereiten. Die Wunden von gestern schließen sich. Loslassen – und dann annehmen. Annehmen, was auf mich zukommt an diesem Tag, heute und jetzt. Ich vertraue darauf, daß Gott mich führt. Jetzt, in diesem Moment kann und will ich neu beginnen, überflüssigen Ballast abwerfen und von nun an meinen Weg unbeschwert und mit Frieden im Herzen gehen. Ich will offen sein für neue Chancen, die sich mir bieten. Ich bin wertvoll, und ich werde gebraucht. Ich liebe, und ich werde geliebt.

4. Ausblick: Ich bringe mehr Entspannung in mein Leben. Ich finde Wege, Dampf abzulassen und bin nicht mehr so vielen Anforderungen ausgesetzt. Sportliche Aktivität ist eine Möglichkeit, liebevoll mit mir selbst umzugehen auf der physischen Ebene. Gesund, vollwertig und regelmäßig zu essen, ist eine andere Möglichkeit, dies umzusetzen. Heute umarme ich jemanden, den ich mag. Keine zu hohen Maßstäbe, sondern erreichbare Ziele, die ich in Etappen schaffe, bringen mir Erleichterung und erschließen meine Energien. Ein Schritt nach dem anderen in stetem Tempo läßt mich schneller vorwärtskommen als ein rasanter, aber erschöpfender Start. Dann kann der heilende Strom der Liebe durch mich fließen – für mich und für andere.

Schattenaspekte auf der Körperebene: Wer sich leicht überfordert und zuviel auf einmal zu erledigen hat, kann erleben, daß aus diesem inneren Streß heraus immer Eile geboten ist. Dadurch kann es zu kleineren Unfällen kommen, wobei die Hautoberfläche verletzt wird (Verbrennungen, Quetschungen, Schürfwunden). Das Problem liegt in der unzureichenden Abgrenzung, in der »Dünnhäutigkeit«. Die hohen Leistungsansprüche, die hier gestellt werden, können körperlich zu hohem Blutdruck führen. Zuviel wird aufgebürdet, was sich auch in Rückenproblemen niederschlagen kann. Eigentlich ist eine Erholungspause nötig, die aber nicht genommen wird. Der Körper kann dann über wiederholte Erkältungen, Nasennebenhöhlenentzündungen, Bronchitis oder Blaseninfektionen zur Ruhe zwingen. Wenn zuviel zu tun ist und überreizte Stimmung herrscht, kann sich diese Hyperaktivität auf den Darm übertragen, was sich in Durchfall zeigt. Auf körperliche und seelische Bedürfnisse muß geachtet werden.

Diese Farbkombination will dabei helfen, entspannter und mit mehr Vertrauen an die Lebensaufgaben heranzugehen und ein lockeres Verhältnis zum Thema »Geben und Nehmen« aufzubauen.

- **Anwendung: In akuten Fällen überall, wo nötig, ansonsten am Kopf um den Haaransatz herum.**

Besonderheiten: Wird »Körperliche Erste-Hilfe-Flasche« genannt. Es gibt dieses Balance-Öl auch in einer kleinen Plastikflasche (25 ml), die ähnlich den »Notfalltropfen« der Bach-Blütenessenzen leicht in der Tasche mitgenommen werden kann. Gehört zum Chakra-Set (bezieht sich auf das sechste und siebte Chakra).

Balance Nr. 2

Blau über Blau

Quintessenz: El Morya
Pomander: Saphirblau oder Königsblau

1. Wer bin ich?: Ich bin offen und empfänglich für alles Kreative in meinem Leben. Meine reiche Phantasiewelt ist mir eine ständige Quelle innerer Bilder und Ideen, die ich in gestalterischer Form weitergeben kann. Durch meine starke Verbundenheit mit der geistigen Welt erhalte ich Impulse und Intuitionen, wie ich mich am besten ausdrücken kann. Ich vermag Gefühle und Emotionen auf der materiellen Ebene darzustellen. Meine schöpferischen Fähigkeiten schenken mir große Freude und lassen in mir ein Gefühl der Verbundenheit mit allen Wesen dieser Erde und des Himmels erleben. Ich weiß, ich bin gesegnet, und dies gibt mir unendlich viel Gelassenheit. Ich lebe in

Frieden mit mir und der Welt. Ich bin der ruhende Pol inmitten einer gehetzten Welt. Ich empfange und ich gebe weiter im Namen Gottes. Ich ruhe in Gott.

2. Mein Licht: Ganz besonders gut vermag ich mich sprachlich auszudrücken. Ich kann Gedanken, Meinungen und Tatsachen überzeugend und tiefsinnig äußern. Geschichten erzähle ich spannend und bildhaft. Immer wenn es gilt, eine Verbindung herzustellen, vermag ich mit Einfühlungsvermögen zu vermitteln: zum Beispiel als Geistlicher zwischen Gott und den Gläubigen, als Journalist zwischen aktueller Nachricht und Publikum, als Hebamme bei der Geburt eines Kindes, bei einem Streit dritter Personen, als Botschafter oder als Schriftsteller. Überall wo es notwendig ist, klar und ruhig etwas mitzuteilen, bin ich in meinem Element.
Mein Schatten: Es kann passieren, daß sich keiner in meiner unmittelbaren Umgebung für mein kommunikatives Talent interessiert und der Ausdruck meiner inneren Bilder und meines Wissens auf kargen Boden fällt. Oder die anderen wissen alles immer besser (vor allem die Männer in meinem Leben), und was ich weitergeben wollte, wird kritisiert und achtlos weggeworfen. Manchmal bin ich so beschäftigt mit dem normalen Tagesablauf, daß ich keine ruhige Minute finde, um etwas Kreatives zu tun; ständig werde ich abgelenkt, und so versiegt langsam die Quelle meiner Visionen. Weil ich Angst habe, ausgelacht und von der intellektuellen, akademischen Welt nicht ernst genommen zu werden, schweige ich lieber und behalte meinen inneren Reichtum für mich. Dadurch stauen sich viele Emotionen in mir auf, und ich werde unruhig und frustriert.

3. Mein Weg: Jetzt will ich endlich Wege finden, mit mir und der Welt in Einklang zu kommen, damit in mir ein Gefühl der Ruhe und des Friedens entsteht. Ich vertraue auf meine Intuition. Ich weiß, daß ich beschützt bin. Nichts kann mich bedrohen oder angreifen. Was ich zu sagen habe, ist wichtig und wertvoll. Ich will meine kreativen Talente nutzen, damit die inneren Bilder und Empfindungen, die ich empfange, ans Tageslicht gelangen. Die Inspiration, die ich in mir trage, will sich jetzt ausdrücken. Sowohl meine weibliche empfangende Seite als auch meine männliche agierende Seite nehme ich in Liebe an, denn nur durch das Zusammenfügen beider Teile kann ich mich voller Kraft und Klarheit ausdrücken.

4. Ausblick: Ich habe jede Woche Zeit, um meiner Kreativität Ausdruck zu verleihen: im Chor singen, Tagebuch, Gedichte, Geschichten oder Briefe schreiben, ein Bild malen, lesen – was auch immer mir Spaß macht und mir Entspannung bringt. Wichtig ist mir dabei, daß ich auf meinen schöpferischen Ausdruck achte. Es ist keine Leistung, die bewertet werden muß. In meiner Arbeit, in meinem Beruf gehe ich nun mit Ruhe und Methode vor und packe nicht zehn Dinge gleichzeitig an, um dann hektisch durch meinen Tag zu rennen. Meine Träume zeigen mir den Weg. Das Wasser des Lebens trägt mich sicher, und ich fließe mit dem Strom. Ich gebe mich voller Vertrauen meinem Leben hin, und es eröffnet sich mir eine wunderbare Welt, durch die ich mit einem tiefen Gefühl des inneren Friedens und der Verbundenheit gehe.

Schattenaspekte auf der Körperebene: Kommunikation dient letztlich dem Wachstum, der Weitergabe von Gefühlen, Ideen, Informationen und Impulsen. Wenn Schwierigkeiten in diesem Bereich vorhanden sind, wenn mit diesem inneren Wachstum zurückgehalten wird, kann sich auf der körperlichen Ebene eine Reihe von Beschwerden einstellen; das kann schon als Säugling im Bereich der Zahnung anfangen. Die ersten Zähne sind ein weiteres Abnabeln von der Mutter, die Annahme einer eigenen Identität, auf die die ersten Schritte und gesprochenen Worte bald folgen. Infektionen, vor allem im Hals-, Nasen- und Ohrenbereich, können hier auf eine Blockade hinweisen. Das gilt ebenfalls bei Problemen auf der sprachlichen Ebene, zum Beispiel Stottern oder Legasthenie. Ein anderer Bereich, der in unserem Körper sehr viel mit Wachstum zu tun hat, sind unsere Drüsen, über die unser Hormonhaushalt gesteuert wird. Auch hier kann es zu Über- oder Unteraktivität kommen, zum Beispiel in der Schilddrüse, wenn die »interne Kommunikation« im Körper nicht stimmt. Während der Schwangerschaft, bei der es um das Wachstum neuen Lebens geht, kann diese Farbölkombination hilfreich sein.

- **Anwendung: Um den ganzen Hals herumauftragen, angefangen vom Schlüsselbein und bis zur Höhe des Kiefergelenks.**

Besonderheit: Gehört zum Chakra-Set (bezieht sich auf das fünfte Chakra, das Halschakra).

Balance Nr. 3

Blau über Grün

Quintessenz: Hilarion oder Djwal Khul
Pomander: Smaragdgrün

1. Wer bin ich?: Ich bin im Einklang mit dem Leben. In allem schlägt ein Herz, pulsiert das Sein. So ist die Natur für mich eine Welt voller Schwingung, und ich vermag mich auf diesen Rhythmus einzustellen, mich ihm zu öffnen. Mein Herz schlägt dann taktgleich mit dem von Mutter Erde, und ich fühle mich ganz und gar verbunden. Der Wind haucht mir seine Stimme, das Gras raschelt sein Lied, die Pflanzen malen mir ihre Bilder, und die Tiere erzählen mir ihre Geschichten. Die ganze lebendige Wahrheit des Daseins offenbart sich mir. In der unendlichen Weite der Natur komme ich zur Ruhe, kann sich mein Herz öffnen. Aber auch in meinem Herzen ist viel Platz, liegt diese ganze Fülle, die ich weitergeben will.

2. Mein Licht: Durch meine tiefe Verbindung mit der Natur offenbaren sich mir ihre sonst verborgenen heilenden Kräfte.

Da die Natur sich dem stetigen Wandel der Jahreszeiten ohne Widerstand hingibt, drückt sie sich wahrhaftig aus. Diese Wahrheit der Natur, das nie endende Auf und Ab erkenne ich als Spiegel meines eigenen Lebens. So wie die Natur enorme Regenerationskräfte in sich trägt, so trage auch ich das Potential der Erneuerung in mir. Diese Vitalität, diese Heilkraft und diese Einsichten will ich weitergeben: an meine Mitmenschen und auch zurück an die Natur.

Mein Schatten: Es kann passieren, daß ich in meinem Leben wiederholt Situationen ausgesetzt bin, die mich von meiner Kraft ablenken und diese Verbindung schwächen. Das geschieht, wenn ich keine Möglichkeit habe, in die Natur zu gehen oder wenn Menschen mich täuschen. Wenn ich angelogen oder hintergangen werde, ist die Enttäuschung so groß, daß ich das Vertrauen verliere. Dann kann es vorkommen, daß ich mich verschließe und mein Herz nicht mehr im Einklang mit der Welt schlägt. Ich bin dann durcheinander und weiß nicht mehr, wozu ich hier bin und was ich mit meinem Leben anfangen soll.

3. Mein Weg: Ich will jetzt mein Herz öffnen und hören, was es mir zu sagen hat. Denn aus dieser Quelle kommt die Wahrheit, und folge ich ihr, erwacht die Lebensfreude wieder. Ich will mich selbst als wichtig und wertvoll schätzen und mir mehr Zeit und Gelegenheit geben, die Dinge zu tun, die mich der Natur näherbringen. So wie die Natur unerschöpflich in ihrem Reichtum ist, so ist auch mein eigener innerer Reichtum unerschöpflich. Ich will nach meiner Wahrheit leben und nicht nach der Wahrheit anderer. Ich will nicht mehr glauben, daß es nur Hindernisse in meinem Leben gibt, sondern mich von diesem negativen Gedanken lösen. Ich will mehr Einkehr und Stille in mein Leben bringen. Indem ich meiner inneren Stimme vertraue, vertraue ich auch Gott. Seine Kraft und Güte, die durch alles Lebendige fließt, fließt somit auch durch mich. Ich höre, und ich werde erhört.

4. Ausblick: Ich finde Wege, mehr in die Natur zu gehen; auch in einer Stadt gibt es in Parkanlagen Bäume und Blumen. Aber selbst mit einer Zimmerpflanze oder mit dem Bild einer Naturlandschaft bietet sich mir die Möglichkeit, Zugang zu den Naturelementen zu finden. Die Verbindung mit Tieren entspannt mich. Da ich in starker Resonanz zur Natur stehe, kann sich mein Herz öffnen und weiten. Ein Gefühl der Enge löst sich, und ich kann tief durchatmen. Ich mache mir bewußt, daß ich mit jedem Atemzug den Nährstoff für mein Leben aufnehme. Ich entfalte mich und dehne mich. Ich kann meine Liebe ausdrücken. Was die Natur mir gibt, gebe ich weiter, und damit schließt sich der Kreislauf von Nehmen und Geben. In mir lebt ein Gefühl der Freude, der Zuversicht und der Ruhe.

Schattenaspekte auf der Körperebene: Der Verlust des inneren Gleichgewichts und der Verbindung zum natürlichen Lebensrhythmus kann sich in einem veränderten Herz-Kreislauf-Rhythmus niederschlagen. Ob das Herz nun zu schnell, zu langsam, ungleichmäßig oder zu schwach schlägt – es ist ein Zeichen dafür, daß hier etwas nicht mehr in der Balance ist. Wenn der Magen nicht mehr rhythmisch arbeitet, sondern sich verkrampft, kann es zu Bauchschmerzen kommen. Verkrampfungen in der Atmung, die sich als Atembeschwerden zeigen, machen deutlich, daß das Ein- und Ausatmen, das Nehmen und Geben unausgewogen ist. Das kann sich in Form von asthmatischen Beschwerden zeigen oder auch in wiederkehrenden Infektionen im Bronchialbereich.

Diese Farbkombination will dabei helfen, zur Ruhe zu kommen und Erholung zu finden sowie sich mit den eigenen inneren Herzensbedürfnissen zu verbinden.

- **Anwendung: Im gesamten Brustbereich auftragen – auch hinten am Rücken.**

Besonderheit: Ist auch als »Herz-Erste-Hilfe« in einer Plastikflasche mit 25 ml erhältlich. Gehört zum Chakra-Set (bezieht sich auf das vierte Chakra, das Herzchakra).

Balance Nr. 4

Gelb über Gold

Quintessenz: Lady Portia

Pomander: Gold

1. Wer bin ich?: Ich bin voller Lebendigkeit und Lebensfreude. Ich bin wie ein heller Sonnenstrahl inmitten eines trüben Tages. Wo Dunkelheit herrscht, bringe ich Licht. Wo Unwissenheit ist, bringe ich Erkenntnis. Mein wacher Geist ermöglicht mir eine hohe Aufnahmefähigkeit. Wie ein Schwamm sauge ich Wissen auf. Ich lerne aus Erfahrung und bin dadurch in der Lage, die Wiederholung von Fehlern zu vermeiden. Dies wiederum gibt mir Zugang zu einer Leichtigkeit des Seins. Ich weiß, daß ich Schwierigkeiten meistern kann, und nehme das Leben daher von der heiteren Seite. Ich bin ganz wach, klar und bewußt in den Dingen, die ich tue. Ich liebe es, anderen Menschen eine Freude zu machen. Ich erfreue mich am Leben, und das Leben erfreut sich an mir.

2. Mein Licht: Durch meine Intelligenz und die Fähigkeit, rasch und nachhaltig sowohl aus der Erfahrung als auch aus Büchern zu lernen, habe ich die Gabe, früh zum für mich wesentlichen Kern meines Daseins zu gelangen. Ich erkenne schnell, was für mich gut ist und was nicht. Durch die gezielte Auswahl der mir gebotenen Möglichkeiten kann ich mein Potential voll entfalten. Dies gibt mir Sicherheit, Selbstbewußtsein und die notwendige Courage, um größere Projekte anzugehen. Dabei geht es um das Wohl der Menschen. Es ist mir ein Herzensbedürfnis, meine Freude und das Wissen, das ich aus der Meisterung meines Lebens gewonnen habe, weiterzugeben.

Mein Schatten: Wenn der Alltag gar zu schwierig oder voller Konflikte ist, kann es sein, daß ich meinen Optimismus verliere. Das Dunkle des Lebens saugt mein Licht vollständig auf. Ich bin wie gelähmt, unfähig, klar zu denken oder zu entscheiden. Ich sehe meinen Weg nicht mehr und traue mir nichts mehr zu. Ich bin dann unsicher, was ich als nächstes tun soll, und habe Angst vor falschen Schritten. Niemand ist da, der mir Bestätigung gibt, und ich führe ein freudloses Dasein. Vielleicht traue ich mich nicht, meine Angst nach außen zu zeigen, und lege mir eine Maske zu. Ich tue so, als ob ich furchtlos bin, und bestimme dann, wo es langgeht. Ich mache mir vor, daß ich mit viel Autorität und Macht die Selbstbestätigung erhalte, die ich brauche. Ich höre nicht auf meine innere Weisheit, sondern auf äußere Meinungen.

3. Mein Weg: Ich will mir selbst mehr zutrauen. Ich kann das Leben meistern. In mir ist viel Potential. Ich weiß viele Zusammenhänge, die für das Dasein auf unserem Planeten wertvoll sind. Ich will Zugang zu diesem Wissen finden und es nutzbar machen. Ich will mich daran erfreuen, daß das Leben wunderschön ist und unendlich viel zu bieten hat. Ich will etwas tun, was einem anderen Menschen Freude bereitet. Ich will lachen, hüpfen, springen, tanzen und das Leben umarmen. Nur ein kurzer lichtvoller Augenblick pro Tag genügt, und dieser Lichtpunkt in mir kann sich immer mehr ausdehnen. Ich will anderen Menschen eine Quelle der Inspiration sein.

4. Ausblick: Ich bringe wieder spielerisch Leichtigkeit, Freude und Spaß in mein Leben: mit Kindern herumalbern, mit Tieren spielen, ein geselliger Abend mit Freunden, Spiele spielen – alles, was mir Spaß macht. Diese ausgelassenen Momente erschließen mir den Zugang zu meinem inneren Wissen. Durch die kurze Ablenkung bin ich wieder aufnahmefähiger und kann besser die richtigen Entscheidungen treffen. Meine Einsichten sind klarer, und ich habe mehr Sicherheit, das Richtige zu tun. Wenn ich Verantwortung trage, dann ist es mir wichtig, immer wieder kleine Pausen zu machen, die mit Heiterkeit gefüllt sind. Das lockert die Situation auf, und die Lösung beziehungsweise der richtige Weg zeigt sich mir intuitiv. In mir leuchtet ein kraftvolles Licht.

Schattenaspekte auf der Körperebene: Angst und Unsicherheit können zu Unflexibilität und einer gewissen Versteifung führen, da man sich nicht traut, neue Schritte zu wagen. Auf Dauer kann sich dies auf der körperlichen Ebene durch Ablagerungen und Entzündungen in den Gelenken bemerkbar machen, und Arthritis oder Rheumatismus kann auftreten. Ständige innere Unruhe und unterschwellige Panik können zu einer Überreizung der Nervenbahnen und entsprechenden Erschöpfungserscheinungen diverser Organe führen, zum Beispiel der Bauchspeicheldrüse oder der Gallenblase. Ungenügende Mobilität macht auch die Knochen poröser und damit brüchiger.

Die innere Zurückhaltung kann sich auch in Form von Verdauungsstörungen wie Verstopfung äußern. Auf Dauer kann sich eine Menge »Unverdautes« im Darm aufstauen, was zu Ausstülpungen (Divertikel) führen kann. Auch hier sind entzündliche Prozesse möglich. Wenn Angst vor dem Übergang von einem Lebensabschnitt in den nächsten besteht und man/frau lieber »jung« bleiben, also stehenbleiben möchte, können sich auch hier, vor allem in der Pubertät und Menopause, Umstellungsstörungen ergeben. Sie manifestieren sich durch Hautunreinheiten oder Hitzewallungen. Angst vor Bewegung, also jegliche Art von Reise- oder Seekrankheit kann ebenfalls auftreten. Eine Angst vor dem Lebensfluß kann eine Verneinung des eigenen Lebens bedeuten und die Flucht in zerstörerisches Eßverhalten wie Magersucht oder Bulimie bewirken.

Diese Farbkombination will dabei helfen, Ängste abzubauen und ein Gefühl von Selbstsicherheit und Mut hervorzubringen.

■ **Anwendung: Oberhalb des Bauchnabels und unterhalb der Brust ringförmig um den Oberkörper auftragen.**

Besonderheit: Gehört zum Chakra-Set (bezieht sich auf das dritte Chakra, das Solarplexuschakra).

Balance Nr. 5

Gelb über Rot

Quintessenz: Der Christus
Pomander: Dunkelrot oder Rot

1. Wer bin ich?: Ich bin ein Gefäß für die Liebe, die alle Grenzen überwindet und alle Ketten sprengt. Gott ist die Liebe, und seine Kraft pulsiert durch meine Adern. Meine Taten sind durchdrungen von dem innigsten Wunsch, Gutes zu tun und anderen durch mein Beispiel ein Wegweiser zu sein. Ich diene, und meine unendliche Energie kann inmitten einer Wüste eine Oase schaffen. Ich kenne das Leiden, und mein Verständnis für das Leid anderer kommt von Herzen. Ich kann Linderung bringen und Tränen in Lachen verwandeln. Ich stehe mit beiden Füßen fest auf der Erde und packe mein Leben dynamisch und voller Freude an.

2. Mein Licht: Ich bin anderen ein Beispiel, wie leidvolle Erfahrungen überwunden und in Mitgefühl und Nächstenliebe umgewandelt werden können. Ich habe immer die Möglichkeit, durch meine Heiterkeit und meinen Humor gute Laune zu verbreiten. Meine starke Ausstrahlung ist anziehend, und ich habe Einfluß auf meine Umwelt. Wenn ich mir etwas vornehme, krempele ich die Ärmel hoch und fange mit der Realisierung an. Ich bin dankbar für meinen Körper, denn durch ihn kann ich wirken. Ich genieße das Leben in vollen Zügen, ohne dabei meine Mitarbeit an der Heilung unserer Erde zu vergessen.
Mein Schatten: Leidvolle Erfahrungen können mir meine Kraft geraubt und in mir ein tiefes Gefühl von Wut und Zorn

erzeugt haben. Wie ein Vulkan, der kurz vor dem Ausbruch steht, brodelt und bebt es in mir. Dies aber kostet noch mehr Energie, und so fühle ich mich schlapp und ausgelaugt. Ich habe Angst vor entscheidenen Lebensschritten und weiß nicht, wie ich das Leben anpacken soll. Durch meinen unerlösten Schmerz fühle ich mich verkannt und allein gelassen. Ich ziehe mich zurück und habe Angst, näher auf Menschen einzugehen, weil ich in der Vergangenheit verletzt worden bin.

3. Mein Weg: Ich will mich loslösen vom Schmerz der Vergangenheit. Ich will meine Wut in Kraft umwandeln, mein Leid in Güte und Verständnis, meine Unsicherheit und Ängste in Freude und Gewißheit, meine Müdigkeit in Vitalität. Ich will meinen Körper lieben und ihn als Tempel meiner Seele anerkennen, ihn nicht vernachlässigen, sondern mich um ihn kümmern, damit er die Kraft und Ausdauer hat, mir zu dienen. Ich bin in einer tiefgreifenden Wandlungsphase, die mich in eine neue Richtung trägt und mir die Chance bietet, mich mit Elan und Freude auf den Weg zu machen. Ich will das Leben lieben und alles genießen, was es mir zu bieten hat.

4. Ausblick: Ich tue etwas, um mehr Kraft zu haben. Ich bewege mich mehr und achte auf die Bedürfnisse meines Körpers; ich gönne ihm genügend Ruhepausen, ich ernähre ihn gut, ich versorge ihn mit Licht und Sauerstoff. Ich mache mir bewußt, wann ich mich vor Aufgaben drücke und Müdigkeit oder mangelnde Energie als Ausrede benutze. Ich gönne nicht nur anderen etwas Gutes, sondern auch mir selbst. Ich hole mir die Unterstützung und Hilfe, die ich brauche, um meine Ängste loszulassen und mein Selbstvertrauen aufzubauen. Ich beginne ein neues Kapitel in meinem Leben. Die Vergangenheit liegt hinter mir, es zählt das Hier und Jetzt. Ich vertraue und lasse mich fallen – in dem Wissen, daß ich behütet bin, meine alten Wunden geheilt sind und keine neuen entstehen können. Meine Seele ist unverwundbar und ewig.

Schattenaspekte auf der Körperebene: Erschöpfung und seelische Zermürbung können sich in körperlicher Erschlaffung bemerkbar machen. Es fehlt die Anspannung, der richtige Tonus. Es stellt sich ein Gefühl von Ausgelaugtsein ein. Im sexuellen Bereich kann sich dies in der Schwierigkeit zeigen, beim Liebesakt einen Orgasmus zu erreichen, das heißt, die notwendige Anspannung bis zum Moment des Loslassens zu erzielen. Beim Mann kann es Probleme mit der Erektionsfähigkeit geben. Alles, was direkt oder indirekt mit dem Spannungsmoment des Zeugungsaktes in Verbindung steht, kann Störungen aufweisen: bei einer Frau betrifft es die Menstruation und die Gebärmutter. Bei Mann und Frau kann es zu Problemen mit der Fruchtbarkeit kommen. Eines der Organe, die symbolisch mit Partnerschaft in Verbindung gebracht wird, ist die Niere. Auch hier können Störungen auftreten. Trägheit im gesamten Verdauungstrakt kann sich ebenfalls einstellen: Verdauungsstörungen, Störungen in der Funktion der Bauchspeicheldrüse (Diabetes). Ein Zustand der Trägheit und des Ausgelaugtseins kann vorkommen.

Diese Farbkombination hilft, wieder mehr Vitalität und Energie ins Leben zu bringen und Lebensfreude zu spüren.

- **Anwendung: Aufgetragen wird das Öl um den gesamten Unterbauch herum, unterhalb des Bauchnabels.**

Besonderheit: Gehört zum Chakra-Set (bezieht sich auf das erste Chakra, das Basis- oder Wurzelchakra).

Balance Nr. 6

Rot über Rot

Quintessenz: Der Christus
Pomander: Dunkelrot oder Rot

1. Wer bin ich?: Ich bin ein Lebensspender. Mein Reservoir an Kraft ist unerschöpflich. Ich liebe das Leben mit jeder Faser meines Seins. Ich bin zutiefst dankbar für die Möglichkeiten, die mein Leben mir hier auf der Erde bietet. Ich entfalte mich voll und ganz – wie eine Rose, die erblüht. Durch mich zeigt sich die Pracht und die Herrlichkeit Gottes. Zum Wohl anderer kann ich mich einer Sache ganz verschreiben, ohne mich jedoch dabei aufzugeben. Ich weiß um meine innere Fülle und daß ich diesen Reichtum an Liebe und Gefühl weitergeben kann. Was ich gebe, wird auch mir gegeben, und so mangelt es mir nie an etwas. Gott gibt mir alles, was ich brauche, und noch vieles mehr. Ich bin erfüllt.

2. Mein Licht: Da ich auf der seelischen Ebene erfüllt bin, habe ich nur wenige Ansprüche auf der materiellen Ebene. Überfluß gebe ich von Herzen weiter an Menschen, die bedürftig sind. Ich helfe aus Liebe zu meinen Mitmenschen und gebe mich dieser Aufgabe ganz und gar hin. Ich habe eine tiefe Verbindung zu Gott, und in Meditation und Gebet suche und finde ich seine Nähe. Dadurch habe ich die nötige Kraft, die mir gestellten Aufgaben mit viel Freude zu erledigen. Ich bin spirituell und doch mit den weltlichen Dingen des Lebens vertraut. Ich bin fest verankert in diesem Leben und scheue mich auch nicht, unter Einsatz körperlicher Arbeit Dienst am Nächsten zu tun. Wer meine Hilfe braucht, wird in mir Unterstützung finden.
Mein Schatten: Spirituell zu sein und dabei mit beiden Füßen auf der Erde zu bleiben, das fällt mir manchmal schwer. Ich kann mich ganz der Welt entrücken und damit vor meinen Auf-

gaben fliehen. Ich schwebe dann über dem Boden und wundere mich über mein mangelndes Durchsetzungsvermögen und meine fehlende Tatkraft. Ich träume von all den guten Dingen, die ich tun will, schaffe es aber nicht, diese Träume in die Realität zu bringen und sie zu verwirklichen. So wächst meine Sehnsucht nach Erfüllung. Ich sehe nicht, daß ich mein körperliches Dasein voll annehmen und das Leben wirklich anpacken muß.

3. Mein Weg: Ich will auf der Erde ankommen, mich voll dem Leben stellen und auf beiden Füßen stabil und sicher stehen. Ich möchte helfen, wo es mir möglich ist. Ich will wieder zu Kräften kommen und meine vorhandene Vitalität aktivieren. Ich vertraue darauf, daß mir alles Nötige gegeben wird, um das zu tun, was ich tun soll. Die Kraft der Liebe, die durch mich fließt, vermag tiefe Wunden zu heilen und neue Wege zu finden – für andere und für mich. Ich sage ja zu meinem Dasein und sage damit auch ja zu Gott. Durch meine Arbeit und meine Liebe zu anderen komme ich Gott näher. Ich lebe, und ich liebe.

4. Ausblick: Ich packe mein Leben an, indem ich mich zuerst besser erde, zum Beispiel indem ich barfuß über eine Wiese laufe und bewußt mit der Erde Kontakt aufnehme. Gartenarbeit, Töpfern, aber auch Kochen oder gewöhnliche Haushaltsarbeiten helfen mir, ganz in der Gegenwart zu sein. Indem ich mich in den Fluß des Lebens gebe und mich nicht in Träumereien flüchte, ermögliche ich mir selbst und damit auch anderen ein erfülltes Leben. Wenn ich mich überwinde und mich dahingehend diszipliniere, meine Lebenskraft sinnvoll und gezielt einzusetzen, werde ich große Freude und Erfüllung spüren. Mir wird gezeigt, was ich tun kann, um mich zu verwirklichen. Ich werde geführt und kann meine Liebe und meine Energie in meinem Leben voll einbringen.

Schattenaspekte auf der Körperebene: Es ist viel Kraft vorhanden, die aber nicht weitergegeben wird beziehungsweise langsam ungenutzt versickert. Dadurch entsteht eine Diskrepanz zwischen der äußeren Erscheinung und dem inneren Sein. Äußerlich sieht es vielleicht so aus, als ob alles glatt verläuft, während innerlich alles brodelt und kurz vor dem Explodieren ist. Es ist also wichtig, genau hinzusehen, ob wirklich ein Erschöpfungszustand oder Müdigkeit vorliegt oder ob dies nur Masken für darunterliegende Anspannungen und Wut sind. Wenn diese Anspannung sichtbar wird und sich entlädt, dann ist dieses Farböl bei der daraus resultierenden Erschöpfung hilfreich. Ein langsames Ausbluten der Lebenskraft ist auch durch fehlerhafte Ernährung oder mangelnde Aufnahmefähigkeit des Körpers möglich; hieraus kann unter anderem Eisenmangel entstehen. Das Zurückhalten der eigenen Kraft kann sich in der unbewußten Verweigerung, sich der Sexualität voll hinzugeben, zeigen. Mangelnde innere Wärme und Energie (vor allem bei älteren Menschen) kann ein ständiges Gefühl von Kälte und Frieren ergeben. Zuviel Hitze auf einmal kann wiederum zu Hautschäden führen. Hier gilt es, eine langsame, stetige und damit auch dauerhafte Erhöhung der Lebensenergie zu erzielen: über Bewegung, Ernährung, Liebe, Nähe.

Diese Farbkombination hilft, wieder Kraft und Ausdauer zu bekommen, um die inneren Visionen in die Tat umzusetzen.

- **Anwendung: Die Fußsohlen eignen sich hervorragend zum Einreiben dieser Farbe, ansonsten auch unterhalb des Hüftbereichs um den ganzen Körper herum.**

Balance Nr. 7

Gelb über Grün

Quintessenz: Hilarion oder Djwal Khul

Pomander: Smaragdgrün

1. Wer bin ich?: Ich bin mit den Naturelementen verbunden. In der Gegenwart von Pflanzen und Bäumen öffne ich mich, bin ich empfänglich für Inspiration und kreative Ideen. Ich habe Zugang zu dem Reich der Elfen, Feen und Devas – der Naturgeister. In mir steckt das Wissen um die Heilkraft der Pflanzen. Durch die Natur spricht Gott zu mir, fühle ich mich eins mit dem Universum. Ich fühle mich lebendig und ausgeglichen. Da ich aus dem Herzen spreche, teile ich mich gefühlvoll mit. Ich bin voller Vertrauen in das Leben und offen für die freudigen, sonnigen Momente, die es mir bietet. Was ich gelernt oder erfahren habe, gebe ich gern an andere weiter. Ich habe ein großes Herz für alle Lebewesen. Ich weiß: Wer die Wahrheit erkennt, erkennt das Licht.

2. Mein Licht: Wie ein alter Baum, der lange, starke Wurzeln hat, trage ich in mir Sicherheit und Stabilität. Meine geistige Kraft ermöglicht mir, viele Zusammenhänge und Mysterien des Lebens zu erkennen. Es ist mir ein Bedürfnis, dieses Wissen zu vermitteln, damit das Licht der Erkenntnis sich in unserer Welt ausbreitet. Ich bin sehr ehrlich und handele stets aufrichtig und nach bestem Gewissen. Herzlichkeit bei allen Taten ist mir wichtig. Meine Lebenseinstellung ist bejahend. Schwierigkeiten, die sich mir stellen, kann ich dank meiner Weitsicht ohne Panik schnell aus dem Weg räumen. Ruhig und sicher treffe ich die richtigen Entscheidungen.
Mein Schatten: Zeitweise komme ich ins Grübeln, und meine Gedankenschleifen engen mich ein. Aus einer Mücke wird dann irgendwann ein Elefant, und ich stehe scheinbar vor einem riesigen, unlösbaren Berg von Problemen. Ich werde dann verzweifelt, unsicher, ängstlich und kann mich nicht entscheiden. Ich habe das Gefühl, mehr aufgeladen zu bekommen als andere und empfinde dies als ungerecht. Mißgunst kommt auf. Ich fühle mich eingeengt, als ob sich mein Herz zusammenschnüren würde. Es kann passieren, daß ich mangelndes Selbstbewußtsein mit Prahlereien und unwahren Geschichten zu kompensieren versuche, um mich so nach außen in einem besseren Licht zu präsentieren.

3. Mein Weg: Ich will der Stimme meines Herzens folgen und mir mehr Raum geben, um das zu tun, was für mich richtig und wichtig ist. Ich freue mich über jede Möglichkeit, die sich mir bietet, mit der Natur in Verbindung zu treten. Dadurch finde ich wieder verstärkt Zugang zu meinem inneren Wissen. Ich traue mir zu, meine Gefühle und Gedanken auszudrücken. Ich habe den Mut, meinen Weg zu gehen, unabhängig von allen äußeren Meinungen. Ich nehme mich ernst und gehe höheren Idealen nach. Ich lasse mich nicht ablenken und spüre eine große Ruhe und Freude in mir.

4. Ausblick: Ich nehme mir die Zeit, um einen Spaziergang in der Natur zu machen. Ruhige, besinnliche Schritte im Schweigen beruhigen meinen Geist, und die Naturkräfte wirken heilend auf mich ein. Gedanken, Intuitionen im Zusammenhang mit der Wirkung der Natur auf den Menschen fließen in mich ein. Es fällt mir leicht, mit den Naturelementen in Verbindung zu treten. Eine Tür öffnet sich in mir, und ich finde den Zugang zu meiner Selbstverwirklichung. Eine große Freude kann in mir aufsteigen. Ich habe den Mut, meine Gefühle auszudrükken und mich zu offenbaren. Ruhig, sicher und voller Dankbarkeit nehme ich die Gelegenheiten, die sich mir nun bieten, an. So wie ich bin, bin ich ganz wahrhaftig.

Schattenaspekte auf der Körperebene: Ständige Grübeleien und das Gefühl, vor unlösbaren Problemen zu stehen, bewirken Streß – auch auf der körperlichen Ebene. Angespannte Nerven und die ständige Sorge, den Anforderungen nicht gerecht zu sein, können Verkrampfungen bewirken. Der subjektive Eindruck, in die Ecke gedrängt zu sein und keinen Ausweg zu finden, kann Beklemmungen auslösen. Flache Atmung kann Kreislaufprobleme bis hin zu Herzrhythmusstörungen bewirken. Das Gefühl nicht genug »Lebensnektar« (= Süße) und Liebe zu erhalten, kann sich in einer latenten Diabetes äußern. Zittriges Auftreten in allen Lebenslagen, in denen es gilt, etwas zu leisten, kann zu erhöhter Unfallneigung mit Knochenbrüchen führen, um aus der prekären Situation hinauskatapultiert zu werden.

Diese Farbkombination hilft dabei, den Sorgenberg abzutragen und mehr Gelassenheit in allem zu erleben.

- **Anwendung: Eingerieben wird das Öl rundum im Bereich über dem Bauchnabel, einschließlich des Brustbereichs.**

Balance Nr. 8

Gelb über Blau

Quintessenz: El Morya
Pomander: Saphirblau oder Königsblau

1. Wer bin ich?: Ich bin von einer ruhigen Zuversicht erfüllt. Tief wie der blaue Ozean und hell wie die leuchtende Sonne ist mein Verstand. Mein Geist führt mich sicher durch die stürmischen Meere des alltäglichen Lebens. Ich glaube an Gott, wie auch immer er sich mir offenbart, und fühle mich dadurch geborgen und sicher. Was auch auf mich zukommen mag – ich bin sicher, daß ich es bewältigen kann. Ich bin offen und kommunikativ, nach außen wie nach innen. Mein Wissen setze ich gezielt zur Entwicklung der Menschheit und deren Wohlergehen ein. Wissen ist eine Kraft, mit der ich liebevoll und umsichtig umgehe. Ich höre und werde erhört.

2. Mein Licht: Ich habe ein gutes Gespür für die richtigen Ziele in meinem Leben und kann daher mit einem ruhigen Gefühl meinen Weg gehen. Die Entscheidungen, die ich für mich und für andere treffe, kann ich einleuchtend erklären und sicher vertreten. Ich nehme mich an, so wie ich bin, und fühle mich wohl in meiner Haut. Ich bin ausgeglichen und lebe in Harmonie mit meiner Umgebung. Ich weiß, »wo ein Wille ist, ist ein Weg«. Heiter und gelassen erlebe ich den Tag. Ich liebe das Leben im Hier und Jetzt. Ich höre auf meine innere Stimme, denn ich habe erfahren, daß sie mich sicher in die richtige Richtung führt.

Mein Schatten: Es gibt Phasen, in denen ich sehr frustriert sein kann, ohne zu wissen, warum. Es ist, als ob eine ständig nörgelnde Stimme in mir mich aus meiner Mitte bringt und mich unsicher und quengelig macht. Ich habe dann das Gefühl, alles falsch zu machen, und trete dann auch kritisch und bestimmend gegenüber anderen Menschen auf. Wie ein Nebel, der sich um meinen sonst klaren Verstand legt, weiß ich nicht mehr, was ich tun soll. Entscheidungen fallen mir schwer, und im nachhinein kommt es mir häufig so vor, als ob sie falsch gewesen sind. Eine diffuse Angst breitet sich aus und läßt mir nur schwer Raum zum Leben. Ich nehme mich selbst nicht ernst und habe das Gefühl, von anderen ebenfalls nicht ernst genommen zu werden. Ich habe Schwierigkeiten, mich klar auszudrücken, und werde dann mißverstanden. Ich verkenne mich selbst und fühle mich verkannt.

3. Mein Weg: Ich will mehr Zuversicht in meinem Leben entwickeln und meinen inneren Impulsen mehr vertrauen. Ich komme besser in Kontakt mit mir selbst und bekomme ein Gefühl dafür, was ich will. Ich will nicht mehr wankelmütig sein, sondern klare Entscheidungen treffen und diese dann einhalten. Ich löse mich von meiner Unruhe und meinen Sorgen und öffne mich für die schönen Seiten des Lebens. Ich will ruhiger werden und mehr im inneren Gleichgewicht leben. Ich verbinde mich mit der Unendlichkeit des Seins und kann so besser in meine Gegenwart finden. Ich rede offen und gern mit anderen. Ich fühle mich frei von Schuldgefühlen und bin dabei, glücklicher zu werden.

4. Ausblick: Mein Leben ist im Gleichgewicht, und ich kann mich auf das ewige Auf und Ab der Welt mit einem sicheren Gefühl im Herzen einlassen. Ich bin entspannt und ruhig. Ich kann meine Zeit gut einteilen und eins nach dem anderen erledigen. Dadurch habe ich mehr Freiraum, um Dinge zu tun, die mir wirklich Freude bereiten. Ich sehe jetzt viel klarer, wo mein Leben hinführt und was mir ein Herzensbedürfnis ist. Ich habe den Mut, die dafür notwendigen Veränderungen vorzunehmen. Ich traue mir zu, meine Wünsche und Empfindungen zu äußern. Ich gehe mehr auf andere Menschen zu und freue mich über die Gelegenheit eines Gesprächs. Ich strahle Zufriedenheit aus.

Schattenaspekte auf der Körperebene: Es ist, als ob einem »eine Laus über die Leber« gelaufen wäre. Die Leber ist unsere zentrale Verarbeitungsstelle für Nährstoffe, die über Essen und Trinken aufgenommen werden, und sie sorgt für die Entgiftung von schädlichen Substanzen, die von außen in den Körper eindringen. Wenn hier Störungen vorliegen, kann es zu Depressionen, Verstimmungen und Niedergeschlagenheit kommen. Störungen in der Aufnahme- und Verarbeitungsfähigkeit des Magen-Darm-Traktes sind dann möglich. Durch die wechselhafte Stimmungslage werden auch die körperlichen Funktionen beeinträchtigt. Der Adrenalinspiegel kann starken Schwankungen unterworfen sein und der Blutzuckerspiegel empfindlich und überreizt reagieren. Auch die Umstellung des Hormonhaushaltes während der Wechseljahre kann betroffen sein. Toxische Substanzen sollten vermieden werden, und auf eine ausgewogene Lebenshaltung wäre zu achten.

Diese Farbkombination will dabei helfen, mehr Lebensfreude zu empfinden sowie Verstand und Gefühl miteinander zu verbinden.

- **Anwendung: Vom Bauchnabel bis zu den Schultern rundherum auftragen.**

Balance Nr. 9

Türkis über Grün

Quintessenz: Hilarion oder Djwal Khul
Pomander: Smaragdgrün

1. Wer bin ich?: Ich bin reich an inneren Bildern. In mir steckt ein kreativer Geist, der voller Visionen ist. Mein Herz ist offen und bereit, die kleinsten Erlebnisse aufzunehmen und künstlerisch zu verarbeiten. Ich habe Zugang zu den höheren Ebenen des Seins. Im schöpferischen Ausdruck erreiche ich mein spirituelles Selbst, gelange ich durch das Tor zur Wahrheit. Ich helfe anderen, den eigenen Weg durch dieses Tor zu finden. Ich spüre, was andere fühlen. Ich gebe gern und von Herzen. Allein in meiner inneren Welt, bin ich dennoch verbunden mit der äußeren Welt. Ich fühle mich grenzenlos. Ich kenne das Gefühl des Verschmelzens, des Einsseins. Ich finde Erfüllung durch den Ausdruck meiner Liebe.

2. Mein Licht: Ich kann meine Empfindungen kraftvoll darstellen – in einem Gemälde, einem Gedicht oder durch das gesprochene Wort. Mein Einfühlungsvermögen, das sich so gestalterisch äußert, hinterläßt einen bleibenden Eindruck. Im Umgang mit der Natur bin ich besonders empfänglich für innere Bilder und Botschaften. Ich fühle eine starke Liebe für alles Lebendige. Ich habe einen siebten Sinn und ein Gespür für das Wesentliche. Durch mich offenbart sich auf einfache Weise der wahre Sinn des Lebens. Ich kenne Kummer und Leid aus eigener Erfahrung, aber mein Herz hat sich deswegen nicht verschlossen, sondern ein tiefes Mitgefühl für das Schicksal anderer hat sich daraus entwickelt. Ich kenne Einsamkeit, aber daraus hat sich kein Rückzug, sondern der Wunsch nach Vereinigung ergeben. Ich habe aus dem Leben gelernt und gebe meine Eindrücke weiter.
Mein Schatten: Durch meine reichhaltige Phantasie besteht die Tendenz, meine eigene Scheinwelt zu schaffen. Die in

meiner Vorstellung empfangenen Bilder entsprechen dann Wunsch-träumen und nicht der Wahrheit. Weil die Realität zu schmerzhaft für mich ist, flüchte ich in eine alternative, schönere innere Welt. Meine Imagination ist so kraftvoll, daß ich fest daran glaube und dies auch glaubwürdig weitergeben kann. Ich bin davon überzeugt, auf dem richtigen Weg zur Selbstverwirklichung zu sein, obwohl ich in einem Tagtraum wandele. Dies schneidet mich von meiner Umwelt ab und erweckt Gefühle der Einsamkeit in mir. Ich vergesse, daß ich nur Zuschauer im Kino bin, und schlüpfe statt dessen in die Rolle des Hauptdarstellers. Ich muß lernen, meine Visionen sinnvoll und nutzbringend in mein Leben zu integrieren, nicht mit ihnen zu verschmelzen.

3. Mein Weg: Ich will mir mehr Zeit und Platz für kreative, gestalterische Aktivitäten einräumen, damit meine inneren Bilder sich nach außen zeigen können. Dann erhalte ich Zugang zu tieferen Aspekten meines Selbst, und mein Lebensweg wird sichtbar. Indem ich mich künstlerisch ausdrücke, gebe ich meinen Visionen eine Form, die es mir ermöglicht, sie in meinen Alltag zu integrieren. Auch andere werden durch meine Ausdrucksweise berührt. Durch schreiben, malen oder sprechen öffnen sich die Tore zu meinem Herzen. Die Energie fließt dann von Herz zu Herz. Ich verbinde mich ganz ehrlich und wahrhaftig mit allem Lebendigen.

4. Ausblick: Ungehemmt fließen Bilder und Eindrücke aus meinem Inneren in mein Bewußtsein. Ich spüre ihre Echtheit, und ich habe den natürlichen Impuls, dies weiterzuvermitteln. Ganz schlicht, aber auf den Punkt gebracht, kann ich die empfangenen Visionen darstellen. In welcher Form dies am besten geschieht, offenbart sich mir durch das Eintreffen entsprechender Gelegenheiten. Ich bin offen für tiefe Gefühle der Liebe und Nähe, und ich spüre, daß ich nur durch die Liebe die Wahrheit finde. Mein Schmerz ist vergangen, es beginnt ein neuer Lebensabschnitt. Ich fließe im Strom der Liebe Gottes.

Schattenaspekte auf der Körperebene: »An einem gebrochenen Herzen leiden« paßt gut zu dieser Farbkombination. Wenn anstelle eines aktiven Lebens viel Zeit damit verbracht wird, passiven Träumereien nachzugehen, wird auch der Kreislauf träge. Gefäßverengungen können eine Folge sein, unter denen auch das Herz in seiner Pumpleistung beeinträchtigt wird. Schmerzen im Brustbereich können darauf hinweisen, daß die wahren »Herzensbedürfnisse« auf der Strecke geblieben sind und nicht entfaltet werden. Auch Erkrankungen im Atmungstrakt können darauf hindeuten, daß hier eine festgefahrene Situation vorliegt. Gute Ansätze werden buchstäblich im Keim erstickt. Das Immunsystem kann geschwächt sein und damit eine erhöhte Infektionsneigung nach sich ziehen.

Diese Farbkombination will dabei helfen, die innere Welt mit der äußeren Realität in Einklang zu bringen.

- **Anwendung: Das Öl wird um den gesamten Brustbereich herum aufgetragen.**

Balance Nr. 10

Grün über Grün

Quintessenz: Hilarion oder Djwal Khul
Pomander: Smaragdgrün

1. Wer bin ich?: Ich bin erfüllt in meinem Dasein. In mir ist ein starkes Gefühl der Stille und der Ruhe. Mein Herz ist weit und offen, und ich gebe meine ganze Liebe weiter. Ich trage hohe Ideale in mir, denen ich auch nachkomme. Ich setze meine Ideen in die Tat um. Ich bin ein Vorbild. Meine Grundeinstellung ist geprägt von Zufriedenheit und Glück, auch wenn die äußeren Umstände nicht immer leicht sind. Ich bin bescheiden und demütig. Ich habe eine tiefe Verbindung zur Natur, die mir Kraft gibt. Ehrlichkeit ist mir wichtig, und ich achte darauf, daß ich wahrhaftig in meinem Ausdruck bin und niemanden enttäusche. Ich arbeite gern für einen guten Zweck und weiß, wo ich helfen kann. Meine innere Kraft enthält die Botschaft: Ich bin.

2. Mein Licht: Ich arbeite daran, die Dinge, die ich mir vorgenommen habe, auch in die Realität umzusetzen. Mit stetigem Schritt verfolge ich meine Ziele, die dem Wohl anderer dienen. Ich bin entschlossen und mutig in meinen Vorhaben und arbeite daran mit Ausdauer und Energie. Dank meiner Kreativität werden auch Routinearbeiten interessant und erfüllend. Ich zeige mich, so wie ich bin, ohne Maske, und habe die Gabe, andere auch so zu sehen, wie sie in Wirklichkeit sind. Ich bin sensibel in meiner Wahrnehmungsfähigkeit. Wenn ich in der Natur bin, komme ich zur Besinnung und empfange Impulse, die mir in meinem Leben weiterhelfen. Ich bin gern und von Herzen für andere da.
Mein Schatten: Es kann passieren, daß ich den Bedürfnissen anderer zuviel Platz in meinem Leben einräume und mich dabei übersehe. Ich verliere mich dadurch auf dem Pfad der anderen und gehe nicht meinen mir vorbestimmten Lebensweg. Schwierigkeiten und Schicksalsschläge in meinem Leben entmutigen mich und geben mir ein Gefühl von Wertlosigkeit. Ich flüchte mich in die Arbeit, um nichts spüren zu müssen. Ich habe nicht mehr genug Zeit, um mich in die Natur zu begeben und wieder zu mir zu finden. Ich verweigere mir selbst den Zugang zu meiner sensiblen und kreativen Seite.

3. Mein Weg: Ich nehme mir mehr Zeit für mich, um die Interessen zu verfolgen, die mir Spaß machen und Erfüllung bringen. Ich habe wieder Hoffnung und neue Ideen, wie ich mein künftiges Leben gestalten kann. Ich will mir selbst Liebe geben, denn erst dann kann ich Liebe wirklich weitergeben. Indem ich mich wieder wertschätze, kann ich ein Gefühl dafür gewinnen, wie es in meinem Leben weitergeht. Es tun sich wunderbare Chancen für mich auf. Ich muß nur achtsam sein und sie annehmen. Ich will mich mehr in der Natur aufhalten, damit ich dort zur Ruhe komme und neue Kraft schöpfe. Gestern war, und morgen ist noch nicht. Nur das Heute zählt, und nur heute kann ich tatsächlich die ganze Fülle, die in mir ist, weitergeben.

4. Ausblick: Ich kenne meinen Platz und meine Aufgabe hier auf der Erde und gehe mit Tatkraft und Energie daran, mich zu verwirklichen. Weil ich sicher bin, daß ich den richtigen Weg gefunden habe, kann ich mit einem wunderbaren Gefühl der Bestätigung und der Freude mein Leben gestalten. Die kreativen Möglichkeiten, die sich mir bieten, sind grenzenlos. Ich bin erfüllt von Liebe. Meine Verbindung zur Natur ist erwacht und bringt mir eine segensreiche Kraft und Ruhe. Ich empfinde die Nöte anderer und kann Linderung und Hilfe geben. Ich habe mein eigenes Leiden hinter mich gebracht und kann jetzt anderen helfen, ihr Leid zu erlösen. Meine Ehrlichkeit und meine Lebenskraft sind ein Ansporn für andere, positive Schritte zur Veränderung ihres Lebens vorzunehmen.

Schattenaspekte auf der Körperebene: Zuviel Arbeit kann einen Erschöpfungszustand bewirken und damit auch die Abwehrkräfte verringern. Eine erhöhte Infektionsneigung ist die Folge sowie eine längere Rekonvaleszenzzeit. Dadurch versucht der Körper, sich eine Zwangspause zu verordnen und aus der Überarbeitung in eine Entspannungs- und Erholungsphase zu gelangen. Mehr Ausgeglichenheit sollte das Ziel sein. Die Nerven können infolge des Dauerstresses überspannt und angegriffen sein. Schlafstörungen können sich einstellen. Muskelverhärtungen spiegeln die angespannte Lage wider. Auch Kreislaufprobleme können eine Folge der Überforderung sein. Diese Farbkombination wirkt entzündungshemmend und hilft bei der Genesung nach Operationen.

Die Farbkombination ist eine Hilfe, um den eigenen Bedürfnissen und Wünschen mehr Raum zu geben.

- **Anwendung: Das Öl wird um den Brustbereich herum aufgetragen.**

Balance-Nr. 11

Klar über Rosa

Quintessenz: Lady Nada oder Orion und Angelika
Pomander: Rosa

1. Wer bin ich?: Ich bin erfüllt von der zarten Schwingung der Liebe. Ich bin frei von Erwartungen und Bedingungen und nehme mein Leben so an, wie Gott es will. Ich fließe im Strom der Liebe, und wie ich gebe, so empfange ich. Mein ganzes Tun ist getragen von dem intensiven Wunsch, zu helfen und zu heilen. Was ich tue, tue ich mit Liebe, und ich kenne den Zustand der Glückseligkeit.

Die Kraft der Liebe in mir überwindet alle Hindernisse, alles Leid. Ich sehe die Unschuld in anderen und in mir. Weil ich mitfühle und verstehe, vergebe ich mir und anderen. In der Vergebung liegt die Heilung. Sanft umarme ich mit meiner Liebe die Welt, einschließlich mich selbst. Mit leichten, aber sicheren Schritten gehe ich meinen Weg, getragen von Zuversicht und meinem Glauben an Gott.

2. Mein Licht: Ich fühle mich gut. Ich liebe mich, so wie ich bin, und weiß auch, daß ich geliebt werde. Dadurch bin ich in der Lage, andere auch so zu lieben, wie sie sind. Denn egal wie sie sich mir gegenüber verhalten, ich ruhe sicher in meiner Mitte. Durch mein Gefühl der Liebe bin ich stark, habe ich die Klarheit zu sehen, wo und wie ich diese Liebe weitergeben kann. Ich habe viel Energie, die sanft und zärtlich in Erscheinung tritt. Bei allem, was ich tue, ob bei der Arbeit oder beim Spielen, bin ich mit ganzem Herzen und mit vollem Einsatz dabei. Ich weiß, daß das höchste Gut, das wir haben, die Liebe ist. Ich bin behutsam und fürsorglich. Das Leben ist lebens-

und liebenswert, und es gibt keine Schwierigkeiten, die nicht überwunden und erlöst werden könnten.

Mein Schatten: Es kann Situationen in meinem Leben gegeben haben, in denen ich an Leib und Seele erlebt habe, wie meine sanfte, liebevolle Ausstrahlung mit Hieben bestraft wurde. Je mehr ich versucht habe, meine Liebe zu zeigen, desto mehr Mißachtung habe ich mir eingehandelt. Irgendwann habe ich dann geglaubt, daß ich nicht mehr liebenswert bin. Deswegen tendiere ich dazu, schlecht mit mir selbst umzugehen. Weil ich mich nicht liebe, traue ich auch niemand anderem zu, mich zu lieben. Es sind Gefühle der Hoffnungslosigkeit und des tiefen Kummers in mir, die mir viel Kraft rauben. Damit ich diesen Schmerz nicht spüre, kann es auch sein, daß ich mir genau das Gegenteil vormache. Ich glaube, von spiritueller, bedingungsloser Liebe erfüllt und erleuchtet zu sein. Doch mein Herz ist dabei nicht beteiligt, weil sonst die Wunde des früher erlebten Ungeliebtseins wieder aufreißen könnte.

3. Mein Weg: Schritt für Schritt lerne ich wieder, mich selbst zu lieben. Ich akzeptiere die traurigen Momente in meinem Leben, aber ich finde wieder Zugang zu den schönen Seiten meines Daseins, und ich fördere sie, wo ich nur kann. Indem ich wieder eine gute, liebevolle Verbindung zu mir selbst aufbaue, kann ich mich nach außen öffnen. Ich finde Anerkennung, Bestätigung und Liebe. Ich komme zu Kräften. Ich finde meine Zuversicht und lache wieder. Indem ich mich von meiner Selbstverurteilung erlöst habe, kommt mein Leben wieder ins Fließen. Es ist schön, zärtlich und sanft zu mir selbst und anderen zu sein.

4. Ausblick: Ich habe die wunderbare Gelegenheit, Menschen zu helfen. Egal, was ich tue – wenn ich es mit Liebe tue, springt ein heilender Funken auf andere über. Die Kraft meiner Liebe ist geboren aus meinem eigenen überwundenen Leid. Ich leide nicht mehr, ich liebe. Aber ich kenne das Leid, und um so tiefer strahlt mein Mitgefühl aus. Voller Sanftmut und Zartheit sendet meine Seele ihr Licht in die Welt hinaus. Gott liebt mich ganz und gar so, wie ich bin, und ich kann diese Liebe annehmen und in mein Herz holen. Jeder Tag gibt mir eine Fülle von Gelegenheiten, diese Liebe zu zeigen und anzunehmen. Ich erlebe, was es heißt, von Herzen glücklich und erfüllt zu sein.

Schattenaspekte auf der Körperebene: Wenn der seelische Schmerz nicht direkt ausgedrückt werden kann, ist es möglich, daß er sich über den Körper bemerkbar macht. Es entstehen dann Krankheitssymptome scheinbar ohne äußere Ursache. Wenn es an Selbstliebe mangelt, wenn der weibliche Anteil unbewußt abgelehnt wird, dann kann es zu Problemen im Bereich der Fortpflanzungsorgane kommen. Dies gilt vor allem für Frauen bezüglich der Menstruation. Auch der Hormonhaushalt kann betroffen sein. Bei Kindern, die nach innen gehen, weil die äußere Welt zu belastend für sie ist, kann es zu Ohrenschmerzen und anderen Beschwerden in diesem Bereich kommen. Der Anteil »Klar« der oberen Hälfte dieser Farbölkombination hilft bei Entgiftungs- und Reinigungsprozessen im Körper.

Diese Farbkombination unterstützt dabei, sich für das Thema Liebe auf konstruktive Weise zu öffnen.

- **Anwendung: Das Öl kann je nach Bedarf rund um den Unterleib eingerieben werden sowie rund um den gesamten Oberkörper.**

Balance Nr. 12

Klar über Blau

Quintessenz: El Morya
Pomander: Saphirblau oder Königsblau

1. Wer bin ich?: Ich bin im Einklang mit meinem höheren Selbst, das mir durch meine innere Stimme sagt, was ich tun und wohin ich gehen soll. Es ist, als ob ich sicher durch mein

Leben geleitet werde. Es ist mir klar, daß Gott lenkt und ich loslassen und geschehen lassen muß, um Zufriedenheit und Erfüllung in mein Leben zu bringen. Weil ich in die Stille gehe und auf meine innere Führung höre, habe ich die Gewißheit, das Richtige zu tun. In mir ist ein Gefühl der Klarheit und der Transzendenz. Das Leben offenbart sich mir von seiner lichtvollen Seite. Ich fühle mich verbunden mit allem Lebendigen. Ich bin feinfühlig und sensibel. Was ich in mir spüre, kann ich gefühlvoll und verständlich ausdrücken.

2. Mein Licht: Meine Ideen, Pläne und Gefühle kann ich kreativ und eindringlich kommunizieren. Ich habe eine sensible Wahrnehmungsfähigkeit, die mir ein Gespür für die nächsten Schritte in meinem Leben gibt. Wenn ich mich auf mein inneres Gefühl verlasse, fließt mein Leben in die richtigen Bahnen. Diese Bestätigung gibt mir wiederum innere Sicherheit und eine ruhige Ausstrahlung. Allein durch diese friedliche Energie, die mich umgibt, kann ich Klarheit und Beruhigung in disharmonische Situationen bringen. Ich empfinde sehr tief und sehr bewußt, was mir ein intensives Lebensgefühl schenkt. Ich nehme an, was das Leben mir bietet, und gebe es gern weiter.
Mein Schatten: Gefühle der Einsamkeit und Verlassenheit können mir den Boden unter den Füßen weggezogen haben. Vielleicht haben sich meine Eltern getrennt, als ich noch ein Kind war, oder keiner hatte Zeit, mir richtig zuzuhören. Jedenfalls war mein Kummer groß, aber ich habe ihn für mich behalten; niemand hat davon gewußt. Seitdem behalte ich viele meiner Gedanken und Gefühle für mich. Es ist besser, nicht zuviel zu fühlen, denn es kann sonst weh tun. Deswegen höre ich nicht auf meine innere Stimme und denke, daß mein Verstand mein Leben besser regeln kann. Das Loslassen und Zur-Ruhe-Kommen fällt mir sehr schwer.

3. Mein Weg: Ich will das ernst nehmen, was mein Bauchgefühl mir sagt. Ich will mich mehr auf meine Intuition verlassen und weniger auf die Meinungen anderer. Ich finde Zeit, um dem

Alltagsstreß zu entfliehen und in der Ruhe zu mir zu kommen – und damit auch in die Stille zu gehen und zu hören, was mir meine innere Stimme sagt. Das Durcheinander der Vergangenheit löst sich auf, und ich sehe wieder klarer, wie mein Leben weitergeht. Ich komme endlich mit mir selbst ins reine und fühle mich dadurch einfach gut. Ich regele nicht mehr alles über meinen Verstand, sondern vertraue darauf, daß ich geführt werde. Das Leben bietet mir im Moment viele Chancen zur Selbstentfaltung; ich muß sie nur wahrnehmen.

4. Ausblick: Ich kenne meinen Weg und meine Aufgabe im Leben. Über den inneren Dialog oder durch das Schreiben eines Tagebuchs stehe ich in Kontakt mit den höheren Aspekten meines Selbst. Die Führung, die ich von innen heraus erhalte, ist ganz klar und zeigt mir verläßlich, was ich zu tun habe und wie ich mich verhalten soll. Ich bin ganz entspannt und zufrieden mit meinem Leben. Ich bin gern mit anderen Menschen zusammen und habe jetzt das Gefühl von »Gemeinsam sind wir stark«. Ich sehe die schönen Seiten des Lebens von einem ganzheitlichen Standpunkt. Ich bin offen für alles, was ich täglich erlebe.

Schattenaspekte auf der Körperebene: Wenn die eigene Sensibilität kein Ventil findet und Gedanken und Gefühle heruntergeschluckt werden, kann sich eine Blockade im Halsbereich ergeben. Vor allem bei Kindern können schon sehr früh wiederholt Mandel- und Halsentzündungen auftreten. Aber auch im Erwachsenenalter sind Probleme im Halsbereich ein Zeichen dafür, daß wir mit der Kommunikation, vor allem von unseren eigenen Emotionen, Schwierigkeiten haben. Das kann bis zu versteckten Depressionen gehen, die unter einer Maske von Fröhlichkeit liegen.

Diese Farbölkombination hilft, Gefühle wahrzunehmen und sie auch an die Außenwelt weiterzugeben.

- **Anwendung: Das Öl wird um den Hals herum aufgetragen.**

Balance Nr. 13

Klar über Grün

Quintessenz: Hilarion oder Djwal Khul
Pomander: Smaragdgrün

1. Wer bin ich?: Ich bin ein Teil des Ganzen. Nur in der Gemeinschaft verbinden wir uns mit dem Einssein. Alles im Leben hat seinen Platz. Ich habe meinen Platz in dieser Welt erkannt und verfolge ohne Umwege und in aller Aufrichtigkeit meine Ziele. Wer mir auf meinem Weg folgen möchte, ist herzlich willkommen. In jedem Moment tun sich neue Möglichkeiten, neue Chancen auf. Mein Leben ist Teil eines ewigen Kreislaufs des Seins. Die Natur ist mir ein Vorbild, und durch sie empfange ich neue Energie und regeneriere mich. Ich erkenne das Potential, das in jedem von uns steckt. Mein Verstand ist wach, mein Geist ist klar. Ich spüre instinktiv, was richtig und was falsch ist, denn ich empfinde aus meinem Herzen heraus.

2. Mein Licht: Ich habe den Mut und das Vertrauen, neue Wege zu gehen und Neuland zu erkunden. Andere haben es dann leichter, nach mir diesem Pfad zu folgen. Ich bin neugierig, was das Leben mir zu bieten hat, und ich schaue gern hinter die Kulissen. Alles ist spannend, und ich habe die Gabe, mich ganz im jeweiligen Moment mit dem einzulassen, was mich interessiert. Bei all meinen Taten bin ich mit ganzem Herzen dabei, und ich habe eine große Achtung und Liebe für die Lebenszyklen, einschließlich meiner eigenen. Die unendliche Fülle der Natur gibt mir Inspiration und Ruhe. Ich handle behutsam und mit Liebe. Ein Gefühl der Sicherheit und Klarheit begleitet mich bei all meinen Handlungen.
Mein Schatten: Es kann sein, daß in meiner familiären Umgebung scheinbar Fehlentscheidungen getroffen worden sind, unter denen ich dann zu leiden habe. Diese negative Erfahrung kann ich nicht vergessen, und ich habe deswegen Angst vor

neuen Entscheidungen oder vor Veränderungen. Lieber bleibe ich da, wo ich bin, denn so weiß ich, was ich habe. Ungewisse Situationen, deren Ausgang ich nicht abschätzen kann, erzeugen in mir Unbehagen. Ich habe das Gefühl, dumm zu sein, weil ich einmal aus meiner Sicht einen Fehler gemacht habe. Ich fixiere mich auf Einzelheiten und verliere den Überblick. Die Kräfte der Natur machen mir angst, denn auch sie sind unberechenbar.

3. Mein Weg: Ich will meinem Leben eine sinnvolle neue Richtung geben. Ich lasse los von vergangenen Erfahrungen und bin offen für Neues. Ich bringe Ordnung in mein Leben und sorge damit auch für mehr Klarheit. Das gibt mir den notwendigen Freiraum, um neue Ideen umsetzen und Dinge zu tun, die ich schon immer tun wollte, aber aus verschiedenen Gründen nie verwirklichen konnte. Ich gehe in die Natur, um besser mit meiner Intuition in Kontakt zu kommen. Ich kann jetzt meine Gefühle zeigen und sagen, was mich berührt. Das Leben ist vielfältig, und es eröffnen sich immer neue Möglichkeiten. Ich will leben und lebendig sein.

4. Ausblick: Ich beginne einen neuen Lebensabschnitt. Das Vergangene ist beendet, und das Neue begrüße ich freudig und mit offenen Armen. Viele Probleme habe ich gemeistert und viele seit langem aufgeschobene Dinge erledigt. Ich stecke nicht mehr im Morast meines Lebens fest, sondern schreite voran. Meinen Emotionen kann ich vertrauen; sie zeigen mir, wo und wie ich weiterkomme. Endlich kann ich aufatmen, bin ich frei für neue Erfahrungen. Ich vertraue darauf, daß ich jetzt das erlebe, was genau richtig für meine eigene Entwicklung ist. Durch mein Beispiel mache ich anderen Mut, ebenfalls Erneuerung in ihr Leben zu bringen. In Verbindung mit der Natur blühe ich auf und spüre eine tiefe Dankbarkeit.

Schattenaspekte auf der Körperebene: Die Angst vor Veränderung und Bewegung wird häufig auf der körperlichen Ebe ne im Bereich der Atmungsorgane sichtbar. Heuschnupfen und Asthma setzen Grenzen und schränken den Bewegungsfreiraum deutlich ein. An der frischen Luft zu spielen, laufen, hüpfen und springen wird vor allem in den Sommermonaten zu einem Risiko. In den Wintermonaten können dann vermehrt grippale Infekte oder Entzündungen im Bronchialbereich ein Mittel zum Zweck sein, sich in den eigenen vier Wänden zu verschanzen. Menschen, die an Heuschnupfen oder Asthma leiden, sind auch häufig Opfer von weiteren Allergien. Hautausschläge oder Nahrungsmittelallergien schränken den Lebensraum noch mehr ein. Auch Rückenschmerzen zwingen zur Ruhe und eignen sich als Ausrede, um die eigene Unbeweglichkeit zu entschuldigen.

Diese Farbkombination hilft dabei, der Intuition zu folgen und weise Entscheidungen, die der weiteren seelischen Entwicklung dienen, zu treffen.

- **Anwendung: Dieses Farböl wird um den gesamten Brustbereich herum aufgetragen.**

Balance Nr. 14

Klar über Gold

Quintessenz: Lady Portia

Pomander: Gold

1. Wer bin ich?: Ich bin ein funkensprühender Lichtstrahl voller Lebensfreude. In mir liegt eine Quelle allumfassenden Wissens, liegt die Erkenntnis der kosmischen Ordnung und unseres Ursprungs. Lebendigkeit und Tatendrang erfüllen mich. Klarheit und geistige Präsenz kennzeichnen mein Handeln. Die Weisheit in mir durchdringt meinen Körper, meinen Geist, meine Seele. Ich genieße das Leben aus vollen Zügen. Ich bin das Leben. Wenn ich um Rat gefragt werde, kommt die Antwort tief aus meinem Inneren. Wo Streit und Trübsal herrschen, sorge ich mit meiner Klarheit und meinem Wissen wieder für Harmonie und Frieden. Ich habe Zugang zu den geistigen Gesetzen und nutze ihre Kraft, um Freude und Licht in die Welt zu bringen.

2. Mein Licht: In jedem Moment bin ich mir bewußt, was ich tue. Der Tag bietet mir eine Fülle von Herausforderungen, die ich erfolgreich meistern kann. Ich lasse mich auch durch widrige Umstände nicht unterkriegen. Ich habe den Mut, ungewöhnliche Wege zu gehen, und ich weiß, daß ich am besten mit kleinen, beständigen Schritten ans Ziel komme. Ich gewinne leicht einen realistischen Überblick über Situationen und kann so gut einschätzen, was ich bewirken kann und wo meine Grenzen liegen. Mein ausgeglichener, wacher Charakter, meine Flexibilität sowie die Summe meiner Erfahrungen lassen mich auf der Sonnenseite des Lebens gehen. Ich empfinde eine tiefe Freude über das Leben und was es mir bietet. Dieses Lebensgefühl vermittele ich glaubwürdig weiter.
Mein Schatten: Es kann sein, daß ich Selbstzweifel hege und deswegen nur schwer Zugang zu dem mir inneliegenden Optimismus finde. Ich habe das Gefühl, daß mein Leben schiefläuft und mir nichts so recht gelingen will, egal wie sehr ich mir Mühe gebe. In meinem Kopf dreht sich ein Gedankenkarussell, und so wird jede noch so banale Situation zu einer Überlebensfrage. Diverse diffuse Ängste begleiten mich und hindern mich daran, mein Leben zu genießen. Ich weiß, daß ich fähig bin, aber ich traue mich nicht nach vorn. Ich sehe das Potential, aber ich kann es nicht greifen. Ich habe das Gefühl, daß mein Leben so nicht in Ordnung ist und mehr Klarheit braucht.

3. Mein Weg: Ich will die Sonne wieder in meinem Leben scheinen lassen. Die Sorgen, die mein Bewußtsein trüben, lösen sich auf, weil ich mir zutraue, die Lösung zu wissen. Schlechte Erfahrungen in der Vergangenheit haben nichts mit meiner jetzigen Fähigkeit zu tun, Probleme weise und sinnvoll zu lösen. Ich kann wieder klarer sehen, was zu tun ist, um weiterzukommen. Erfolgreich kleine Schritte zu bewältigen stärkt mein Selbstvertrauen und macht mich immer offener für ein positives Lebensgefühl, das sich warm und wohlig in mir ausbreitet und mich ganz und gar erfüllt. Ich finde wieder Gründe, zu lachen und mich zu freuen.

4. Ausblick: Es geht mir richtig gut. Aus meinem tiefsten Inneren heraus spüre ich Zufriedenheit. Meine Ausstrahlung wirkt anziehend. Ich freue mich über meine Vitalität und die Wunder, die das Leben mir bietet. Ich habe Zugang zu der geistigen Welt, aus der ich echte Inspiration erhalte. Ich bin durch einen klärenden Prozeß gegangen und ernte nun die Früchte meiner Arbeit. Ich traue mir eine Menge zu, aber nur so viel, wie ich auch wirklich bewältigen kann. Indem ich meine Angst überwunden habe, kann die Liebe jetzt von innen nach außen und von außen nach innen strömen. Das Leben ist einfach schön.

Schattenaspekte auf der Körperebene: Während in der christlichen Welt die Freude ihren Sitz im Herzen hat, ist sie für Anhänger des Buddhismus im Bauch, in unserer Mitte, zu finden. Die Farbe Gold, die dem Solarplexus, also der Leibmitte zugeordnet wird, hat viel mit der Heilung von Furcht zu tun. Ängste können sich über einen nervösen Magen bemerkbar machen, und es kann zu Schwierigkeiten im Verdauungssystem kommen. Um die innere Unruhe zu besänftigen, kann der Griff nach Süßigkeiten zur Gewohnheit werden und damit eine Überlastung der Bauchspeicheldrüse nach sich ziehen. Schlechte Ernährungsgewohnheiten können die Leber überlasten und schwächen. Das Gefühl, keine Kontrolle über die eigenen Lebensumstände zu haben, zu schwach zu sein, um etwas zu bewirken, kann sich in einer Unterfunktion der Verdauungsorgane niederschlagen. Es fehlen Antrieb und Kraft.

Diese Farbkombination hilft dabei, die Angst loszulassen und ein tiefes Gefühl der Freude ins Leben zu holen.

- **Anwendung: Aufgetragen wird das Öl um die Bauchmitte herum, etwas oberhalb des Bauchnabels.**

Balance Nr. 15

Klar über Violett

Quintessenz: St. Germain
Pomander: Violett

1. Wer bin ich?: Ich bin mir meiner spirituellen Seite bewußt. Tief in mir ruht mein Glaube an Gott. Ich fühle mich verbunden mit der Engelwelt. In der Stille höre ich meine innere Stimme, die mich durch mein Leben lenkt und mich in meiner Arbeit inspiriert. Es steckt viel Kraft in mir; eine Kraft, die, falls nötig, in der Lage ist, Berge zu versetzen. Meine Spiritualität lasse ich in meinen Alltag einfließen. Es ist mir wichtig, in Liebe und mit Toleranz und Güte zu denken zu und handeln. Ich weiß um Schmerzen, Leid und Versuchung, aber ich habe erkannt, daß nur in der Vergebung die Erlösung zu finden ist. Mein tiefes Verständnis, meine Sensitivität und meine Energie sind heilend für mich und andere, und mir wird klar gezeigt, wo ich diese Gaben einsetzen kann. Weil ich heil bin, heile ich. Weil ich heile, bin ich heil.

2. Mein Licht: Ich habe ein ausgeprägtes Gespür für die Ursachen von Schmerzen, sei es auf der körperlichen oder auf der psychischen Ebene. Intuitiv weiß ich, woher sie stammen und wie sie erlöst werden können. Wege der Heilung eröffnen sich mir vor meinem inneren Auge. Die Energie, die ich brauche, um das Gesehene zu verwirklichen, ist in mir. So kann sich das dunkle Leid auflösen und wieder eine reine, helle Kraft einfließen. Sehr behutsam und feinfühlig gehe ich mit diesen Ga

ben um. So wie ich anderen helfe, wieder ganz zu werden, so helfe ich auch mir selbst, die Wunden der Vergangenheit endgültig – und ohne Narben zu hinterlassen – auszuheilen. Das Geben und Nehmen der heilenden Kraft der Liebe geschieht im gleichen Atemzug und bringt Licht, wo vorher Dunkelheit war. Ich liebe das Licht.
Mein Schatten: Es kann passieren, daß ich so tief in den Schmerz und in die Dunkelheit des Leidens hinabsteige, daß ich nicht mehr wieder herauskomme. Ich bin wie gefangen in einer tiefen, unerlösten Trauer. Wie in tausend Stücke zerrissen, fühle ich mich weit weg von der Einheit; so sehr ich es möchte, ich finde einfach nicht zu einer Leichtigkeit des Seins. In dem selbsterschaffenen fensterlosen Gefängnis versuche ich, mich irgendwie ruhigzuhalten: durch essen, trinken, rauchen, arbeiten, fernsehen usw. Denn schließlich, so mein subjektives Gefühl, muß ich meine Zeit absitzen. Dabei bin ich so mit mir und meinem Elend beschäftigt, daß ich nicht bemerke, daß die Tür schon längst offensteht und ich nur aufzustehen und ins (Tages-)Licht zu gehen brauche.

3. Mein Weg: Ich will loslassen von meinem alten Schmerz und wieder ganz werden. Ich will nicht mehr grübeln, sondern klar erkennen, was ich tun soll, und es dann in die Hand nehmen. Was ich intuitiv spüre, das setze ich in die Tat um. Dadurch, daß ich nicht mehr soviel leide, kann ich wieder Verbindung mit meiner göttlichen Führung aufnehmen. Meine Spiritualität erwacht. Das Leben dreht sich nicht mehr nur um mich allein, sondern mein Wirkungskreis dehnt sich erheblich nach außen hin aus und schließt andere mit ein. Ich will helfen, das Leid in dieser Welt zu lindern. Ich entwickele mich in eine neue, höhere Bewußtseinsstufe hinein.

4. Ausblick: Ich lebe in der Gegenwart, denn die Wunden der Vergangenheit sind endgültig verheilt. Im Hier und Jetzt geschehen die Veränderungen und das Wunder der Heilung. Mein spirituelles Bewußtsein entfaltet sich wie eine Rose und verbreitet sein Licht in und um mich. Die trüben Nebel meines Alltags haben sich in strahlende Helligkeit gewandelt. Ich umfasse das Leben mit beiden Händen und gebe meine heilende Kraft hinein. Ich bin wertvoll und der Liebe wert. Ich helfe, wo ich gebraucht werde, und ich lasse mir helfen, wenn ich es brauche. Ich liebe (mich).

Schattenaspekte auf der Körperebene: Das subjektive Gefühl der Gefangenschaft kann sich im Körper in verschiedenen Formen manifestieren, sich aber vor allem im neuralgischen Bereich ausdrücken. Migräneanfälle oder Kopfschmerzen können das Leben zur Hölle machen und den Rückzug in ein abgedunkeltes Zimmer fordern. Ausfälle in Form von Epilepsie zwingen aus Angst vor weiteren Anfällen zum Rückzug aus der Öffentlichkeit. Aber auch Suchtverhalten kann eine innere Verweigerung spiegeln; es besteht eventuell sogar eine selbstzerstörerische Tendenz.

Diese Farbkombination will den Weg zu Liebe und Annahme aller Eigenschaften der eigenen Person in der Gegenwart aufzeigen und aus der Gefangenschaft von Selbstvorwürfen und Selbsthaß befreien.

- **Anwendung: Das Öl wird um den Kopf am Haaransatz herum aufgetragen.**

Balance Nr. 16

Violett über Violett

Quintessenz: St. Germain
Pomander: Violett

1. Wer bin ich?: Ich bin sowohl mit der Erde als auch mit dem Himmel verbunden. Ich bin fest verwurzelt mit der Energie von Mutter Erde, und mit meiner Seele habe ich die himmlische

Verbindung zu Gott. Seit Beginn der Zeit trage ich dieses Wissen in mir. In der Vereinigung beider Teile liegt meine Erfüllung. Durch mich fließt eine heilende Kraft. Ich erhalte auf allen Ebenen Schutz und Führung. Die reine, bedingungslose Liebe heilt alle Wunden. Ich bringe Heilung auf allen Ebenen und vermittele die Hoffnung eines neuen Lebens. Nur in der Bereitschaft, alles aufzugeben, liegt die wahre Hingabe, in der wiederum die wahre Fülle liegt. Mit meiner Kraft und meinem Bewußtsein zeige ich anderen den Weg. Aus der Polarität wird die Einheit. Deswegen bin ich hier.

2. Mein Licht: Die Erfahrungen meines Lebens haben mir gezeigt: Entweder verändere ich mein Bewußtsein und gehe einen neuen Weg, oder ich verliere mich. Ich habe mich für eine Wandlung entschieden und zeige damit anderen, daß es möglich ist, negative Ereignisse in eine positive Erfahrung umzuwandeln. Um zu verstehen, muß ich fühlen, und um zu fühlen, muß ich erfahren. Nur so wächst wirkliches Verständnis. Ich begleite andere auf ihrem Lebensweg, wohin er auch führen mag. Ich bin ein Beispiel, wie Heilung sich manifestieren kann. Durch meine eigene Heilung kann ich anderen auch zur Heilung verhelfen. Ich stelle meine Wünsche und Vorstellungen in den Hintergrund und weiß, daß ich das erhalte, was ich brauche. Ich tue Gottes Wille.

Mein Schatten: Es kann Zeiten geben, in denen ich ohne Anhaltspunkte umherirre. Meine Kindheit war vielleicht lieblos oder schwierig, und ich habe wenig Liebe oder Förderung erhalten. Daraus ist in mir die Überzeugung gewachsen, daß ich kein guter Mensch bin, und ich habe angefangen, mich zu hassen. Der harte Überlebenskampf hat mir den Lebensmut genommen. Ich verliere meine Kraft und weiß nicht mehr, wozu ich überhaupt hier bin. Das Leben erscheint mir als eine einzige Serie von Prüfungen und Überwindungen und macht mir keinen Spaß mehr. Ein unbewußter Teil von mir weiß um meine spirituelle Seite, und der Schmerz, den ich empfinde, ist um so stärker. Es wird mir alles zuviel. Ich bin dabei aufzugeben.

3. Mein Weg: Ich will mich lieben lernen, will alle negativen Programmierungen der Vergangenheit loslassen und ganz neu anfangen.

Ich bin einzigartig und wunderbar, so wie ich bin. Gott liebt mich, so wie ich bin. In dieser Erkenntnis liegt eine unendliche Heilkraft. Kommt sie zum Fließen, kann ich endlich an die Liebe glauben. Liebe ist eine gigantische Kraft, die von einem Moment zum nächsten transformiert. Ich werde geliebt. Ich liebe mich. Wie eine Erlösung ist diese Erkenntnis. Sie bahnt den Weg für einen Neuanfang und schenkt Heilung. Ich will leben, um zu helfen. Darin liegt meine Erfüllung.

4. Ausblick: Ich widme mich Gott. Was sein Wille ist, ist mein Wille. Ich bin zu höherem Bewußtsein erwacht und weiß, daß ich Liebe geben will, wo ich nur kann. Die Gelegenheiten dazu erhalte ich. Ich lausche in mich und diene. Ich war ganz unten, jetzt habe ich mich aufgeschwungen. Die Schwingen der Liebe tragen mich. Ich trage andere. Ich liebe, und ich werde geliebt. Die Intensität dieser Liebe überwindet alle Hindernisse. Es gibt keine Grenzen. Dennoch lebe ich in dieser Welt, erledige meine Aufgaben und tue, was ich zu tun habe – aber immer getragen von dem inneren Wunsch, anderen die Heilung zu geben, die mir selbst gegeben wurde. Mir wurde die Hand gereicht, und ich reiche anderen die Hand. Ich verneige mich in tiefer Liebe vor dem Leben.

Schattenaspekte auf der Körperebene: Der innere Schmerz, der aus einem harten, erbarmungslosen Lebenskampf resultiert, zeigt sich auch in Form von körperlichen Schmerzen. Der Bereich, der häufig am schmerzempfindlichsten ist, ist der Kopfbereich. Rasende Schmerzen sind hier keine Seltenheit. Kopfschmerzen, Migräne, Zahnschmerzen, Nervenbahnentzündungen oder Ohrenschmerzen können bis an den Rand des Wahnsinns bringen oder lebensmüde machen. Der Schmerz raubt den Schlaf und läßt einfach nicht zur Ruhe kommen. Das Gefühl, keine Linderung zu erhalten und einem erneuten Kampf, diesmal auf der körperlichen Ebene, ausgesetzt zu sein, läßt Resignation und Depression aufkommen.

Diese Farbkombination will helfen, aus dem Teufelskreislauf von Schmerz und Resignation herauszukommen.

- **Anwendung: Das Öl wird am Kopf um den Haaransatz herum aufgetragen.**

Balance Nr. 17

Grün über Violett

Quintessenz: St. Germain
Pomander: Violett

1. Wer bin ich?: Ich bin ein Sucher nach dem Sinn des Lebens. Ich bin bereit, in die tiefsten Täler und auf die höchsten Berge zu steigen, um der Wahrheit zu begegnen. Wer suchet, der findet, und so offenbaren sich mir die sonst verborgenen Pfade des Lebens. Ich habe inneren Zugang zur Esoterik und kann mein Verständnis dafür anderen vermitteln. Meine Intuition und mein Intellekt arbeiten zusammen und geben mir Orientierung, wie und wo ich mein Wissen einbringen kann. Ich habe ein Gespür für die wahren Bedürfnisse anderer und kann geben, was zur Heilung gebraucht wird. Ich liebe das Leben mit seiner wunderbaren Vielfalt. Ich mache den Weg frei, damit das Licht sichtbar wird.

2. Mein Licht: Ich lerne aus den Erfahrungen meines Lebens viel dazu und führe Veränderungen herbei, die mich in neue Richtungen bringen. Ich habe Verbindung zu meiner spirituellen Seite und integriere dies in meinen Alltag und in meinen Beruf. Ich fühle mich sehr bereichert und gebe gern von dieser Fülle ab. In mir sind Leidenschaft und Liebe, und ich bringe diese Qualitäten ein, um aus der Tiefe meines Herzens zu spre-

chen und zu handeln. Dadurch kann ich andere aus dem Tiefschlaf eines dumpfen Daseins wachrütteln. Ich bringe Menschen, die sich entfremdet haben, wieder in Liebe zusammen. Ich verbinde. In der Natur finde ich Erholung und kann besonders gut Zugang zu meinem inneren Selbst finden.
Mein Schatten: Es kann Situationen gegeben haben, in denen meine Großzügigkeit und meine Fähigkeiten mißbraucht worden sind und ich mich sehr verletzt fühlte. Ich habe nun Angst, daß dieses Trauma sich wiederholen könnte, und traue mich nicht mehr, mit meinen Erkenntnissen und Gefühlen offen zu sein. Da dies aber nicht meiner wahren Natur entspricht, fühle ich mich durch meinen Rückzug niedergeschlagen oder sogar depressiv. Ich gehe nicht mehr aus mir heraus und ziehe mich in meine vier Wände zurück. Die Weite der Natur ist mir unbehaglich. Ich mache dicht und kann auch keine Hilfe annehmen.

3. Mein Weg: Ich will die Ängste und Unsicherheiten, die ich aus vergangenen Erfahrungen mit mir schleppe, erlösen. Ich erhalte Gelegenheiten, alte seelische Verletzungen zu heilen. Ich finde wieder Zugang zu meiner inneren Führung, und der Wunsch, mehr Spiritualität in mein Leben zu bringen, erwacht. Ich will mehr in die Natur gehen, weil ich spüre, daß ich mich dort regenerieren und mit frischen Ideen motivieren kann. Ich öffne mich und habe Vertrauen, daß ich meine innersten Gefühle und Gedanken äußern kann und dabei ernst genommen werde. Ich bringe Veränderung in meinen Alltag und fühle mich wieder angenommen und integriert.

4. Ausblick: Ich zeige Wege zur Ganzwerdung, zur Heilung auf. Ich trenne die Spreu vom Weizen in meinem Leben und finde zu Harmonie und Einklang zurück. Ich habe die innere Kraft und Ruhe, um notwendige Veränderung herbeizuführen. Menschen, von denen ich meine, daß sie mich verletzt haben, verzeihe ich ein für alle Male und öffne dadurch mein Herz wieder für die Liebe. Ich finde das, was ich leidenschaftlich gern tue, und verwirkliche mich. Den Eingebungen, die aus der Tiefe in mein Bewußtsein aufsteigen, vertraue ich voll und ganz, denn sie führen mich ins Licht. In der lebendigen Natur offenbart sich mir Gott.

Schattenaspekte auf der Körperebene: Wer sich emotional verschließt und niemanden mehr wirklich an sich heranläßt, kann in depressive Verstimmungen geraten, die je nach der erlebten Situation leichter oder schwerer ausfallen. Erschöpfungszustände, ständige Müdigkeit, aber auch Weinkrämpfe können die Folge sein. Angstzustände, Schlafstörungen können ebenfalls vorkommen. Beklemmungsgefühle im Brustraum und Nasenhöhlenentzündungen machen es schwierig, tief und entspannt durchzuatmen. Die Körperhaltung kann verkrampft sein, so daß Muskelverspannungen im Rückenbereich auftreten. Durch das subjektive Empfinden, daß einem nichts und niemand wirklich hilft, können sich die Symptome wiederholen, und das Leiden kann chronisch werden.

- **Anwendung: Aufgetragen wird das Öl um den Brustbereich herum sowie am Kopf um den Haaransatz herum.**

Balance Nr. 18

Gelb über Violett

Quintessenz: St. Germain

Pomander: Violett

1. Wer bin ich?: Ich bin glücklich und erfüllt und lasse mich vom Fluß des Lebens tragen. Ich sehe die Schönheit und den Reichtum um mich herum und schöpfe aus dieser Quelle Inspiration und Kraft. Ich helfe, ich diene, und ich heile mit viel Freude. Ich habe die nötige Energie, um die Dinge anzupacken und, wo nötig, zu verändern, damit ich meine Lebensaufgabe erfülle. Ich kenne die Schattenbereiche und habe sie überwunden. Ich lebe im Licht und in der Erkenntnis, daß wir alle Kinder Gottes sind. Ich suche die Stille und höre, was mein Herz mir zu sagen hat. Ich verstehe das Leiden aus eigener Erfahrung und kann es erlösen. Ich gebe Trost und Liebe und lindere den Schmerz, den ich um mich herum erkenne.

2. Mein Licht: Um zu erkennen und zu helfen, mußte ich selbst in die dunklen Bereiche des irdischen Lebens hinabsteigen. Aus eigener Erfahrung kenne ich den Überlebenskampf und alle Gefühle, die damit einhergehen. Dies ist von unschätzbarem Wert für mich, denn ich sehe in die verborgenen Schichten des Seins. Um das Dunkle zu erlösen, muß ich es sehen und erkennen. Dann kann ich es mit Licht durchfluten und erhellen. Um dies zu tun, bin ich hier. In der Erkenntnis, daß jeder Schatten, ob auf der körperlichen oder seelischen Ebene, durch die Kraft der Liebe und Vergebung aufgelöst werden kann, liegt das Potential der Heilung. Leiden wandelt sich in Freude – dies ist mein Erbe.
Mein Schatten: Ich bin gefangen in den dunklen Schattenbereichen meines eigenen Lebens. Ich denke, daß ich ein bestimmtes Bild nach außen hin repräsentieren soll, und weil ich es nicht tue, verdränge ich meine vermeintlichen Laster oder Süchte in den verborgenen Teil meines Lebens. Ich erkenne dies und kann es trotzdem nicht wandeln. Darin liegt ein tiefer Schmerz – und eine Angst, die mich lähmt und handlungsunfähig macht. Ich bin nahe am Licht und ihm doch so fern. Ich bin frustriert und unerfüllt. In mir liegt eine tiefe Sehnsucht nach Heilung und nach dem Urzustand des Seins. Ich will das Paradies, das ich mir so intensiv erträume, und bin unfähig, die notwendigen Schritte zu tun, um dahin zu kommen. Ich leide, und mein Herz blutet. Ich will errettet werden und weiß nicht mehr, wohin ich mich wenden soll.

3. Mein Weg: Ich will erkennen, welche Schritte ich machen muß, um wieder Licht in mein Leben zu bringen. Tief in mir ist eine Weisheit, die um den Weg der Heilung weiß. Ich finde Zugang zu dieser heilenden Kraft. Meine Ängste und meine Unsicherheiten lösen sich auf, und ich kann so aus mir herauskommen. Ich habe endlich das Gefühl, zur richtigen Zeit an der richtigen Stelle zu sein. Ich sehe tief in mir die Quelle der Heilung – für mich und für andere. Das Gefühl der Einsamkeit wird zum Gefühl des Verbundenseins. Die Müdigkeit wandelt sich in Kraft. Aus Angst wird Liebe. Ich transformiere mich und trete aus dem Schatten ins Licht. Aus der Raupe wird ein Schmetterling.

4. Ausblick: Ich liebe mich, ich liebe mein Leben, und ich liebe meine Lebensaufgabe. In der Erlösung meines eigenen Schmerzes liegt die Hilfe und Heilung für andere. Ich habe Kraft und weiß, wie ich die nächsten Schritte meines Lebens erfolgreich und sinnvoll meistern kann. Ich fühle Freude in meinem Herzen und bin dankbar für die Möglichkeiten, die mir geboten werden, anderen in schwierigen Situationen zu helfen. Ich erkenne, daß Gott mich liebt, an mich glaubt und eine unendliche Geduld mit mir hat. Indem er mich nicht aufgegeben hat, habe ich zu mir selbst gefunden. Ich helfe anderen, das gleiche in ihrem Leben zu bewirken. Wir sind alle verbunden und eins im Licht.

Schattenaspekte auf der Körperebene: Verdrängte und unverarbeitete Themen können sich häufig auf der körperlichen Ebene innerhalb des Darmbereichs manifestieren. Der Wunsch nach Harmonie und Gleichheit und die Frustration, daß das Leben auf Erden dies nicht erfüllt, kann sich durch entzündliche Prozesse im Darm äußern. Langsame Sickerblutungen zeigen, wie die Lebensenergie schwächer wird. Es genügt ein einfacher grippaler Infekt, und die körperlichen Funktionen werden erheblich beeinträchtigt. Dahinter kann sich die Verleugnung der körperlichen Existenz verbergen. Degenerative Erkrankungen wie Multiple Sklerose, Morbus Parkinson oder die Alzheimer-Krankheit machen die Verneinung des Körpers und den Wunsch, in andere Dimensionen davonzuschweben, deutlich. Dies geschieht nicht ohne Schmerzen, und daran zeigt sich der Grad der Frustration. Durch Alltagsprobleme und hierarchische Vorstellungen in gewisse Schablonen gepreßt, kann sich der wahre Seelenkern nicht bemerkbar machen; er wird verdrängt und in die Dunkelheit abgeschoben.

Diese Farbkombination hilft dabei, das eigene Licht anzunehmen und auszudrücken.

- **Anwendung: Im Bereich oberhalb des Bauchnabels rund um den Körper sowie am Kopf um den Haaransatz herum auftragen.**

Balance Nr. 19

Rot über Violett

Quintessenz: St. Germain
Pomander: Violett

1. Wer bin ich?: Ich bin voller Energie und Tatendrang. In mir ist eine unendlich tiefe Liebe, die ich von Herzen weitergebe. Ganz wach umschließe ich alles Lebende mit der Kraft meiner Liebe. Ich lasse mich von innen heraus inspirieren und agiere intuitiv. Was meine Handlungen angeht, so folge ich meiner inneren Stimme. Sie lenkt mich fürsorglich und liebevoll, was sich in meinen Taten spiegelt. Mit sanfter, aber entschlossener Kraft arbeite ich daran, Heilung und Liebe in diese Welt zu bringen. In mir ist die spirituelle Energie, die Verständnis und Heilung bringt. Ich weiß, wie ich am besten diese Gabe einsetzen kann, wo sie sich am wirkungsvollsten entfaltet.

2. Mein Licht: Ich kenne meine Kraft und lasse sie in meine Taten einfließen. Ich habe die Gnade Gottes in der Tiefe meiner Seele erlebt und werde es nie vergessen. Diese Gnade, diese Verbeugung in Liebe und Achtung vor dem Leben weiterzugeben ist meine Erfüllung. Ich bin, ich höre, und ich liebe. Ich bin, ich werde erhört, und ich werde geliebt. Hierin liegen mein Seelenheil und das Heil meiner Mitmenschen. Ich bin wach und lebendig im Hier und Jetzt. In einem dunklen Moment habe ich das Licht erkannt und gebe diese Erkenntnis nun weiter, auf daß das Licht sich ausbreiten möge. Wer meine Kraft annimmt, findet Erneuerung, so wie ich erneuert worden bin. Mit der Intensität allen Seins bin ich hier, um zu wirken. Ich öffne mich für die Kraft Gottes.

Mein Schatten: Vielleicht habe ich selbst oder in meiner näheren Umgebung eine Beziehung erlebt, die sehr unharmonisch war. Es gab viel Streit, Wut und wenig Nähe und Liebe. Dies nahm mir die Kraft, die ich zur Entfaltung gebraucht hätte. Ich bin froh, von Tag zu Tag einigermaßen über die Runden zu kommen. Kein Gedanke daran, daß ich Zeit und Raum habe, das zu tun, was ich eigentlich gern tun würde. Dieser Überlebenskampf macht mich müde und lenkt mich von meiner spirituellen Seite ab. Wenn alles so schwierig ist, wie kann es da einen Gott geben? Ich komme einfach nicht los von den Verstrickungen dieser Beziehung und fühle mich gebunden und eingeengt.

3. Mein Weg: Ich will wieder die Kraft in mir finden, die ich früher hatte. Indem ich zur Ruhe komme und auf meine eigenen Bedürfnisse achte, kann ich mir selbst die heilende Wirkung der Liebe zukommen lassen. Ich lasse mich nicht mehr durch äußere Umstände ablenken und konzentriere mich voll und ganz auf meine eigenen Fähigkeiten. Ich fühle mich richtig gut und strahle dieses Wohlgefühl auf andere aus. Ich nutze meine Energien, um von Herz zu Herz Liebe und Wärme weiterzugeben. Ich weiß, daß ich nur um Hilfe und Schutz zu bitten brauche, und beides wird mir gewährt. Meine Vitalität wirkt ansteckend auf andere. Ich kann die Zuneigung, die mir entgegengebracht wird, annehmen und meinerseits weitergeben.

4. Ausblick: Ich liebe und lebe intensiv und sehr bewußt. Ich habe meinen Schmerz überwunden und erfahre die Symbiose meiner inneren und äußeren Welt. Was ich will, lebe ich, und was ich lebe, will ich. Ich nehme die Liebe an, die mir gegeben wird, und kann sie auch weitergeben. Es ist eine heilende Kraft, die Zuversicht und Glauben schenkt. Indem ich ein spirituelles Erwachen erfahre, erfülle ich meinen innigsten Wunsch nach Einheit und Liebe. Mein Körper ist der Tempel meiner Seele und Ausdruck meiner geistigen Liebe. Ich achte ihn und nutze ihn, um die nährende, heilende Schwingung der Liebe weiterzugeben.

Schattenaspekte auf der Körperebene: Chronische Erschöpfungszustände ohne körperliche Ursache sind Zeichen dafür, daß wir über längere Zeit hinweg in Situationen steckten, die uns überfordert und uns wenig Erholung oder kreative Pausen ermöglicht haben. Wenn es nur noch um existentielle Probleme geht und keine leichteren Themen mehr auf dem Lebensplan stehen, wird es schwer, die notwendige Energie und Tatkraft für die eigene Verwirklichung aufzubringen. Es ist dann mühevoll, Kraft für die einfachsten und alltäglichsten Dinge aufzuwenden. Diese Müdigkeit zeigt sich auch körperlich auf der zwischenmenschlichen Ebene in Form von Unlust und Trägheit bezüglich sexueller Regungen. Dies kann auch aufgrund vergangener negativer Erfahrungen in diesem Bereich geschehen. Es scheint, als ob der eigene Antriebsmotor ausgebrannt und eine neue Zündkraft nötig ist.

Diese Farbkombination hilft, wieder Verbindung zu der eigentlichen Kraftquelle zu finden, die in uns steckt. Sie regeneriert auf der körperlichen und der seelischen Ebene.

- **Anwendung: Das Öl wird um den gesamten Unterbauch herum aufgetragen, bei Bedarf auch am Kopf um den Haaransatz herum. Nicht am späten Nachmittag oder abends auftragen, weil es eine starke energetische Wirkung hat.**

Balance Nr. 20

Blau über Rosa

Quintessenz: Lady Nada oder Orion und Angelika
Pomander: Rosa

1. Wer bin ich?: Ich werde geliebt, so wie ich bin, und bedingungslos liebe auch ich. Die Liebe ist zart und rein in ihrer Ausstrahlung, und ich trage diese Schwingung in mir. Ich kenne keine Schuld und keinen Groll. Da ich aus Liebe handele, empfinde ich alle anderen Menschen als ebenso rein und unschuldig. Ich sehe das Gute in den Menschen, auch wenn es äußerlich nicht sichtbar ist. Ich gebe in Liebe und weiß, daß ich tausendfach dafür belohnt werde, solange es eine Liebe ist, die nichts zurückverlangt. »Wenn ihr nicht werdet wie die Kinder, so werdet ihr nicht ins Himmelreich kommen« (Matt. 18,3): Meine Liebe ist so tief und bedingungslos wie die eines Kindes. Ich bringe Licht und Liebe in den Alltag, ich stifte Frieden und vermittle ein Gefühl des Angenommenseins.

2. Mein Licht: Lichtvoll ist meine Seele – wie ein zartes Band zwischen Himmel und Erde. Meine Liebe ist immer da, niemals versiegend und ohne Wertung. Ich gebe sie weiter, indem ich einfach so bin, wie ich bin, unverfälscht und ohne Maske. Ich bin fürsorglich und achtsam gegenüber den Bedürfnissen und Wünschen anderer. Wo ich etwas Positives beitragen kann, tue ich es. Ich habe das Gefühl, angenommen und geliebt zu sein. Weil ich so stark empfinde, hat meine Ausstrahlung eine heilende Wirkung auf andere. Auf der unbewußten Ebene sehe ich durch die dunklen äußeren Schichten in den lichtvollen Seelenkern der Menschen. Ich bin glücklich und zufrieden mit meinem Leben.
Mein Schatten: Vielleicht wurde ich nur unter bestimmten Bedingungen als Kind geliebt: wenn ich brav war, eine Eins im Zeugnis bekam oder mein Zimmer aufgeräumt hatte. Dann er-

hielt ich ein Zeichen der Anerkennung und Zuneigung. Ansonsten hat sich keiner besonders um mich gesorgt, und dadurch ist die reine Qualität meiner Liebe zu mir selbst und anderen verkümmert. Ich habe kein gutes Gefühl mir selbst gegenüber und glaube auch nicht an meine Fähigkeiten. Eine tiefe Sehnsucht nach Liebe durchflutet mich und nimmt mir meine innere Ruhe. Ich bin unsicher und laufe ständig der Liebe hinterher, ohne daß mein Bedürfnis wirklich und wahrhaftig Erfüllung findet. Ich bin in meiner Kindheit steckengeblieben und habe mich nicht weiterentwickelt.

3. Mein Weg: Ich will die Wunden meiner Kindheit heilen und mich wieder für die Liebe öffnen. In mir erwacht ein zartes Selbstwertgefühl, und ich kann mir seit langem erstmals wieder in die Augen schauen, mich annehmen, wie ich bin, und mich so auch mögen. Ich habe Kontakt zu meinem inneren Kind, dem göttlichen Teil von mir. Ich strafe dieses innere Kind nicht mehr durch Verbannung, sondern nehme es an. So finde ich Trost, kann mich versöhnen und werde meinerseits zu einem Trostspender. Ich heile die Wunden der Vergangenheit und bin liebevoll zu mir selbst.

4. Ausblick: Ich erhöre und erfülle die Bedürfnisse meines inneren Kindes, jenes Teils von mir, der noch »in Gott ruht« und sich unschuldig, spielerisch und voller Liebe manifestiert. Ich habe nun Zugang zu diesem Teil von mir, der so lange verschüttet war. Dadurch bin ich offen in meinem Umgang mit anderen – neugierig, aber gleichzeitig mitfühlend und fürsorglich. Ich bin in Verbindung mit meiner Intuition, lasse geschehen, was geschehen soll, und höre auf meine innere Stimme. Ich habe mein inneres Gleichgewicht gefunden und fühle mich im Einklang mit der Welt. Ich bin bereit, Neues zu empfangen und weiterzugeben, was auch immer es sein mag. Ich vertraue Gott und seiner unendlichen, bedingungslosen Liebe.

Schattenaspekte auf der Körperebene: Wenn die Kindheit schwierig war, ein Defizit an Liebe herrschte und ein Teil von uns, dieses sogenannte innere Kind sich verletzt zurückgezogen hat, dann kann es sein, daß körperlich einige Symptome auftreten, die darauf hinweisen wollen. Bei Frauen sind dies Probleme im Brustbereich (schmerzhafte Schwellungen, Knoten, Mastitis während der Stillzeit). Symbolisch wird hier die vermißte Nähe und Verbundenheit gezeigt, die normalerweise durch das Stillen des Säuglings an der Brust der Mutter erlebt wird. Auch Schwierigkeiten im Bereich der Gebärmutter (zum Beispiel Myome, schmerzhafte Menstruation) können auftreten. Beim Mann sind die Zähne betroffen, die in irgendeiner Weise ständig Schmerzen oder Probleme bereiten. Auch hier wird deutlich gezeigt, daß innerlich etwas in der frühkindlichen Phase hängengeblieben ist, denn die Zeit der innigsten Nähe mit der Mutter wird in der Regel erlebt, noch bevor die ersten Milchzähne durchgekommen sind.

So ist auch klar, daß diese Farbkombination für Frauen während der Schwangerschaft und nach der Entbindung, für Säuglinge während der Zahnung sowie generell für kleine Kinder sehr hilfreich sein kann. Da es eine hellere Version der B1 – der »Notfallflasche« für den Körper – ist, kann die Farbkombination auch bei Verbrennungen und sonstigen kleineren Verletzungen der Haut benutzt werden.

- **Anwendung: Dieses Öl kann überall am Körper, wo nötig, aufgetragen werden.**

Besonderheit: Diese Balance-Flasche gibt es auch in einer kleineren Plastikflasche (25 ml) zu kaufen. Sie eignet sich als Geschenk für kleine Kinder, da sie sich nicht daran verletzen können (wird von Aura-Soma »Star-Child« genannt). Gehört zum Chakra-Set (bezieht sich auf das siebte Chakra, das Kronenchakra).

Balance Nr. 21

Grün über Rosa

Quintessenz: Lady Nada oder Orion und Angelika
Pomander: Rosa

1. Wer bin ich?: Ich bade im Licht der Liebe. Sie erstrahlt in mir und durch mich hindurch. Meine Liebe will sich ausdrücken und in der Welt manifestieren. Sanft und zart, aber mit kräftigem Schlag pulsiert mein Herz im Takt der Liebe. In der Liebe liegt das Wunder der Heilung, und Heilung macht uns ganz, bringt uns in ein Gefühl der Einheit zurück. Nichts vermittelt mehr Sicherheit im Leben als das Gefühl, unbedingt geliebt zu sein. Der Ausdruck einer solchen Liebe heilt in einem Moment alle Wunden der Vergangenheit. Ich wurde empfangen in Liebe, geboren in Liebe und werde getragen durch die Liebe. In der Liebe liegt der Beginn eines neuen Lebens, kann die Saat keimen. Ich erkenne diesen ewigen Zyklus, und mit all meiner Kraft helfe ich, daß unser aller Leben schöpferisch und kreativ ist. Die Liebe verleiht unseren Träumen Flügel.

2. Mein Licht: Weil ich liebe, kenne ich keine Angst. Denn die Liebe trägt mich durch mein Leben, gibt mir meine Richtung und mein Ziel. In diesem wunderschönen Gefühl kann ich mich am besten mitteilen und das, was ich empfange, bedingungslos weitergeben. Ich erkenne, daß es eigentlich nichts gibt, was ich nicht liebevoll tun kann. Jede noch so scheinbar unbedeutende Handlung bietet mir die Gelegenheit, meine Liebe zu zeigen. Ich lasse mich durch meine innere Stimme führen und habe die Gewißheit, daß ich die bestmöglichen Chancen erhalte, mich voll und ganz zu entfalten.
Mein Schatten: In Ermangelung äußerer Bestätigung erkenne ich mich nicht selbst als Quelle der Liebe. Ich bin blind für mein wahres Selbst. Ich bin davon überzeugt, daß niemand mich liebt – und schon gar nicht so, wie ich jetzt bin. Ich finde

ständig Fehler an mir und bin der absoluten Überzeugung, daß ich niemals den Ansprüchen genüge. Ich mache den Fehler, daß ich meine Liebe an äußere Bedingungen knüpfe – in bezug auf mich selbst und andere. Nur wenn ich eine bestimmte äußere Erscheinung habe oder andere sich in einer bestimmten Weise mir gegenüber verhalten, bin ich davon überzeugt, daß ich geliebt werde. Allerdings sorge ich durch ständige Kritik und hohe Maßstäbe dafür, daß es nie soweit kommt. Ich fühle mich ungeliebt und habe den Eindruck, daß es niemanden gibt, den zu lieben es sich lohnt. Ich bin fälschlicherweise davon überzeugt, daß Liebe bestimmte Kriterien erfüllen muß. Das macht mich zeitweise hart und unnachgiebig.

3. Mein Weg: Ich will offen sein für die Schwingung der Liebe. So wie ich bin, bin ich in Ordnung, und so wie ich bin, liebt mich Gott. Wenn Gott mich so liebt, kann ich mich auch so lieben. Erst dann bin ich wirklich in der Lage, anderen mit der gleichen Liebe zu begegnen. Ich gebe mir genügend Raum in meinem Leben, um mehr mit meinen Gefühlen in Verbindung zu treten und um meine innere Stimme deutlicher zu hören. Ich folge meinen Visionen, weil ich Freude an ihrer Erfüllung finde. Wenn ich im Fluß des Lebens und der Liebe bleibe, erfahre ich Erleichterung im Alltag. Ich muß nicht mehr kämpfen und argwöhnen, sondern kann mich ganz und gar dem hingeben, was passiert. Ich vertraue und glaube.

4. Ausblick: Ich weiß jetzt, daß ich genau zur richtigen Zeit am richtigen Platz bin, um mich optimal zu entfalten. Ich öffne mich für alles Schöne im Leben und genieße die Fülle und Vielfalt, die sich mir bieten. Ich öffne mein Herz für die Liebe – zu mir selbst und zu anderen. Ich bin erfüllt von der Liebe, sie gibt mir ein Gefühl der Demut und Hingabe. Ich finde neue Gelegenheiten, meine Zuneigung und mein Mitgefühl zu zeigen und damit anderen Trost und Kraft zu spenden. Jeden Tag gebe ich mich der Liebe Gottes hin, bin ich bereit, das zu empfangen und zu geben, was er für mich bereithält.

Schattenaspekte auf der Körperebene: Krankheit ist eine der besten Möglichkeiten, Zuwendung und Fürsorge zu erhalten, wenn ich das Gefühl habe, im Alltag zu kurz zu kommen. In der Schwäche des Körpers ist es möglich, die Aufmerksamkeit zu erhalten, die so sehr ersehnt wird. Hier muß nichts geleistet werden, hier muß kein hoher Maßstab eingehalten werden. Einfach so zu sein, wie man ist, und dennoch Liebe bekommen ist hier das Ziel. So ist es kein Wunder, daß eine gewisse Neigung zur Einbildung von Erkrankungen besteht. Problematisch ist nur, daß diese »Störungen« mit der Zeit auf der körperlichen Ebene Realität werden können, weil scheinbar nur über diesen Weg Streicheleinheiten empfangen werden. Alle sichtbaren Prozesse auf der Haut, zum Beispiel Entzündungen, Ausschläge, sowie hörbare Probleme im Bereich der Atmung, zum Beispiel Asthma, Bronchitis, können hier in Erscheinung treten, da sie ja nicht zu verleugnen und damit »real« sind. Aber auch Störungen im Herz-Kreislauf-System sind ein Hinweis dafür, daß das Thema »Liebe empfangen und Liebe geben« Aufmerksamkeit verdient.

Diese Farbkombination hilft, sich die Zuwendung zu geben, die man sich wünscht.

- **Anwendung: Aufgetragen wird das Öl um den Brustbereich herum.**

Balance Nr. 22

Gelb über Rosa

Quintessenz: Lady Nada oder Orion und Angelika

Pomander: Rosa

1. Wer bin ich?: Ich bin erfüllt von der Weisheit der Liebe. Ich liebe mich, so wie ich bin, und freue mich über mein Dasein. Ich nehme die Erfahrungen meines Lebens dankbar an, denn in ihnen erkenne ich meine Selbstentfaltung und meine Suche nach Licht und Freude. Ich bin gefühlvoll und behutsam im Umgang mit anderen und gebe die Früchte meines Suchens gern weiter. Ich weiß, daß es manchmal notwendig ist, aus Liebe heraus Grenzen zu setzen; denn damit etwas wachsen und gedeihen kann, muß es auch Schutz erhalten. Mir ist bewußt, daß Gott mich beschützt und in seiner Liebe für mich sorgt. Ich genieße die Liebe anderer Menschen zu mir und erwidere sie von Herzen. Das motiviert mich und fördert meine Kreativität. Ich spüre eine unendliche Lebensfreude.

2. Mein Licht: Ich kann mich verändern und bin an den Erfahrungen der Vergangenheit gereift; ich habe durch sie an Einsicht gewonnen. Ich zeige anderen Menschen, wie sie sich ihre eigenen Fehler verzeihen und mit einem neuen positiven Gefühl ihr Leben meistern können. So wie ich mit mir selbst umgehe, so gehe ich auch mit anderen um. Alles Lebende braucht Liebe und Zuneigung, um sich zu entwickeln. Das geschieht jedoch in dem Bewußtsein, daß jeder frei ist, seinen eigenen Weg zu gehen, wenn die Zeit gekommen ist, um wiederum selbst bei der Weiterentwicklung anderer zu helfen. Liebe bindet nicht, sondern befreit. Hierin liegt die Meisterschaft des Lebens. Ich bin ein Beispiel dafür.
Mein Schatten: Es kann sein, daß ich in der Liebe enttäuscht worden bin und sich das Gefühl bei mir eingeschlichen hat, daß dies sich in meinem Leben wiederholen könnte. Daher versuche ich, Menschen und Dinge, die ich liebe, an mich zu binden – sei es durch Leistung, materielle Geschenke, körperliche Zuneigung oder auch durch Schwäche, Krankheit, Drohungen. Manchmal passiert dies sehr unterschwellig und immer aus der Angst heraus, ich könnte verlassen und nicht geliebt werden. Ich brauche äußerliche Beweise, daß ich wirklich geliebt werde, weil es mir an Eigenliebe mangelt. Wenn dies nicht geschieht, fühle ich mich unsicher und einsam.

3. Mein Weg: Ich will nicht mehr so abhängig von der Meinung anderer über mich sein. Wer mich liebt, muß mich annehmen, wie ich bin, und umgekehrt bin auch ich dazu bereit. Ich verstehe, daß wirkliche, bedingungslose Liebe in der freiwilligen Hingabe und Zuneigung besteht. Dieses Geschenk kann nur ohne Preis gegeben und erhalten werden. Mich selbst vorbehaltlos zu lieben ist ein riesiger Schritt nach vorn. Dann brauche ich mir keine Sorgen mehr darüber zu machen, was andere von mir glauben oder über mich sagen. Und dadurch öffnet sich für mich eine neue Tür: Ich fühle mich befreit und kann wieder durchatmen.

4. Ausblick: In meinem Leben hat sich viel gewandelt. Ich werde nun anerkannt und geliebt, so wie ich bin, ohne Wenn und Aber. Nichts wird von mir dafür verlangt, ich werde einfach gemocht. Das Gefühl der Zuneigung, das mir vermittelt wird, ist so intensiv, daß ich keine Zweifel daran habe. Ich werde geliebt! Und endlich habe ich keine Angst mehr, meine Liebe und Zuneigung zu zeigen, ganz von Herzen. Aber auch wenn diese Gefühle dem Auf und Ab des Lebens unterworfen sind, nehme ich es nicht persönlich. Meine Selbstliebe ist intakt und wird durch nichts erschüttert. Ich kann meine Grenzen setzen und mich hingeben, ohne mich aufzugeben oder von anderen das gleiche zu erwarten.

Schattenaspekte auf der Körperebene: Unsicherheiten und Zweifel bezüglich des Selbstwertes können auf zweierlei Arten ausgedrückt werden. Entweder sind wir ängstlich und machen uns klein, oder aber wir vertuschen unsere Angst, indem wir uns überdimensional aufplustern. So hat diese Farbkombination viel mit Über- oder Unterproduktion zu tun, vor allem im Bereich der Drüsen, die unsere Hormonausschüttung steuern. Prozesse im Körper, die für ein Gleichgewicht sorgen, können außer Kontrolle geraten. Der normalerweise relativ konstante Hormonspiegel kann von einem Extrem ins andere geraten. So kann es Schwankungen in den Blutzuckerwerten, im Menstruationszyklus, im Wasserhaushalt des Körpers geben. Es kann auch sein, daß die Haut versucht, dieses Ungleichgewicht im Körperinneren durch Ekzeme oder ähnliches zu signalisieren.

Diese Farbölkombination hilft, wieder zur eigenen Mitte zu finden, damit das Ich im richtigen Licht gesehen wird.

- **Anwendung: Das Öl wird im Bauchbereich oberhalb des Bauchnabels um den Körper herum aufgetragen.**

Balance Nr. 23

Rosenpink über Rosa

Quintessenz: Lady Nada oder Orion und Angelika
Pomander: Rosa

1. Wer bin ich?: Ich bin wie ein Kind voller Liebe und Begeisterung. Ich lebe ganz im Moment des Geschehens. Mit Fürsorge und Mitgefühl nehme ich meine Umgebung wahr. Tiefes Verständnis für Kummer und Probleme machen mich zu einem Helfer. Selbst in der dunkelsten Nacht sehe ich noch ein Licht, einen Schimmer der Hoffnung. Ich weiß, daß die beste Medizin gegen Verletzung die Liebe ist. Mit einem sanften Hauch vergeht der Schmerz, heilt die Wunde. Mein Reservoir an Liebe versiegt niemals, vergleichbar einem Kelch, der sich immer wieder füllt. Ich habe eine Menge Energie, die ich zielgerichtet und leidenschaftlich einsetze. In der Freude des Gebens fühle ich mich lebendig und Gott nahe. Die Liebe überwindet Barrieren und vereinigt scheinbar Gegensätzliches. Diese heilende Kraft habe ich erfahren und will ich vermitteln.

2. Mein Licht: Ich bin erfüllt. Was ich zum Glücklichsein brauche, erhalte ich, und so stelle ich keine Forderungen, weder an das Leben noch an einzelne Menschen. Weil ich alles habe und

nichts erwarte, kann ich aus der Haltung der Fülle heraus geben. Ich bin zufrieden und glücklich mit mir und meinem Leben. In jeder noch so kargen Landschaft sehe ich etwas Schönes. Ich spüre die Kraft der sanften Liebe in mir. Die Fehler der Vergangenheit liegen hinter mir, und das wiedergewonnene Gefühl von Zuversicht und Angenommensein lebt wieder auf. Ich kenne die dornigen Seiten des Lebens, aber ich entfalte mich trotzdem in Liebe. Der Kampf des Alltags löst sich auf, und ich fühle mich ausgeglichen und in meiner Mitte.
Mein Schatten: In mir trage ich das Gefühl, nicht liebenswert zu sein. Harmlose Taten, die ich irgendwann in Unwissenheit begangen habe, türmen sich in mir zu einem hohen Berg der Schuld auf, und ich habe insgeheim die Überzeugung, kein guter Mensch zu sein. Die Zuneigung oder die Gesten der Liebe und Zärtlichkeit, die mir von anderen entgegengebracht werden, verdränge ich aufgrund dieses Glaubensmusters. Ich lege mir eine rauhe Schale zu und tue so, als ob ich ganz unabhängig von Liebesbeweisen wäre, aber ich bin unglücklich dabei. Nur wenn ich körperlich krank oder schwach werde, kann ich Nähe und Liebe erlauben. Doch auf Dauer zehrt das an meiner Energie, und ich fühle mich noch miserabler.

3. Mein Weg: Ich will mich lieben lernen, mich annehmen mit all meinen vermeintlichen Fehlern und Schwächen. Was passiert ist, ist passiert, und ich habe heute die Chance, es anders zu machen. Das Leben geht weiter, und auch wenn der Schmerz der Vergangenheit intensiv ist, gibt es wieder Gründe, sich zu freuen und Gefühle der Liebe, Zuneigung und Verbundenheit zu zeigen. Wenn mir Liebe entgegengebracht wird, so kann ich sie in mein Herz aufnehmen und daran glauben, daß sie mir auch wirklich zusteht. Ich bin der Liebe wert. Ich zeige meine Zärtlichkeit, meine Fürsorge und meine Liebe nach außen hin, so wie sie in mir vorhanden sind. Es wächst mein Verständnis für das menschliche Dasein. Weil ich mein Herz öffne, verbinde ich mich mit meiner Intuition. Ich bin aufnahmebereit für die Liebe.

4. Ausblick: Ich habe meinen Schmerz und das Gefühl, verwundet zu sein und selbst Wunden geschlagen zu haben, hinter mich gebracht. Harmonie und Ruhe durchfluten mich. Der Kampf ist vorbei, und es ist endlich Raum für Frieden. Ängste lösen sich auf, und Sicherheit und Geborgenheit kehren wieder ein. Das Leben zeigt sich von seiner schönen Seite, und ich mag wieder daran teilnehmen. Die Liebe streckt sanft ihre Arme nach mir aus, läßt mich wiedergeboren in ihrem Licht erwachen. Ich habe wieder Kraft, aber es ist keine Kraft, die verteidigt oder sich versteckt, sondern eine Kraft, die sich zeigen und ausdehnen will. Ich nehme sie an – für mich, für andere.

Schattenaspekte auf der Körperebene: Es gibt Phasen im Leben, in denen im Inneren die Emotionen toben, die Gesellschaft aber diktiert, daß wir eine »coole« Fassade aufrechterhalten. Vor allem in der Pubertät ist dies der Fall. Um jeden Preis muß das Image gewahrt bleiben, sonst droht der Gesichtsverlust. Daß es in uns brodelt und viel Leidenschaft in uns steckt, zeigt sich dennoch der Außenwelt, und zwar meistens über die Haut. Wo Sexualität und Leidenschaft ein Thema sind, wir aber von der Gesellschaft für noch nicht beziehungsweise nicht mehr »volljährig« gelten, erblüht die Haut als Ersatz. Dies gilt vor allem für die Pubertät und für das Klimakterium. Pickel oder Hitzewallungen bringen die innere Realität nach außen. Die Hormone spielen in diesen Phasen verrückt. Aber auch durch Alkohol heruntergeschluckte Gefühle hinterlassen langfristig auf der Haut ihre Spuren.

Diese Farbölkombination hilft, sich zu den eigenen Gefühlen zu bekennen und diese auch wirklich zu zeigen.

- **Anwendung: Um den Brustbereich und um den Unterbauch herum auftragen.**

Balance Nr. 24

Violett über Türkis

Quintessenz: Maha Chohan
Pomander: Türkis

1. Wer bin ich?: Ich bin in Verbindung mit meiner Intuition, mit meiner inneren Führung. Sie offenbart sich mir durch Bilder und Visionen, die ich sehr intensiv erlebe. Ich kann sie in ihrem Gehalt klar, deutlich und in einer kraftvollen Symbolsprache weitergeben. Ich bin kreativ veranlagt; meine Seele verlangt danach, sich schöpferisch auszudrücken. Auf welchem Weg ich mich auch immer ausdrücke, meine Botschaft ist verständlich und kann von Herz zu Herz aufgenommen werden. Die Energie, die dabei fließt, ist heilend und öffnet Blockaden. Ich bin ein Kanal für die Botschaften Gottes, in welcher Form sie sich auch durch mich manifestieren. Unmißverständlich liegt darin die Aufforderung, ganz zu sein, alle Wunden zu heilen und sich für die Liebe zu öffnen. Diesen Impuls gebe ich weiter.

2. Mein Licht: Was ich an kreativen Ideen weitergebe, macht wach für die Verbindung mit unserem Seelenteil. Wie eine Pflanze, die Heilkräfte in sich birgt, tragen meine Träume und meine Visionen heilende Schwingungen. Ich kann tief in mich gehen und in der absoluten Stille meines Seins die Wahrheit empfangen. Ich bin an den jeweiligen Zeitgeist angeschlossen. Dies weiterzugeben auf leichte, aber bedeutungsvolle Weise ist mir ein Herzensbedürfnis. Ich finde über den Weg der Inspiration große Kraft zur Umsetzung und Realisierung meiner Ideen. Nicht mein Wille ist hier bestimmend, sondern Gottes Wille. Aus dieser Motivation heraus agiere ich mit höchster Integrität, ohne Gier oder Machtansprüche. Ich übersetze die Schönheit des Himmelreichs in irdische Bilder. Dies ist meine heilende Kunst.

Mein Schatten: Wenn ich in meinem Leben zuviel Dominanz erlebt habe – sei es durch Lehrer in der Schule, ältere Geschwister, Eltern oder Freunde –, dann kann es sein, daß ich meiner Intuition nicht vertraue und den Glauben an meine inneren Visionen und Bilder verliere. Ich gerate dann in Zweifel und Chaos und bin unsicher, ob das, was ich vor meinem inneren Auge sehe, auch wirklich stimmt oder nur Schwachsinn ist. Daraus ergibt sich ein gewisses Mißtrauen mir selbst und anderen gegenüber. Ich sage lieber erst einmal nein, denn das ist sicherer. Immer wieder lasse ich Situationen in mein Leben hinein, in denen ich in meinem schöpferischen Ausdruck verletzt, ja fast vernichtet werde. Meine kreative Ader ist abgewürgt worden und braucht Heilung. Ich spüre den Drang, mein Talent wieder in Fluß zu bringen, damit ich meine Aufgabe erfüllen kann.

3. Mein Weg: Ich will wieder Vertrauen fassen zu meinen künstlerischen Fähigkeiten. Es gibt vieles, was eine vernichtende Kritik bekommen hat und sich im nachhinein als Wunderwerk offenbarte. Es ist an der Zeit für mich, meine eigenen Wunderwerke zu schaffen, ganz egal wie sie von außen bewertet werden. Ich komme damit wieder in Verbindung mit meinem inneren Selbst, meinen Emotionen und Gefühlen, die sich in kraftvollen Bildern ausdrücken. Indem ich Genugtuung und Befriedigung in der Schaffung meiner eigenen Kunst – wie auch immer sie sich manifestiert – empfinde, öffne ich mich wieder für meinen eigenen Lebensweg. Ich empfange über diese Ebene Heilung. Ich gewinne wieder an Vertrauen und habe ein gutes Gefühl mir selbst und der Welt gegenüber.

4. Ausblick: Alles in meinem Leben wird zu einem schöpferischen Akt, aber im Zeichen der Wahrhaftigkeit. Was ich bin, zeige ich auch, und darin liegt meine Glaubwürdigkeit und meine Kraft. Ich bin offen für Impulse und Botschaften aus der geistigen Welt und kann diese in eine weltliche, verständliche Sprache umsetzen. Ich bin ein Vermittler zwischen diesen beiden Ebenen und somit in der Lage, heilende Energien weiterzugeben. In der Verbindung mit meinem Herzen und seinem Ausdruck liegt meine eigene Erfüllung und Freude. Ich empfange und gebe weiter. Ich heile und werde geheilt. Das Licht offenbart sich uns allen.

Schattenaspekte auf der körperlichen Ebene: Die Zurückhaltung der Intuition und Kreativität zugunsten einer äußeren Anpassung kostet in der Regel viel innere Kraft. Erschöpfung tagsüber und Schlaflosigkeit nachts können eine Folge sein. Die Ideen und Impulse, die zurückgehalten wurden, drängen nun in der Stille der Nacht in das Bewußtsein. Gedämpfte Stimmung und Niedergeschlagenheit, weil die Selbstverwirklichung fehlt, können auftreten. Probleme im Halsbereich zeigen, daß hier die Energie nicht fließt; zum Beispiel können Stimmbandpolypen oder Halsentzündungen auftreten. Aber auch Sprachstörungen wie Stottern machen die Schwierigkeit der Artikulation der eigenen Gedanken deutlich. Zu schnelles Nachgeben zeigt sich in der fehlenden Spannkraft im Körper, die sich im Bereich Herz-Kreislauf als eine Tendenz zu Krampfadern, Bindegewebsschwäche oder niedrigem Blutdruck äußern kann.

Diese Farbkombination will helfen, nicht immer nur anderen einen Gefallen zu tun, sondern auch sich selbst – vor allem wenn es um den kreativen Ausdruck geht.

- **Anwendung: Das Öl wird vom Brustbereich bis einschließlich Hals aufgetragen. Bei Schlafstörungen oder Depressionen kann es auch am Kopf um den Haaransatz herum aufgetragen werden.**

Balance Nr. 25

Rotviolett über Magenta

Quintessenz: Pallas Athene
Pomander: Tiefmagenta

1. Wer bin ich?: Ich bin ein Teil des göttlichen Ursprungs, und ich trage dieses Bewußtsein tief in mir. Eine von kindlicher Reinheit geprägte Liebe, die sich um das Wohl und das spirituelle Wachstum anderer bemüht, kennzeichnet mich besonders. Ich habe die Gabe der Hellsichtigkeit und erspüre den Kummer und die Bedürfnisse anderer. In meinen Taten, die von großer Fürsorge und dem Wunsch, Linderung und Heilung zu bringen, getragen sind, spiegelt sich die Tiefe meiner Einsichten wider. In mir ist das Verlangen, Menschen auf ihrem Weg ins Licht zu begleiten und zu helfen. Es ist ein Weg der Heilung, ein Weg, der durch die Kraft Gottes erschaffen ist. Ich habe den Mut, diesen Weg zu gehen, denn vom Leid der Vergangenheit habe ich mich gelöst. Ich will vorwärts streben, aber gemeinsam mit anderen und in Liebe.

2. Mein Licht: Ich bin aufgrund einer schwierigen Lebenssituation zu einem höheren Bewußtsein gelangt. Etwas in mir hat sich für die geistigen Dimensionen des Lebens geöffnet. An Leib und Seele habe ich erfahren, wie Mitgefühl und Liebe Krankheit und Schmerz überwinden. Was mir an neuem Leben geschenkt wurde, gebe ich nun weiter. Ich erhalte viele Einsichten über Sinn und Zweck des Lebens, und in mir ist das Verlangen erwacht, in Gott zu sein und ihm zu dienen. Dies gibt mir eine unerschöpfliche Kraft, meine spirituellen Ideale in die Wirklichkeit umzusetzen. Es sind Ideale, die realisierbar sind, denn sie tragen ihren Keim in Gott. Ich bin dabei ein Helfer und bringe seine Kraft hier auf Erden zum Wirken.
Mein Schatten: Wo bleibt Gott und seine allumfassende Unterstützung und rettende Hilfe? Ich suche und suche und finde

nichts. Da ist weder ein Mensch noch eine Kraft, die mir Linderung und Heilung von der schweren Bürde meines Daseins geben. Ich habe den Eindruck, nicht mehr auf die eigenen Füße zu kommen, nie mehr. Ich bin völlig ausgelaugt, erschöpft und mit den Nerven am Ende. Ich brauche jemanden, der mich an die Hand nimmt und mich führt, mir einen Weg der Erneuerung zeigt. Ich habe das Potential meiner eigenen Heilkraft völlig übersehen und fühle mich schwach und abhängig, selbst in den alltäglichsten Dingen. Ich habe vergessen, wie es ist, sich glücklich und gesund zu fühlen, und bin gefangen in meinen eigenen Qualen und Nöten. Ich meine, aus diesem Labyrinth nie mehr herauszufinden. Das innere Bild, das ich von mir habe, ist verzerrt. Ich sehe mein eigenes Licht nicht mehr.

3. Mein Weg: Ich will anderen Menschen helfen zu erkennen, wie sie aus eigener Kraft wieder aufstehen und ihren Weg weitergehen können. Dazu will ich ein lebendiges Beispiel sein; ich selbst habe Leid und Schmerzen erlebt. Ganz allmählich öffne ich mich für die geistige Welt und für die göttliche Führung. Ich überwinde meine Schwierigkeiten und gelange in eine innere Ruhe und eine Glückseligkeit, die sich aus dieser Erlösung ergeben. Ich finde wieder Kraft, aus der ich meine Vorhaben verwirklichen kann. Ich habe Durchhaltevermögen bewiesen und finde die Klarheit, um meine eigentliche Erfüllung zu finden. Ich gebe gern meine Einsichten und Erkenntnisse weiter, die in sich eine heilende Schwingung tragen.

4. Ausblick: Wer Heilung erfahren hat, vermag auch andere zu heilen. Möglichkeiten, liebevolle und sanfte Heilung durch mich in diese Welt hineinfließen zu lassen, sind mir gegeben worden. Ich spreche und handele aus Erfahrung und genieße deshalb Glaubwürdigkeit und das Vertrauen meiner Mitmenschen. In allem, was ich tue, gehe ich besonnen und behutsam vor. Meine Wahrnehmungsfähigkeit ist ausgeprägter und sensibler geworden, und so habe ich immer mehr Zugang zu meinem spirituellen Kern. Ich habe eine Wandlung und seelische

Neugeburt erfahren. Ich bin aus meiner Lethargie erwacht und habe die notwendige Kraft und die Mittel, um viel zu bewirken, damit es heller und freudvoller wird in mir und auch um mich herum.

Schattenaspekte auf der Körperebene: Das Gefühl der völligen Erschöpfung und Hilflosigkeit kann sich auf der körperlichen Ebene als eine Situation zeigen, in der wir von äußerer Hilfe abhängig sind. Das ist bei Bettlägerigkeit in schweren Krankheitsfällen, nach Operationen oder auch im Alter der Fall. Aber auch Unfälle oder Erkrankungen, bei denen erhebliche Einschränkungen oder Behinderungen auftreten (zum Beispiel Rollstuhl, Prothesen), sind äußere Zeichen von Ohnmacht.

Wo das Gefühl auftaucht, buchstäblich am Ende seiner Nerven zu sein und Opfer allen Unglücks, hilft diese Farbkombination, wieder zu Kräften zu kommen und den Glauben an die eigenen Fähigkeiten zu finden.

- **Anwendung: Das Öl wird am Kopf um den Haaransatz herum aufgetragen.**

Balance Nr. 26

Orange über Orange

Quintessenz: Lao-Tse und Kwan-Yin oder Sanat Kumara
Pomander: Orange

1. Wer bin ich?: Ich bin voller Glück. Ich vertraue mich meinem Leben voll und ganz an. Ich lebe in dem Bewußtsein, daß ich die Umstände meines Daseins hier auf Erden selbst erschaffe und somit auch verantwortlich für alles Geschehen bin. Daher weiß ich, daß alles, was passiert, dazu dient, mir höhere Erkenntnis und Einsicht zu schenken. Alles ist machbar, wenn die Seele es sich zum Ziel gesetzt hat und wenn es dem Wohl des Ganzen dient. In den einfachsten Handlungen kann ein Gefühl der Erfüllung und des absoluten Glücks liegen. Bevor ich Antworten auf Fragen gebe, tauche ich tief in mich hinein und höre. Ich spüre eine große Kraft und Lebendigkeit in mir, die mich durch den Tag trägt. Ich freue mich über jede Gelegenheit, meine Liebe, meine Unterstützung und mein Wissen weiterzugeben.

2. Mein Licht: Ich höre auf meine innere Führung und weiß, daß ich dieser Stimme vertrauen kann. Ich bilde mir meine eigene Meinung unter Berücksichtigung meiner Beobachtungen, Erfahrungen und meines bisherigen Wissens. Ich bilde mir mein Urteil aus einer neutralen Position heraus, denn mir ist klar, daß jede Situation zwei Seiten hat und es auf meinen jeweiligen Standpunkt ankommt. Ich bin eine Vertrauensperson, die von vielen um Rat gefragt wird. Es gibt viele Wege, ein Problem zu lösen, und meiner Intuition entspringen häufig kreative Lösungen, um wieder zu Klarheit und Freude zu gelangen. Ich fühle mich dem Leben sehr verbunden und finde, daß Lachen die beste Medizin ist, um Wunden zu heilen. Auch im Humor liegt Weisheit und Glück.
Mein Schatten: Es kann sein, daß ich Situationen erlebt habe, die mir alle Freude am Leben geraubt haben. Das kann ein Angriff auf Körper oder Geist sein, eine Krankheit oder ein Unfall. Ich weiß seitdem überhaupt nicht mehr, wo mir der Kopf steht und wohin ich gehe. Es ist, als ob ich blind durch die Gegend stolpern und dabei meine Lebenskraft langsam aus mir heraussickern würde. Vielleicht habe ich keine direkte Erinnerung mehr an dieses Erlebnis, aber es begleitet mich eine diffuse Angst und Nervosität. Ich kann nicht in Ruhe entscheiden, was ich will, und bin häufig verkrampft. Ich habe das dumpfe Gefühl, daß etwas in meinen Lebensraum eindringt. Wie unter Schock kann es passieren, daß ich in Panik auf eine scheinbar harmlose Situation reagiere. Ich hänge irgendwo mit meiner Energie fest und komme nicht weiter.

3. Mein Weg: Ich will mir meine Lebensfreude und Energie zurückholen und die Ängste und Verspannungen loslassen. Meine Seele ist unantastbar und unverwundbar. Verletzungen kann ich daher von innen heraus heilen. Jetzt ist es wichtig, zu leben und den Griff, den die Vergangenheit auf mich hatte, zu lockern und loszulassen. Das geht am besten, indem ich wieder zu Kräften komme und ein Gefühl der inneren Sicherheit aufbaue. Ich gewinne dann wieder an Vertrauen und kann mich für meine weitere Entwicklung öffnen. Ich fühle mich locker und befreit und kann wieder genießen. Das Leben trägt mich ohne Gefahr sicher ans Ziel.

4. Ausblick: Ich liebe die vielfältigen Möglichkeiten des Lebens. Ich habe dazugelernt und meine Schatten überwunden. Ich empfinde eine tiefe Liebe und Dankbarkeit für diese Chance zum inneren Wachstum und zur Entfaltung meiner Seele hier auf der Erde. Wo ich vorher Dunkelheit sah, scheint jetzt Licht und erhellt meinen Tag. Ich erkenne jetzt, wie wertvoll unser aller Leben ist, und fühle eine große Freude, die sich zeigen will. Mein Lachen kommt von innen heraus und ist ansteckend. Ich lebe in der Gegenwart. Es tun sich neue Perspektiven auf, die mir Erfüllung und vielleicht sogar Glückseligkeit schenken.

Schattenaspekte auf der Körperebene: Das Gefühl, etwas dringt in den Lebensraum ein, kann sich in Form von Krankheiten äußern, die einen Eingriff zur Beseitigung der Symptome, das heißt Operation, Bestrahlung, Chemo- oder Medikamententherapie, benötigen. Überall dort, wo körperlich ein Eingriff stattgefunden hat, ist diese Farbkombination äußerst hilfreich. Gallensteine mit Koliken oder Blinddarmreizungen, die eine Operation bedingen können, geben einen Hinweis auf die verkrampfte innere Haltung. Bei Kindern können Alpträume nachts ins Bewußtsein eindringen und Bettnässen zur Folge haben. Auch Ängste, die scheinbar aus dem Nichts kommen, können zeigen, daß etwas Bedrohliches in der Umgebung stattfindet, dessen man sich jedoch noch nicht ganz bewußt ist. Unfälle machen deutlich, daß die Lebenskraft geschwächt ist und Stärkung braucht.

Diese Farbkombination hilft, über Schocks hinwegzukommen und entstandene energetische Löcher wieder zu schließen. Wenn jemand in irgendeiner Form irgendwann einen Schock erlitten hat (auch schon bei der Geburt), kann dieses Öl generell als Basis benutzt werden, auf der dann die weiteren ausgesuchten Farbölkombinationen aufgebaut werden.

- **Anwendung: Das Öl wird abweichend von den anderen Ölen auf der gesamten linken Körperseite aufgetragen: beginnend vom linken Ohrläppchen und in einem Streifen entlang der linken Körperseite hinunter bis zum Fußknöchel. Zusätzlich noch rund um den Unterbauch auftragen.**

Besonderheit: Gehört zum Chakra-Set und wird dem zweiten Chakra (Sakralchakra) zugeordnet. Diese Balance-Flasche gibt es außerdem in einer 25-ml-Plastikflasche als sogenannte »Ätherische Erste Hilfe« für alle Schocksituationen.

Balance Nr. 27

Rot über Grün

Quintessenz: Hilarion oder Djwal Khul

Pomander: Smaragdgrün

1. Wer bin ich?: Ich bin verwurzelt mit der Natur und verbunden mit der Kraft der Mutter Erde. Alles hat seine Zeit: wird empfangen, erblickt das Licht der Welt, wächst und gedeiht, reift heran, spendet Leben, ruht sich aus und stirbt. Ich verstehe diesen Puls des Lebens, das Auf und Ab. Ich trage die Erkenntnis in mir, und weil mir bewußt ist, daß Neubeginn und Ende zu unserem Leben hier auf der Erde gehören, jedoch Teil eines niemals endenden Kreislaufs der Schöpfung sind, habe ich den Mut und die Kraft, mir neue Wege durch das Dickicht des Lebensdschungels zu schlagen. Ich lasse mich durch diesen Urimpuls des Lebens führen und betrete damit unbekannte Pfade. Die harte Arbeit lohnt sich, denn ich stehe mit dem Leben in Verbindung, und mein Herz schlägt im Rhythmus der Erde. Ich liebe das Leben.

2. Mein Licht: Ich verstehe, daß es manchmal notwendig ist, etwas in meinem Leben loszulassen, damit Platz für Neues gemacht wird. Es ist nicht immer der leichteste Weg, aber auf jeden Fall folge ich damit meinem inneren Gefühl und bin in Harmonie mit mir selbst. Ob es dabei um materielle Sicherheiten, Beziehungen oder Arbeit geht – es gibt Momente, da muß ich das Risiko auf mich nehmen und Menschen, die ich liebe, oder Bequemlichkeiten aufgeben, jedoch stets auf sanfte und liebevolle Weise. Es wird gesagt, daß der leichteste Weg der Weg des geringsten Widerstandes ist. Dies entspricht aber nicht dem Pfad der Initiation, der Entwicklung der Seele. Wer ins Licht strebt, muß in der Bereitschaft leben, in ständiger Bewegung zu sein. Eine Stagnation ist nicht möglich. Ich habe dies begriffen und verinnerlicht. Ich handele danach, aber aus Liebe und Hingabe.
Mein Schatten: Vielleicht fehlte es an männlichen Bezugspartnern in meinem frühen Leben (zum Beispiel wegen Krieg, Scheidung, Tod des Vaters usw.), und ich habe kein Rollenvorbild gehabt, um zu lernen, wie ich mich durchsetze, meine Meinung am besten vertrete. Ich weiß ganz klar, daß ich etwas tun, etwas verändern müßte, schaffe es aber nicht, meine Meinung und mein Vorhaben konsequent zu vertreten. Teilweise liegt es daran, daß ich zu sensibel auf die Gefühle anderer reagiere und niemanden verletzen möchte, und teilweise daran, daß ich Probleme habe, genau zu definieren, wie ich meinen ersehnten neuen Weg gehen möchte. Diese Situation lähmt mich. Ich fühle mich wie an einen Baum gekettet mit nur wenig Bewegungsfreiheit. Ich mache mir vielleicht etwas vor und vergrabe mich

in einer Illusion der heilen Welt. Ich muß lernen, zu meiner wahren Identität zu stehen und meinem Gefühl zu folgen.

3. Mein Weg: Ich will mutig sein und zu mir und meinen Gefühlen stehen. Wenn ich meinen Bedürfnissen, meinen inneren Impulsen folge, gehe ich meinen vorgesehenen Weg. Wenn ich einmal ja dazu gesagt habe, habe ich auch die nötige Kraft, um mein Vorhaben kundzutun und dann diesen Pfad zu beschreiten. Ob es dann für mich Trennung oder nur Veränderung und Wandlung bedeutet, ist nicht mehr wichtig. Ich finde die richtigen Worte und Gesten, um dies ohne Verletzung meiner selbst oder anderer zu tun. Ich habe das notwendige Durchhaltevermögen und weiß, daß ich viel mehr in dieser Welt bewirken kann, wenn ich meinen richtigen Platz eingenommen habe. Dann entfaltet sich meine Kraft.

4. Ausblick: Ich erlebe, wie erfüllt ich sein kann, wenn ich dem Weg meines Herzens folge. Vielleicht ist es ein Weg außerhalb der gesellschaftlichen Norm, aber ich bin in vielem ein Vorreiter. Weil ich aus einem sehr ausgeprägten Instinkt handele, bin ich an die Naturkräfte angeschlossen. Ich empfinde bei meinen Vorhaben eine große Befriedigung und auch Freude. Ich erhalte Kraft, um einiges zu verändern, und zwar nicht nur zu meinem eigenen Wohl, sondern gleichzeitig zum Wohl einer größeren Ordnung. Was ich fühle, kann ich in die Tat umsetzen. Damit verändere ich die Welt.

Schattenaspekte auf der Körperebene: Unsicherheit bezüglich der eigenen Identität und des zu beschreitenden Weges, also innere Unklarheit, kann sich auch als Unordnung im Körper manifestieren. Wenn wir für Virusinfektionen und fieberhafte Erkrankungen anfällig sind, zeigt sich, daß unser Körper nicht mehr den von außen eindringenden Feind identifizieren und abwehren kann. Eigentlich besitzt der Körper die Intelligenz, Fremdartiges zu erkennen und zu entwaffnen, aber irgendwie fehlt es an der notwendigen Energie und Abwehrstärke. Das kann so weit gehen, daß nicht nur eine Schwächung des Immunsystems, sondern eine Autoaggression auftritt, das heißt, der Körper fängt an, nicht den wirklichen Feind, sondern sich selbst anzugreifen (wie beispielsweise im fortgeschrittenen Stadium der HIV-Infektion).

Die Farbkombination will dabei helfen, zu der eigenen Identität zu stehen, egal wie abweichend sie von der derzeitigen gesellschaftlichen Norm sein mag.

- **Anwendung: Das Öl kann rund um den gesamten Oberkörper, das heißt von der Hüfte bis zum Schulterblatt, aufgetragen werden.**

Balance Nr. 28

Grün über Rot

Quintessenz: Der Christus
Pomander: Dunkelrot oder Rot

1. Wer bin ich?: Ich bin leidenschaftlich und stehe mit beiden Beinen fest auf der Erde. Ich packe das Leben kraftvoll und bewußt an. Ich weiß, was ich will, und habe ein Gespür für meine wahre Bestimmung. Ich folge diesem Weg, denn so mache ich mein Glück. Wenn ich in der Natur bin, empfange ich ihre Energie und ihre stets gebende Schwingung und erneuere mich dadurch. Ich trage in mir die Inspiration der weiblichen Sanftmut, und gleichzeitig bin ich mir bewußt, wie ich sie in meinem Leben gezielt einsetzen und nutzen kann, um Harmonie und Gleichgewicht zu erlangen. Ich gebe, weil ich gleichzeitig empfange. Ich vermittle erneuernde Impulse, die mehr Bewußtsein in das Leben anderer bringen können. Wenn ich das Gefühl habe, den richtigen Weg einzuschlagen, lasse ich mich nicht mehr davon abbringen. Ich habe innere Klarheit und bin zielgerichtet in meinen Vorhaben.

2. Mein Licht: Ich treffe Entscheidungen, die mir wichtig sind und die aus dem Herzen kommen, sowie die notwendigen Maßnahmen, um sie in die Realität umzusetzen. Ich achte auf mein inneres Gefühl und handele danach. Dabei bin ich von dem Wunsch erfüllt, anderen zu helfen und ihnen Kraft, Zuversicht und Liebe mit auf den Weg zu geben. Eine herzliche Umgebung ist mir ganz wichtig, ohne sie fühle ich mich nicht wohl. Ich habe viel Verständnis für die Not und das Leiden anderer und finde Wege, um Hilfsmaßnahmen einzuleiten. Ich brauche den Kontakt zu Menschen und zur Natur und empfinde viel Freude im geselligen Zusammensein. Ich kann gut organisieren und sowohl die Pläne anderer als auch meine eigenen Vorhaben durchsetzen. »Nie verzagen« ist mein Motto, denn es gibt immer einen Weg.
Mein Schatten: Manchmal kann ich nur schwer mit meinen Kräften haushalten und ermüde rasch. Dies gilt auch für mein Durchsetzungsvermögen. Irgendwie schaffe ich es nicht, daß man mich in meiner Meinungsäußerung ernst nimmt, und ich werde überhört oder nicht beachtet. Ich fühle mich dann eingeengt, habe aber gleichzeitig nicht die notwendige Kraft, um auszubrechen und einen neuen, eigenständigen Weg zu gehen – auch ohne die Befürwortung anderer. Ich bin abhängig davon, welchen Raum mir andere Menschen in ihrem Leben geben und hänge dann daran fest. Wenn mir dieser Platz nicht mehr zugestanden wird, falle ich in ein Loch und weiß nicht mehr, wo ich hingehöre. Aus übertriebener Vorsicht treffe ich Entscheidungen, die nicht unbedingt zum besten für mich sind, und stelle mir dadurch bis zu einem gewissen Grad selbst ein Bein.

3. Mein Weg: Ich will Ärger und Groll loslassen und wieder an meine gewohnte und wahre Lebenskraft kommen. Ich will die Richtung einschlagen, die für mich vom Gefühl her paßt. Ich will Wege finden, nicht mehr so eingeengt zu werden, sondern mehr Freiraum zu erlangen, und ich setze mich für die notwendigen Maßnahmen ein, um dies zu erwirken. Indem ich zu mir und meinen Bedürfnissen stehe, setze ich wieder Energie frei.

Ich kann wieder mehr aus mir heraus agieren und versinke nicht so sehr im Leid. Ich kann helfen und unterstützen und finde auch Gelegenheit, dies wirkungsvoll zu tun. Ich nehme wieder Verbindung zu meiner inneren Führung auf und achte sie. Ich stehe wieder im Leben und fühle mich kraftvoll und gut.

4. Ausblick: Ich habe genügend Durchsetzungsvermögen, um meine Ideen, meine Meinung, meine Wünsche und meine Vorhaben zu artikulieren und zu verwirklichen. Ich habe eine klare Vorstellung von meinem Lebensweg und nehme diese Vorstellung auch ernst. Ich habe mich von Schuldgefühlen gelöst und mag mich so, wie ich bin. Ich nehme nicht mehr alles so persönlich. Ich bin gefühlvoll und liebend, jedoch ohne zu bestimmend oder einengend zu sein. Ich bin aktiv und arbeite gern. Ich verbringe auch gern Zeit in der Natur, denn ich kann dann durchatmen, Kraft tanken und meine Gedanken ordnen. Ich wirke mit viel Elan und Liebe an einem besseren Leben für alle.

Schattenaspekte auf der Körperebene: Die Labilität der Psyche zeigt sich häufig auch in einer körperlichen Labilität. Wenig Ausdauer und eine verringerte Leistungsfähigkeit sind die Folge. Oft genügt schon ein Zugwind, und die Erkältung oder die Muskelverspannung im Nacken ist da. Eine Grippe jagt die nächste. Je mehr Maßnahmen zur Vorbeugung getroffen werden, desto häufiger sind die Infektionen. Trotz aller guten Ratschläge und aufwendigen Behandlungen scheint der Körper immer schwächer zu werden. Auch wenn nur eine einzige Bakterie in einem Raum voller Menschen umherschwirrte, so glaubt man, daß ausgerechnet man selbst von dieser einen Bakterie attackiert würde. Hier geht es um eine Schwäche des körpereigenen Abwehrsystems.

Diese Farbölkombination will dazu auffordern, die eigenen Grenzen besser zu ziehen und innerhalb dieser Grenzen den Raum auch ganz auszufüllen.

- **Anwendung: Das Öl wird um den gesamten Oberkörper herum aufgetragen.**

Balance Nr. 29

Rot über Blau

Quintessenz: El Morya
Pomander: Saphirblau oder Königsblau

1. Wer bin ich?: Ich bin im Einklang mit mir und der Welt. Ich bin in der glücklichen Lage, zwei Gegensätze in mir zu vereinen: die Fähigkeit, in die Stille zu gehen und in einen Zustand absoluter innerer Ruhe zu gelangen, sowie die notwendige Kraft und das Talent, um das, was ich in mir an Botschaften, Bildern und Ideen empfange, nach außen hin umzusetzen und wirken zu lassen. Zusammen ergibt dies eine heilende Energie, die wieder Frieden stiftet, wo vorher Auseinandersetzung war, und Gelegenheit gibt, in unserer materiellen Welt unsere kreative Seite zu entfalten und zu leben. Menschen, die in Not sind oder Hilfe brauchen, biete ich Schutz und Geborgenheit. Meine Sensitivität setze ich zum Wohl der Menschen ein. Ich bin ein Mensch der Tat, erfüllt von einem Gefühl der Ruhe und der Gewißheit, Gottes Wille zu tun. Ich fließe mit dem Strom des Lebens.

2. Mein Licht: Ich habe die Harmonie von Passivität und Aktivität erkannt und lebe danach. Nur im Augenblick der Passivität liegt das Geschenk des Empfangens von Intuitionen, Ideen, Kreativität. Aber damit ich das Empfangene auch umsetzen kann, muß ich eine gewisse Aktivität einsetzen. Nur im aktiven Tun liegt die Möglichkeit der Weitergabe. Beide Teile müssen vorhanden sein, um sich zu ergänzen und zu wirken. Wenn beide Aspekte im Gleichgewicht sind und ihren Platz in meinem Leben haben, bin ich in meiner Mitte, in Harmonie mit mir selbst und mit meiner Umwelt. Was so schwierig erscheint, ist

eigentlich ganz einfach, wenn ich diese abwechselnden Energien als gleichwertig anerkenne. Hierin liegt meine Gabe und damit auch meine Fähigkeit, Neues in die Welt zu bringen, das Wandlung, Heilung, Licht bringt.
Mein Schatten: Wenn das aktive und das passive Geschehen in meinem Leben nicht im Gleichgewicht sind, kann es sein, daß ich zu stark in eine Richtung schweife. Konkret kann es beispielsweise bedeuten, daß ich zu aktiv bin, zu involviert in Projekte und alltägliche Dinge. Mir fehlt dann die Zeit, nach innen in einen Zustand der Passivität zu gehen. Das schwächt mich und nimmt mir auf Dauer die Lebensenergie. Ich werde müde, komme nicht mehr mit meinen Aufgaben hinterher und gerate so in einen Teufelskreis, aus dem ich irgendwann konsequent aussteigen muß, wenn ich wieder mehr in meine Mitte kommen will.

3. Mein Weg: Ich will mich nicht mehr soviel ablenken und mir meine Ruhephasen durch äußere Faktoren stören lassen. Ich erkenne, daß ich mir Raum und Zeit nehmen muß, um meine Seele baumeln zu lassen. Nur so können im Zustand des Nicht-tun-Müssens und der damit verbundenen Stille neue Impulse oder Hinweise für mein Leben auftauchen. Es ist wie eine Entrümpelung in den Kammern meiner Seele. Das gibt mir mehr Kraft, die ich wieder weitergeben kann. Der Kelch der Erkenntnis muß wieder aufgefüllt werden, wenn aus ihm getrunken werden soll. Ein leerer, ausgetrockneter Kelch nutzt niemandem und mir am allerwenigsten. Ich komme auf die Beine, bin gesund und munter und kann meine Vorstellungen realisieren.

4. Ausblick: Ich achte meine intuitive, sanfte und kreative weibliche Seite und auch meine aktive, tatkräftige und zielgerichtete männliche Seite. Beide Teile sind miteinander verbunden und in Interaktion. Das gibt mir ein tiefes Gefühl von Harmonie und Zufriedenheit. Es sind die Voraussetzungen, die ich brauche, um neue Ideen, neue Möglichkeiten zu schaffen, die zu einer heileren, glücklicheren Form des Lebens in unserer

Welt beitragen. Ich habe Visionen und realisierbare Pläne, wie ich sie umsetzen kann. Ich habe ein Ziel in meinem Leben und bringe viel Energie und Begeisterung dafür auf. Ich habe ein Gespür dafür, im richtigen Moment das Richtige zu tun. Ich komme ein ganzes Stück weiter in der Erfüllung meiner Lebensaufgabe.

Schattenaspekte auf der Körperebene: Es gibt Phasen im Leben, in denen ein Mensch in einen Zustand der Hyperaktivität gerät. Überforderung am Arbeitsplatz, im Haushalt oder auch die Tendenz, überall etwas erleben zu wollen, können rasch bewirken, daß wir überdreht werden. Das Tempo ist zu schnell. Noch ehe wir richtig gehen können, fangen wir schon an zu laufen. Kein Wunder, daß da die Stolpergefahr groß ist. Bevor wir allerdings stolpern, reagiert der Körper mit seiner eigenen Weisheit. Er läßt uns so müde und erschöpft werden, daß wir zur Ruhe gezwungen sind. Wenn der Körper dann träge wird und es schwerfällt, morgens aufzustehen, ist klar, daß der Bogen überspannt wurde. Der Körper kann dann aus Erschöpfung in die Lähmung geraten. Alle Funktionen, einschließlich der übergeordneten Hormonfunktion, verlangsamen sich. Auch die Fähigkeit, sich verbal auszudrücken kann beeinträchtigt sein.

Diese Farbkombination hilft, den goldenen Mittelweg zu finden.

- **Anwendung: Das Öl wird um den gesamten Oberkörper herum aufgetragen.**

Balance Nr. 30

Blau über Rot

Quintessenz: Der Christus
Pomander: Dunkelrot oder Rot

1. Wer bin ich?: Ich bin ein erwachsener Mensch, in dem ein Kind voller Liebe steckt – weise und hellsichtig. Es kennt den Weg zurück in das Licht der Liebe Gottes und hält geduldig seine Hand ausgestreckt – bereit, mich mitzunehmen auf eine Reise, die jenseits von Raum und Zeit führt. Wir gehen zusammen, denn nur so kommen wir ans Ziel. Dieses Kind in mir hat Kraft und Ausdauer und läßt nicht locker. Es will nach Hause. Es ist ein Zuhause, das ich bereits kenne – voller Einsicht, Liebe und Freude. Mit Klarheit und ausgerüstet mit der notwendigen Energie und Motivation begebe ich mich auf den Weg. Ich bin getragen von dem Gefühl, auf dem richtigen Pfad zu sein. Wer mit mir gehen mag, ist herzlich willkommen, denn je mehr wir sind, desto schneller gelangen wir ans Ziel.

2. Mein Licht: Ich habe eine positive Sicht der Dinge des Lebens. Nichts kann mich so leicht aus der Fassung bringen, und ich bewahre selbst in Paniksituationen die Ruhe. Wenn es um eine schwierige Sache geht, ziehe ich mich eine Zeitlang zurück und überlege, was ich am besten tun kann. Lösungen und Antworten kommen mir dann spontan, und ich mache mich an die Arbeit. Ich besitze einen starken Lebenswillen, der auch ansteckend auf andere wirkt. Ich kann andere für eine Sache begeistern und zur Handlung motivieren. Ich bin sehr in Kontakt mit meinen Gefühlen und Emotionen und finde auch äußere Bestätigung für meine Empfindungen. Trotz meiner reichen inneren Gefühlswelt habe ich einen realistischen Sinn für das Leben. Ich bin nicht abgehoben, sondern klar in meinem Urteil, was ich am besten zu meiner Selbstverwirklichung tun kann und um auch andere in ihrer Entwicklung zu unterstützen.

Mein Schatten: Es kann sein, daß ich immer wieder in Streit mit einer gegengeschlechtlichen Person gerate und ich noch lange danach Ärger und Wut empfinde. Dieser Zorn kann sich allgemein gegen das andere Geschlecht richten, und ich kenne dann kein Pardon. Statt meine Energie konstruktiv umzusetzen, benutze ich sie, um Rachepläne zu schmieden und meine allgemeine Abneigung deutlich zu zeigen. Ich bin unzufrieden und unausgeglichen im Umgang mit anderen. Manchmal zeige ich meinen Unmut nicht direkt, sondern schlucke ihn hinunter. Es stauen sich Emotionen auf und nehmen mir meine Ruhe. In meinem Kopf kreisen ständig Monologe, Dialoge oder Briefentwürfe, in denen ich meine Wut zum Ausdruck bringen will, mit denen ich mich aber nie konkret an die betreffende Person wende. Es entsteht eine Art Autoaggressivität, eine gegen mich selbst gerichtete Wut. Ich bin blind für die Liebe.

3. Mein Weg: Ich will wieder Ruhe und Ausgeglichenheit in mein Leben bringen. Ich will meine Energien in die für mich richtige Richtung lenken und damit endlich meine vielen Ideen in die Tat umsetzen. Ich nehme mir wieder Zeit, um mit meiner inneren Welt in Kontakt zu kommen und sie möglichst in irgendeiner kreativen Form zu manifestieren. Ich lerne, den weiblichen und den männlichen Teil in mir anzunehmen und zu lieben. Damit kann ich auch etwaige Verletzungen aus der Vergangenheit loslassen und verzeihen. Wenn mir ein Mann oder eine Frau irgendwann einmal weh getan hat, ob körperlich oder seelisch, heißt es noch lange nicht, daß alle Männer oder Frauen potentielle Feinde sind. Ich liebe den sanften, kreativen Teil, aber auch den kraftvollen, stolzen Teil in mir.

4. Ausblick: Ich weiß wieder, in welche Richtung mein Leben geht, und kann mich entsprechend darauf einstellen. Ich bin durch einen Heilungsprozeß gegangen und habe innere, unsichtbare seelische oder körperliche Wunden ans Tageslicht gebracht und dann mit viel Liebe und Zuwendung auskuriert. Ich bin nicht mehr so einseitig in allen Dingen, sondern kann auch die andere Seite der Medaille sehen und akzeptieren. Es gibt nicht immer nur einen Weg, um ans Ziel zu kommen. Ich habe wieder Energie und Zuversicht und zeige dies auch. Weil ich zu Erkenntnis und Einsicht gekommen bin, kann ich wiederum anderen den Weg zeigen und ihnen dadurch viele Mühen ersparen. Ich fühle mich körperlich fit und geistig verbunden mit einer spirituellen Kraft, die mich führt. Ich öffne mich für alle Seiten des Lebens.

Schattenaspekte auf der Körperebene: Wenn im Inneren Unruhe herrscht oder gar Wut tobt, dann ist es sehr wahrscheinlich, daß der Körper auch nachts nicht zur Ruhe kommt. Schlafstörungen aufgrund der im Kopf kreisenden Gedankengänge sind die Folge. Tagsüber beeinträchtigen Müdigkeit und fehlende Ausgeglichenheit das Wohlbefinden. Unterdrückter Ärger wegen einer unglücklichen Kindheit und Lieblosigkeit seitens der Eltern kann viel Frustration aufstauen lassen. Die Folge kann eine selbstzerstörerische Tendenz innerhalb des Körpers sein, zum Beispiel die Entartung von Zellen, vor allem im Bereich der Geschlechtsorgane. Auch eine Suchttendenz (Alkohol oder Drogen) kann ein Zeichen von inneren Spannungen darstellen. Aber auch Kopfschmerzen oder Migräne deuten auf unverarbeitete Situationen hin.

Die Farbkombination will zum Loslassen aufgestauter Emotionen ermuntern, damit wieder Ruhe und Ausgewogenheit ins Leben einkehren.

- **Anwendung: Dieses Öl wird um den Unterbauch und am Kopf um den Haaransatz herum aufgetragen.**

Balance Nr. 31

Grün über Gold

Quintessenz: Lady Portia
Pomander: Gold

1. Wer bin ich?: Ich bin in meinem Herzen mit allen Geschöpfen dieser Erde verbunden, ob in der Stadt oder draußen auf dem Land. Mit großer Freude begegne ich Menschen, bin neugierig auf das, was sie mir an Weisheit und Erfahrungen vermitteln. Ich lerne leicht und sauge wie ein Schwamm Informationen auf, jedoch nur, wenn die Sache von wirklichem Interesse für mich ist. Das Leben bietet eine Vielfalt von Möglichkeiten, und es gibt unendlich viele Wege, die ich gehen kann. Alle Wege bieten mir etwas, woraus ich Erkenntnis ziehen kann. Ich bin schon viele Wege gegangen und habe eine gewisse Intuition, ob ein Pfad sinnvoll ist oder in die Sackgasse führt. Ich habe ein Gespür für richtige Entscheidungen in Sinne des Ganzen, und aus diesem Grund kann ich als Wegweiser dienen. Es ist mir eine große Freude, diese Funktion des Lichtbringers zu erfüllen.

2. Mein Licht: Ich erkunde meine Umwelt mit gesunder Neugierde. Ich denke und fühle mit, was mir für das Verständnis der Dinge des Lebens sehr hilft. Ich liebe alle kreativen Ausdrucksformen, die das Leben in seiner Fülle zeigen. Ich fühle mich in meinem Leben bestätigt und angenommen, und aus dieser Sicherheit heraus lebe ich. Es gibt viele Gründe, sich über das Leben zu freuen – es ist für mich wie eine unerschöpfliche Quelle. Ich habe eine besondere Verbindung zur Natur und spüre eine unsichtbare Kraft, die in ihr am Wirken ist. Es gibt bestimmte Umgebungen, in denen ich mich vollkommen fühle, ohne Makel oder Sorgen. Ich gelange dann in einen Zustand des All-eins-Seins und erhalte viel Inspiration. Die Natur ist mir eine Quelle der Freude.

Mein Schatten: Ich habe eine tiefe Angst vor dem Leben. Ich bin vollkommen unsicher und habe daher Probleme, mich im Alltag zu orientieren. Aufgrund dieser Unsicherheit schiebe ich wichtige Entscheidungen vor mir her. Es fällt mir schwer zu spüren, was ich wirklich will. Es ist, als ob ich von meinen Gefühl abgeschnitten wäre. Vielleicht habe ich in der Vergangenheit so viel Grauenvolles erlebt, daß ich – um zu überleben – nicht anders handeln konnte, als Gefühle abzutrennen. Ich nehme meine eigenen Belange nicht wichtig und torpediere meine eigenen Absichten ständig. Es fällt mir schwer, Leichtigkeit in mein Leben zu bringen.

3. Mein Weg: Ich will ein neues Leben aufbauen, in dem ich mehr Eigenverantwortung trage. Ich vertraue verstärkt meiner Intuition, weil ich auf meine inneren Gefühle und Reaktionen auf Situationen achte. Mein Herz sagt mir schon, ob etwas in Ordnung ist oder nicht. Indem ich innerlich Ordnung schaffe, kann ich wieder mehr Klarheit in meine Gedankenwelt bringen. Ich spüre wieder das Verlangen, in die Natur zu gehen, denn dort fühle ich mich mit den Naturelementen tief verbunden und erhalte Eingebungen spiritueller Art. Ich bin mir meiner Sensibilität bewußt und nutze sie, um Führung und Inspiration zu erhalten. Ich habe meine Schattenseiten überwunden und fühle mich wesentlich leichter und heller. Ich stehe im Licht.

4. Ausblick: Ich freue mich über die Chancen, die mir mein neuer Lebensabschnitt bietet. Von meinen Ängsten und Unsicherheiten erlöst, kann ich nun mein Potential entfalten. Ich habe gelernt, dem Leben zu vertrauen, weil ich weiß, daß Gott mich führt. Gott gibt mir Zeichen in allem, was ich sehe. Ich sehe, ich erkenne, und ich handle danach. Ich fühle mich glücklich, beinahe überschäumend vor Lebensfreude. Es ist, als ob ich von den Toten auferstanden bin und nun eine neue Lebensperspektive erhalte. Was ich früher für selbstverständlich gehalten habe, betrachte ich nun mit Dankbarkeit. Dieses positive Gefühl vermittele ich anderen – durch meine Handlungen, meine Worte oder Dinge, die ich erschaffe. Auf jeden Fall kommt es von Herzen.

Schattenaspekte auf der Körperebene: Schwermut und Ängste können sich vor allem auf die Organe, die mit Stoffwechsel und Ausscheidung zu tun haben, negativ auswirken. Es besteht die Schwierigkeit, die guten Dinge im Leben anzunehmen und zu verarbeiten. Es kann der Leber dann die notwendige Energie fehlen. Heißhunger auf Süßigkeiten kann die Bauchspeicheldrüse überfordern und die Blutzuckerwerte drastisch schwanken lassen. Probleme im Nierenbereich können ebenfalls deutlich zeigen, wie sehr die inneren Ängste an die Substanz gehen. Die Tendenz zu Allergien und Hautausschlägen macht die Sensibilität sichtbar und drückt aus, daß sich der Betroffene in der eigenen Haut nicht wohl fühlt. Unsicherheit im Ausdruck der Gefühle lassen häufig Blockaden im Halsbereich auftreten; entweder durch Sprachprobleme wie Stottern oder durch Schwierigkeiten, eine Sprache zu lernen (auch bei Kleinkindern). Schmerzen im Herzbereich können ein Hinweis sein, daß die eigenen Gefühle tief vergraben sind und nicht erhört werden.

Diese Farbkombination will helfen, den eigenen Weg zu finden und ihn mit Bewußtsein zu gehen.

- **Anwendung: Das Öl wird vom Brustbereich bis hinunter zum Bauchnabel rundherum aufgetragen.**

Balance Nr. 32

Königsblau über Gold

Quintessenz: Lady Portia
Pomander: Gold

1. Wer bin ich?: Ich bin ein Übermittler von Informationen und Wissen, die zur Erhellung unserer Welt beitragen. Meine Auffassungsgabe ist außerordentlich gut, ebenso mein Erinnerungsvermögen. Ich beobachte, und ich komme dadurch zur Erkenntnis. Mein Kommunikationstalent ist so ausgeprägt, daß ich eine große Anziehungskraft auf andere Menschen ausübe. Mit viel Lebendigkeit, Kreativität und Darstellungsvermögen übermittele ich meine Botschaften. Ich fühle mich dem Hier und Jetzt sehr verbunden, auch wenn ich Erinnerungen aus der fernen Vergangenheit in mir trage. Mit Leib und Seele spreche ich über meine Gefühle und vermittele die Dynamik, die ich in mir spüre. Wie eine Zündkerze gebe ich einen Impuls weiter, einen Funken, der überspringt und den Menschen Wissen und Motivation bringt. Ich entfache das Licht in mir und in anderen.

2. Mein Licht: Ich weiß, was ich will und wie ich es erreichen kann. Ich habe ein gutes Gespür für richtig und falsch, einen hervorragenden Instinkt für die lohnenden Schritte in meinem Leben. Damit meine ich nicht die materiell erfolgreichen Schritte, denn ich bin mir sicher, daß ich erhalte, was ich brauche. Meine materiellen Bedürfnisse sind bescheiden. Meine Freude, und meine Erfüllung liegen in dem Wissen, daß wir mit einer höheren, geistigen und göttlichen Ordnung verbunden sind. Dies gibt meinem Leben Sinn. Ich bin kreativ, weil ich Freude schenken will. In der Freude am Dasein kann die Liebe sich ausdrücken und wachsen.
Mein Schatten: Ich habe das Gefühl, in andere Sphären abzudriften – ob durch meine Phantasie oder durch den Konsum

von rauscherzeugenden Substanzen. Das geschieht aus dem Wunsch heraus, mich mit diesem hellen, lichten Kern in mir zu verbinden. Die Suche nach Ruhe und Geborgenheit läuft über äußerliche Dinge und geschieht nicht im Inneren. Im Außen finde ich aber nur Ersatzbefriedigungen. Ich bin auf der Suche nach mir selbst. Mir fehlt es an Erdung, und ich bin sehr offen für alle möglichen Botschaften, die aus der geistigen Welt zu mir durchdringen. Das kann zu Verwirrung und innerem Durcheinander führen. Ich weiß nicht mehr, was Wirklichkeit ist, und bin verunsichert, ängstlich oder depressiv. Ich muß mich abnabeln und in die Innenschau gehen, dann kann wieder das helle Sonnenlicht mein Gemüt durchfluten.

3. Mein Weg: Ich will Wege finden, mich mit meiner Intuition, meiner inneren Führung und Weisheit zu verbinden. Indem ich mich darauf konzentriere, entfällt mein Verlangen, mich über äußere Dinge zu stimulieren. In mir liegt alles Wissen und damit verbunden auch mein Lebensglück. Dafür muß ich nach innen horchen und nicht nach außen. Äußere Meinungen sind jetzt unwichtig; wichtig ist das, was mein Bauchgefühl mir vermittelt. Darauf vertraue ich. Das bringt mich auf ganz neue Gedanken und Ideen, und ich komme aus meiner festgefahrenen Situation heraus. Meine Persönlichkeit kann sich weiterentwickeln und reifen. Ich hole die versäumte Zeit schnell nach, denn in dem Bruchteil einer Sekunde kann ich zur Erkenntnis gelangen. Ich mache dann Riesensprünge nach vorn.

4. Ausblick: Mein künftiger Weg verläuft in eine ganz neue Richtung. Die schweren Zeiten liegen hinter mir, die guten Zeiten manifestieren sich. Ich komme aus einem Zustand des Stresses in die Entspannung und Ruhe. Meine Sensibilität verstärkt sich, aber ich weiß, dies konstruktiv einzusetzen. Ich bin zu vielen Erkenntnissen gelangt, vor allem durch die Erfahrungen meiner Vergangenheit, und kann diese Schlüssel zum Glück prägnant und einfühlsam an andere vermitteln. In der Natur liegt die Antwort auf viele Lebensfragen, und wer genau hinschaut, der findet sie auch. Ich habe angefangen, in der Natur zu suchen. Ich finde Inspiration, ich finde Ruhe und bekomme Ideen, wie der nächste Schritt in meinem Leben aussieht.

Schattenaspekte auf der Körperebene: Wer auf der geistigen Ebene zu offen ist, kann erleben, daß auch der Körper zu offen ist. Alles rutscht durch, nichts wird wirklich verarbeitet und als Wert aufgenommen. Hier können vor allem die Organe betroffen sein, die mit der Aufnahme von Nährstoffen und der Ausscheidung von Gift- und Reststoffen beschäftigt sind: Magen, Leber, Darm und Nieren, aber auch die Bauchspeicheldrüse. Egal wieviel der Körper also an Nahrung zu sich nimmt, sie wird nur unzureichend vom Körper verarbeitet. Mangelerscheinungen, die sich dann auch auf die biochemischen Vorgänge im Körper beziehen, können auftreten. Die Folge können plötzliche, aus heiterem Himmel auftretende Gefühlsausbrüche oder Verstimmungen sein, die sich bis in eine existentielle Krise hineinsteigern können. Der Versuch, über die Haut Grenzen zu schaffen, wird zum Eigentor: Hautprobleme zeigen die innere Unruhe und machen noch gereizter und unglücklicher.

Diese Farbkombination will helfen, die Prüfungen, die das Leben uns stellt, zu bestehen.

- **Anwendung: Das Öl wird rund um den ganzen Oberkörper aufgetragen.**

Balance Nr. 33

Königsblau über Türkis

Quintessenz: Maha Chohan
Pomander: Türkis

1. Wer bin ich?: Ich bin verspielt, offen, neugierig und sehr weise. Ich bin sprachbegabt und kann viele Sprachen verstehen, auch die ohne Worte von Herz zu Herz. Ich bin enorm feinfühlig und sensibel für die Schwingungen um mich herum. Meine Wahrnehmungsfähigkeit ist ausgeprägt und nimmt alle Nuancen des Daseins wahr. Draußen unter freiem Himmel kann ich meine Fühler am besten ausstrecken und mich für die Energien öffnen. Eindrücke fließen in mich hinein und durch mich hindurch. Ich bin kommunikativ und sehr gern mit Leuten zusammen. In der Gemeinschaft geht es mir am besten, dann kann ich mich optimal artikulieren und entfalten. Ich bin sehr loyal und voller Teamgeist. Menschen, die in Not geraten sind, stehe ich bei und gehe mit ihnen durch dick und dünn. Ich habe ein Gespür für die Situationen, in denen ich gebraucht werde. Häufig bin ich an Ort und Stelle, noch bevor man mich gerufen hat, denn ich erahne Geschehnisse schon im voraus.

2. Mein Licht: Ich setze mein Sprachtalent und meine Kommunikationsbegabung für das Wohl auf unserem Planeten ein. Das kann über Seminare, Bücher, Gemälde, Gesang oder Gemeinschaftsprojekte sein. Ich bringe mein Einfühlungsvermögen, mein Organisationstalent und meine ruhige Art in mein Tun ein. Nachts träume ich intensiv und teilweise auch hellsichtig. Ich erhalte über Träume Einsichten und Botschaften, die sich als relevant für meinen Alltag zeigen. Ich bin beliebt, weil ich offen und herzlich auf Menschen zugehe. Ich liebe das gesellige Beisammensein, jedoch mit Tiefgang und nicht nur in Form einer Kaffeeklatschrunde. Ich ordne mich ungern dem Willen eines anderen Menschen unter, denn damit diene ich

nicht der größeren Ordnung. Ich strahle Ruhe und Freude aus und habe Spaß am Leben, trotz meiner inneren Tiefe.
Mein Schatten: Irgendwann in meinem Leben habe ich das Gefühl gehabt, aus der Gruppe ausgestoßen zu sein. Ob es wegen meines Andersseins oder meiner Sensitivität war oder einfach weil ich zu viele Dinge gesehen habe und für einen Spinner gehalten wurde – jetzt bin ich jedenfalls isoliert und allein. Doch fühle ich mich inzwischen in der Einsamkeit auch wohl. Ich bin schüchtern und traue mich nicht, auf andere Menschen zuzugehen. Insgeheim sehne ich mich aber nach Kontakt und hätte nichts lieber, als daß man auf mich zukommt und ich wieder integriert bin. Hellsichtige, verspielte Menschen haben es schon immer in der Gesellschaft schwergehabt, aber vielleicht liegt diese Nichtakzeptanz auch nur daran, daß ich nicht zu mir stehe, so wie ich bin. Ich muß »meine« Familie finden und die alten Verbindungen loslassen.

3. Mein Weg: Ich will mein Leben bereichern und eine neue Dimension hineinbringen. Meine Traumwelt eröffnet sich mir und deutet mir den Weg. Viele Bilder tauchen in mir auf und wollen kreativ ausgedrückt werden. Ich fühle mich angeschlossen und bekomme Kontakt zu Menschen, die mir gleichgesinnt sind. Das gibt mir Geborgenheit, Sicherheit und Gewißheit. Ich finde immer mehr Zugang zu der geistigen Welt, empfange Gedanken und Worte, die für uns alle von Bedeutung sind. Das kann durch Meditation, einen Spaziergang oder bei irgendeinem Vorgang passieren, bei dem mein Intellekt ausgeschaltet ist. Ich kann meine Freude wieder ausdrücken und Zuneigung und Liebe zeigen. Ich nehme vieles auf die leichte Schulter, was vorher todernst für mich war. Das Leben ist schön, so wie es ist.

4. Ausblick: Meine Intuition ist hellwach. Ich empfange sehr vitale und lebendige Bilder vor meinem inneren Auge. Sie sind visionär – für mich und für die Welt. Ich nehme diese Botschaften ernst und weiß auch instinktiv, wie ich sie am besten umsetzen kann. Zur Arbeit gehört auch das Spiel, und ich spiele wieder mehr. Ich verstehe, daß wir hinabtauchen müssen in unsere innere Welt, wenn wir den Schlüssel zu unserem eigenen Licht finden wollen. Wer das Leben auf die leichte Art nimmt, der kann sich am ehesten aufschwingen und fliegen. Wer zu ernst ist oder grübelt, fällt wie ein Stein vom Himmel. Mit Herz dabeisein, aber spielerisch – das ist mein Schlüssel zum Glück und ein Schlüssel, den ich gern weitergebe.

Schattenaspekte auf der Körperebene: Der Körper kann auf verschiedene Art und Weise Ausgrenzung aus der Gemeinschaft signalisieren. Wir kommunizieren hauptsächlich über unsere Augen, unser Gehör und unsere Sprache miteinander. So gelten heute Menschen, die blind und taub oder stumm sind, in der Regel als Außenseiter. Es ist schwierig, zu ihnen eine Verbindung herzustellen. Wie wir aber wissen, entwickeln gerade solche Menschen häufig extrasensorische Fähigkeiten, das heißt, sie sind wesentlich feinfühliger, hellsichtiger oder hellhöriger als Menschen, deren fünf Sinne normal ausgebildet sind. Wenn also die Augen schlechter sehen, die Ohren schlechter hören, wiederkehrende Probleme mit Hals, Kehlkopf oder Stimmbandbereich vorhanden sind, dann sollte verstärkt auf die inneren Bilder und Empfindungen geachtet und Wege gesucht werden, diese zu artikulieren. In der Innenschau sehen, hören, spüren wir häufig viel mehr, als wir glauben. Hier will der Körper darauf hinweisen, daß wir mehr auf die Sprache unseres Herzens achten sollten.

- **Anwendung: Das Öl wird vom Brustbereich aufwärts einschließlich Hals und Gesicht aufgetragen.**

Balance Nr. 34

Rosa über Türkis

Quintessenz: Maha Chohan
Pomander: Türkis

1. Wer bin ich?: Ich bin kristallklar in meinen Gedanken. Ich spüre genau, was in meiner Gefühlswelt vorgeht, und lasse mich in meinen Handlungen führen. Wie der Kapitän an Bord eines Schiffes steuert meine Seele meinen Körper sicher durch die Meere des täglichen Geschehens, an Stürmen, Untiefen und hohen Wellen vorbei. In meiner Vorstellungskraft kann ich überall hinreisen, und alles ist möglich, denn ich bin frei. Ich habe das Licht gesehen. Ich bin sanft, liebevoll und fürsorglich in meinen Taten. Ich fühle aus dem Herzen heraus und lasse meine Liebe in die Welt hineinfließen. Ich gebe, ohne zu verlangen, denn aus der inneren Freiheit heraus kann ich bedingungslos dienen. Ich habe meine Erfüllung gefunden. Gott wirkt und heilt durch mich.

2. Mein Licht: Je weiter ich durch das Leben schreite, desto mehr Bewußtheit erlange ich. Ich habe eine starke Resonanz zu den Naturelementen, aber auch zu Tönen und Farben. Ich kann mich tief einfühlen und für diese Energien öffnen. Ich tauche gern in die Wogen des Meeres hinab, denn Wasser reinigt und erneuert meinen Körper und meine Seele. Ich bin mutig und stark, aber auch empfindsam und intuitiv. In Harmonie mit meinen männlichen und weiblichen Anteilen fühle ich mich als ganzheitliches Wesen, als Seele, die jenseits der Beschränkung von Raum lebt. Die Liebe ist für mich sehr wertvoll, wie ein kostbarer Schatz. Durch sie können meine inneren Bilder an die Oberfläche kommen und sich zeigen. Ich habe ein intensives Gespür für die richtigen Dinge in meinem Leben und gehe dann auch konsequent diesen Weg. Ich erkenne und entscheide mich für das Licht.

Mein Schatten: Irgendwann einmal bin ich in meinem Leben in der Liebe enttäuscht worden. Es war fast so, als ob ich hereingelegt worden wäre. Ich habe alles gegeben, und mir ist alles genommen worden – das ist jedenfalls mein Eindruck. Ich spüre einen tiefen Verlust und kann mich gleichzeitig nicht davon befreien, mir selbst die Schuld zu geben. Bei all meiner Intuition und meinem sensiblen Gespür habe ich die Einbahnstraße nicht erkannt. Mir ist etwas versprochen worden, und ich habe dabei meine warnende innere Stimme überhört. Ich war blind für die Liebe. Aus meiner Enttäuschung heraus fliehe ich in meine innere Welt der Phantasie. Ich bin unsicher und ängstlich. Ich habe keine Zeit mehr, um in die Natur zu gehen und mir dort die notwendige Regeneration zu holen. Ich gehe in die Regression.

3. Mein Weg: Ich will meiner inneren Führung vertrauen und mich mehr nach ihr richten. Immer wenn ich nicht auf dieses flüchtige Gefühl, diesen Impuls gehört habe, sondern mein Verstand es besser wußte, habe ich den kürzeren gezogen. Ich habe das jetzt begriffen und verinnerlicht, so daß solche Fehltritte in meinem Leben nicht mehr vorkommen. Ich bringe meine Phantasie, meine innere Welt mit der äußeren Welt in Verbindung, so daß beide Seiten davon profitieren. Es nutzt nichts, Visionen zu haben und sie nicht in die Realität umzusetzen, und es nutzt auch nichts, ohne innere Vision durch den Tag zu gehen. Innere und äußere Welt ergänzen sich und machen erst Fortschritt auf meinem Lebensweg möglich. Ich habe dies erkannt und setze es nun in die Praxis um. Ich öffne mich für die Liebe, weil ich meine innere Stimme wahrnehme und ihr folge. Ich lerne, mich nach Gottes Willen zu richten.

4. Ausblick: Ich gehe meinen Weg. Ich habe Vertrauen in meine eigene Weisheit und höre auf etwaige Warnsignale. Dadurch vermeide ich schwierige Situationen, und mein Gefühl von Glück und Zufriedenheit verankert sich in meinem Sein. Ich bin verbunden mit den Kräften der Natur, mit meiner Seele und mit anderen Menschen. Ich gebe Liebe, und mir wird auch viel Liebe entgegengebracht. Sanft und mit Hingabe führe ich mein Leben. Durch Träume, durch innere Bilder, in der Meditation empfangen, oder auch Ideen, die mir plötzlich ins Bewußtsein kommen, sehe ich, wie verbunden wir sind und wie wir alle nach dem Licht streben. Aus dem Individuum muß die Gemeinschaft werden, wenn wir zusammen wirken wollen. Das »Ich« des Ego wird zu einem »Wir«, um dann irgendwann zum »Ich bin« der Einheit zu verschmelzen. Das ist mein Weg.

Schattenaspekte auf der Körperebene: Wenn wir die »große Liebe unseres Lebens« treffen und daraus kein Happy-End wird, entsteht das Gefühl, an einem gebrochenen Herzen zu sterben. Ob dies in der Pubertät bei der ersten Liebe oder später passiert – in jedem Alter können wir davon betroffen sein. Die Lebenslust verschwindet, Depression, chronische Müdigkeit oder psychosomatische Beschwerden, vor allem im Bereich Herz-Kreislauf, können in Erscheinung treten. Gewichtszunahme oder -verlust zeigt, daß wir aus dem Gleichgewicht gekommen sind. Hautausschläge oder plötzliche Allergien können ein Zeichen für die innere Verletzung sein, ebenfalls eine schmerzhafte oder zu heftige Menstruation bei Frauen.

- **Anwendung: Das Öl wird im Brustbereich aufgetragen. Bei Menstruationsproblemen wird das Öl rund um den Unterbauch aufgetragen.**

Balance Nr. 35

Rosa über Violett

Quintessenz: St. Germain

Pomander: Violett

1. Wer bin ich?: Ich bin wie eine Flamme des Feuers. Ich verbrenne alte Verstrickungen und Schmerzen und ermögliche Erneuerung und ein Bewußtsein für die Liebe. Ich sehe die komischen Seiten des Lebens und nutze sie, um die dunkleren Seiten zu erhellen. Es gibt viele Möglichkeiten, auf scheinbar leichte Art tiefe Erkenntnisse und Heilung auf der unbewußten Ebene zu vermitteln. Ich nutze diese Wege aus und heile auf nicht immer sichtbare, aber dennoch wirkungsvolle Art. Ich verspüre eine große Liebe für das Leben allgemein und bringe diese Schwingung in meine Arbeit und in meine Freizeit ein. Ich habe eine starke innere Kraft, die beständig und ausdauernd ist. Ich will etwas Positives in dieser Welt bewirken, etwas, was Licht schenkt und uns alle in Richtung Ganzheit und Einheit weiterbringt.

2. Mein Licht: Ich habe begriffen: Was ich anderen gebe, gebe ich auch mir selbst. Das klappt aber nur, wenn es aus Uneigennützigkeit geschieht und kein Hintergedanke wie Anerkennung, Dankbarkeit oder Verpflichtung damit verbunden ist. Wenn ich aus Freude am Tun meine Fähigkeiten in den Dienst der anderen stelle, dann kommt der Segen wie ein Bumerang zu mir zurück. Meine sanfte, liebevolle Art macht mich beliebt, und viele suchen mich auf, wenn sie Kummer haben oder Hilfe brauchen. Schon seit frühester Zeit kann ich helfen, kann ich heilen – immer wieder habe ich das gesehen und gespürt. Ich habe immer genug Ruhe und Energie, um da zu sein, wo ich gebraucht werde. Ich nehme intensiv am Leben teil und liebe es.
Mein Schatten: Vielleicht habe ich manchmal das Gefühl, daß das Leben auf der Erde zu schwerfällig und ernst ist. In mir taucht die Sehnsucht nach einem leichteren, lichtvolleren Leben auf, und der unbewußte Wunsch, »nach Hause ins Licht« zu gehen, überflutet mich. Ich will aus dem Leben aussteigen, fühle mich, als ob ich mit beiden Beinen im Sumpf steckengeblieben bin und nicht wieder herauskomme. Ich bin müde, ausgelaugt und unausgeglichen, weiß aber nicht, wohin ich mich um Hilfe und Heilung wenden soll. Ich versuche, daß ganze Ausmaß des Unglücks für mich zu behalten, aber wie gern wür-

de ich jemanden finden, der mir diese Last, die ich auf meine Schultern geladen habe, abnimmt. Ich mache den Fehler, für das, was ich gebe, eine positive Resonanz zu erwarten. Ich benötige dies zur Bestätigung, daß ich auch wirklich heilen und helfen kann, da ich nicht so ganz von meinen Gaben überzeugt bin.

3. Mein Weg: Ich will mein gutes Lebensgefühl wiedergewinnen, mich für die Liebe und ihre Kraft öffnen. Ich schaffe es endlich, alte Schmerzen zu erlösen und in Einklang mit mir selbst und der Umwelt zu kommen. Es eröffnet sich mir eine Dimension der reinen und aus dem Herzen kommenden Liebe, die Balsam für meine Seele ist. Ich erlebe dadurch eine Art Reinigung meiner eigenen Schattenseiten und Kümmernisse und habe wieder Weitsicht und die Kraft, anderen zu helfen. Ich verbreite gute Laune und Optimismus, basierend auf dem Gefühl, angenommen und geliebt zu sein. Die Liebe heilt alle Wunden.

4. Ausblick: Der Impuls, mich ganz intensiv dem Leben zu widmen, liegt tief in mir verwurzelt. Ich lebe und ich gebe aus ganzem Herzen, jedoch ohne eine Gegenleistung zu erwarten. Ich habe Gnade und Heilung erfahren in dem Moment, in dem ich bereit war, alles loszulassen. In diesem Moment habe ich alles erhalten. Ich will ihn vervielfachen, diesen Gewinn an Lebensqualität und Energie. Das geht nur, indem ich diese Dinge weitergebe. Menschen, ob nah oder fern, die meine Unterstützung brauchen, erhalten sie. Ich kann so viel geben, weil ich mich von den Schatten meiner Vergangenheit und meinen Sehnsüchten gelöst habe und nun weiß, daß ich in meinem Leben etwas Konstruktives bewirken kann. Ich bin nicht umsonst hier. Nichts ist umsonst, das weiß ich jetzt.

Schattenaspekte auf der Körperebene: Die Anstrengung, die es kostet, dort zu leben, wo man gefühlsmäßig nicht hingehört, macht sich körperlich durch Erschöpfungszustände bemerkbar. Das Gefühl, sich durch den Alltag zu schleppen, läßt auch den Körper ermüden. Zuwenig Bewegung und frische Luft und ein Stubenhockerdasein tragen zum schlaffen Tonus bei. Bei Leistungsforderungen können streßbedingte Kopfschmerzen und Schlafstörungen auftreten, weil der Druck zu groß wird. Verspannungen der Rücken- und Schultermuskulatur können auftreten. Bei Kindern kann eine Flucht in Hals-, Nasen- oder Ohrenerkrankungen bei bevorstehenden schwierigen Prüfungen in der Schule vorkommen.

Diese Farbkombination kann bei Männern in der Lebensmittekrise und bei Frauen in den Wechseljahren helfen, das Gefühl, in einer festgefahrenen, langweiligen Situation festzustecken, zu erlösen.

- **Anwendung: Das Öl kann je nach Körpersymptom auf dem ganzen Körper aufgetragen werden.**

Balance Nr. 36

Violett über Rosa

Quintessenz: Lady Nada oder Orion und Angelika
Pomander: Rosa

1. Wer bin ich?: Ich bin mit der Liebe verbunden. Ich fühle, ich empfinde, ich bin. Die Liebe, die ich kenne, ist kindlicher Natur: unschuldig, rein und überschäumend. Wer dieses Licht in mir erkennt, erfährt Heilung von Sorgen und Krankheiten. Es ist eine Heilkraft, mit der ich in diese Welt gekommen bin und die ohne Mühe durch mich fließt. Menschen fühlen sich geborgen und glücklich in meiner Gegenwart, egal wie alt ich sein mag. Ich kann meine Hände nutzen, um diese heilende Kraft zu übertragen. Aufgaben, bei denen ich mein Mitgefühl, meine Fürsorge einsetzen kann, liegen mir besonders. Da ich mit der Liebe, auch der Liebe Gottes, zutiefst verbunden bin, erlebe ich viel Führung und Energie im Alltag. Wie innen so außen – ich bin in mir ganz und heil und widme mich daher dem ganzheitlichen, spirituellen Weg. Hier finde ich meine Erfüllung.

2. Mein Licht: Meine Intuition dient mir als Wegweiser für mein Leben. Ich spüre, ob ich an der richtigen Stelle bin und das Richtige tue. Ich finde meine »Nische« im Leben, die es mir ermöglicht, gern und mit Liebe zu arbeiten. Meine warme Ausstrahlung, die auch Kraft vermittelt, wirkt anziehend. Menschen können sich bei mir anlehnen und bei mir Trost finden. Ich kann viel geben, ohne im Gegenzug etwas zu erwarten. Viele Menschen leiden unter einem Defizit an Liebe, ich zeige ihnen, wie sie wieder zu dieser Quelle finden können. Es ist eine sehr heilende und stärkende Energie, die ich vermitteln kann. Ich habe einen Blick für das spirituelle Licht und fühle mich zu esoterischem Wissen hingezogen. Was ich zur Förderung und Entfaltung brauche, finde ich.
Mein Schatten: Meist in frühen Jahren vermißte ich Liebe, Nähe und Geborgenheit. Ich erlebte vielleicht Streit zwischen meinen Eltern oder anderen Bezugspersonen oder deren Entzweiung und habe dabei den kürzeren gezogen. Die Menschen um mich herum waren intensiv mit scheinbar wichtigen Dingen beschäftigt und haben mir wenig Aufmerksamkeit, geschweige denn intensive Zuwendung oder Zuspruch gegeben. Ich habe ein Defizit an Geborgenheit und Bestätigung. Immer war ich lieb und nett in der Hoffnung, daß es irgendwann jemand anerkennt. Aber es kam nie etwas in dem Maße zurück, wie ich es gebraucht und gewünscht hätte. Dieses ungeliebte Kind steckt immer noch in mir und will Heilung erfahren.

3. Mein Weg: Ich will alte Verletzungen und Mangelgefühle loslassen und endgültig ausheilen. In mir ist sehr viel Liebe, die sich nun ausdrücken möchte, egal ob ich in der Vergangenheit mit meinen Bekundungen der Zuneigung und Zärtlichkeit auf taube Ohren gestoßen bin und abgewiesen wurde oder nicht. Jetzt ist jetzt, und es gibt eine neue Möglichkeit, meine Gefühle auszudrücken. Ich wage einen Neuanfang. Ich zeige meine Liebe, egal wie die Reaktion ist. Weil ich meine Ängste losgelassen habe und von innen heraus vertraue, erlebe ich ein kleines Wunder: Ich werde angenommen und geliebt. Mein Herz öffnet sich weit, und meine Energien fließen. Ich heile von innen heraus. Ich bin verbunden mit der unendlichen und bedingungslosen Liebe Gottes.

4. Ausblick: Ich erlebe so etwas wie eine Neugeburt. Auf jeden Fall packe ich mein Leben von einer völlig anderen Seite an. Wo ich unsicher war und mich ungeliebt fühlte, habe ich jetzt die Gewißheit, geliebt zu werden – mehr noch: von Gott geliebt zu werden. Diese Erkenntnis gibt mir Kraft und Zuversicht, aus denen heraus ich nun auch arbeite. Was auch immer ich tue, ich tue es mit Liebe und gebe dabei eine heilende Energie an mein Gegenüber weiter. Ob ich Blumen binde, Essen serviere, an der Kasse sitze, als Manager oder Seminarleiter arbeite – ich arbeite von Herzen gern, gebe mein Bestes und so viel Liebe in die Sache hinein, wie ich nur kann. Das spüren die Menschen, und sie kommen gern. Ich ernte mindestens genausoviel Liebe, wie ich gegeben habe, weil ich es aus innerem Impuls und ohne Erwartungen tue.

Schattenaspekte auf der Körperebene: Wenn wir in einer bestimmten Lebensphase steckenbleiben und uns nicht so weiterentwickeln, wie wir es eigentlich sollten und auch könnten, zeigt sich dies häufig körperlich über unser Muskel- und Skelettsystem. Glieder- und Gelenkschmerzen, vor allem in den Beinen, zeigen unsere Unbeweglichkeit und unsere Ängste vor der Mobilität. Wer unter Rheuma oder Arthritis leidet, spürt am eigenen Leibe, wieviel sich an Giftstoffen und Ablagerungen angesammelt hat. Aber auch Entzündungen an den Gelenken wie Ellenbogen, Handgelenk oder Knöchel durch übermäßigen Sport sind ein Hinweis darauf, daß die Beweglichkeit auf der falschen Ebene kompensiert wird. Hierzu gehören die Fitneß-Fanatiker. Bewegung ist für den Körper lebenswichtig, jedoch wenn sie übertrieben wird und auf der inneren Ebene nicht zeitgleich mitgeschieht, gehen Körper und Seele in zwei verschiedene Richtungen. Dann führt die Überspannung zu Verletzungen.

Diese Farbkombination hilft, die Vergangenheit hinter sich zu lassen und sich für ein neues, intensives Gefühl der Liebe zu öffnen.

- **Anwendung: Das Öl wird überall dort aufgetragen, wo es symptomatisch angezeigt ist.**

Balance Nr. 37

Violett über Blau

Quintessenz: El Morya
Pomander: Saphirblau oder Königsblau

1.Wer bin ich?: Ich bin verbunden mit Gott, meinem himmlischen Vater. In mir ist tiefer Friede und tiefes Vertrauen. Ich habe eine hochentwickelte Sensitivität und kann Dinge vorausahnen. Ich finde leicht Zugang zu der geistigen Welt, wenn ich mich in Meditation oder Entspannungsübungen vertiefe. Diese Welt ist mir sehr vertraut. Ich nutze meine Gaben und die Übermittlung jener Botschaften, die ich innerlich empfange, um anderen auf ihrem spirituellen Weg zu helfen. Damit leiste ich meinen Anteil an der Heilung dieser Erde. Wie ich spirituelles Gedankengut weitergebe ist sehr unterschiedlich: Es kann durch Unterricht geschehen, aber auch auf künstlerischem Weg über das Malen oder Schreiben. Ich spüre, welches Medium am besten geeignet ist, und nutze es dann als Mittel, um die Energie zu manifestieren. Ich ruhe in mir und meinem Dasein und habe mein spirituelles Selbst in mein alltägliches Leben integriert.

2. Mein Licht: Indem ich die Funktion eines Botschafters der geistigen Welt innehabe, trage ich eine besondere Verantwortung, die ich sehr gern erfülle.

Ich sehe viel und wähle die richtigen Umstände und den richtigen Zeitpunkt, um das Geschehene zu vermitteln. Jede Botschaft oder Übertragung von Energie ist wie Wasser auf ein Samenkorn. Es muß das Saatgut bereits gepflanzt und zur Keimung bereit sein, damit die Bewässerung Nutzen bringt, ansonsten ergießt sich nur etwas auf trockenen, unfruchtbaren Boden. Ich weiß intuitiv, wem ich etwas sagen kann und wieviel, und erreiche damit eine sanfte, aber größtmögliche Bewußtseinserweiterung. Ich arbeite von innen heraus, verbunden mit dem Licht.

Mein Schatten: Ich muß darauf achten, daß ich mit meinem inneren Wissen und meiner Intuition verantwortungsvoll umgehe und andere nicht damit überrolle oder austrickse. Wenn ich in meinem Leben schlechte Erfahrungen mit dem männlichen Prinzip gemacht habe, kann es sein, daß ich mich davor scheue, Entscheidungen zu treffen und dazu zu stehen. Ich drücke mich dann vor Verantwortung und ziehe mich zurück. Isolation und Depression können daraus entstehen, die mir jegliche Lust am Leben rauben. Ich habe mich dann so weit von meiner eigentlichen spirituellen, kreativen Seite entfernt, daß ich mir wie verloren vorkomme. Ich lebe nicht mehr gern und möchte weg. Es ist mir zu dunkel geworden in dieser Welt.

3. Mein Weg: Ich will wieder Anschluß finden, Geborgenheit und Bestätigung in meinem Sein. Ich lasse die Ungerechtigkeiten der Vergangenheit los und ersetze meine anklagende, verurteilende innere Stimme durch Stille. In der Stille und in der tiefen Reflexion höre ich dann endlich wieder die wahre innere Stimme. Es ist die Stimme Gottes, die in Form von Gedanken, Bildern oder Worten vor meinem inneren Auge erscheint. Ich weiß um die Wahrheit, die in dieser Stimme ruht, und kann aufatmen. Ich finde wieder Zugang zum Licht, und es wird heller in mir. Ich entdecke meine Aufgabe und die Wege, über die ich die mir gezeigte Wahrheit weitergeben soll. Mein Leben hat einen Sinn.

4. Ausblick: Die Qualen meiner Seele haben sich aufgelöst, und ich habe einen Zustand tiefer innerer Ruhe wiedererlangt. Es war schwer, meinen Weg zu finden, aber nun kenne ich ihn. In meiner Empfindsamkeit und meiner Sensitivität liegt Heilkraft. Ich will diese Heilkraft nutzen und weitergeben. Die heilende Energie Gottes soll durch mich hindurchfließen. »Gottes Wille geschehe wie im Himmel so auf Erden«, das ist mein wichtigstes Leitmotiv. In der Annahme meiner Lebensaufgabe liegt große Befriedigung und Erfüllung. Ich kenne die dunkelsten Seiten des irdischen Daseins, aber auch die hellsten Momente der Seele. In der Kenntnis beider Pole und in meiner Aufgabe als Vermittler fühle ich mich glücklich und erlöst.

Schattenaspekte auf der Körperebene: Rückschritte im Leben bringen ein Gefühl der Schwermut mit sich, und so ist es auch kein Wunder, wenn eine Tendenz zu depressiven Verstimmungen, erdrückenden Kopfschmerzen und chronischer Müdigkeit besteht. Wenn die Trägheit keinen kreativen Ausdruck erlaubt, zeigen vor allem auch Probleme im Halsbereich die Blockade an. Spannungen im Kieferbereich, zum Beispiel Kiefergelenkknacken, und im Schulterbereich zeigen, daß die Kommunikation Schwierigkeiten bereitet. Aber auch Venenschwäche mit der latenten Möglichkeit einer Thrombose sind ein Indiz für einen Lebensfluß, der verlangsamt ist.

Diese Farbkombination will helfen, mehr Kraft in den Alltag zu bringen, die innere Verweigerung des kreativen, heilenden Ausdrucks aufzulösen und damit wiederum Energien zu befreien.

- **Anwendung: Das Öl wird um den Hals sowie am Kopf um den Haaransatz herum aufgetragen.**

Balance Nr. 38

Violett über Grün

Quintessenz: Hilarion oder Djwal Khul
Pomander: Smaragdgrün

1. Wer bin ich?: Ich bin sehr mit der Erde verbunden, und ich fühle mich wohl in meiner Haut. Ich kenne meine Möglichkeiten und meine Grenzen und nutze sie soweit wie möglich aus. Ich habe eine schnelle Auffassungsgabe und setze das Erlernte leicht in die Praxis um. Ich habe einen guten Verstand, der nicht nur theoretisch arbeitet. Wenn ich Gelegenheit habe, Intellekt und Kreativität zu kombinieren, kann ich neue Ideen und Dinge entwickeln, die der Menschheit zugute kommen. Ich helfe, die Gesetze des Universums zu verstehen. Dadurch kann sich mehr Licht auf Erden verankern. Meine äußere Erscheinung kann sehr täuschen; in mir steckt viel Weisheit und ein hohes Bewußtsein, was mir nicht immer auf Anhieb angesehen wird. Das hat den Vorteil, daß kaum Erwartungen an mich gestellt werden und meine Energie und Erkenntnisse viel eher angenommen werden.

2. Mein Licht: Ich habe eine Vision, etwas, was ich in meinem Leben verwirklichen will. Es dient der Menschheit und erfüllt mich mit Hingabe und Kraft. Ich weiß, daß ich mein Ziel verwirklichen kann, und ich setze meine ganze Kraft und all meine Mittel dafür ein. Meine Herzenskraft ist hierbei entscheidend, denn sie füllt diese Vision mit Leben. Ich zeige dadurch meine Liebe zu den Menschen und allen Lebewesen, und Gott belohnt mich mit Möglichkeiten, meine Vision zu verwirklichen. Ich bin ein Lichtbringer, ein Bote für bessere Zeiten. Ich liebe die Chance, die mir in meinem Leben geboten wird, und nutze sie ganz und gar aus. Ich erfülle nicht nur meinen eigenen Traum, sondern auch den vieler Menschen. Zusammen können wir uns verwirklichen. Das ist Heilung aus der höchsten Ebene.

Mein Schatten: Menschen mit visionärer Sicht werden häufig als Exzentriker abgetan und aus dem normalen Gesellschaftsleben ausgegrenzt. Ich habe in meiner Begeisterung anderen von meinen Ideen erzählt und dabei Hohn und Verachtung erlebt. Ich kam mir verspottet und unverstanden vor. Diese Meinung anderer habe ich verinnerlicht und meine Vision begraben. Dabei bin ich bitter geworden. Ich fühle mich unverstanden und allein gelassen in der Welt meiner reichen Vorstellungskraft. Ich verstehe nicht, warum andere mit viel uninteressanteren Ideen trotzdem zum Durchbruch gelangen, und ich hege großen Groll deswegen. Die Welt erscheint mir sehr ungerecht, und ich fühle mich als verkanntes Genie. Ich habe meinen Weg verloren. Eigentlich bin ich nur blind, weil ich mir Scheuklappen aufgesetzt habe. Ich könnte weitergehen. Ich gönne es nur mir selbst und den anderen nicht.

3. Mein Weg: Ich will wieder zu mir und meinen Eingebungen stehen, egal was die Außenwelt dazu sagt. Wenn ich in mir verspüre, daß etwas genau das Richtige ist, dann muß ich diesen Weg gehen. Es ist mein Weg, und ich werde Erfolg haben. Weil ich mich zur Selbstverwirklichung entschieden habe, erhält mein Leben ein Ziel. Das Universum antwortet mit verschiedenen Möglichkeiten und Chancen, um mir weiterzuhelfen. Ich fühle mich viel besser und bin weitaus weniger krankheitsanfällig. Ich weiß jetzt, wozu ich da bin und was ich zu tun habe, und kann meine ganze Energie dafür einsetzen. In der Natur kann ich die besten Eingebungen erhalten, ich gehe jetzt deshalb häufiger in die Natur. Dort finde ich die Ruhe und die Stille, um zu hören.

4. Ausblick: Ich setze mich mit meinen Vorhaben durch. Instinktiv weiß ich um die Richtigkeit meines Tuns, auch wenn es Gegenstimmen gibt. Ich folge meiner Intuition, gebe ihr den Raum in meinem Leben, der ihr gebührt. Dadurch bin ich viel weitsichtiger geworden. Die Grenzen meines Daseins haben sich erheblich ausgedehnt oder gar aufgelöst. Ich bin in meinem Element, ich fühle mich geheilt und habe jetzt die notwendige Kraft, um meinen Beitrag zur positiven Wandlung der Erde in Richtung Licht zu leisten. Ich nehme mein Leben an und nutze es aus, um meine Liebe zu zeigen und heilende Energien zu vermitteln. Ich lebe meine innere Wahrheit.

Schattenaspekte auf der Körperebene: Wenn die innere Wut keinen Ausdruck nach außen findet, kann sie sich auf der körperlichen Ebene in Form von autoaggressiven Erkrankungen manifestieren, das heißt, es besteht eine Selbstzerstörungstendenz. Beispiele sind die Entartung von Krebszellen, das HIV-Virus und Immunschwächen. Aber auch Kopfschmerzen, Migräneanfälle, hoher Blutdruck oder Herzrhythmusstörungen gehören dazu. Es sind eine immense Kraft und unendlich viel Liebe vorhanden, die aber kein Ventil finden oder im Keim erstickt werden. Die Frustration, die bei dieser Ungerechtigkeit empfunden wird, ist ungeheuer groß. Der Körper versucht, dies auszudrücken, da es verbal nicht gelingt. Hier kann auch eine chronische Blockade im Bereich Hals, Nase und Ohren oder aber eine chronische Blasenentzündung vorhanden sein.

Diese Farbkombination hilft, sich mehr zu entspannen und von den eigenen hohen Leistungsansprüchen zurückzutreten.

- **Anwendung: Das Öl kann überall am Körper aufgetragen werden, wo es benötigt wird.**

Balance Nr. 39

Violett über Gold

Quintessenz: Lady Portia

Pomander: Gold

1. Wer bin ich?: Ich bin ein Teil des universellen Bewußtseins und habe daher Zugang zu allem Wissen. So wie ich mein Wissen, mein Bewußtsein darlege und mich öffne, so öffnen sich mir auch die Türen zu anderem Wissen. Dieses Wissen ist Weisheit. Wer den Schlüssel gefunden hat, der besitzt einen unerschöpflichen Fundus, aus dem er Führung und Kraft erhält. Ich nutze diese Schatztruhe für andere und für mich. Wie eine Zeichensprache, hinter der sich Worte und Gedanken verbergen, gebe ich diese Erkenntnisse weiter. Sie werden in einer allgemeinverständlichen Sprache vermittelt und sind jedermann zugänglich. Die tieferen Aspekte werden dabei vom Seelenteil unseres Selbst erkannt und integriert. Hierin liegt starke heilende, transformierende Kraft.

2. Mein Licht: Mir geht es gut, und ich bin dankbar dafür. Jeder Tag bietet mir die Möglichkeit, ein Gefühl der Freude zu erleben. Ich erfasse die Dinge leicht und nutze meinen Verstand, um Ordnung und Bewegung in Vorhaben zu bringen, die mir selbst wichtig, aber auch für andere von Bedeutung sind. Es nutzen die besten Absichten nichts, wenn wir sie nicht in die Tat umsetzen. Ich kann das. Ich lerne aus meinen Fehlern und erspare mir viel Kummer. Ich helfe anderen dabei, ebenfalls über ihre Stolpersteine hinwegzukommen. Es ist wie eine Kette von Helfern, die Eimer mit Wasser weiterreichen, um ein Feuer zu löschen. Nur ist darin nicht Wasser, sondern Liebe, Unterstützung, Kraft und Zuspruch enthalten. Ich sehe, wo ein Einsatz nötig ist, und ich bin das erste Glied in der Kette der Helfenden.

Mein Schatten: Negative Erfahrungen haben mich eher ängstlich und unsicher gemacht. Ich sehe in allem eine Gefahrenquelle, und potentielle Probleme türmen für mich Hindernisse auf dem Weg, ein Projekt oder einen Plan zu realisieren, auf. Wie ein Stein sitzt meine Angst im Bauch, unverdaubar. Da ich zu unsicher bin, um zu handeln, und außerdem Angst vor einem möglichen Mißerfolg habe, träume ich lieber von großen Taten und Zielen, die aber so weit von ihrer Verwirklichung entfernt sind, daß sie Utopie bleiben. Damit das Gefühl, womöglich ein Versager zu sein, gar nicht erst aufflackert, kritisiere und bemängele ich lieber die anderen und deren Taten. Ich setze zu hohe, idealistische Ziele, die einfach unerreichbar sind. Ich kann gut analysieren und meine Schwächen sehen, was meinen Kummer noch vertieft. Ich muß mich annehmen und die Angst auflösen, dann finde ich auch mehr tiefen Kontakt zu anderen und mehr Lebensfreude. Hierin liegt meine Heilung.

3. Mein Weg: Ich will mehr Sonnenschein in mein Leben bringen. Ich fange an, nicht nur Stolpersteine auf meinem Weg zu sehen, sondern auch Lösungen, um Hürden beiseite zu räumen. Ich finde Möglichkeiten, mehr Zuversicht zu entwickeln und mein Selbstvertrauen zu stärken. Ich be- und verurteile mich oder andere nicht mehr, sondern nehme das Leben, so wie es ist, an. Das macht es gerade so spannend und schön. Da sich meine Angst vor Versagen verringert, wage ich es nun tatsächlich, neue Dinge anzupacken. Dieser ganze Prozeß macht mich zu einem reiferen, bewußteren und sensibleren Menschen, und ich wachse dabei. Ich kenne Leiden und Sorgen, habe mich aber daraus befreit.

4. Ausblick: Weisheit wächst aus Erfahrung und Erkenntnis und ist eine große Gabe, die ich in mir trage. Ich habe es geschafft, aus schwierigen Lebensumständen zu lernen und das Beste daraus zu machen. Ich habe meine Lebensanschauung zum Positiven verändert und fühle mich dadurch leichter und heiler. Ich unterstütze andere mit dem gleichen Wandlungsprozeß und erlebe eine große Befriedigung und Freude dabei. Indem ich nicht vergesse, wie sehr ich einst selbst in dem Sorgenkarussell gefangen war, bleibe ich demütig. Aus der Demut heraus leiste ich echte Hilfe und vermittele Mut, Ansporn und Heilung.

Schattenaspekte auf der Körperebene: Wenn die Angst im Bauch sitzt, ergeben sich häufig Beschwerden innerhalb des Verdauungstraktes. Ein empfindlicher Magen, Krämpfe,

Durchfall, aber auch Geschwüre oder Gallensteine wollen darauf aufmerksam machen, daß Sorgen und Unsicherheiten eine Unstabilität und Unausgewogenheit in uns verursachen. Probleme werden nicht angegangen, und es kommt zu einer schleichenden Vergiftung. Es kann eine Weile dauern, bis sich auf der körperlichen Ebene entsprechende Symptome zeigen. Die Selbstreinigungsversuche des Körpers gehen dann über die Haut, das heißt, juckende Hautausschläge können auftreten. Auch Pilzinfektionen können auf mangelnde (Abwehr-)Kraft des Körpers hinweisen. Diese Invasion von Pilzerregern kann wiederum zu starken Ermüdungserscheinungen und einer erhöhten Infektionsanfälligkeit führen. Wer älter ist, kann erleben, wie die mangelnde Standfestigkeit sich in Osteoporose zeigt, das heißt, die Knochen werden brüchiger.

Diese Farbkombination will helfen, Ängste zu erlösen, und zu Aktivität und Gegenwehr ermuntern.

- **Anwendung: Das Öl wird rund um den Bauch sowie am Kopf um den Haaransatz herum aufgetragen.**

Balance Nr. 40

Rot über Gold

Quintessenz: Lady Portia
Pomander: Gold

1. Wer bin ich?: Ich bin voller Energie, dieses Leben anzupacken und das Beste daraus zu machen. Dabei bin ich mir bewußt, daß es nicht um materiellen Wohlstand geht, sondern um innere Erfüllung. Nur daraus erwächst echte Freude. Ich liebe die Dynamik des Lebens und die Möglichkeiten, die ich habe, mich auszudrücken, mich in meinem Sein zu vermitteln, zu verwirklichen. Ich liebe es, zusammen mit anderen Gedanken und Ideen auszutauschen, aber auch neue Impulse zu erhalten. Ich brauche die Gemeinschaft, um mich gut zu fühlen, und arbeite am liebsten für die Interessen und zum Wohl der Gruppe. Meine Lebensfreude, mein Optimismus, mein Wissen und mein Erfolg wirken motivierend auf andere. Ich lebe, und ich liebe.

2. Mein Licht: Ich habe den Mut, neue Wege zu gehen. Das dazu nötige Wissen sowie eine ausgeprägte Intuition stehen mir zur Verfügung. Ich finde meine Lebensaufgabe, die mir sehr viel Freude schenkt und mein Leben lebenswert macht. Dadurch habe ich viel Kraft und Ausdauer, um meine Vorhaben zu verwirklichen. Ich bin flexibel im Denken und Handeln. Meine innere Zufriedenheit wird auch im äußeren Erfolg sichtbar. Ich fühle mich wohl in meinem Körper, er dient mir zur Verwirklichung meiner höheren Ziele. Ich kann vor Energie und Freude buchstäblich sprühen und gebe diesen Funken gern an andere weiter. Die Erde und die Menschen sind müde und brauchen Leute wie mich, die sie aufwecken und ihnen Erneuerung bringen.
Mein Schatten: Es gab vielleicht Situationen in meinem Leben, in denen ich ausgesaugt wurde. Das Leben bot sich mir nicht in seiner Fülle an, sondern ich erlebte Mangel, und ich habe immer noch das Gefühl, mir alles erkämpfen zu müssen. Weil ich im Grunde weiß, daß es alles viel einfacher und besser sein könnte, bin ich sehr frustriert und unerfüllt. Das innere Bild, wie es eigentlich sein sollte, und das äußere Bild von meinem Leben, wie es ist, klaffen weit auseinander. Ich fühle mich in meinem Potential mißverstanden. Diese Diskrepanz läßt mich in hilflose Wut verfallen, die ich an anderen auslasse. Entweder ich dominiere, oder ich bin ärgerlich. Ich gebe mir selbst oder auch den anderen die Schuld an meiner Misere. Ich kann auch mit Lethargie und Resignation reagieren. Auf jeden Fall verfüge ich nicht über meine eigentliche Kraft.

3. Mein Weg: Ich will mein Leben verändern. Mir stehen alle Mittel, die ich dazu brauche, zur Verfügung, und ich weiß, wie ich sie am sinnvollsten einsetzen kann. Ich will an meine eigentlich vorhandene innere Kraft anknüpfen, und ich bitte um die nötige Unterstützung. Meine Intuition sagt mir, was ich tun soll. Ich erlebe Erfolgsmomente, die mein altes Denkmuster auflösen. Es ist ein Reifeprozeß; ich bin dabei, an meine innere Weisheit zu gelangen. Das Leben ist Fülle, innen wie außen. Ich kann wieder daran glauben. Ich schöpfe Mut und Zuversicht. Wie Phönix aus der Asche erlebe ich meine Auferstehung. Eine neue Qualität von Leben beginnt, aus der viel Freude erwacht. Wut transformiert sich in Kraft und Liebe.

4. Ausblick: Ich weiß, daß mein Leben erfüllt ist. Ich gebe aus vollen Händen und nehme auch aus vollen Händen. Ich fühle mich innerlich reich und erlebe deswegen auch im Außen Reichtum. Ich habe Gottvertrauen und gehe mit kraftvollen Schritten und mit einem sicheren Gefühl im Bauch meinen Weg. Ich fühle mich von Ängsten und Unsicherheit befreit und daher unabhängig. Ich bin sehr verbunden mit der Energie der Mutter Erde. Wenn meine Füße ihre Oberfläche berühren, spüre ich den Puls des Lebens. Ich freue mich, daß ich lebe, und bin voller Tatendrang. Meine Pläne realisiere ich und nutze dabei meine Schöpferkraft. In mir und durch mich manifestiert sich die Fülle Gottes.

Schattenaspekte auf der Körperebene: Das Festhalten an alten Mustern, die Verweigerung, etwas zu verändern, weil »die anderen schuld haben«, und damit das Abschieben der Verantwortung an andere kann sich körperlich durch versteifte Gelenke, Unbeweglichkeit oder Müdigkeit zeigen. Wenn es schließlich zu Resignation und der endgültigen Projektion von innerer Frustration und Verantwortung auf andere kommt, kann es noch eine Stufe weitergehen: Lähmungen, Multiple Sklerose, Morbus Parkinson, aber auch Schlaganfall und Herzinfarkt zeigen, daß hier ein Kampf ausgetragen wird. Die Flucht in eine dramatische Erkrankung kann ein sehr effektives Ventil sein, um eine Lebensveränderung zu rechtfertigen und die Zuwendung zu erhalten, die so ersehnt wird. Hier erfüllt sich das Denkmuster, schwach und hilflos zu sein.

Diese Farbkombination will dazu aufrufen, das Vertrauen zu finden, um Ängste und Frustrationen loszulassen, und an eigene innere Gotteskraft zu glauben.

- **Anwendung: Das Öl wird vom Hüftbecken aufwärts bis einschließlich Bauchbereich aufgetragen.**

Balance Nr. 41

Gold über Gold

Quintessenz: Lady Portia
Pomander: Gold

1. Wer bin ich?: Ich bin sehr glücklich. Glücklich darüber, daß ich bin. Ich strahle sehr viel Wärme, sehr viel Vertrauen aus. Ich kenne intuitiv die richtige Zeit für die richtige Handlung. Wie die Lebewesen in der Natur von innen heraus mit dem Lebenszyklus schwingen, so gebe ich mich den Zyklen meines Lebens hin. Was geschieht, geschieht, weil Gott es so will. Ich nehme die Herausforderungen, die mir gestellt werden, an, denn ich weiß, daß sie meiner Erkenntnis dienen. Wer wagt, gewinnt. Ich wage, weil ich aus einem inneren Gefühl der Sicherheit, des Geführtseins agiere. Es kommt, was kommen soll. Hingabe in allem, was ich tue, gibt mir Bestätigung und Erfüllung, auch wenn mir nicht immer alles perfekt gelingt. Ich weiß, daß ich mein Bestes gebe, und darauf kommt es an. Das ist Disziplin. Ich lasse andere an den Früchten, die daraus erwachsen, teilhaben.

2. Mein Licht: Klares Denken und Sicherheit in meinen Entscheidungen sind meine Stärken. Ich habe eine gute Intuition, die mich an die richtigen Orte und zu den richtigen Leuten

führt. Das Lernen fällt mir leicht, solange es einen praktischen Bezug zum Leben hat. Ich kann intellektuelles Wissen mit Erfahrung koppeln und daraus eine Menge Erkenntnisse und Weisheit ziehen. In jeder noch so schwierigen Zeit gibt es dennoch Gutes und Gelegenheit, Gründe zum Lachen und zur Freude zu finden. Was von Gott kommt, ist immer einfach und verständlich, und so lebe ich mein Leben, so einfach es geht. Darin liegt auch Klarheit. Ich lebe, was ich denke, so daß mein Innen mit meinem Außen in Einklang ist. Ich erwarte nichts und erhalte deswegen um so mehr. Ich bin ein Vorbild.
Mein Schatten: Vielleicht erfuhr ich hautnah Existenzängste, die mir sämtliche Lebensfreude geraubt haben. Es folgte eine Starrheit aus Angst und damit einhergehend eine lähmende Situation. Vor lauter Schreck kann ich nicht klar denken, bin durcheinander, kann mich nicht entscheiden. Die Intuition, mein sonst so sicheres Bauchgefühl, ist kaum spürbar und kommt nur als verstümmelte Botschaft im Verstand an. Anstelle von süßer Lebensfreude empfinde ich Bitterkeit. Aus der Unklarheit heraus verstricke ich mich in die falschen Dinge und komme nur schwer wieder heraus. Es ist, als ob ich mich im dunklen Wald verirrt habe. Ich brauche wieder Licht und Führung.

3. Mein Weg: Ich will Ordnung und Klarheit in meine Gedanken bringen und mehr Vertrauen in mich, meine innere Führung und Gott setzen. Dann kann ich wieder in die richtige Richtung weiterlaufen. Wenn ich mich dem hingebe, finde ich wieder Anlaß zur Freude. Daraus entsteht für mich ein Glücksgefühl. Ich gewinne wieder Leichtigkeit im Sein und bin sicherer in meinen Entscheidungen. Je mehr ich dies erfahre, desto mehr lösen sich meine Ängste und mein Mangeldenken auf. Wenn ich in mir ganz bin, habe ich alles, was ich brauche. Das Leben gibt aus der Fülle heraus, und ich verbinde mich wieder mit dieser Schwingung, die Glückseligkeit verheißt.

4. Ausblick: Nicht mein Wille geschehe, sondern Gottes Wille. Ich habe erfahren, wieviel einfacher es ist, mich führen zu lassen, als meinen Kopf durchsetzen zu wollen. Ich lasse los von allen Erwartungen in bezug auf mich selbst, auf andere und auf das Leben und vertraue, daß ich an dem Reichtum und der Schönheit der Welt teilhabe. Ich erkenne, daß dies nicht in äußeren Gegenständen zu finden ist, sondern es um einen inneren Zustand geht, der sich jedoch in der Natur manifestiert. Ich handle aus der inneren Gewißheit heraus, das Richtige zu tun. Dabei zählt nicht das Ergebnis, sondern der Weg. Ich entwickele mich in jedem Moment weiter, erlebe die Empfindungen von inniger Freude. Ich fühle mich wohl in meiner Haut.

Schattenaspekte auf der Körperebene: Verwirrung auf der geistigen Ebene kann mit Stauungssymptomen auf der körperlichen Ebene einhergehen. Harnstoffe, die nicht richtig ausgeschieden werden, oder das Lymphsystem, das die Schlacken nicht effektiv abtransportiert, erzeugen einen toxischen Zustand im Körper. Der Körper kann aufgedunsen wirken. Tränensäcke können deutlich sichtbar sein, und tiefe Falten in der Wangenpartie um den Mund können von Verbitterung zeugen. Hautunreinheiten spiegeln die innere Unklarheit wider. Entgiftung und Reinigung werden dringend benötigt, damit wieder Licht ins Leben kommt.

Dem eigenen Weg vertrauen und handeln, wenn das Gefühl im Bauch ein Ja signalisiert, das ist die Botschaft dieser Farbkombination.

- **Anwendung: Das Öl wird um den Bauch in Höhe des Bauchnabels aufgetragen.**

Balance Nr. 42

Gelb über Gelb

Quintessenz: Kuthumi
Pomander: Gelb

1. Wer bin ich?: Ich bin ganz lichtvoll in meinen Bestrebungen und Taten. Es ist das gleiche Gefühl, das aufkeimt, wenn nach einem langen, kalten Winter der erste richtig warme Frühlingstag erwacht.

In einem ähnlichen Erwachungsprozeß ist mein Bewußtsein. Ich spüre ein Erwärmen, den Impuls, mich nach der Quelle des Lichts zu strecken, zu wachsen und mich der Kraft der Sonne hinzugeben. Meine Seele dehnt sich und bringt über den Körper ihre ganze Lebensfreude zum Ausdruck. In der Freude, Leben empfangen zu haben, liegt auch die Freude, Leben weiterzugeben. Ich bin glücklich und will andere an meinem Glück teilhaben lassen. Es ist die Kraft der Schöpfung, die ich empfinde. Es ist mein göttlicher Aspekt, der sich auf Erden ausdrücken will.

2. Mein Licht: Ich bin auf das Leben positiv eingestimmt und fühle mich in meiner Mitte. Ich bin ausgeglichen und schaffe auch Harmonie um mich herum. Ich bin wißbegierig und lerne, soviel ich nur kann. Ich habe ein sehr gutes Auffassungs- und Erinnerungsvermögen und nutze dies, um eine Menge Informationen aufzunehmen. Es gibt immer Situationen im Leben, in denen ich dieses Wissen einsetzen kann. Ich bin stolz auf mich, weil ich dazugelernt und mich sehr in meiner Persönlichkeit weiterentwickelt habe. Es ist kein hochmütiger Stolz, sondern ein Stolz, der seine Berechtigung hat und aus dem heraus ich mich über das Leben sehr freue. Diese Freude will ich ausdrücken und vermitteln. Es ist eine ansteckende Freude, die viel Wärme und Licht ausstrahlt. Dem Wachstum der Seele gilt meine Aufmerksamkeit.

Mein Schatten: Ich habe irgendwann »Wissen ist Macht« zu meinem Motto erkoren, es jedoch auf der falschen Ebene eingesetzt. Anstatt mein Wissen zum inneren Wachstum zu nutzen, nutzt mein Ego es, um sich wichtig zu machen und wichtig zu fühlen. Es ist ein aufgeblähtes Ich-Gefühl. Weil ich viel weiß, fühle ich mich anderen überlegen und auch sehr weise. Aber es ist eine Art Besserwisserei. Ein Teil von mir hat das Gefühl, sich weiterzuentwickeln, und der andere Teil, der Seelenteil, ist frustriert und unerfüllt, weil dies nicht wirklich der Fall ist. Unbewußt bin ich ständig auf der Suche nach dem wahren Glück. Da mein Ego nur blufft und hofft, daß ich es nicht merke, existiert immer eine unterschwellige Angst, enttarnt zu werden. Ich bin einer Eigentäuschung erlegen und muß meine Sichtweise ändern, damit ich mich tatsächlich in mein rechtes Licht rücken kann und Liebe ausdrücke.

3. Mein Weg: Ich will sehen, wer ich wirklich bin. Ich bitte Gott um Führung, damit meine Seele sich in meinem jetzigen Leben ausdrücken kann – über meinen Körper. Das Gefühl, zwar wichtig und wertvoll zu sein, aber nicht zu wissen, wofür und wie ich mich einbringen kann, löst sich auf. Ich gewinne ein besseres Gespür von innen heraus für meine Lebensziele und weiß jetzt, daß die Erfahrung von Glücklichsein an erster Stelle steht. Ich wende mein Wissen an, um diese Empfindung zu verstärken, und zwar nicht nur in meinem Leben, sondern auch im Leben anderer. Es ist das Glücklichsein, das sich aus einem sinnerfüllten Leben ergibt, kein leeres, durch äußere Dinge erzeugtes Gefühl. Ich finde Befriedigung aus der Seele heraus und lebe es auch.

4. Ausblick: Ich habe meinen Weg in diesem Leben, meine Seelenaufgabe gefunden. Es ist wahre Selbsterkenntnis, die mich sehr erfüllt. Ich habe das Gefühl, sehr viel Liebe und Fürsorge zu erhalten. Ich fühle mich manchmal, als ob ich vor Glück überfließen würde, als ob ich vor Freude tanzen oder Luftsprünge machen könnte. Gott meint es gut mit mir. In mir ist tiefe Dankbarkeit. Ich will von dieser sprudelnden Lebenskraft weitergeben, andere auch zum Tanzen bringen. Es ist ein Tanz der Seele. Ich bringe Licht. Ich bringe Wärme.

Schattenaspekte auf der Körperebene: Nervosität und Angst, die durch Imponiergehabe maskiert werden, zeigen sich häufig auf der körperlichen Ebene in Form von Beschwerden im Magen-Darm-Bereich. Gastritis, Pankreatitis oder Geschwüre können auftreten, verbunden mit Appetitlosigkeit und Gewichtsverlust. Durchfallerkrankungen, beispielsweise bei einer Auslandsreise, machen deutlich, daß man doch nicht heimisch ist in der fremden Umgebung. Berührungsängste verhindern eine Aufnahme der Nahrung, es fließt alles durch. Hautprobleme machen das Unwohlsein sichtbar. Depressionen können auftreten, zum einen ausgelöst durch Mangelerscheinungen im Körper (auch durch zuwenig Tageslicht) oder durch Probleme im Bereich der Blutzuckerwerte, zum anderen aufgrund der Erkenntnis, daß man am wirklichen Leben vorbeilebt.

Diese Farbkombination will helfen, Nahrung (körperlich und seelisch) anzunehmen, aufzunehmen, zu verarbeiten und sinnvoll weiterzuleiten.

- **Anwendung: Das Öl wird um die Bauchmitte herum aufgetragen.**

Balance Nr. 43

Türkis über Türkis

Quintessenz: Maha Chohan
Pomander: Türkis

1. Wer bin ich?: Ich bin kommunikativ und offen für alle Eindrücke, die das Leben mir bietet. Dabei setze ich nicht nur meine fünf körperlichen Sinne – Tasten, Riechen, Fühlen, Hören und Sehen – ein, sondern auch meine geistigen Sinne, mit denen ich »zwischen den Zeilen« spüre. Auf meine Empfindungen kann ich mich verlassen; sie kommen zum einen aus meinem Bauch, meiner Mitte, und zum anderen von meinem Herzen. Gefühl und Wissen vereinigen sich zu einer kraftvollen Botschaft. Die Wahrheit erkenne ich intuitiv, und ich kann hinter die Schleier der Illusion sehen. Ich fühle mich mit dem gesamten Kosmos und seinem Licht verbunden – mit der Erde und seinen Lebewesen einschließlich der Naturgeister und auch mit dem Himmel, den Planeten und Sternen und den »himmlischen Bewohnern«, den Engeln.

2. Mein Licht: Ich liebe es, mich über Bilder, Musik oder Handwerk auszudrücken. In meiner Arbeit steckt sehr viel Liebe zum Detail. Die Umsicht, mit der ich gestalte, ist spürbar. Es steckt immer ein tieferer Sinn darin, ich tue nie etwas oberflächlich. Da ich mich sehr plastisch, sehr bildhaft ausdrücken kann, kann ich die Menschen mit meinem Tun von Herz zu Herz berühren. Ich arbeite sehr gern; es gibt mir ein gutes Gefühl mir selbst und anderen gegenüber. Das Leben erfüllt mich. Ich fühle mich zu der Welt der Naturgeister und Engel hingezogen und finde auf dieser Ebene auch leichten Zugang zu inneren Bildern und Visionen. Ich bin offen und neugierig auf das Leben und was es bietet.
Mein Schatten: Vielleicht bin ich in der Kindheit oder später wegen meiner großen Phantasie ausgelacht und nicht ernst genommen worden, oder ich konnte mit niemandem über meine inneren Bilder und Empfindungen sprechen. Die Tür zu meiner sensitiven Begabung schlug auf diese Weise allmählich zu. Das kann so weit gehen, daß ich konsequent allen musischen, künstlerischen Dingen den Rücken gekehrt habe, mich nur noch rein intellektuellen, akademischen Angelegenheiten widme und der Gefühlsseite mit Zynismus begegne. Vielleicht bin ich so im Alltag beschäftigt, daß ich keine Ruhe finde, um schöpferisch zu gestalten. Außerdem fehlen mir Vorstellungen, was ich tun soll. Ich habe keine Ideen. Ich habe mir die dama-

lige Ablehnung zu Herzen genommen und mich und meine Feinfühligkeit ebenfalls abgelehnt. Das macht mich tief traurig. Ich komme mir verloren und ungeliebt vor und stolpere so ohne Ziel und ohne Richtung durch mein Leben. Ich muß die Türen zu meinem Herzen, meinem Optimismus und meiner inneren Welt weit aufmachen.

3. Mein Weg: Ich will mich mehr den musischen und künstlerischen Dingen widmen. Wenn ich Musik höre, Bilder sehe, ein Theaterstück erlebe, empfange ich erst einmal. Das kann mir die Inspiration und Motivation geben, selbst wieder etwas in kreativer Richtung zu tun und zu gestalten. Es geschieht aus Freude, nicht aus Pflicht, und was auch immer ich tue und wie ich es tue, liegt außerhalb jeglicher Bewertung. Es geht um den Ausdruck und um meine Gefühle in diesem Prozeß. Es braucht kein großes Werk zu sein, etwas ganz Kleines, mit nur wenig Zeitaufwand erschaffen, reicht völlig aus. Wichtig ist, daß ich überhaupt wieder anfange. Es muß Spaß machen und mich ganz involvieren, so daß ich für kurze Zeit alles um mich herum vergesse. Dann öffne ich mich meinen Gefühlen, meinem Herzen. Von da an ist es ein leichtes, meine Kreativität zu erweitern – das geschieht von allein, weil ich wieder Verbindung zu mir und meinen inneren Bildern habe. Meine wiedergewonnene Sensitivität zeigt mir alles Weitere.

4. Ausblick: Ich empfinde das Leben als sehr schön und voller Ideenreichtum. In allem manifestiert sich die Schöpfung, selbst in einem kleinen Kieselstein finde ich die Schönheit des Seins. Ich kann staunen über unsere wunderbare Welt. Ich empfange viele Eindrücke, innere Bilder und Visionen – auch aus geistigen Dimensionen –, die ich unbedingt vermitteln möchte. Ich habe das innere Bedürfnis, meine Innenwelt nach außen sichtbar zu machen. Meine lebendige Ausdrucksweise ist wie ein Magnet, und sie begeistert. Sie wirkt bewußtseinserweiternd auf andere. Ich lasse los und lasse geschehen.

Schattenaspekte auf der Körperebene: Wenn der kreative Ausdruck sozusagen im Hals steckengeblieben ist, ist es möglich, daß genau in diesem Bereich Probleme auftreten. Betroffen ist dann der Atmungstrakt. Es kann zu chronischer Bronchitis, asthmatischen Beschwerden, aber auch Sprachstörungen wie Stottern kommen. Wer einen öffentlichen Auftritt absolvieren muß, kann erleben, wie vor Schreck die Sprache wegbleibt und kein Ton mehr herauskommt. Eine Anfälligkeit für grippale Infekte und Erkältungen will Ruhe und Rückzug aus dem Alltag erzwingen, damit endlich die eigene Kreativität erkannt und umgesetzt wird. Noch deutlicher geschieht dies, wenn das Herz durch Rhythmusstörungen oder gar Angina-pectoris-Anfälle spürbar wird.

Diese Farbkombination will helfen, endlich die kreativen Dinge zu tun, von denen man immer geträumt hat.

- **Anwendung: Das Öl wird um den Brustbereich herum aufgetragen.**

Balance Nr. 44

Hellviolett über Hellblau

Quintessenz: El Morya

Pomander: Saphirblau oder Königsblau

1. Wer bin ich?: Ich bin voller Vertrauen und richte mein Leben nach dem Willen Gottes aus. Ich spüre die Gegenwart seiner Kraft und seiner Liebe in meinem Alltag. Ich lasse mich von diesem Strom des Lichts tragen. In dieser Energie ruhe ich mit einem sicheren Gefühl der Geborgenheit. Hieraus schöpfe ich meine Gedankenkraft, die mir sagt, was ich in meinem Leben tun soll. Ich hinterlasse Eindruck bei dem, was ich tue, obwohl ich sanft und still ohne Erwartungshaltung meine Aufgabe erledige. Es ist eine zarte, liebevolle Schwingung, die von mir ausgeht. Sie hat Heilkraft, bringt wieder Gleichgewicht und Liebe ins Bewußtsein und befreit von Nöten und Kummer. Es ist wie ein feiner, kaum spürbarer Hauch, der aber Wandlung und Licht in sich trägt. Ich glaube an meine Schutzengel. Zusammen sind wir ein starkes Team.

2. Mein Licht: Ich habe einen Sinn für die praktische Umsetzung meiner Spiritualität im Alltag. Selbst in den banalsten Situationen liegt die Chance, meine Liebe und mein Mitgefühl zu zeigen. Ich verschmelze jedoch nicht vor Verständnis, sondern bleibe in meiner eigenen Kraft. Dadurch vermittele ich Trost und neue Perspektiven in bezug auf mehr Glück und Zufriedenheit. Durch meinen Glauben an Gott und die Führung, die ich dadurch spüre, kann ich mich von Schmerzen erlösen. Da ich offen bin, ist es möglich für mich, Inspiration aus der höheren Ebene zu empfangen. Neue Ideen, neue Heilmethoden, die uns helfen, in Freude unseren Weg zu gehen, können sich durch mich manifestieren.
Mein Schatten: Es kann sein, daß ich mich, auch unbewußt, zu sehr mit dem Himmelreich identifiziere und daher sehr unglücklich mit meinem Leben auf der Erde bin. Ich spüre die bedingungslose Liebe und das Licht aus dieser Sphäre und möchte ein für allemal darin aufgehen. In unserer Welt ist es mir zu dunkel und deprimierend; sie zieht meine Energie nach unten. Dieses Gefühl kann sich auch dadurch verstärken, daß ich als Kind in einem sehr rauhen Familienklima aufgewachsen bin, wo die Faust regierte, ich gehorsam sein mußte und mir in jungen Jahren schon viel körperliche Arbeit sowie Verantwortung aufgebürdet wurden. Ich verliere dabei meinen Glauben an Gott, spüre meinen Schutzengel nicht mehr. Ich versuche dann, dieser elenden Umgebung durch Tagträumerei zu entfliehen und mir meine Traumwelt zu erschaffen. Das hat zu einer starken Spaltung zwischen meinem wirklichen Leben und dem Leben meiner Visionen geführt. Ich stecke fühlbar in einem Teufelskreis der Verzweiflung.

3. Mein Weg: Ich will die Verzweiflung und die Härte meiner Vergangenheit loslassen. Ich vergebe denjenigen, die mir scheinbar Schmerzen und Leiden zugefügt haben, und auch mir selbst, daß ich nicht die Kraft hatte, einen Ausweg zu finden. Gott ist nie aus meinem Leben entschwunden, ich habe ihn nur aus meinem Blickwinkel verloren. Ich will mein Leben annehmen und die Schönheit hier auf Erden finden, nicht in Träumereien. Ich finde wieder Zugang zu meinem inneren Gefühl von Geborgenheit und Sicherheit, aus dem heraus ich neue Impulse und Vorschläge für die Gestaltung meines Lebens erhalte. Ich lebe mein Leben mit einem neuen Gefühl der Freude und bin dankbar, daß ich aus dem tiefen Loch herausgeklettert bin. Ich sehe die Kraft, die durch mich fließt und mir wieder Zugang zur Liebe verschafft. Ich habe meinen Schatten überwunden und sehe wieder Licht.

4. Ausblick: Ich spüre eine ganz starke Lebensfreude, einen Drang, mich zu verwirklichen. Ich sehe den unerschöpflichen Reichtum Gottes, und es ist mir ein Bedürfnis, Menschen an diese Quelle zu führen. Das geht nur, wenn Ruhe und Stille herrscht, und so versuche ich, dazu beizutragen, daß dort, wo Haß, Krieg oder Gewalt auf unserer Erde den Frieden zerstören, wieder Harmonie einkehrt und die Wunden heilen können. Bei aller Dunkelheit sehe ich die strahlende Liebe Gottes, die stets mit dem Licht verbunden ist. Ich verbreite ein warmes Gefühl der Heiterkeit und der Hoffnung. Ich bin angeschlossen und spüre, wie Gott in meinem Leben wirkt.

Schattenaspekte auf der Körperebene: Wer sich im Körper, im Leben und in der Welt nur schwer zurechtfindet und sich dies nicht eingesteht, kann möglicherweise sehr krankheitsanfällig sein. Im allgemeinen erhalten wir bei Krankheit in irgendeiner Form Fürsorge und Liebe. Eingebettet in Zuwendung ist es möglich, für einige Zeit dem grausamen Alltag zu entfliehen. Fieberschübe, Migräne, ständig aufflackernde Infektionen oder Entzündungen (zum Beispiel im Hals-, Nasen-, Ohrenbereich) schaffen immer wieder eine ernstzunehmende Ausrede, sich einmal mehr zurückzuziehen und Fürsorge zu erhalten. Die Flucht vor der Realität kann sich auch in einer latenten Suchtneigung zeigen. Das Gefühl, zuviel aufgebürdet bekommen zu haben (an Leid, Verantwortung, Aufgaben), kann zu chronischen Verspannungen im Kiefer und Nakkenbereich führen.

Diese Farbkombination will helfen, sich für Nähe und Zuwendung im Alltag zu öffnen, ohne daß dabei Krankheit oder Leistung als Vorwand dient, sowie Erdung und Freude am Leben zu bringen.

- **Anwendung: Das Öl wird um den Hals herum und am Kopf um den Haaransatz herum aufgetragen.**

Balance Nr. 45

Türkis über Magenta

Quintessenz: Pallas Athene
Pomander: Tiefmagenta

1. Wer bin ich?: Ich bin im Kern meines Wesens der Schwingung der Liebe verbunden. Es ist eine Liebe, die selbst für die kleinsten Lebewesen mitempfindet und sorgt. Eine Liebe, die sich in allem Tun manifestiert. Wie ein Kelch nehme ich die Fülle der Liebe auf und lasse sie weiterfließen. Ein ewiger Kreislauf von Nehmen und Geben entsteht. Dieses überschwengliche Gefühl will ich ausdrücken und zeigen – und so teilhaben an der wunderbaren Schöpfung. Ich sehe und spüre dort, wo andere nichts mehr sehen und nichts mehr spüren. Ich erahne die größeren Zusammenhänge des Lebens und weiß, daß wir alle seit Anbeginn der Zeit den Weg zurück ins Licht suchen. Ich verbinde mich mit dem reinen, dem kindlichen Aspekt in mir, und tanzend, spielend, singend, hüpfend, malend oder schreibend und immer mit Liebe öffne ich mir meinen Weg nach Hause. Ich gehe diesen Weg nicht allein, viele andere kommen mit.

2. Mein Licht: Wenn ich etwas gern tue und meine Liebe und Fürsorge dabei einbringen kann, erziele ich große Wirkung in meiner Umgebung. Ich habe sehr viel Kraft, und wenn ich sie gezielt einsetze, kann ich Wunder bewirken. In der Schönheit offenbart sich Gott, aber es ist eine Qualität, die von innen heraus strahlt. Wenn ich etwas mit Liebe und Inspiration tue, dann kann es nur schön sein, weil es von innen wirkt. Ich trage dieses Bewußtsein in mir und gehe daher sehr achtsam mit den Dingen des Alltags um. So wie eine Frau einem Kind Leben schenkt und es schützt, fördert und liebt, so schenke ich meinem inneren Wachstum Liebe, Schutz und Förderung. Dies zeigt sich in meinen Taten. Andere spüren dies und fühlen sich von dieser Energie angezogen.
Mein Schatten: Es kann sein, daß ich irgendwann einmal eine große Enttäuschung in der Liebe erlebt habe. Vielleicht ist jemand auf meinen Gefühlen herumgetrampelt oder war blind für die schönen Gaben und die Energie, die ich zu geben hatte. Ich war bereit, Himmel und Erde für diese Verbindung in Bewegung zu setzen, und erfuhr nur Abweisung. Seitdem bin ich vorsichtig im Ausdruck meiner Liebe geworden. Ich verschließe mich eher mit meinen Energien, als daß ich mich öffne, damit ich nicht noch einmal verletzt werde. Das kann sich auch auf der körperlichen Ebene als »Schutzpolster« manifestieren. Ich bin durch diese Erfahrung unsicher geworden und brauche deswegen Liebesbeweise von außen. Dafür strenge ich mich an. Mein Tun ist von einer Erwartungshaltung geprägt; ich warte auf Dank. Ich muß lernen, in der Gegenwart zu leben, mich zu lieben und nicht an mir zu zweifeln.

3. Mein Weg: Ich will jetzt, in diesem Moment, anfangen zu leben. Ich will die Liebe in die Gegenwart einfließen lassen und mich nicht an die Liebe der Vergangenheit oder der Zukunft klammern. Nur die Gegenwart zählt, und nur hier können wir zeigen, was in uns steckt. Ich brauche mich nicht mehr zu verstecken, ich kann meine Liebe und ihre Kraft ans Tageslicht bringen und voll entfalten. Die göttliche Liebe zeigt sich in großen und kleinen Taten. Es ist eine Art Schöpfung im Alltäglichen. Wie im Zen-Buddhismus jeder Moment der wichtigste ist, bietet dieser Moment die Möglichkeit, meine Liebe und meine Achtung für das Leben, die Menschen und Gott zu zeigen.

4. Ausblick: Ich werde geliebt, so wie ich bin. Ich brauche mich nicht durch Handlungen zu beweisen oder mir die Liebe Gottes oder der Menschen zu erarbeiten. Sie ist ganz einfach da, auch für mich. Heute, jetzt in diesem Moment. Ich korrigiere mein Gefühl, daß nur andere Liebe verdienen und ich nicht. Die innere Blockade ist gelöst, und ich gebe mich so, wie ich bin. Das löst eine große Schaffenskraft in mir aus, die von bedingungslosem Geben geprägt ist. Ich setze meine Sensibilität wieder sinnvoll ein, vermittele meiner Umgebung Wohlgefühl und Akzeptanz. Ich habe einen Schattenteil von mir erlösen können und bin innerlich gewachsen.

Schattenaspekte auf der Körperebene: Das Gefühl, nicht genug Liebe zu bekommen und auch nicht verstanden zu werden, kann zu Störungen im Eßverhalten führen. Statt die Nähe eines Menschen zuzulassen, wird über Essen und Trinken eine Ersatzbefriedigung gesucht. Die Nahrung wird einverleibt, aber da sie letztlich nicht angenommen werden kann (das Gefühl, der Liebe nicht wert zu sein), kann es dazu kommen, daß versucht wird, sie über Abführmittel oder Erbrechen wieder loszuwerden. Bulimie, Magersucht oder Übergewicht können so auftreten. Ein hohes Arbeitspensum und Dauerstreß können eine gute Ausrede sein, seinen Körper zu vernachlässigen. Durch Zeitdruck fehlt die Ruhe, sich wirklich zu entspannen und Liebe und Nähe mit dem Partner, mit Freunden oder in der Familie zu erleben. Streßsymptomatik im Herz-Kreislauf-Bereich kann auftreten.

Diese Farbkombination will helfen, in der Gegenwart einen Ausgleich zwischen Anspannung und Entspannung zu schaffen, und die Bereitschaft, Liebe anzunehmen, fördern.

- **Anwendung: Das Öl kann am ganzen Körper je nach Bedarf aufgetragen werden.**

Balance Nr. 46

Grün über Magenta

Quintessenz: Pallas Athene
Pomander: Tiefmagenta

1. Wer bin ich?: Ich bin mit ganzem Herzen bei der Sache. Meine Liebe schwingt mit der Liebe meiner Mitmenschen in Einklang, und gemeinsam können wir uns entfalten, wachsen und weiterentwickeln. In meinen Handlungen beweise ich Durchhaltevermögen und Konsequenz, aber immer getragen von einer sanften Energie. Ich weiß, was ich will, und lebe nach meinen Prinzipien. Ich richte mich nach meinem inneren Gefühl. Wenn ich mich für etwas entscheide, muß ich innerlich ein warmes, sich ausdehnendes und wohliges Gefühl verspüren. Dann sage ich mit ganzen Herzen ja und bringe auch vollen Einsatz. Ich bin loyal und vertrauenswürdig. Wohin das Leben mich führt, da gehe ich hin. Ich vertraue darauf, daß Gott mich lenkt und ich in seinem Sinne an einem bestimmten Platz bin und eine bestimmte Arbeit tue. Jeder Anfang ist für mich ein weiterer Schritt ins Licht.

2. Mein Licht: Ich bin offen für die Gefühle der Liebe. Es ist die Liebe von Herz zu Herz, nicht von Körper zu Körper. Es ist mir wichtig, diese Qualität der Liebe zu fördern, wo ich nur kann. Nur so kann ich wirklich geben. Ich gehe sehr behutsam mit meinen Gefühlen und den Gefühlen anderer um. Jeder Mensch ist in seinem Ausdruck einzigartig und wunderschön.

Ich achte darauf, daß ich im täglichen Leben fürsorglich bin. Des Menschen Würde ist unantastbar, und ich setze mich für die Würde und Gleichberechtigung aller ein. Meine innere Verbindung zu Gott liegt mir sehr am Herzen, und ich nehme mir die Zeit, die ich brauche, um diesen Kontakt zu pflegen. Er ist wichtig für mein Wohlbefinden.
Mein Schatten: Es kann passieren, daß ich das Gefühl habe, mir würde nur begrenzt Liebe und Zuneigung zustehen. Ich bin nicht so wertvoll, daß es für jemanden die Mühe wert wäre, sich länger auf mich einzulassen. Aber damit ich gar nicht erst Ablehnung erfahre, setze ich lieber selbst Grenzen und mache Schluß. Dadurch komme ich weder zur Ruhe, noch kann ich den Einklang der Schwingung mit der geliebten Person genießen. Ich bin überhaupt sehr wechselhaft in meinem Sein. Ich wechsele Beziehungen, ich wechsele den Wohnort, ich wechsele die Tätigkeit – immer auf der Suche nach wahrer Befriedigung, die ich aber nie erreiche, weil ich kurz vorher meine Zelte abbreche. Ich erwarte zuviel, gebe mir und anderen keine Luft zum Atmen. Ich suche und will nicht finden.

3. Mein Weg: Ich will mehr Vertrauen entwickeln und mich auf den tiefen Prozeß der beständigen Liebe einlassen. Damit reflektiere ich die Liebe Gottes, die immer gleichbleibend ist und niemals aufhört. Ich bin der Liebe wert. Ich kann meinen Raum ruhig, ohne Angst vor Verlust einnehmen und halten. Ich muß nicht ständig anderen Platz machen und dann Neidgefühle hegen. Ich lerne, dem Druck und der Spannung des Alltags standzuhalten und nicht gleich wegzulaufen. Wir alle erleben Prüfungen im Leben, und das zwingt mich nicht immer gleich zu Verdrängung oder Ablehnung. Ich verstehe dies nun. Es ist eine große Erleichterung und hilft mir, meine Gefühle der Liebe wieder zum Ausdruck zu bringen.

4. Ausblick: Ich bin zur Ruhe gekommen. Ich habe nach langem Suchen und Umherziehen endlich meinen Platz gefunden. Ich vertraue der Beständigkeit der Liebe und den wahren, aus dem Herzen kommenden Gefühlen. Durch sie erhalte ich Kraft, Zuversicht, Bestätigung und Nähe. Es ist eine bleibende Qualität, nicht flüchtig und wechselhaft. Viele Aspekte meines Selbst kann ich durch diese Erkenntnis heilen. Ich bin nicht mehr abhängig von der Liebe vieler, da ich mir der Liebe Gottes bewußt bin. Es ist wie eine Neugeburt für mich. Mein Leben erhält eine ganz neue Dimension. Ich fühle Erfüllung. Ich ruhe. Ich bin.

Schattenaspekte auf der Körperebene: Liebe ist auf der körperlichen Ebene eng mit Sexualität verknüpft, und so kann es sein, daß dieser Bereich betroffen ist. Häufiger Partnerwechsel ermöglicht kurzfristige Stimmungshochs, die aber schnell in Unzufriedenheit übergehen. So kann das intensive, aus dem Herzen kommende Gefühl der wirklichen Liebe und Zuneigung wirkungsvoll vermieden werden (auch wenn eine starke Sehnsucht danach vorhanden ist). Wer in einer festen Partnerschaft lebt, mag durch Probleme im Urogenitalbereich für körperliche Distanz sorgen. Bei Frauen kann es zu Scheidenpilzinfektionen, verlängerter und starker Periode kommen, während Männer im Bereich Prostata/Harnröhre betroffen sein können. Bronchiale Infekte, deren Erreger leicht übertragbar sind, halten ebenfalls andere Menschen auf Abstand. Kinder können trotzig und ablehnend gegenüber anderen sein und sich damit der Nähe und Zuneigung verweigern.

Diese Farbkombination will helfen, mehr Raum für wirkliche Liebe zu schaffen und die Ängste davor abzubauen.

- **Anwendung: Das Öl wird im Unterleibsbereich aufgetragen, wenn hier Beschwerden bestehen, sonst wird es im Brustbereich eingerieben.**

Balance Nr. 47

Königsblau über Zitronengelb

Quintessenz: Kuthumi
Pomander: Gelb

1. Wer bin ich?: Ich bin in dieser Welt zu Hause, aber ich weiß auch, daß es noch mehr gibt: eine andere, geistige Dimension. Mein Leben erhält damit einen tieferen Sinn; nichts, was ich tue, ist umsonst. Über meinen Verstand kann ich Wissen aufnehmen, analysieren und einordnen und mit meinem Gefühl kann ich dann darauf reagieren. Ich bin einfühlsam und sensibel. Wenn ich meine Logik und meine Intuition zusammenarbeiten lasse, liege ich immer richtig. Sie arbeiten in Harmonie miteinander. Meine bemerkenswerte Weitsicht findet häufig Bestätigung in Ereignissen, die so eintreffen, wie ich sie erahnt habe. Ich habe einen sechsten Sinn. Ich vertraue meinem Geist, meiner Seele und richte mich danach. Ich liebe alle Aspekte des Lebens und fühle mich dem Licht sehr verbunden. Mit meiner Lebensart bin ich ein Beispiel für andere.

2. Mein Licht: Ich bin selbstsicher, kenne meine Stärken und auch meine Grenzen und richte mein Leben danach aus. Ich überfordere mich nicht und habe eine realistische Einschätzung mir selbst und anderen gegenüber. Deswegen erlebe ich nur sehr selten Enttäuschungen. Das Leben bietet mir reichlich Gelegenheit zur Freude, da ich ein ausgeprägtes Gespür für die richtigen Dinge habe. Ich besitze ein hohes Maß an Integrität. Meine starke Intuition läßt mich mein Wissen genau dort einsetzen, wo es gebraucht wird. Mein Leben ist wie eine Kette von Ereignissen, die mich immer mehr zu der Quelle allen Wissens führen. Ich befördere dieses Wissen ans Licht der Welt, denn es wird zur Heilung gebraucht.
Mein Schatten: Es gibt zwei Möglichkeiten: Entweder ist mir mein sechster Sinn absolut unheimlich; am liebsten würde ich

nichts damit zu tun haben. Mir ist sehr unwohl bei dem Gedanken, und ich tue alles, was ich kann, um diese Gabe zu verdrängen. Da ich aber dann nicht mehr auf meine innere Stimme höre, kann es zu Fehlentscheidungen kommen, unter denen ich dann leide. Weil ich mich nur auf meinen Verstand verlasse, geht mir Herzlichkeit ab. Mir fehlen die Ausgeglichenheit und innere Ruhe, und ich bin eher angespannt. Oder aber ich nutze meinen sechsten Sinn falsch. Statt daraus Nutzen für die Allgemeinheit zu ziehen, setze ich ihn ein, um anderen voraus zu sein. Das gibt mir Macht und Kontrolle. Aber da ich immer auf der Hut sein muß, bin ich in meiner Lebenshaltung sehr verkrampft. Es ist eine hohe Kunst, Sensitivität und Inspiration in die richtige Bahn zu lenken. Dies muß ich tun, wenn ich wirklich aus mir heraus Lebensfreude empfinden will.

3. Mein Weg: Ich will meinen Verstand und meine Intuition verknüpfen und beide auf lichtvolle Weise für mich und durch mich wirken lassen. Ich habe häufig falsche Entscheidungen getroffen, weil ich entweder nur aus meinem Gefühl oder aber nur aus meinem Intellekt heraus agiert habe. Dann war ich zu kühl – rational oder zu emotional erhitzt. Die goldene Mitte ist der Weg, um mich wieder wohl zu fühlen und mich des Lebens zu erfreuen. Es werden sich Gelegenheiten finden, um mich wieder in Harmonie zu bringen. Ich kann dann neue Schritte tun, gute Schritte, die mich weiterführen. Meine Inspiration kann sich ausdrücken und in eine Form gebracht werden, die allen Spaß macht, Freude und Erfüllung bringt. Ich ruhe in meiner Mitte.

4. Ausblick: Ich strahle von innen heraus – Zufriedenheit und ein Gefühl der Erfüllung und der Freude. Ich strahle aber auch Ruhe aus, Ausgeglichenheit und eine Sicherheit, an der andere erkennen, daß ich auf dem richtigen Weg bin. Wenn mein inneres Gefühl mir etwas sagt, mir einen Impuls sendet und mein Verstand, mein Kopf damit in Einklang ist, dann folge ich dieser Eingebung. Das ist Handeln aus der Inspiration heraus. Ich überreagiere nicht mehr emotional oder bin kaltschnäuzig, sondern handele herzlich, liebevoll und mit Vernunft. Es steigt ein neues Lebensgefühl voller Glück in mir auf.

Schattenaspekte auf der Körperebene: Es kommt zu einer verkrampften Lebenshaltung, wenn Gefühl und Verstand nicht in Harmonie sind und der Kopf überbetont wird. Störungen im Bereich des Gehirns sind die Folge. Degenerative Erkrankungen wie die Alzheimer-Krankheit lassen die Emotionen viel stärker in den Vordergrund treten. Ähnlich erleben es auch Schlaganfallpatienten, die plötzlich starke Gefühlsausbrüche erleben. Probleme mit den Augen, vor allem Kurzsichtigkeit, können ein Hinweis darauf sein, daß der eigene Horizont zu eng gesteckt ist und das Ich zu sehr im Mittelpunkt steht. Schwierigkeiten im Magenbereich wie Blähungen und ein anhaltendes Völlegefühl nach Mahlzeiten können ein Zeichen dafür sein, daß zwar viel (Wissen, Intuition) aufgenommen wurde, jedoch nun zurückgehalten und nicht weitergegeben wird. Die ständige Anspannung kann auch irgendwann zu einer Erschöpfung führen.

- **Anwendung: Das Öl wird oberhalb des Bauchnabels, einschließlich des Brustbereichs, aufgetragen. Es ist ebenfalls hilfreich, es am Kopf um den Haaransatz herum aufzutragen.**

Balance Nr. 48

Violett über Klar

Quintessenz: Serapis Bey
Pomander: Weiß

1. Wer bin ich?: Ich bin offen für alles und stelle mein Leben unter das Motto »Heile andere, und du heilst dich selbst« – Heilung, die nicht nur auf der körperlichen Ebene, sondern unter einem ganzheitlichen Aspekt geschieht und Körper, Geist und Seele einbezieht. In mir ist die Erkenntnis, daß wir alle einzigartig und doch auch eins sind. Meine Gedanken sind klar und einleuchtend, ebenfalls ist mein Tun von Klarheit geprägt. Ich bin flexibel und akzeptiere, was auf mich zukommt. Ich kann mich gut auf andere Menschen einstellen und mit ihnen fühlen. Dank meiner Offenheit und Flexibilität kann ich dort hingehen und arbeiten, wo ich gebraucht werde. Mein Tun bringt eine positive Veränderung mit sich. In der Stille suche ich die Kommunikation mit Gott, und ich brauche diese Verbindung als Kraftquelle im Alltag.

2. Mein Licht: Aufgrund meines Einfühlungsvermögens kann ich andere Menschen sehr gut verstehen. Besonders wenn sie Hilfe oder Unterstützung brauchen, sehe ich ganz klar die Ursachen ihrer Probleme und auch Lösungsmöglichkeiten. Das gilt vor allem auch für zwischenmenschliche Konflikte. Es ist fast so, als ob ich in die Haut anderer Menschen schlüpfe und selbst fühlen kann, was sie durchmachen. Das ist ein großes Geschenk, um Wege aus verfahrenen Situationen aufzuzeigen und die Energie wieder in Fluß zu bringen.

Ich glaube an Gott, und dieser Glaube bringt Licht und Sicherheit in mein Leben. Diesen Glauben zeige ich durch Nächstenliebe.

Mein Schatten: Durch meine große Offenheit kenne ich mich selbst nicht richtig. Ich identifiziere mich mit äußeren Faktoren und anderen Menschen und habe kein klares Verständnis für mein eigenes Ich. Dadurch richte ich mich zu sehr nach fremden und nicht nach meinen eigenen Bedürfnissen. Ich erlebe dann Frustration und ein großes Gefühl von Bedauern, weil ich im nachhinein merke, daß ich mich eigentlich hätte anders entscheiden sollen. Ich erfülle dann nicht meine eigene Lebensaufgabe, sondern begebe mich auf die Wege der anderen. Dieser Verlust an eigener Identität kann so weit gehen, daß ich innerlich völlig aufgelöst und leer bin und mich in dieser Welt absolut verloren fühle. Mir fehlt der Lebenssinn, und mir fehlt die persönliche Einsicht, damit ich mein inneres Licht und meine Kraft erkenne.

3. Mein Weg: Ich will wieder Klarheit für mich finden, will sehen und fühlen, wer ich bin und was mein Ziel ist. Ich will nicht nur offen für den Kummer und das Leid meiner Mitmenschen sein, sondern auch die schönen Momente des Lebens aus vollen Zügen genießen. Auch ich darf an der Fülle teilhaben. Ich finde Wege, um in mir Klärung zu finden, damit ich mich von den unwesentlichen Dingen trennen kann und ein stabileres Selbstwertgefühl erhalte. Meine spirituelle Seite, meinen Glauben an Gott will ich bewußter leben, auch damit ich mich selbst festige. Um zu geben, um zu heilen, muß ich erst einmal mir selbst etwas gönnen, mir etwas aus dem großen, universellen Topf der göttlichen Liebe nehmen. Nur so finde ich wirklich zu mir.

4. Ausblick: Ich liebe die große, bunte Vielfalt des Lebens. Ich will mich in alle Richtungen ausdehnen, mag probieren, erfahren, erleben. Ich verspüre den Drang, zu leben, zu sein. Ich fühle mich geborgen und sicher, weil ich weiß, daß die Kraft Gottes alles durchdringt, auch mich. Ich habe zu mir gefunden und weiß jetzt, was ich will und wie ich es erreichen kann. Ich möchte helfen und heilen, wo mir die Möglichkeit geboten wird. Ich gebe mich dabei nicht auf, verschmelze nicht völlig, sondern bleibe ganz bewußt bei mir und strecke meine Arme aus. Ich erlebe, wieviel wirkungsvoller ich so arbeiten kann, und auch, wieviel mehr Freude es mir bringt. Ich gebe aus dem Gefühl der Fülle heraus weiter.

Schattenaspekte auf der Körperebene: Wenn die eigene Abgrenzung fehlt und zu sehr auf die Bedürfnisse der anderen eingegangen wird, kann dies auch auf der körperlichen Ebene in Form einer Immunschwäche zutage treten. Bakterien, Viren und Pilze werden nicht effektiv abgewehrt. Es können dann Krankheitssymptome oder diffuse Beschwerden wie chronische Müdigkeit, Kopfschmerzen, aber auch Schlaflosigkeit auftreten. Das kann so weit gehen, daß der Körper schließlich völlig ausgezehrt ist. Wer sich nicht wehren kann, also nicht genug Rückgrat zeigt, kann auch im Bereich des Rückens Störungen entwickeln.

Diese Farbkombination will helfen, Reinigung und Klärung zu bringen und zu einer Veränderung der Lebensgewohnheiten anregen, damit die eigenen Bedürfnisse wieder Beachtung finden.

- **Anwendung: Das Öl wird am Kopf um den Haaransatz herum und bei Bedarf auch um den Unterbauch herum aufgetragen.**

Balance Nr. 49

Türkis über Violett

Quintessenz: St. Germain
Pomander: Violett

1. Wer bin ich?: Ich bin in Harmonie mit mir und der Welt. Wie Ebbe und Flut in den Gezeiten des Meeres passe ich mich dem Rhythmus von Geschehenlassen und Aktivität an. Alles im Leben hat seinen Platz und seine Zeit, und so habe ich die Geduld, auf den richtigen Moment für meinen Einsatz zu warten. Wir müssen beweglich, anpassungsfähig und zu allem im Hier und Jetzt bereit sein. Gott braucht flexible Helfer, die Kraft und Liebe verbreiten. Dabei sind der Phantasie und der Kreativität im Einsatz von geeigneten Hilfsmitteln keine Grenzen gesetzt. So wie Shakespeare seine esoterischen Weisheiten in Tragikomödien gekleidet hat, so gibt es endlose Möglichkeiten, mit viel Herz heilende, erhellende Energie zu vermitteln. Ich drücke mich gefühlvoll aus und möchte meinen inneren Reichtum mit anderen teilen.

2. Mein Licht: Ich habe ein gutes Gefühl mir selbst gegenüber, ich liebe mich. Nicht narzißtisch, sondern in meinen inneren Werten. Ich erkenne den göttlichen Teil in mir und verbinde mich mit ihm. Das gibt mir Auftrieb und Kraft. Ich bin sehr kreativ und habe Freude an der Selbstdarstellung. Auch hierbei will ich nicht als Person im Mittelpunkt stehen, sondern meine Ideen, Gefühle, Einsichten sollen ankommen. Es ist ein heilender Impuls, den ich aussende und der im Augenblick der Entspannung und des Erlebens wirkt. Es steckt häufiger viel mehr dahinter, als es der äußere Schein vermittelt. Darin liegen Weisheit und Menschenkenntnis. Das Leben trägt mich mal dahin, mal dorthin. Ich gehe mit und gebe mich jeder neuen Situation ganz und gar hin.
Mein Schatten: Vielleicht bin ich in der Kindheit oder später in eine verkrampfte, rigide Situation geraten. Es gab Streit oder Unausgeglichenheit im Geben und Nehmen, nicht genug Ruhe und auch keine Aussichten auf Veränderung. Ich rutschte tief in diese Geschichte hinein und kam nicht wieder heraus. Seitdem sehne ich mich nach Harmonie und Gleichgewicht in meinen Freundschaften und Beziehungen. Es entstand die Tendenz, mich in meine eigene innere Welt zurückzuziehen, wo ich mich sicher und geborgen fühle. Dort kann ich meinen Phantasien und Ideen freien Lauf lassen. Aber sie bleiben nur als Traumvorstellungen in meinem Kopf. Ich gebe nichts davon weiter. In mir entsteht ein schlechtes Gewissen, weil ich weiß, daß ich mein inneres Wissen vermitteln sollte und es nicht tue. Ich muß meine inneren Kanäle frei machen, körperlich wie seelisch, damit mehr Elastizität in mein Leben kommt.

3. Mein Weg: Ich will wieder in Schwung kommen, mich aus meiner Lethargie befreien und meine Gedanken ordnen und ihnen Form geben. Ich nehme mir jetzt die Zeit dafür und lenke mich auch nicht durch andere Dinge ab. Es ist jetzt wichtig, einen Neuanfang zu starten und einen Weg zu gehen, der mir Spaß macht und bei dem ich meine Freude am Ausdruck voll entfalten kann. Ich habe genügend Ideen, wie ich es anpacken kann, und ich tue jetzt auch etwas, damit es geschieht. Ich nehme mich ernst in meinen Vorhaben und torpediere mich nicht selbst. Ich erlebe Erfolgsmomente, die sich für andere und auch für mich sehr gut anfühlen. Mein Leben kommt insgesamt mehr ins Gleichgewicht. Ich vertraue.

4. Ausblick: Ich genieße es, andere an meinem Leben und meinen Gedanken teilhaben zu lassen. Ich bin bereit, aus mir heraus Kraft zu geben. In allen Bereichen des Lebens spirituell zu sein ist mir jetzt sehr wichtig, aber ohne den Boden unter den Füßen zu verlieren. Ich gewinne einen realistischen Bezug zu dieser geistigen Dimension und integriere sie in meinen Alltag. Ich zeige mich, so wie ich bin, ohne Geheimnisse oder verborgene Laster. Ich bin ganz authentisch. Ich habe ein herzliches und auch liebevolles Verhältnis zum Leben, zu den Menschen, zu Gott.

Schattenaspekte auf der Körperebene: Gefühle und kreative Gedankengänge zurückzuhalten, das heißt Verweigerung zu kommunizieren, kann sich in Blockaden im Bereich des Atmungstraktes zeigen. Ständige Erkältungen, häufige Bronchial- oder Mandelentzündungen oder Probleme im Bereich der Stirnhöhlen treten dann auf. Die Abwehrzellen des Körpers reagieren nicht stark genug, die Thymusdrüse ist geschwächt. Das Feststecken in einer alten Situation kann sich auch in einer generell verkrampften Muskulatur zeigen, wobei hier besonders die Oberrückenmuskulatur betroffen sein kann.

Diese Farbkombination will helfen, festgefahrene Gewohnheiten und negative Gefühle endlich loszulassen, mehr Aktivität, Bewegung und Ausdrucksformen ins Leben zu bringen

- **Anwendung: Das Öl wird im Brustbereich, um den Hals herum sowie am Kopf um den Haaransatz herum aufgetragen.**

Balance Nr. 50

Hellblau über Hellblau

Quintessenz: El Morya
Pomander: Saphirblau

1. Wer bin ich?: Ich bin dem Willen Gottes verbunden. Ich lasse durch mich geschehen, ergebe mich seiner Führung, seiner Weisheit, seiner Liebe. Ich vertraue mich dem Leben voll und ganz an. Alles ist, wie es sein soll. Mit jedem Atemzug nehme ich an, lasse ich wieder los. Ich bewege mich im wahrsten Sinne des Wortes im Gleichklang mit dem Universum und dem Licht. Ich bade in der Schwingung der Liebe. Meine Liebe ist intensiv, spürbar, berührend. Sie ist Balsam für die Seele und zugleich erquickend. In der Erkenntnis meiner Lebensaufgabe, meines Weges fühle ich eine große Freude. Ich gehe in Frieden und Glückseligkeit. Diese große Kraft gebe ich weiter, ohne Erschöpfung und in Hingabe. Wer mich sprechen hört, versteht. Wer mich sieht, erkennt. Ich diene dem Licht, und ich fühle den Segen.

2. Mein Licht: Ich habe eine klare Verbindung zu meinem höheren Selbst, das mich auf sanfte und weise Art durch mein Leben lenkt. Ich höre deutlich, und ich folge auch. So sanft wie diese innere Stimme ist, so sanft gehe ich auch mit mir um. Es liegt in der menschlichen Natur, nicht immer Gottes Wille zu befolgen, und ich kann mir und auch anderen wirklich vergeben, wenn es einmal nicht so geschieht, wie es geschehen sollte. Ich lasse daher vermeintliche Fehltritte hinter mir und widme mich ganz dem jetzigen Moment. Ich bin inspiriert durch die Liebe. Sie ist eine lebenspendende Kraft, die das Universum unendlich füllt, in immer neuer Schöpfung. Ich gebe von dieser Energie weiter – im Gespräch, im Gesang, im Lachen.
Mein Schatten: Es ist möglich, daß ich Situationen erfahren habe, in denen es um das nackte Überleben ging. In meiner

näheren Umgebung ist niemand gewesen, der wirklich an Gott geglaubt hat, so daß jeglicher spiritueller Gedanke oder Handlungsimpuls unvorstellbar war. Gott war weit weg von mir, oder aber ich hatte den Eindruck, er wäre eine strafende, unnachgiebige und niemals verzeihende Instanz. Ich bin daher abgeschnitten von meinem seelischen Aspekt und kann das Licht nicht sehen. Es kann sein, daß ich durch das männliche Prinzip einiges erleiden mußte – ob durch Krieg, meinen Vater, durch männliche Freunde, Verwandte oder Lehrer. Ich fühle, daß diese Umstände unverzeihlich sind, und so komme ich auch nicht zur Ruhe. Ich bin wie betäubt, unfähig, mich zu artikulieren, um Hilfe und Erlösung zu bitten. Ich fühle mich sehr allein und wünschte, jemand wäre für mich da.

3. Mein Weg: Ich will meinen inneren Kampf aufgeben, mich befreien von den Fesseln des Schmerzes und wieder anfangen zu leben. Genug ist genug, und irgendwann muß ich meine Wunden lecken, die Narben ausheilen lassen. Was geschehen ist, muß sich nicht wiederholen. Ich lasse los. Und gleichzeitig lasse ich herein. Ich erlöse mich, bin erlöst und finde wieder Frieden. Ich vertraue, daß wieder Freude in mein Leben einkehrt, und sehr leise, aber dennoch hörbar vernehme ich die Stimme meines höheren Selbst. Ich bekomme wieder ein Gefühl für mich, für meine Umgebung und für die Liebe. Ich erwache aus meiner selbstgemachten Narkose. Ich sehe wieder Sonnenschein. Ich habe die Hand genommen, die sich mir helfend angeboten hat. Der Schock läßt nach, ich finde meine Stimme wieder. Ich lebe.

4. Ausblick: Seit ich vertraue, daß mir das Leben das bietet, was meiner Seele und meiner Entwicklung dient, fühle ich mich entspannt und ganz. Es ist eine große Erleichterung, nicht mehr das Gefühl zu haben, allein durch das Leben zu stapfen. Mit der Führung Gottes, die ich spüre und an der mir liegt, kann ich viel mehr loslassen. Ich brauche nicht mehr wie Atlas das Himmelsgewölbe auf meinen Schultern zu tragen.

Ich kann leichten Fußes und leichten Herzens ohne großes Gepäck meinen Weg gehen. Und siehe da – ich bin viel offener für die Fülle, die dieses Leben mir zu bieten hat. Ich sehe und kann empfangen. Ich will diese Transformation, dieses Gefühl der Freude und der Liebe an andere weitergeben, daß auch sie dieses wunderbare Geschenk erhalten. Ich habe mein Leid, meinen Schmerz transformiert.

Schattenaspekte auf der Körperebene: Sich einsam zu fühlen, enttäuscht zu sein kann sich auf der körperlichen Ebene durch eine depressive Verstimmung äußern. Weinkrämpfe treten auf, und es kommt nicht selten zu einer Flucht in die Müdigkeit. Es fehlt die Kraft, sich Unterstützung zu holen oder eigenständig wieder auf die Beine zu kommen. Außerdem kann es sich um tabuisierte Themen handeln, die starke Schuldgefühle auslösen. Lethargie und Apathie setzen ein. Eine Unterfunktion der Schilddrüse kann das Problem noch verstärken. Das Selbstwertgefühl leidet wiederum darunter, das schlechte Gefühl verschlimmert sich. Die äußere Erscheinung wird möglicherweise vernachlässigt; es kommt zu einer völligen Resignation. Der Kummer sitzt tief. Das fehlende Vertrauen in die Außenwelt blockiert die Fähigkeit, diesen Kummer zu artikulieren, und so kann es auch zu Symptomen im Halsbereich kommen, zum Beispiel zu wiederholten Halsentzündungen.

Diese Farbkombination will helfen, die Vergangenheit loszulassen und den Mut zu finden, Gefühle zu zeigen.

- **Anwendung: Das Öl wird um den gesamten Hals herum aufgetragen.**

Besonderheit: Meisterflasche (El Morya).

Balance Nr. 51

Hellgelb über Hellgelb

Quintessenz: Kuthumi
Pomander: Gelb

1. Wer bin ich?: Ich bin mutig, tapfer, weise und stark. Diese Gaben entstammen dem Licht Gottes, das über allem erstrahlt. Es ist eine Macht, eine Lebenskraft, die Wärme und Freude spendet. Dieses Licht hat ein Ziel: zu erhellen, Wachstum zu ermöglichen, Liebe zu geben. In ganz klarer Absicht erstrahlt es. Ich bin ein Spiegelbild dieser Kraft. Mit glasklarem Verstand und erfüllt von der Erkenntnis, daß ich einem höheren Zweck diene, schreite ich durch das Leben. Meine Energie strahlt aus. Ich motiviere, fördere, unterstütze und gebe anderen den liebevollen Impuls zu innerem Wachstum. Ich inspiriere das Durchhaltevermögen, damit aus diesem spirituellen Sprößling eine große, kräftige Pflanze wird. Das ist das Licht der Liebe Gottes.

2. Mein Licht: Ich weiß, daß in mir ein Licht aufgegangen ist. Damit meine ich, daß ich die Tür geöffnet und Zugang zu meiner Kraft, meiner Intuition gefunden habe. Ich fühle mich gut dabei, könnte vor Freude juchzen und Luftsprünge machen. So will sich die Lebenskraft ausdrücken. Es gibt nichts Aufregenderes und Begeisternderes als Wachstum. Ob wir einem Kind, einer Pflanze, einem Tier oder einem Projekt beim Wachsen zuschauen oder ob wir sehen, wie jemand innerlich wächst und uns inspiriert – es ist jedesmal ein großes Wunder. Ich spüre diesen Urimpuls des Wachstums, diesen schöpferischen Akt. Ich fühle diese Kraft und kann mich deswegen besonders gut mit den Naturgeistern der Pflanzen- und Mineralwelt, mit den Devas und den Engeln verbinden. Diese feinstofflichen, lichtvollen Wesen dienen dem Wachstum, der Expansion von Leben, Freude und Liebe.

Mein Schatten: Es ist fast so, als ob meine Seele das Licht und die warme, schützende Liebe Gottes nicht verlassen will. Das Leben auf der Erde in einem Körper wirkt auf mich beängstigend, kalt, dunkel, erschreckend. Eventuell gab es in der Schwangerschaft meiner Mutter Komplikationen, oder ich war unerwünscht oder wurde irgendwann in meiner Daseinsberechtigung angezweifelt. Oder es herrschten einfach nur beängstigende Lebensumstände um mich herum, deren Schwingung ich mitbekommen habe. Ich bin zwar hier, aber stehe mit einem sehr unsicheren Gefühl im Leben. Das wiederum behindert mein Wachstum. Es ist ein freudloses Dasein, voller Gefahren, denen ich mich nicht gewachsen fühle. So jedenfalls sagt es mir mein Verstand. Meine Intuition verzweifelt an dieser Dominanz des Intellekts und würde so gern wachsen. Ich bin unglücklich und könnte eigentlich soviel Freude empfinden.

3. Mein Weg: Ich will mehr Zuversicht und Vertrauen in mich, mein Leben und meine Umgebung setzen. Meine Ängste sind unbegründet. Es hilft mir, kleine Ziele und Aufgaben zu erreichen und abzuschließen, die mir ein Gefühl der Erfüllung geben. Ich lasse Situationen und Menschen in mein Leben, die an mich glauben, mich annehmen und motivieren, mir aber in erster Linie Schutz und Geleit geben. Ich traue mir weitere Schritte zu und erlebe ein Gefühl von Stolz und Freude, weil ich diese Schritte gegangen bin und weil ich mich überwunden habe. Ich suche Verbindung zu meinem Schutzengel. Ich fühle mich sicher und nehme mein Leben in die Hand. Ein Gefühl der absoluten Befriedigung und der Freude kann meine Seele erfüllen. Ich finde meinen Weg.

4. Ausblick: Ich habe viel überwunden, viel Transformationsarbeit geleistet. Ich verspüre ein neues Lebensgefühl. Ich freue mich über jeden Tag, sehe neue Gelegenheiten, dazuzulernen, ein Stück weiser zu werden. Ich lebe nicht mehr in einem dumpfen Angstgefühl, sondern bin sehr klar an allem beteiligt.

Ich erfahre das Leben in seiner Fülle. Ich bin einfühlsam, empfindsam und insgesamt sehr feinfühlig geworden. Ich nutze diese Feinfühligkeit positiv aus. Zusammen mit meinem Verstand gibt sie mir ein wirklich sicheres Gefühl, auf der Erde meinen Weg zu gehen, in meinem Körper. Ich bin angekommen und stelle fest: Das Leben ist wirklich gut! Ich sehe die Realität: Das Licht Gottes strahlt immer und überall und geht über Raum und Zeit hinaus. Ich bin genauso ein Teil davon, wie ich es immer war und immer sein werde.

Schattenaspekte auf der Körperebene: Die Angst vor dem Leben auf der Erde kann sich in der unbewußten Verweigerung der Nahrung, die hier angeboten wird, äußern. Nicht nur Appetitlosigkeit ist hiermit gemeint, sondern es geht vor allem um Störungen in der Fähigkeit des Körpers, die aufgenommene Nahrung in Vitalstoffe umzuwandeln. Der Körper gedeiht nicht, es kann zu Wachstumsstörungen kommen. Der Mineralhaushalt des Körpers gerät durcheinander, und es kann Schwierigkeiten im Bereich der Nieren geben. Die Fülle des Lebens wird innerlich verweigert und so auch körperlich die Aufnahme der Nährstoffe. Mangelerscheinungen und Chaos im Stoffwechselbereich können zu Hautbeschwerden führen. Der Körper versucht, sich zu entgiften und auf die Situation hinzuweisen. Für die Gesundheit ist Tageslicht ein sehr wichtiger Faktor. Wenn wir dort arbeiten, wo kein Tageslicht herrscht, oder uns nur in künstlichem Licht aufhalten, können sich unter anderem Gemütsverstimmungen einstellen.

Diese Farbkombination will dazu ermuntern, in die Natur zu gehen, sich mit ihrer Fülle und Wachstumsfreude zu verbinden und diese Impulse in das eigene Leben zu integrieren.

- **Anwendung: Das Öl wird oberhalb des Bauchnabels rund um den Bauch herum aufgetragen.**

Besonderheit: Meisterflasche (Kuthumi).

Balance Nr. 52

Hellrosa über Hellrosa

Quintessenz: Lady Nada
Pomander: Rosa

1. Wer bin ich?: Ich bin von einer zarten und reinen Liebe erfüllt. Wie eine Mutter ihr Kind bedingungslos liebt, so liebe ich, ohne Erwiderung zu erwarten. Ich setze meine Kraft dort ein, wo andere nicht mehr mögen. Ich sehe nichts Abstoßendes oder Furchtbares in Menschen, egal wie sie sind und unter welchen Umständen sie leben. Ich erkenne, daß wir alle gleich sind, Kinder Gottes, erfüllt von seiner Liebe und seinem Licht. Wo andere sich nicht mehr in die Dunkelheit dieses irdischen Daseins hineintrauen, da bin ich mit meinem inneren Licht. Ich gebe mich ganz dieser Aufgabe hin, widme mich ihr und richte all meine Kraft darauf. Ich will diese Liebe, die von Gott ausstrahlt und die ich sosehr mit meinem Herzen erfasse, weitergeben und in das Bewußtsein der Menschen bringen. Wir sind alle, ausnahmslos, der Liebe wert.

2. Mein Licht: Ich bin mit Leidenschaft bei der Sache. Wenn ich etwas tun kann, was jemandem Freude bringt oder hilft, die Last des Alltags zu erleichtern, dann entfalte ich eine enorme Kraft, die mich sehr beflügelt. Ich konzentriere mich voll auf meine Ziele und erreiche dadurch eine Menge. Weil mir Nächstenliebe und gegenseitige Hilfe so am Herzen liegen, bin ich in der Lage, Berge zu versetzen. Ich gebe selbstlose Unterstützung und Liebe, die erneuert und regeneriert und die auf dieser Erde mit Geld nicht bezahlt werden kann. Ich habe eine Mission in meinem Leben, deren Verwirklichung mich anfeuert und mir aber gleichzeitig eine tiefe Seelenruhe schenkt. Ich empfange geistige Liebe und gebe sie in diese Welt weiter, mit vollen Händen und ganzem Herzen.
Mein Schatten: Ich bin so naiv, daß ich auf der Erde in Situa-

tionen gerate, in denen ich ausgenutzt werde. Ich kann keine Grenzen ziehen, sehe nur das Gute und Liebenswerte im Menschen und begreife nicht, daß es Leute gibt, die versuchen, meine liebevolle Schwingung zu zerstören. Ich werde verletzt, körperlich und seelisch, meine Güte und meine Kraft werden ausgenutzt, und zum Schluß bekomme ich einen energetischen Fußtritt. Ich kann mich nicht wehren, kann das alles nicht verstehen, weil ich doch nur Liebe geben möchte. Eventuell reagiere ich mit der Flucht in eine innere Paradieswelt, damit ich nicht soviel Schmerz spüre. Äußerlich bin ich eine gut funktionierende Hülle. Aber damit verdränge ich meine eigene Verletztheit, lasse Verletzungen weiter zu, und die innere Wunde wird immer größer. Ich bin dabei, mich selbst zu zerstören. Mir fehlt das Gefühl, geliebt zu sein. Mein Mißverständnis ist zu glauben, daß ich nur dazu da bin zu geben. Irgendwann bin ich leer. Ich muß meinen Kelch wieder füllen.

3. Mein Weg: Ich will wieder die Kraft finden, an mich selbst zu glauben. Ich muß nicht immer nur geben, in der Hoffnung, ein bißchen Nähe oder Liebe abzubekommen. Mir steht genausoviel Liebe zu wie allen anderen, denn Gott gibt ohne Ausnahme an alle in gleichem Maße. Ich kann mich aus meinen inneren Schutzmauern heraustrauen und mich für die Liebe öffnen – die körperliche, die geistige und die seelische. Ich werde dabei nicht verraten und mißbraucht, sondern erkenne ganz klar, wo ich meine Gaben so einsetzen kann, daß sie sinnvoll als lichtbringende Kraft wirken. Es gibt viele Menschen, die bereit sind, meine Liebe mit offenen Armen zu empfangen. Wenn ich achtsam bin, werde ich sehen, daß ich Gelegenheit dazu erhalte. Die Liebe soll erhellen und nicht von Dunkelheit aufgezehrt werden. Ich will viel Licht und viel Liebe geben.

4. Ausblick: Aus einem kalten Winter zurückgekehrt, spüre ich jetzt das Gefühl von Wärme und Liebe. Meine Seele ist voller Licht und Kraft und verspürt den Willen, ihre Liebe zu zeigen. Ich bin erfüllt von der ruhigen Gewißheit, daß ich mit meiner sanften, liebevollen Art in meinem Leben eine Menge erreichen kann. Ich vertraue, bleibe aber bei mir, konzentriert auf mein Ziel. Ich sehe meine Gaben und ihren Wert und gehe behutsam damit um. Gott führt mich durch mein Leben und läßt seine Liebe durch mich in die Welt erstrahlen. Ich nehme diese Aufgabe in Freude an, wie auch immer sie sich praktisch manifestiert, und bleibe bei mir. Nichts und niemand kann diese hohe Energie von mir nehmen oder zerstören. Meine Augen sehen die Welt mit Liebe.

Schattenaspekte auf der Körperebene: Wenn die nährende und gebende weibliche Energie unablässig überfordert wird, gerät auch der Körper irgendwann in einen Schwächezustand. Niedriger Blutdruck erschwert das morgendliche Aufstehen, und das Gefühl, ausgelaugt zu sein, nimmt zu. Die eigenen Signale werden übergangen, und so bekommt der Körper weder ausreichende Ruhe noch genug Bewegung als Ausgleich zur Arbeitsbelastung. Gegessen wird aus Zeitmangel nur unregelmäßig, und so ist es nicht verwunderlich, wenn der Körper auf Sparflamme schaltet und der gesamte Stoffwechsel sich verlangsamt. Gewichtszunahme kann die Folge sein. Auch eine Venenschwäche kann die Trägheit in bezug auf die eigene Wertschätzung verdeutlichen. Bei Frauen können im Bereich der Gebärmutter Beschwerden auftreten – gerade dort, wo es um das Thema Empfangen geht. Auch Bereiche, die damit verbunden sind, können betroffen sein, zum Beispiel die Menstruation.

Diese Farbkombination will helfen, mehr Liebe in alle Situationen des Lebens hineinzubringen und die eigene Kraft wieder aufzubauen.

- **Anwendung: Das Öl wird bei entsprechenden Beschwerden rund um den Unterleib und ansonsten im Herzbereich aufgetragen.**

Besonderheit: Meisterflasche (Lady Nada).

Balance Nr. 53

Hellgrün über Hellgrün

Quintessenz: Hilarion
Pomander: Smaragdgrün

1. Wer bin ich?: Ich bin mir der Zusammenhänge des Universums bewußt. Alles spiegelt eine größere Ordnung wider, ist aus unzähligen Einzelteilen zu einer Kraft vereinigt. Was als Chaos in unserer Welt erscheint, ist in Wirklichkeit ein wunderbares, ineinandergreifendes und voller Liebe wirkendes System. Licht, Freude, Liebe sind ausdehnende Energien. Dunkelheit, Kummer und Haß ziehen zusammen, verkrampfen, vermindern die Energie. Das Licht Gottes tanzt, spielt, bewegt sich in der Dunkelheit. Es dehnt sich aus, löst auf, erlöst. Diesem Aspekt des Lichtes bin ich verbunden, denn es zeigt das wahrhaftige Sein. Alles fließt ineinander, ist grenzenlos verbunden. Ich erkenne, daß es eigentlich nur einen Weg gibt, obwohl es scheinbar viele sind. Wir sind eins.

2. Mein Licht: Ich habe ein Gespür für die Dinge im Leben, die wirklich zählen. Damit meine ich Weiterentwicklung, überhaupt den Fortschritt allen Lebens. Ich habe die Gabe, mich ganz zu vertiefen und den Ursprüngen bis auf die Ebene des Moleküls nachzugehen. Je mehr wir auch die kleinsten Einheiten der Natur betrachten, desto mehr wird klar, daß alles pulsierende Energie ist. Materie ist sich bewegende, sich zusammenziehende und wieder expandierende Energie. Ich erkenne intuitiv die Kraft, die unserem Geist geschenkt wurde. So wie wir denken, so bewegt sich auch unsere Energie. Wir können erweitern, zusammenziehen oder auch nur im Stillstand sein. Die Natur bietet mir viele Parallelen und Anhaltspunkte; ich fühle mich ihr deshalb besonders verbunden. Diese Faszination gibt mir einen sehr lebendigen Bezug zum Leben. Ich bin mit viel Freude und kindlicher Neugierde dabei.

Mein Schatten: Vielleicht habe ich in meiner Kindheit oder später viel Engstirnigkeit in allen Lebensbereichen erlebt. Die Dinge waren schwarz oder weiß, jede weitere Diskussion erschien aussichtslos. Nur was ich in Händen hielt war real, alles andere wurde als Humbug abgetan. So ist es auch schwierig, an einen unsichtbaren Gott zu glauben oder überhaupt an einem tieferen Lebenssinn. Dahinter steckt eine Angst vor dem Ungewissen und ein mangelndes Urvertrauen, die sich irgendwann einmal bei mir eingeschlichen haben. Glaube ist eben nicht, genau zu wissen, aber absolut zu vertrauen. Wenn wir Glück haben, ergibt dieses absolute Vertrauen eines Tages auch Gewißheit. Auf jeden Fall muß ich einen Schritt in diese Richtung tun, von allein geschieht es nicht.

3. Mein Weg: Ich will mich mehr mit meinen inneren Aspekten verbinden und nicht nur an der Oberfläche der Anforderungen des täglichen Lebens schwimmen. Das Leben ist ein zu bestaunendes Wunder, je mehr ich mich damit beschäftige, desto mehr sehe ich das. Ich brauche nichts zu befürchten, denn alles Lebendige währt ewig, ist in einem endlosen Kreislauf von Auflösung und Neuformierung verwoben. Menschen und Impulse treten in mein Leben, die mich in eine ganz neue Richtung führen, mir neue Gedanken und Lebenseinstellungen vermitteln. Endlich spüre ich, daß das Leben einen tieferen Sinn hat. Ich spüre eine schon lange nicht dagewesene innere Ruhe und Freude. Ich suche und ich erkenne die Wahrheit.

4. Ausblick: Mein Bewußtsein hat sich unendlich ausgedehnt. Ich sehe und verstehe Dinge, die ich vorher nie für möglich gehalten hätte. Ich fühle mich erleichtert und kann mein Herz öffnen, durchatmen und mich so richtig freuen. Als ob ich kurz vorher am Ersticken gewesen wäre und nun einen tiefen Atemzug voll frischer Luft nehme, erneuere ich mich bis in die kleinste Zelle. Körper, Geist und Seele vereinigen sich zu einer einzigen großen Kraft. Ich bin stark und gleichzeitig von einer ruhigen Gewißheit erfüllt und entspannt. Ich bin der Natur sehr verbunden, denn sie inspiriert mich und zeigt mir, was es heißt, sich dem ewigen Kreislauf bedingungslos anzuvertrauen.

Schattenaspekte auf der Körperebene: Wenn ein Schritt in eine neue Richtung getan werden muß, aber diesbezüglich Unsicherheit und Angst bestehen und daher an einer Stelle verharrt wird, zeigt sich dies oft durch eine Einengung der Atmungswege. Asthmatische Beschwerden, Bronchialinfekte oder Kurzatmigkeit sind dann typische Erscheinungen. Aber auch Unfälle, bei denen es zu Stürzen und Knochenbrüchen kommt, sind ein Zeichen von unfreiwilligem Stillstand. Ängste, die mit Raumempfindungen zu tun haben, schränken die Bewegung erheblich ein. Hierzu zählen die Angst vor geschlossenen Räumen (Klaustrophobie), aber auch die Angst vor weiten Plätzen (Agoraphobie). Herzrhythmusstörungen, die durch Bewegung auftreten, können ebenfalls ein Zeichen von Blockaden im eigenen Lebensfluß sein.

Diese Farbkombination will Stabilität und Sicherheit geben, um eigenständig die nächsten Schritte zu gehen – mit dem dazugehörigen Vertrauen in die innere Führung.

- **Anwendung: Das Öl wird rund um den Brustbereich aufgetragen.**

Besonderheit: Meisterflasche (Hilarion).

Balance Nr. 54

Klar über Klar

Quintessenz: Serapis Bey

Pomander: Weiß

1. Wer bin ich?: Ich bin aus dem Licht erschaffen und geboren, so wie wir es alle sind. Hell, wärmend, strahlend, heilend in seiner Kraft nährt es mich. Es läßt mich wachsen; es verleiht meiner Seele Flügel. Ich bin geborgen, sicher, aber dennoch frei in meinem Ausdruck, in meinem Wesen. Liebe läßt los, vertraut oder nimmt wieder an. Diese Energie trägt mich durch mein Leben, ist ein Teil des Stroms, mit dem ich eins bin. Ich kann mich strecken, ausbreiten, in alle Richtungen gehen, aber auch immer wieder zu meinem Ursprung zurückkehren. Aufgrund von diesem Verständnis ist mein Schritt auf der Erde leicht und zart. Ich erfülle meine Aufgaben, wie auch immer sie aussehen mögen, und stelle mich auf alle Situationen ein. Ich gebe Licht uneingeschränkt, denn ich bin ein Teil des Lichts. Was jemand auch brauchen mag, ich gebe es. Ich kenne das himmlische und irdische Leben von allen Seiten. Ich bin vom Geist der Liebe durchdrungen.

2. Mein Licht: Ich durchdringe mit meinem Bewußtsein die Schattenseiten des Lebens. Ich sehe klar, wo der Ursprung der Probleme liegt, was zu tun ist und wie geholfen werden kann. Diese Erkenntnisse geschehen blitzschnell. Dadurch bin ich so etwas wie ein Problemlöser für viele, ob beruflich oder privat. Ich bin vertrauenswürdig und kann die geeigneten Maßnahmen für die Beruhigung einer schwierigen Situation erkennen und auch benennen. Das ist möglich, weil ich selbst schon viel erlebt und eine Menge Erfahrung gesammelt habe. Ich bin sehr anpassungsfähig und kann mich auf alles einstellen, egal was es ist. Ich sehe immer die Gelegenheit zur Erlösung einer dunklen Angelegenheit im Licht. Die Kraft der Wandlung, die darin steckt, ist groß, und ich habe mich für diese transformatorische Arbeit entschieden, für mich selbst und für andere.
Mein Schatten: Fast ist es so, als ob ich im lichten Höhenflug gegen eine Bergwand geprallt und abgestürzt wäre. Da liege ich nun, zerschellt und verloren. Ich brauche dringend Heilung und Orientierung. Wie ein Vogel, der im Winter die Kraft verliert und vom Himmel fällt, so fühle ich mich. Ich habe den Anschluß an meine Gruppe verloren und sitze allein und ermattet da. Wo bin ich, wer bin ich, warum bin ich hier? Ich muß

ausruhen, Energie tanken und mich wieder aufschwingen, quasi im Flug aufholen und wieder Anschluß an meine Familie finden. Es geht. Ich kann es.

3. Mein Weg: Ich will wieder Klarheit über meine Identität gewinnen, herausfinden, was mein Weg hier auf Erden ist. Ich will mich aus dem stumpfen Alltag herauslösen und meine persönlichen Sorgen loslassen. Ich fühle mich dem Licht, der Liebe und Gott sehr verbunden. Es zieht mich eine Energie in diese Richtung, und ich will ihr folgen. Egal was auf mich zukommen mag, wohin ich geführt werde und was ich erlebe – ich vertraue darauf, daß es dem Ziel dient, mich wieder der wärmenden, kraftspendenden Schwingung des Lichts zu nähern. In der Gruppe mit anderen verbunden zu sein ist jetzt wichtig. Dort finde ich, was ich suche. Aber auch liebevoll mit mir selbst umgehen, mir das geben, was Körper, Geist und Seele brauchen, um mit Kraft wirken zu können, danach verlangt es mich jetzt.

4. Ausblick: Ich habe endlich wieder Klarheit in meinem Leben. Die vielen Unsicherheiten, der Schmerz und der Kummer haben sich aufgelöst. Ich spüre Erleichterung und Erlösung. Viele Wege zur Verwirklichung meiner Träume und Ideen stehen mir offen, und ich erkenne intuitiv den richtigen. Durch Leid erwächst Erkenntnis, und so bin ich in der Lage, meinerseits Verständnis und Unterstützung zu bringen, anderen den Weg zu zeigen, egal wer mich um Hilfe bittet. Wie ein Leuchtturm wirkt meine Kraft und hilft, ans Ziel zu gelangen.

Schattenaspekte auf der Körperebene: Das Gefühl, keine Klarheit im Leben zu haben, kann sich auf der körperlichen Ebene durch ständige Erkältungen zeigen. Der Körper versucht, sich zu entgiften und sich über die Schleimhäute einem Reinigungsprozeß zu unterziehen. Die Möglichkeit, bei einer heftigen Erkältung oder einem grippalen Infekt zu Hause zu bleiben, gibt außerdem die notwendige Ruhe und Zeit, um den eigenen Gedanken freien Lauf zu lassen und damit auch auf

Balance Nr. 0 bis 24 (jeweils von links)
Oberste Reihe: 0 - 4; Zweite Reihe: 5 - 9; Dritte Reihe 10 - 14
Vierte Reihe: 15 - 19; Unterste Reihe: 20 - 24

Balance Nr. 25 bis 49 (jeweils von links)

Oberste Reihe: 25 - 29; Zweite Reihe: 30 - 34; Dritte Reihe 35 - 39
Vierte Reihe: 40 - 44; Unterste Reihe: 45 - 49

Balance Nr. 50 bis 74 (jeweils von links)
Oberste Reihe: 50 - 54; Zweite Reihe: 55 - 59; Dritte Reihe 60 - 64
Vierte Reihe: 65 - 69; Unterste Reihe: 70 - 74

Balance Nr. 75 bis 97 (jeweils von links)

Oberste Reihe: 75 - 79; Zweite Reihe: 80 - 84; Dritte Reihe 85 - 89

Vierte Reihe: 90 - 94; Unterste Reihe: 95 - 97

der mentalen Ebene einen Reinigungsprozeß zu durchlaufen. Zur Klarheit gehört die Ausscheidung unnötig festgehaltener Gedanken und Gefühle. Wenn dies nicht geschieht, kann der Körper seine »Verstopfung« auf der physischen Ebene durch die Neigung zu Ödemen sowie zu chronischer Darmverstopfung ausdrücken.

Alle Krankheitssymptome oder Prozesse, die auf eine Entgiftung des gesamten Körpers abzielen, werden durch das klare Öl unterstützt – so beispielsweise auch das Fasten.

- **Anwendung: Das Öl kann am ganzen Körper je nach Bedarf aufgetragen werden.**

Besonderheit: Meisterflasche (Serapis Bey).

Balance Nr. 55

Klar über Rot

Quintessenz: Der Christus
Pomander: Dunkelrot oder Rot

1. Wer bin ich?: Ich bin mir der Kraft der Liebe und der Klarheit des Lichtes bewußt. Es sind Qualitäten, die von Gott ausgehen und die uns in unserem Leben nähren. In Mitgefühl, Fürsorge, bedingungslosem Geben sowie der Intuition, wie und wo ich diese Stärken einsetzen kann, manifestiert sich diese Energie. Ich habe die Erkenntnis, daß die ganze Kraft Gottes in mir ist, denn er hat mich nach seinem Ebenbild geschaffen. Demnach ist eine unendliche Fülle in mir, stets vorhanden und verbunden mit dem tiefen Wunsch, davon zu geben. Mein Vertrauen ist unerschöpflich, ich gehe dorthin, wohin mich meine innere Stimme führt. Ich habe eine innere Weisheit, geprägt durch meine Fähigkeit, in alles Einsicht zu nehmen. Vergangenheit, Gegenwart und Zukunft verschmelzen zu einem einzigen Moment, und ich sehe ganz klar die Auswirkungen meiner Taten sowie die der anderen.

2. Mein Licht: Ich lerne, das Leben zu lieben. Ich habe die nötige Kraft, um mein Leben zu meistern. Ich bin mir im klaren darüber, was ich will und was ich dafür tun muß. Mit Sorgfalt und so gut wie ich kann, gehe ich ans Werk. Ich setze meine Energie für Projekte ein, die dem Wohlergehen und der Heilung der Lebewesen dieser Erde dienen. Ich bin überhaupt ein sehr erdverbundender Mensch und schöpfe viel Kraft aus diesem Element. Ich bin gut organisiert, denn ich gehe sehr gut mit der Zeit um. Das gibt mir Freiraum und Verschnaufpausen, um weiterhin einen klaren Kopf zu behalten. In solchen Momenten bekomme ich tiefe Einblicke in Wirkung und Ursache im Leben allgemein und gewinne daraus Erkenntnisse, die ich im Alltag umsetze. Ich stelle mich in den Dienst der Nächstenliebe und sehe es nicht als Aufopferung, sondern als große Bereicherung für mein Leben.
Mein Schatten: Etwas wütet tief in mir. Vielleicht habe ich irgendwann vieles entbehren müssen und nicht das erhalten, was ich gebraucht hätte. Das kann etwas Materielles sein oder auch Liebe und Nähe, die mir entzogen wurden. Vielleicht wurden andere um mich herum mit dem versorgt, was sie brauchten, während ich darbte. Jedenfalls ist ein Gefühl der Wut in mir, zusammen mit Frustration und auch Kummer, weil ich soviel entbehrt habe. Das laugt mich aus, und weil ich sosehr darin feststecke, weiß ich auch nicht so recht, was ich mit meinem Leben anfangen soll. Mir fehlt der Bezug zu meinen Fähigkeiten und wie ich sie sinnvoll einsetzen kann. Anstatt mir selbst zu geben, was ich vermisse, warte ich darauf, daß von außen etwas passiert. Aber indem ich nur den Mangel sehe, kann es sein, daß ich lange warte oder die Hand übersehe, die mir gereicht wird.

3. Mein Weg: Ich will meine Unlust und meine Erschöpfung überwinden, nicht mehr morgens müde und genervt aufstehen, sondern mit klaren Gedanken und mit Energie in den Tag hineingehen. Ich gebe mir selbst die Erlaubnis, das zu erhalten, was ich dazu brauche, und bitte darum, daß mir die Gelegenheit dazu geschenkt wird. Ich lasse meinen Ärger darüber, daß ich in der Vergangenheit zu kurz gekommen bin und deswegen leiden mußte, los. Das Leben gibt aus seiner Fülle auch mir das, was ich für meinen Weg, für meine Entwicklung brauche. Die Energie, die ich in Frust und Wut gesteckt habe, kann ich jetzt für meine Arbeit einsetzen. Ich erhalte Einsichten, die mir zeigen, was ich tun soll. Ich gebe und wirke aus der inneren Haltung der Liebe heraus. Ich finde Erfüllung.

4. Ausblick: Aus mir ist ein neuer Mensch geworden. Ich habe viel Energie und kann sie gut einteilen, so daß ich Ausdauer zeige. Ich sehe, wo ich gebraucht werde und was ich tun kann. Ich bin nachsichtig und habe verziehen, habe losgelassen, was mich vorher blockierte. Mir ist klar, daß das Leben mir viele wunderbare Dinge zu bieten hat, an denen ich mich erfreuen kann. Das sind nicht unbedingt materielle Werte, sondern vor allem der Umgang mit dem Leben selbst – ob mit Menschen, Tieren, Pflanzen oder den Landschaften der Erde. Ich setze mich dafür ein, mit Energie, Liebe und großer Freude. Ich bringe inneren Reichtum in mein Leben und das Leben anderer.

Schattenaspekte auf der Körperebene: Wer Schwierigkeiten damit hat, sich selbst das zu geben, was zur Weiterentwicklung des eigenen Lebens nötig wäre, kann erleben, daß sich dies durch Mangelzustände im Körper zeigt. Wenn es also um einen fehlenden liebevollen Umgang mit der eigenen Gefühlswelt geht, wird in der Regel auch der Körper vernachlässigt. Die zugeführte Nahrung kann dann unausgewogen und nährstoffarm sein, und so ist es kein Wunder, wenn es irgendwann zu Eisenmangel oder Vitamin- und Mineralstoffdefiziten kommt. Folge davon sind unter anderem Stimmungsschwankungen, chronische Ermüdungserscheinungen und Lustlosigkeit – auch auf der sexuellen Ebene. Daß dieser Prozeß schleichend ist, zeigt sich in der Tatsache, daß ein solcher Mangelzustand des Körpers eine ganze Weile braucht, um wieder ausgeglichen zu werden.

Diese Farbkombination hilft dem Körper, sich zu entgiften, die notwendigen Nährstoffe wieder aufzunehmen und mehr Energie und Pep zu haben um die Lebensaufgabe zu erfüllen.

- **Anwendung: Das Öl wird auf den Unterbauch aufgetragen, und zwar am besten vormittags, da es sehr energetisierend ist und den Schlaf beeinträchtigen könnte.**

Besonderheit: Meisterflasche (Der Christus).

Balance Nr. 56

Hellviolett über Hellviolett

Quintessenz: St. Germain
Pomander: Violett

1. Wer bin ich?: Ich bin in meinem Tun und Denken wie eine Flamme: voller Dynamik, ansteckend, anfeuernd, verändernd. So wie es manche Pflanzenarten gibt, die erst durch die Hitze eines Feuers ihre Samenhülle sprengen und somit für ihre Erneuerung sorgen, so bringe ich eine Energie in diese Welt, die dafür sorgt, daß das Alte sich auflöst und etwas Neues, Lichtvolles daraus entsteht. Ich habe eine sehr feine Antenne für meinen Wirkungskreis und weiß intuitiv, wie ich meine lebenspendenden Heilkräfte einsetzen kann. Ich stehe voll im Leben, krempele die Ärmel hoch und packe meine Aufgaben an, jedoch mit Einfühlungsvermögen, Liebe und einer gewissen Leichtigkeit. Die Seele muß auch etwas zum Lachen haben. Ich weiß, daß Geben seliger ist als Nehmen, denn was ich gebe, empfange ich auch gleichzeitig. In Wandlung steckt Neubeginn.

2. Mein Licht: Ich arbeite auf eine Art und Weise, die Heilung bringt – nicht unbedingt nur auf der körperlichen Ebene und in einem Heilberuf, sondern auch ganz unbewußt. Ich fühle, wenn es jemanden nicht gutgeht, und weiß intuitiv, was ich tun kann, damit Besserung eintritt. Dabei bleibe ich ganz bei mir. Ich habe die Gabe, einerseits direkt im Geschehen zu sein, mich aber andererseits gleichzeitig herauszuhalten und zurückzunehmen. So bewahre ich mir meine Einsatzkraft, und meine Gefühle bleiben klar genug, um das Nötige zu tun. Ich habe Überblick. Ich weiß, daß das Zusammenwirken von Körper, Geist und Seele sehr wichtig ist, um effektiv und mit Erfüllung zu leben, und so kümmere ich mich um all diese Anteile in mir. Dadurch fühle ich mich sehr ausgeglichen und kann das Leben mit Humor annehmen.
Mein Schatten: Es kann in der Vergangenheit Situationen gegeben haben, in denen ich viel zu früh und unvorbereitet in eine Helferrolle hineingeraten bin. Das hat mich innerlich völlig überfordert. Ich habe mit meiner Energie nicht so gut haushalten können und bin erschöpft zurückgeblieben. Sogar nachts habe ich die Probleme der anderen in meinem Kopf gewälzt und auch immer wieder versucht, einen Weg zu finden, wie ich aus der Rolle des Nothelfers wieder herauskomme. Ein Weg wäre, mich künftig völlig zurückzuziehen und niemanden an mich heranzulassen, damit ich gar nicht erst um Hilfe gebeten werden kann. Ein anderer Weg wäre, mir über den Körper einen Panzer zuzulegen (zum Beispiel Übergewicht), der mich vor Überfällen schützt. Beide Lösungen erfüllen nicht ihren Zweck und sind nur symptomatische Reaktionen. Ich brauche mich nicht als Helfer zu verausgaben, um geliebt zu werden. Es reicht, so zu sein, wie ich bin.

3. Mein Weg: Ich will mich für meine sensitiven Fähigkeiten öffnen und lernen, gezielt damit umzugehen. Das bedeutet, daß ich entscheide, wann ich meine Intuition verstärkt einsetze und wann es besser ist, nicht so empfänglich für alle Schwingungen um mich herum zu sein. Ich will meine Energie besser kanalisieren, damit ich mich nicht so leicht erschöpfe. Weil ich dann mehr bei mir bin und zentrierter lebe, kann ich wieder engeren Kontakt zu anderen zulassen und auch bereitwillig helfen. Es bringt nichts, wenn auch ich in das Leid hineingehe. Es ist sinnvoller, ich arbeite an einer echten Lösung der Probleme mit. Als Heiler will ich von Herzen kommendes Verständnis aufbringen, aber nicht nur vor Mitgefühl zerfließen. Der mittlere Weg hilft allen Beteiligten am besten weiter.

4. Ausblick: Ich habe wieder einen Grund zu lachen. Das Leben ist nicht mehr so trostlos und einsam. Ich habe Hilfe und Unterstützung erhalten, die für mich einen entscheidenden Heilungseffekt hatten. Ich fühle mich vollkommen regeneriert und in meiner Lebenskraft erneuert. Ich bin bereit, mich wieder dem Alltagsgeschehen zu widmen, und zwar auf konstruktive Weise. Ich nehme mir die Zeit und den Raum, um auf meine innere Stimme zu hören, ob in Meditation oder Reflexion beim Spaziergang oder sonstwie. Was ich höre, nehme ich auf und achte es. Ich weiß, daß ich den nötigen Impuls erhalte, wenn es besser für mich und andere ist, meine Grenzen zu setzen und dazu zu stehen. Es geht mir sehr gut, ich fühle mich wohl und habe auch eine entsprechende Ausstrahlung.

Schattenaspekte auf der Körperebene: Wer nachts ständig Probleme im Kopf umherwälzt, wird mit Schlafstörungen rechnen müssen, egal ob es sich dabei um Einschlaf- oder um Durchschlafstörungen handelt. Körper und Geist kommen nicht zur Ruhe, und entsprechend anstrengend ist der Alltag. Die fehlende nächtliche Erholung läßt tagsüber Nervosität und Unruhe aufkommen. Die Überreizung und der Dauerdruck können auch zu Kopfschmerzen oder gar Migräne führen. Es kommt zu einem ständigen Gefühl der Erschöpfung. Ersatzbefriedigungen wie das Naschen von Süßigkeiten sollen dann beruhigen und trösten. Gewichtsprobleme zeigen, daß man sich innerlich zuviel aufgebürdet hat, eigentlich überlastet ist und Grenzen ziehen möchte.

Diese Farbkombination hilft, Körper und Geist wieder in Balance zu bringen; sie beruhigt und gibt gleichzeitig Energie.

- **Anwendung: Das Öl wird am Kopf um den Haaransatz herum aufgetragen.**

Besonderheit: Meisterflasche (St. Germain).

Balance Nr. 57

Hellrosa über Hellblau

Quintessenz: Pallas Athene
Pomander: Tiefmagenta

1. Wer bin ich?: Ich gebe mich dem Leben hin, so wie es kommt. Auch wenn der Weg nicht gerade ist und es manchmal erscheint, als würde ich mich wieder dorthin zurückschlängeln, von wo ich gekommen bin – ich lasse geschehen, bin weiter in Fluß, ohne meine Kraft abebben zu lassen. Wo Widerstand von außen kommt und ich trotzdem die Gewißheit habe, den richtigen Weg einzuschlagen, bleibe ich in Bewegung und setze mich mit meinem Vorhaben durch. Es ist dabei nicht mein Wille, der mich führt, sondern der Wille Gottes. Ich höre, ich folge und ich erlebe dabei eine unendlich tiefe Ruhe. Ich lasse mich führen, getragen von der Inspiration. Ich tanze mit dem Stift über das Papier, zu den Klängen der Musik, in der Farbe eines Bildes und zeige die unendliche Liebe Gottes, die alles durchdringt. Gott offenbart sich in allem.

2. Mein Licht: Ich bin sehr kreativ, habe immer viele Ideen, die ich gern verwirkliche. Es handelt sich dabei fast immer um den Ausdruck von Gefühlen und inneren Bildern. Sie kommen tief aus meinem Inneren und sind häufig Spiegel der feinstofflichen Welt. Ich bringe so das Licht auf die Erde. Ich weiß, wie wichtig es heutzutage ist, daß die Menschen etwas sehen, emp-

finden, hören können, was sie mit ihren höheren Aspekten in Verbindung bringt. Mit viel Klarheit und stets meinen inneren Impulsen folgend, offenbare ich diese unsichtbare Dimension, die so voller Liebe und Freude ist. Ich gebe meine Inspiration weiter, öffne innere Türen, bringe frischen Wind in verstaubte Räume.
Mein Schatten: Vielleicht habe ich in der Vergangenheit den persönlichen Willen einer männlichen Bezugsperson sehr stark zu spüren bekommen. Eventuell wurde mir eine sehr unterwürfige, untergeordnete Rolle gezeigt, wo ein Mann alles bestimmt, regelt und mich bei Nichteinhaltung seiner Ordnung bestraft. Stark sein, männlich sein, keine Gefühle und schon gar keine Zärtlichkeit oder Zuneigung zeigen, das war oberstes Gebot. Meine kreative Seite ist dadurch verletzt worden, ebenso der weiche, warme, weibliche Teil in mir. Das kann zur Folge haben, daß ich es insgeheim als Schwäche ansehe, daß die weibliche Person sich nicht aktiv gegen die Dominanz zur Wehr gesetzt hat, und ich wende mich von diesem Anteil in mir ab. Oder aber ich verurteile den männlichen Part für sein Benehmen und wende mich von diesem Teil ab. Auf jeden Fall habe ich kein Gleichgewicht zwischen Mann und Frau – oder Yin und Yang – erlebt. Ich muß beide Teile in mir annehmen, um mich verwirklichen zu können.

3. Mein Weg: Ich will mein Leben selbst in die Hand nehmen und entscheiden, was das Beste für mich ist. Dabei vertraue ich meiner inneren Führung, die jene Gedanken in meinem Bewußtsein aufsteigen läßt, die für meine Entwicklung wichtig sind. Es sind lebendige Ideen, in denen Vitalität steckt. Ich weiß, daß ich sie auf kreativem Weg umsetzen kann. Viele meiner Talente mögen im verborgenen geschlummert haben, aber nun will ich sie fördern und zeigen. Es steckt eine Botschaft in dem, was ich tue: Wer in die Stille geht und sieht und hört, dem offenbaren sich Licht und Liebe, die jenseits aller Beschränkungen dieser Welt sind. Es ist ein Erlebnis, das berührt, bewegt und verändert. Ich beginne jetzt damit.

4. Ausblick: Ich habe Möglichkeiten gefunden, wie ich meine inspirierenden Gedanken am wirkungsvollsten darstellen kann. Ich lasse los von den Sorgen, wie mein Schaffen wohl ankommen wird, und vertraue darauf, daß ich meine inneren Bilder so weitergebe, wie es benötigt wird und wie sie am besten ihre heilenden, zarten und liebevollen Schwingungen verbreiten können. Ich habe daran erfolgreich gearbeitet, daß der männliche und der weibliche Anteil in mir sich gegenseitig vergeben und miteinander versöhnen. Dadurch bin ich wesentlich ausgeglichener und habe viel mehr Energie, um meine Projekte und Ideen zu verwirklichen. Ich habe aufgehört zu verurteilen und dadurch mehr Ruhe gefunden. Ich sehe auch das Schöne im Leben.

Schattenaspekte auf der Körperebene: Schwierigkeiten, Gefühle auszudrücken, können sich häufig durch Blockaden in der Kommunikation äußern. Probleme im Halsbereich oder mit den Stimmbändern können auftreten, eine Tendenz zur Nikotinsucht mag vorhanden sein. Starkes Stottern gerade dann, wenn die Emotionen sich verbal ausdrücken wollen, ist ebenfalls ein Zeichen. Lese- und Schreibstörungen bei Kindern können vorhanden sein. Die Neigung, den Körper durch Überbelastung und Dauerstreß zu überfordern und keine Ruhepausen einzulegen, kann zu Muskelverspannungen und Rückenbeschwerden führen. Bei Frauen können Probleme mit der Gebärmutter und der Menstruation auftreten, bedingt durch die unbewußte Verweigerung der eigenen Weiblichkeit.

Diese Kombination will helfen, die männlichen und weiblichen Aspekte des Selbst gleichermaßen anzunehmen und zu leben.

- **Anwendung: Das Öl wird je nach Beschwerden und Bedarf entweder um den Unterbauch oder um den Hals sowie am Kopf um den Haaransatz aufgetragen.**

Besonderheit: Meisterflasche (Pallas Athene und Aeolus).

Balance Nr. 58

Hellblau über Hellrosa

Quintessenz: Orion und Angelika
Pomander: Rosa

1. Wer bin ich?: Ich bin ein Kind Gottes. Ich lebe in dem Gefühl, alles zu haben und alles zu bekommen, was ich brauche. Ich spüre ein Sattsein, ein Erfülltsein auf allen Ebenen. Ich bin bescheiden in meinen Ansprüchen und will mehr noch als alles andere Nähe und Zärtlichkeit. Genauso gern gebe ich davon, umarme das Leben und zeige meine Liebe. Es gibt so viele Gelegenheiten, Freude am Dasein zu spüren und zu vermitteln. Menschen, die sich von meiner Ausstrahlung angezogen fühlen, kommen zu mir, um sich von meinem Licht heilende Energie zu holen. Ich kann unerschöpflich viel geben und reise auch dorthin, wo ich gebraucht werde. Meine Kraft kann auf ganz und gar unscheinbare Art wirken, dennoch hilft sie, Erneuerung zu bringen.

2. Mein Licht: Bei allem, was ich tue, konzentriere ich mich mit meinen Sinnen ganz auf diesen einen Moment. Ich kann mich uneingeschränkt vertiefen, alles andere um mich herum ausblenden. Das ist auch der Grund, warum ich mich so klar und präzise ausdrücken kann – in meinen Gefühlen und in meinem Denken.
Ich nehme Anteil an dem Leben anderer, es ist mir sehr wichtig, mein Mitgefühl zu zeigen. Dabei kann ich emotional sehr viel Trost spenden, denn ich sehe das Zentrum des Kummers und kann genau darauf reagieren. Ich helfe dabei, Gefühle loszulassen, Tränen auszuweinen, damit dann nach einem tiefen Atemzug Klärung eintritt und das Leben sich wieder mit mehr Licht fortsetzen kann. Es ist ein reinigender Prozeß, bei dem die Vergangenheit losgelassen wird und das Geschehen im Hier und Jetzt im Mittelpunkt steht.

Mein Schatten: Vielleicht bin ich in einer Umgebung aufgewachsen, in der viele Frauen um mich herum waren und nur wenige Männer. Es wurde dabei die Gefühlsseite des Lebens sehr betont und eine gewisse Hilflosigkeit in bestimmten, eher männlichen orientierten Aufgaben gezeigt. Das kann bis zur Hysterie gegangen sein. Ich habe nie lernen können, wie ich sachlich und klar mit einer Situation umgehe. Ich reagiere immer sofort aus dem Bauch heraus, schwimme in meinen Emotionen und kann sie auch nicht beherrschen. Das kann mich in sehr peinliche Situationen bringen. Manchmal setze ich dieses Zurschaustellen von Emotionen als Druckmittel ein, und manchmal wirkt es sogar, und ich erhalte, was ich will. Ich stehe auf wackeligen Beinen, und in jedem Moment kann mich etwas aus dem Gleichgewicht bringen. Ich muß lernen, meine Gefühle sinnvoll zu steuern. Dann sind sie ein Segen.

3. Mein Weg: Ich will ausgeglichener werden und meine innere Gefühlswelt mit meinem logisch denkenden Verstand unter einen Hut bringen. Ich will nicht immer gleich an die Decke gehen, weil jemand einen entsprechenden »Knopf« meiner emotionalen Empfindlichkeiten gedrückt hat. Ich will meine Gefühle wahrnehmen und auch ernst nehmen, aber auch lernen, zu reflektieren und zu überlegen, wie eine sinnvolle Reaktion auf die gegebene Situation aussieht. Das macht es zudem leichter, Nähe zuzulassen. Denn ich kann mich öffnen, mich zeigen und brauche keine Angst zu haben, von negativen Energiepfeilen getroffen zu werden. Mit Übung kann ich lernen, im richtigen Moment ruhig und gezielt die Hand auszustrecken und diese Pfeile abzufangen. Die Liebe kann sich ausdrücken und als heilende Energie manifestieren.

4. Ausblick: Ich fühle mich regeneriert und sehe die Welt aus einer ganz neuen Perspektive. Ich empfinde sehr tief und habe Zugang zu der Urquelle intuitiver weiblicher Kraft gefunden. Ich nutze diese Energie weise, um Heilung von vergangenen Mustern zu erzielen. Ich konzentriere mich auf die Gegenwart und setze meine Fähigkeiten ein, damit diese Zeitqualität von Liebe, Zuversicht und Glaube geprägt ist. Der Glaube, daß Gott in unserem Leben präsent ist, die Zuversicht, daß wir alles erhalten, was uns am Herzen liegt, transformiert. Mit ruhiger Gewißheit kann ich meinen Lebensweg beschreiten, und immer mehr sehe ich in allem das göttliche Licht.

Schattenaspekte auf der Körperebene: Es kann eine Tendenz zu psychosomatischen Beschwerden bestehen, vor allem bei Kindern, die vor einer Klassenarbeit plötzlich Ohrenschmerzen und Fieber bekommen oder die sich nach einem heftigen Trotzanfall in eine Krankheit hineinsteigern. Rezidivierende Infekte wie Scharlach lassen den Patienten durch die Betreuung verstärkt Zuwendung und Nähe erfahren. Wenn es scheinbar nur möglich ist, Liebe und Berührung über das Kranksein zu bekommen, kann es sein, daß sich ein chronisches Leiden (zum Beispiel ein Rückenleiden, bei dem regelmäßige Massagen, Kuren usw. nötig sind) manifestiert. Diese Farbkombination ist auch hilfreich bei unterschwelliger Eifersucht und Neid unter Geschwistern, beispielsweise wenn sich zu dem Einzelkind noch ein Geschwisterchen dazugesellt und es zu plötzlichen Wutanfällen oder Störungen und Rückschritten in der Feinmotorik des Kindes kommt.

Das Öl hilft, wieder dort ein Gleichgewicht zu erwirken, wo vorher Unausgewogenheit oder ein Gefühl von Mangel vorhanden war.

- **Anwendung: Das Öl wird um den Unterleib, um den Hals sowie am Kopf um den Haaransatz herum aufgetragen.**

Besonderheit: Meisterflasche (Orion und Angelika).

Balance Nr. 59

Hellgelb über Hellrosa

Quintessenz: Lady Portia

Pomander: Gold

1. Wer bin ich?: Ich bin mit den höchsten Stufen der Glückseligkeit vertraut. Es ist eine Schwingung, die alles Irdische transzendiert und in das Licht bringt. Ich kenne das Gefühl der unbeschreiblichen Freude. Ich spüre eine tiefe Zuneigung zum Leben und weiß, daß wenn wir die Erfahrung dieses Glücks und der Freude machen wollen, wir Verständnis und Liebe für alle Lebewesen und alle Situationen aufbringen sollten. Wie kann ich über andere richten, wenn in mir die Erkenntnis ist, daß wir alle aus Liebe und in Liebe erschaffen und eigentlich im Einssein leben? Verurteile ich ein Kind zum Tod, nur weil es einen Streich gespielt hat? Ich weiß, daß es nur töricht war und es nicht besser wußte. Gott sieht durch unsere Fehler hindurch und liebt uns weiter. Ich verzeihe mir meine eigenen Fehler und verzeihe die der anderen und lerne daraus. Ich bin nachsichtig. Das Leben bietet uns immer wieder eine neue Chance, aufzustehen und weiterzugehen. Das ist das Wundervolle daran.

2. Mein Licht: Ich finde, daß ich in meinem Leben gut aufgehoben bin. Ich spüre die Liebe, die mir gegeben wird, und kann sie aus vollem Herzen erwidern. Ich zeige gern meine Zuneigung und Liebe. Es gibt mir ein warmes Gefühl und macht den Tag viel schöner. Einfach nur jemanden ohne Hintergedanken auf der Straße anlachen und Sonnenschein verbreiten. Ich erkenne aus den Reaktionen, daß diese Erde viel Liebe und Freude braucht. Wir sehnen uns alle danach, so angenommen und geliebt zu werden, wie wir sind, ohne Bewertung oder Verurteilung irgendwelcher äußerer Faktoren. Wir wollen alle aufgenommen und umarmt werden, uns geborgen fühlen ohne

Angst. Ich kann diese Qualität vermitteln, es ist meine Stärke. **Mein Schatten:** Irgendwann habe ich das Gefühl bekommen, daß ich mir meine Liebe verdienen muß. Es reicht nicht aus, so zu sein, wie ich bin. Ich muß mir die Liebe erarbeiten, von selbst ist sie nicht da. Deswegen habe ich ständig Angst, ich würde nicht genug tun und mir würde keine Liebe zustehen. Es entwickelt sich ein ständiges Schuldgefühl, daß ich eigentlich mehr leisten müßte, als es gerade der Fall ist. Da ich meine, nicht genug Bestätigung für mein Selbstwertgefühl zu erhalten, fühle ich mich sehr unsicher. So macht mir mein Leben keinen Spaß. Im Gegenzug erwarte ich auch Leistung von anderen, bevor ich meine Liebe gebe, und habe eine genaue Meßskala, wieviel ich für was geben kann. Es ist wenig Fluß im Leben vorhanden. Immer ist das Gefühl da, ich würde zuwenig abbekommen – sowohl an Liebe als auch an Leistung von anderen. Hier muß ich umdenken lernen.

3. Mein Weg: Ich will aufhören, mich selbst, andere und auch Situationen übermäßig zu bewerten. Ich will üben, einfach nur zu geben, ohne Gegenleistung oder Dankbarkeit zu erwarten – nach dem Motto: »Was ich gebe, erhalte ich auch.« Ich öffne mich dann langsam für die Überzeugung, daß auch ich Liebe erhalten darf, ohne mich abmühen zu müssen. Ich bin liebenswert, so wie ich bin, und andere sind es genauso. Wenn ich mich nicht immer beweisen muß, kann ich viel mehr Energie einsetzen, um meine Ideen und Fähigkeiten zu fördern. Ich kann etwas riskieren, weil ich nicht mehr so abhängig von der Meinung anderer bin. Wenn ich ohne Erwartungshaltung und Erfolgszwang meine Kraft und meine ganze Liebe in etwas hineinstecke, dann kann ich auch viel Freude und Erfüllung im bloßen Tun erleben. Das Resultat ist nicht mehr so wichtig. Ich gerate in die Schwingung des puren Seins.

4. Ausblick: Ich genieße jeden Moment, den mein Leben mir bietet. Gestern war, morgen ist noch nicht. Für mein Lebensgefühl zählt das Heute. Ich habe eine große Wandlung in mir vollbracht, denn ich liebe mich selbst genug, um nicht von Liebesbeweisen von außen abhängig zu sein. Ich habe meine kritische Stimme besänftigt und gelernt, mich und andere so anzunehmen, wie sie sind. Mehr noch, ich sehe dahinter das wunderbare Licht, das wir alle in uns tragen. Es ist ein schöner Anblick, und es erfreut mein Herz. Auf einer gewissen Ebene ist das Leben viel zu kurz, um sich nicht einfach daran zu erfreuen und so viel Liebe hineinzugeben wie irgendmöglich. Das, was ich dabei gesät habe, werde ich ohne Frage auch ernten.

Schattenaspekte auf der Körperebene: Die Zurückhaltung von Gefühlen und die Angst, etwas zu geben und dann leer auszugehen, können sich auf der körperlichen Ebene ganz ähnlich zeigen. Alle Prozesse, bei denen es um Aufnahme und Abgabe geht, können hier betroffen sein: chronische Verstopfung des Darms, Probleme im Bereich der Nieren mit daraus resultierender Wasser- oder Harnstoffretention. Bei Frauen kann die Gebärmutter betroffen sein: Krämpfe bei der Menstruation, aber auch die Angst vor der Geburt eines Kindes. Bei bevorstehenden Veränderungen, die ein Loslassen von liebgewordenen Menschen oder Gegenständen mit sich bringen und deswegen Angst auslösen, kann es zu Versteifungen und Verkrampfungen in der Muskulatur und im Skelett kommen, vor allem im Bereich der Beine und der Füße.

Diese Farbkombination hilft, die Verlustängste, die mit dem Loslassen einhergehen, zu verringern.

- **Anwendung: Das Öl wird um den Unterbauch herum bis zur Bauchnabelhöhe aufgetragen.**

Besonderheit: Meisterflasche (Lady Portia).

Balance Nr. 60

Blau über Klar

Quintessenz: Lao-Tse und Kwan-Yin

Pomander: Orange

1. Wer bin ich?: Ich bin mit allen Wassern dieser Erde gewaschen. Damit meine ich, daß ich unendlich viel erlebt, durchlebt und überstanden habe. Es gibt wenige Erfahrungen, die ich nicht schon in irgendeiner Form durchgemacht hätte. Das gilt für das Gefühl von Freude als auch von Leid. Ich verstehe aus tiefstem Herzen, was es bedeutet, körperlich oder seelisch zu leiden – aber auch beflügelt zu sein in einem Moment des Glücks. Mein Mitgefühl fließt in diese Welt – zusammen mit der reinigenden Kraft der Liebe, die Leben bringt und Freude verheißt. Ich gebe aus mir heraus, aus der Quelle, wo ich in der Stille *bin* und die stets überfließt. Mit jeder Lebenserfahrung bin ich mehr in der Lage, in diese unsagbar schöne innere Stille, Ruhe und Geborgenheit zu gehen. Meine Ausstrahlung gibt diese Schwingung weiter. Gott ist, und wir sind in Gott.

2. Mein Licht: Ich kann geben, was anderen fehlt. Das heißt, daß ich über ein so großes Spektrum an Lebenserfahrung verfüge, daß ich aus mir heraus genau die Energie geben kann, die zur Heilung gebraucht wird. Alles und wiederum nichts ist in mir. Ich kann mich ganz frei und leer machen von meinen eigenen Bedürfnissen und mich voll auf den anderen einstellen, mich in der tiefsten Tiefe auf das Geschehen einlassen. Deswegen fühlen sich die Menschen von mir so gut verstanden. Ich höre und verstehe, und dann gebe ich weiter. Ich kann mich sehr gut ausdrücken, und in dem, was ich sage, steckt sehr viel Weisheit und Kraft. »Sei still und wisse« – diese Worte können in einem einzigen Moment alles wandeln und Kraft geben, aufzustehen und weiterzugehen.

Mein Schatten: Irgendwann in der fernen Vergangenheit habe ich vielleicht unsagbar viel Leid erlebt. Es ist ein Leid, das unaussprechlich ist und das ich, um des Überlebens willen, tief in meinem Unbewußten versteckt habe. Niemand soll es sehen, und ich will es vergessen. Aber zur Ruhe komme ich nicht. Nachts steigen die Bilder in Form von Alpträumen in mein Bewußtsein hoch und verfolgen mich dann auch tagsüber. Indem ich das Vergessen suche, schneide ich mich aber von allen anderen Aspekten meines Seins ab, so auch von den helleren. Irgendwie lebe ich nicht wirklich. Ich habe den Schmerz nicht losgelassen, ihn nicht in innere Weisheit und Erfahrung transformiert. Er sitzt noch fest. Mein inneres Kind ist geknebelt, ihm sind Augen und Mund verbunden, damit es nichts verrät. Doch damit stecke auch ich in der Falle. Ich muß mich befreien.

3. Mein Weg: Ich will eine Art innere Reinigung vornehmen und ganz sanft, mit Hilfe und Unterstützung, meine inneren Ängste, Sorgen und Nöte ans Licht meines Bewußtseins bringen. Ich will mein inneres Kind befreien, damit es wieder Liebe, Wärme und ein Gefühl von Sicherheit spürt. Ich will die »Leichen« aus meinem inneren Keller holen, damit wieder Platz ist für wertvolle Dinge wie Liebe, Freude, Heilung. Ich finde die Möglichkeit, mich anzuvertrauen, mitzuteilen, was mich bewegt. In dem tiefen Klärungsprozeß dringt das Licht der Erkenntnis in mich ein, und ich nutze meine Erfahrungen, um anderen den Weg zu zeigen. Ich verstehe, und ich gebe mein Wissen weiter. Ich lerne, mich selbst wieder zu lieben, und begebe mich in helleres Licht. Ich wachse.

4. Ausblick: Wie Phönix aus der Asche habe ich mich aus einer tiefen Wandlungsphase emporgeschwungen. Zeitweise dachte ich, ich würde in den reinigenden Flammen vollständig verbrennen. Ich bin durch die tiefsten, dunkelsten Nächte meiner Seele gewandert, und fast hätte ich den Weg verloren, mein Licht wäre erloschen. Doch im Moment des völligen Aufgebens, des Loslassens geschah das Wunder: Sanft und mit Liebe wurde ich herausgehoben und fand mich im Licht wieder. Aus diesem Prozeß habe ich viele Einsichten gewonnen, und ich teile sie mit anderen. Ich spüre einen großen Frieden in mir. Ich habe überlebt, ich lebe, und es ist ganz einfach wunderbar!

Schattenaspekte auf der Körperebene: Wenn es einem vor Schreck die Sprache verschlägt, wissen wir, daß ein tiefliegendes Trauma berührt wurde. Hierbei kann es durchaus um Dinge gehen, die aus vorherigen Leben stammen oder quasi als Familienerbe übernommen wurden. Störungen im Sprachbereich zeigen die Angst, sich verbal auszudrücken, hierbei kann es sich um Stottern, Stammeln, ständiges nervöses Hüsteln oder ähnliches handeln. Aber auch häufige Mittelohr- oder Mandelentzündungen sind ein Hinweis darauf, daß der Knoten im Halsbereich sitzt. Wer in der Kindheit viel Tadel und Disziplinierung erlebt hat, hält irgendwann um des lieben Friedens willen freiwillig den Mund, wenn der Biß zur Gegenwehr fehlt. Probleme im Zahnbereich (Karies, Parodontose) zeigen die mangelnde Durchsetzungsfähigkeit.

Diese Farbkombination will beim Ausdruck der Gefühle helfen, damit innere Ruhe und Gelassenheit einkehren können.

- **Anwendung: Das Öl wird rund um den Hals herum aufgetragen.**

Besonderheit: Meisterflasche (Lao Tse und Kwan-Yin).

Balance Nr. 61

Hellrosa über Hellgelb

Quintessenz: Sanat Kumara
Pomander: Orange

1. Wer bin ich?: Ich bin ein Glückskind. Ich sehe die Sonnenseiten des Lebens und kann daher so richtig von innen heraus mein Wohlgefühl zeigen. Ich bin spontan und kreativ in meinen Handlungen, bin mir jedoch immer bewußt, worauf ich mich einlasse. Ich erkenne, daß alles, was von Gott kommt, einfach ist. Es gibt nichts Kompliziertes innerhalb seines Wirkens, denn die Liebe entfaltet ihre Kraft durch das pure Sein. Weder Regeln noch Einschränkungen begrenzen mich in meiner Ausdruckskraft. Ich teile uneingeschränkt meine Liebe zum Leben mit, aus reiner Freude. Ich verfüge über ein inneres Wissen, das mir hilft, meine Energie und meine Fähigkeiten zum größtmöglichen Wohlergehen der Erde und seiner Bewohner einzubringen. Das Leben ist Wachstum, Ausdruck der Freude am Dasein.

2. Mein Licht: Ich habe ein Gefühl von innerer Sicherheit. Ich fühle mich ausgesprochen wohl in meiner Haut, genieße mein Leben, mag mich und andere. Ich nehme das Leben, so wie es ist – egal was kommt. Es gibt nichts, was ich nicht überwinden kann, keinen Stein, der nicht beiseite geräumt werden könnte. Ich bin ein unerschütterlicher Optimist, aber auf der Basis einer realistischen Einschätzung meiner Möglichkeiten. Wenn ich etwas will, kann ich es auch erreichen. Diese Erfahrung prägt mein Tun. Ich kann anderen dieses positive Lebensgefühl auch vermitteln, häufig, indem ich mit gutem Beispiel vorangehe. Ich habe keine Geheimnisse, verstecke nichts, weil ich mich so annehme, wie ich bin. Das Leben will gelebt sein – mit Wagemut und der Risikobereitschaft, auch neue Pfade zu betreten. Das macht es gerade so spannend und erlebnisreich.

Mein Schatten: Irgendwann habe ich einmal große Existenzängste erlebt, wahrscheinlich auf der körperlichen Ebene. Das Gefühl, unerwünscht oder dem Leben gnadenlos ausgeliefert zu sein, verfolgt mich noch heute. Jeder Schritt, jede Entscheidung könnte meine Vernichtung bedeuten. Gibt es denn da draußen jemanden, der mich liebt, der mich beschützt? Insgeheim glaube ich, unerwünscht und auf gar keinen Fall ein Kind der Liebe zu sein. So schleiche ich durch das Leben, ein Schatten meiner selbst, immer mit der Angst im Nacken, daß ich auffalle, jemanden belästige. Ich kann mich nicht entspannen und loslassen. Dadurch fehlen mir der Lebensgenuß und ein Gefühl der Freude. Ich identifiziere mich viel zu sehr mit meinem Körper und muß lernen, meine wirklichen Seelenqualitäten zu erkennen.

3. Mein Weg: Ich will meine inneren Qualen und Ängste aufdecken und loslassen. Ich will mich selbst annehmen und mich und mein Leben bejahen. Ich bin hier, und es ist gut so. Wenn ich auf andere zugehe, mich öffne, Liebe zeige, dann helfe ich mir selbst am allermeisten. Ich will wieder beweglich werden. Der Zugang zu meinem eigentlichen Potential steht mir offen. Ich kann mich trauen und es zulassen. Liebe ist eine Schwingung, die ich genieße, annehme und aus der ich neue Energie schöpfe. Ich fühle mich durch die Dunkelheit nicht mehr bedroht, denn ich sehe das Licht – in mir und um mich herum.

4. Ausblick: Aus dem Unglücksraben ist das Glückskind geworden. Ich erkenne die Ursachen meines früheren Leidens und auch, daß sie nicht mehr relevant für mein gegenwärtiges Leben sind. Ich habe einen Quantensprung geleistet. Ich sehe sehr klar, ich verstehe, und ich setze die Dinge in die Tat um. Was ich tue, tue ich mit Sorgfalt und auch mit Liebe. Mein Erfolg dabei gibt mir recht und auch allen Grund zu jubilieren. Es gab ja schließlich auch sehr trübe Tage in meinem Leben. Aber um so mehr weiß ich das Geschenk meiner Wandlung zu schätzen. Es ist, als ob ich aus einem dunklen Tal auf einen Berg emporgestiegen bin und nun im Sonnenschein eine wunderschöne Fernsicht genieße. Ich bin dankbar für dieses zweite Leben. Ich bin erfüllt.

Schattenaspekte auf der Körperebene: Ständige unterschwellige Angst kann irgendwann zu nervösen Beschwerden des Körpers führen, die das gesamte System schwächen. Es kommt zu Verdauungsstörungen, was Sodbrennen, Durchfall oder Übelkeit und Erbrechen nach sich ziehen kann. Pilzbefall der Schleimhäute (Candida albicans) kann ebenfalls auftreten. Aus mangelnder Eigenliebe kann eine Selbstzerstörungstendenz in Form vom Suchtmittelmißbrauch entstehen. Hierzu gehört auch die Verweigerung von Essen wie bei der Magersucht. Chronische Hauterkrankungen wie Schuppenflechte (Psoriasis), nässende Ekzeme, Warzen oder gar offene Geschwüre und die daraus resultierenden Berührungsängste auf der zwischenmenschlichen Ebene rechtfertigen die innere Überzeugung, der Liebe nicht wert zu sein, sowie die innere Angst vor Nähe.

Diese Farbkombination will helfen, Eigenliebe zu entfalten sowie den eigenen Wert zu erkennen und anzunehmen.

- **Anwendung: Das Öl wird um den ganzen Bauch herum aufgetragen.**

Besonderheit: Meisterflasche (Sanat Kumara).

Balance Nr. 62

Helltürkis über Helltürkis

Quintessenz: Maha Chohan
Pomander: Türkis

1. Wer bin ich?: Ich bin von der Schönheit des Lichts inspiriert. Es ergießt sich in einer Kaskade schimmernder Farben auf die Erde. Sie machen das Leben wirklich prächtig und bunt. Ich habe einen Blick für diese Farben, diese Vitalität; sie erzeugen in mir Visionen und Ideen voller Kraft. Ihre verschiedenen Botschaften verstehe ich intuitiv. Ich kommuniziere auf einer energetischen Ebene, daher sind Sprachen für mich sehr leicht erfaßbar. Ich nehme die Schwingungen auf und verinnerliche die Worte dazu. Aber Verständnis, Liebe, Kraft lassen sich auch ohne Worte vermitteln – hierin bin ich ein Meister. Es wird gesagt, daß die Augen das Tor der Seele sind. Wer in meine Augen schaut und wen ich erblicke, erkennt seinen wahren Ursprung. Wir sind Körper des Lichts, wir sind in Gott, und wir erstrahlen in der Schönheit und der Liebe seines Seins.

2. Mein Licht: Ich fühle mich zur spirituellen Seite des Lebens hingezogen. Ich kann dann so richtig eintauchen und mich wohl fühlen. So wie die Delphine im türkisblauen, lichtdurchfluteten Wasser leben und spielen, so fühle ich mich mit dem Ganzen verbunden. Es gibt keine Grenzen oder Barrieren für mich, keine Probleme in der Verständigung. Ich bin ein Botschafter, ich baue Brücken auf der geistigen Ebene zwischen Menschen, Ländern, Welten. Kommunikation drückt sich auf vielerlei Art aus, nicht nur über das gesprochene Wort: durch Bilder, Tanz, Gesang, in Schrift. Ich wähle das Medium aus, mit dem ich am besten das Herz anspreche. Hauptsache ist, daß ich von Herz zu Herz Menschen erreiche. Ich liebe diese Art von Dialog, er vereinigt und beglückt.
Mein Schatten: Vielleicht bin ich in meinem Leben irgendwann einmal gestrandet. So ist mir ganz allmählich meine Vitalität entzogen worden. Wie ist es dazu gekommen, daß ich mich so weit hinausgewagt habe und in seelische und körperliche Not geraten bin? Ich bin zu offen gewesen, bin einfach drauflosgegangen und hatte keine Zeit zu entscheiden, wessen Wille hier am Wirken war. Ich bin in die falsche Richtung gegangen. Fast immer dreht es sich um den Ego-Willen, der mich vereinnahmen oder von meinen Vorhaben ablenken will. Ich muß lernen, meine Kraft auf Gottes Willen zu richten und Irr-

wege zu vermeiden. Ich muß mich wieder freischwimmen und mich neu orientieren.

3. Mein Weg: Ich will nicht immer nur den Wünschen und Anforderungen der anderen nachkommen, sondern meine innere Führung mehr ins Zentrum des Geschehens rücken. Ich vernehme meine innere Stimme sehr wohl; ich muß nur lernen, sie an die erste Stelle zu setzen. Zu sehr übertönen die äußeren Laute diese beständige, aber leise Stimme. Ich will mir Raum und Zeit nehmen, um in die Stille zu gehen, um dann achtsam zu sein. Wenn mir Abweisung oder Kränkung von außen begegnet, muß ich lernen, nicht gleich darauf einzugehen, sondern erst prüfen, was der Grund ist. Mit meiner kreativen, offenen Energie kann ich mich wiederholt in die falsche Richtung verirren. Ich muß ganz klar in meinen eigenen Vorhaben werden und dann konsequent diesen Weg befolgen. Erst dann erhalte ich ein Gefühl der inneren Freude und Erfüllung.

4. Ausblick: Ich habe mich aus eigener Kraft und mit Unterstützung der feinstofflichen Ebene wieder aus meiner Misere freigeschwommen. Das Ergebnis ist eine unbändige Lebensfreude und der Wunsch, mit vielen Menschen in Verbindung zu treten, damit sie an meinem Glücksgefühl teilhaben können. Es ist, als ob mein Schutzschild in viele Stücke gesprengt worden wäre und darunter mein wahres Ich nun erstrahlt. Ich habe keine Angst mehr, in eine falsche Richtung zu laufen, denn ich folge der Stimme meines Herzens. Ich drücke mich bildhaft, einprägsam und voller Liebe aus und spreche damit die Herzen vieler an. Wir sind eins, und gemeinsam können wir unsere Liebe, unsere Freude ausdrücken.

Schattenaspekte auf der Körperebene: Wenn man einen langen Irrweg hinter sich hat und die Energiereserven erschöpft sind, jedoch keine Ruhephase zur Reflexion und Umkehr eingelegt wird, kann man erleben, wie der Körper dazu zwingt. Kurzatmigkeit und andere Atembeschwerden treten auf, wenn zuviel und zu lange in einem zu hohem Tempo physische oder emotionale Bewegung forciert wurde. Krampfanfälle der Muskulatur sowie Übelkeit und Erbrechen sind dann extreme Erscheinungen. Asthma oder Bronchitis engen ebenfalls die Atmung ein. Auf jeden Fall zwingt der Schwächezustand zur Ruhe, damit es nicht noch schlimmer kommt, damit beispielsweise aus einer Bronchitis nicht noch eine Lungenentzündung wird. Eine allgemeine Abwehrschwäche mit erhöhter Infektionsneigung deutet ebenfalls darauf hin, daß Erholung dringend nötig ist. Die Ruhe gibt Zeit zum Nachdenken, und im Anschluß daran müssen sich die Gedanken ausdrücken können. Wer in dieser Phase steckenbleibt und Angst vor dem Eigenausdruck hat oder sich dessen unsicher ist, kann unter Konzentrationsstörungen leiden. Gerade war der kreative Impuls noch da, jetzt ist er verflogen und der Kopf wie leergefegt.

Diese Farbkombination will helfen, Ängste bezüglich einer Lebensänderung zu überwinden, sowie den kreativen Ausdruck unterstützen.

- **Anwendung: Das Öl wird um den Brustbereich, einschließlich Hals, aufgetragen.**

Besonderheit: Meisterflasche (Maha Chohan).

Balance Nr. 63

Grün über Hellgrün

Quintessenz: Djwal Khul oder Hilarion
Pomander: Smaragdgrün

1. Wer bin ich?: Ich bin wie eine Frühlingslandschaft nach dem Winter – das Ursprüngliche lebt weiter, und hinzu kommen frische, neue Triebe. Ich bin wie die Bärin, in der während des tiefen Winterschlafs das neue Leben heranwächst und die dann nach ihrem Erwachen im Frühling ihre Jungen zur Welt bringt. Es ist meine Aufgabe, dieses junge, noch zarte Leben zu nähren, ihm zu zeigen, wie es sich selbst nähren, wie es wachsen, gedeihen, überleben und sich fortpflanzen kann. Ich zeige den Weg, so wie mir der Weg gezeigt worden ist. Ich kenne die Gefahren, bin achtsam, schreite mit Bedacht voran. Aber ich brauche auch den jungen, impulsiven Teil in mir, der mir neue Möglichkeiten zeigt und mich in neue Richtungen führt. Zusammen wirkt dies sehr kraftvoll, denn es vereinigen sich Weisheit, Fürsorge und Liebe mit Inspiration, Risikobereitschaft, Energie und Dynamik. Es wird Veränderung bewirkt.

2. Mein Licht: Ich habe begriffen, daß ich Liebe, Nahrung, Weisheit in etwas einbringen muß, wenn es wirklich wachsen, gedeihen und voller Kraft sein soll. Das gilt nicht nur für die körperliche, sondern auch für die seelische Ebene. So wie ein Gemüsegarten gehegt und gepflegt wird, damit daraus eine sattmachende Ernte entsteht, so muß ich meine Ideen, meine Visionen und meine Pläne Gestalt annehmen lassen. Zunächst muß ich den Samen des neuen Vorhabens tief in mir zum Leuchten bringen. In meiner Vorstellungskraft, in meinem Willen und in meinem Herzen muß ich Feuer fangen für dieses Vorhaben, muß ihm weiter geistige Nahrung geben. Dann ist irgendwann der richtige Zeitpunkt gekommen – und auch hier weiß ich intuitiv, wann –, um es nach außen zu zeigen, es in die Welt zu bringen. Dann hat es die innere Kraft und die Unterstützung, die es zum Wachsen braucht.
Mein Schatten: Vielleicht war in der Vergangenheit niemand da, der sich um mein inneres Wachstum gekümmert hat – entweder aus mangelnder Liebe oder einfach weil die Kraft dazu fehlte. Ich bin zwar über die Runden gekommen, habe mich durch das Leben mit Mühe und Not gehangelt, aber so richtig gedeihen und meine wahre Pracht entfalten konnte ich nicht. Weil ich keine Fürsorge, Nahrung, Liebe erhalten habe, fehlt mir nun das Gefühl dafür. Ich verkümmere heute auf diesen Ebenen, obwohl ich eigentlich das Defizit aufholen und für

mich sorgen könnte, denn tief in mir liegt genau das Wissen, liegen der Impuls und die Intuition zum Leben. Ich muß mich wieder damit verbinden, damit ich in die Lage komme, meine Lebensaufgabe zu verwirklichen: das Wissen um die universellen Gesetze des Lebens zu vermitteln.

3. Mein Weg: Ich will mir die Zeit nehmen und die Energie mobilisieren, die ich für mich und meine Entwicklung brauche. Ich finde heraus, in welche Richtung ich gehen will. Ich kann für mich sorgen, mich pflegen und erwarte nicht, daß andere es für mich tun. Ich weiß, was ich brauche und was mir guttut. Wenn ich gefestigt bin, wieder Kraft habe und ausgerichtet bin, dann kann ich anderen helfen, ihre eigene Richtung zu finden. Am wichtigsten ist es für mich, wieder an meine Intuition zu gelangen, diese unendlich weise innere Instanz, die mich führt und nährt. Da dieser Zugang in der heutigen Zeit generell verkümmert ist, bin ich wie ein Führer, der den Weg dazu zeigt. Aber dazu muß ich mich erst einmal selbst damit vertraut machen. Je öfter ich diesen Weg gehe, desto mehr Energie und Ausdauer gewinne ich, und desto leichter ist der Pfad für andere zu betreten.

4. Ausblick: Ich habe wieder zu mir selbst gefunden. Die erlangte Selbsterkenntnis gibt mir viel Ruhe, Sicherheit und auch ein gutes Gefühl im Bauch. Ich fühle mich dem Leben näher, bin verbunden mit allen Lebewesen dieser Erde. Die Förderung und Entfaltung allen Lebens, vor allem auf der seelischen Ebene, ist mir sehr wichtig. Ich erkenne die Wahrheit der alles durchdringenden Liebe Gottes und ihre Wirkungskraft für uns. Sie ist die Nahrung für unsere Seele und gibt uns die Wachstumsimpulse, die wir zur Entfaltung brauchen. Ich liebe das Leben, ich bin gern hier und unterstütze andere in ihrer Entfaltung.

Schattenaspekte auf der Körperebene: Wer selbst zuwenig spürbare Liebe erhalten hat, tut sich auch in späteren Jahren damit schwer, wirkliche Liebe sowohl zu geben als auch anzunehmen. Eigentlich ist eine große Fähigkeit zu lieben da, nur ist es schwer, über den eigenen Schatten zu springen und diese Gefühle auch zu zeigen. Zu sehr erscheinen sie als Schwäche. So übernimmt der rationale Verstand die Lebensgestaltung. Aber das Herz ist noch da und will sich ausdrücken. Wenn dies auf der Gefühlsebene nicht gelingt, dann eben auf der körperlichen Ebene. Das Herz macht sich deutlich bemerkbar, beispielsweise durch zu hohen Blutdruck, durch Angina-pectoris-Anfälle bis hin zum Herzinfarkt. Es kann die Tendenz bestehen, zuviel zu arbeiten und nicht genug Erholungszeit einzuplanen. Der Druck im Inneren kann sich dann verschlimmern, und Streßerscheinungen wie Schlafstörungen können auftreten. Zuwenig Freizeit und fehlende sportliche Betätigung lassen eine flache Atmung entstehen. Es kann zu einer verkrampften Haltung mit entsprechenden Verspannungen kommen.

Diese Farbkombination will dabei helfen, für sich selbst und gegenüber anderen der Liebe, Nähe und Entspannung mehr Raum zu geben.

- **Anwendung: Das Öl wird rund um den gesamten Brustbereich aufgetragen.**

Besonderheit: Meisterflasche (Djwal Khul und Hilarion).

Balance Nr. 64

Grün über Klar

Quintessenz: Djwal Khul
Pomander: Smaragdgrün

1. Wer bin ich?: Ich bin und ich höre. Und siehe da: In der Tiefe meines Seins – allen Seins – erklingt die Skala aller Urtöne. Ich gehe in Resonanz zu diesen Klängen des Universums, bade in ihrem Licht. Es heißt, daß alles Leben sich zunächst in Tönen und Farben manifestiert, und ich erforsche mit Begeisterung diese Formen der Kommunikation. Alles in der Natur erklingt und erstrahlt in Freude über das Leben. Alles schwingt und dehnt sich, streckt sich in der Unendlichkeit des Einsseins. Diese Klarheit erfüllt mich, läßt mein Herz weit werden und dieses Gefühl voller Freude weitergeben. Wie ein segensreicher Regenfall nach langer Dürrezeit sättigt meine Energie die ausgetrocknete Erde des Geistes und macht den Boden wieder fruchtbar. Aus dem Leben heraus spende ich Leben, nach Gottes Willen.

2. Mein Licht: Ich erkenne ganz klar meine Lebensaufgabe, weiß schon früh genau, was ich will, und setze mich auch für dieses Ziel ein. Ich lasse mich nicht davon abbringen, egal was äußere Stimmen dazu sagen. Ich bin davon überzeugt, daß ich das Richtige tue, und bleibe unbeirrbar dabei. Es ist meine Wahrheit, und aus dem Bauch heraus weiß ich, daß sie auch mit der höheren Wahrheit korrespondiert. Ich bin sehr vielseitig und kann viele verschiedene Richtungen im Laufe meines Lebens einschlagen, stets mit Erfolg. Ob handwerklich, akademisch, wirtschaftlich oder künstlerisch – ich bin in der Lage, mich auf allen Ebenen auszudrücken. Wichtig ist nur, daß ich mit meinem Gefühl und mit meinem Herzen dahinterstehe, mich ganz dafür einbringe. Es muß dazu dienen, Licht auf diese Erde zu bringen.
Mein Schatten: Irgend etwas in meiner Vergangenheit hat mich taub für die Klänge und blind für die Farben des Universums gemacht. Sie sind noch in mir, aber ich habe mich abgewendet. Ich spüre sie nicht mehr. Wie betäubt, benebelt nehme ich nur sehr unscharf meinen Lebensweg wahr. Das kann aus einer Situation heraus geschehen sein, bei der ich vor Schreck oder Grauen völlig erstarrt bin und nun in einem innerlichen eingefrorenen Zustand weiter durchs Leben gehe. Ebenso erkaltet ist auch mein Herzgefühl. Mein Verstand hat die Führung übernommen und ist auf ein Überlebensprogramm einge-

stellt. Das bedeutet, daß ich Kompromisse und Zugeständnisse mache, weil ich meine, sie seien für mein Fortbestehen nötig. Aber ich bin nicht mehr im Überlebenskampf. Mein Leben verläuft längst in einer friedlichen Dimension.

3. Mein Weg: Ich will nicht mehr kopflos durch die Gegend rennen, sondern wieder ein Gefühl dafür gewinnen, was ich eigentlich wirklich will. Es geht darum, nicht alles auf einmal zu verwirklichen, sondern zu erkennen, daß jedes seinen richtigen Zeitpunkt zur Entfaltung hat. Wenn ich loslasse, vertraue und mich führen lasse, werden mir die entsprechenden Gelegenheiten und Chancen geboten, um meinen Lebensweg klar fortzusetzen. Ich erkenne deutlich meinen Entwicklungspfad. In der Vielseitigkeit steckt auch die Aufforderung, gewisse Dinge abzuschließen und endgültig zu verabschieden, um mich dann neuen Plänen zu widmen. Ich will zu diesen neuen Herausforderungen ja sagen und nicht am Alten hängenbleiben. Ich spüre dann schon an meiner Lebensfreude und meinem Erfolg, ob ich auf dem richtigen Weg bin.

4. Ausblick: Ich habe eine Erleuchtung erfahren. Blitzartig fiel mir die Erkenntnis über meinen Weg zu. Als ob ich nach endlosem Probieren ein kompliziertes Puzzlespiel gelöst und das letzte Teilchen auf seinen Platz gebracht hätte, so ist mir jetzt vieles klargeworden. Die Verwirrung hat sich aufgelöst, und aus der Vielfalt der Möglichkeiten, die sich mir bieten, weiß ich intuitiv, welche die richtige für mich zu diesem Zeitpunkt ist. Ich werde nicht mehr von Ängsten und Zweifeln geplagt, sondern gewinne Zuversicht und Vertrauen in mich und mein Leben. Es ist ein gutes Gefühl. Ich entspanne mich, öffne mich, zeige Herz. Jetzt gelingt mir dies, denn jetzt weiß ich, wer ich bin.

Schattenaspekte auf der Körperebene: Wer Desorientierung erlebt und durch sein Leben ohne ein Gefühl für Sinn und Zweck stolpert, kann auch auf der körperlichen Ebene entsprechende Symptome entwickeln. Da es primär darum geht, im Alltagsdschungel zu überleben, arbeitet der Körper nach dem Prinzip von Kampf oder Flucht. Das Nervensystem ist überlastet, und das Gefühl, ständig einem Feind gegenüberzustehen und schnell reagieren zu müssen, macht wütend und ängstlich. Schlafstörungen können auftreten, ebenfalls ein zu schneller Puls, hoher Blutdruck oder Herzrhythmusstörungen. Die ständige Ausschüttung von Adrenalin setzt den Körper unter eine Dauerbelastung.

Diese Farbkombination will helfen, sich ganz einfach einen Moment lang hinzugeben und nicht zu agieren. Alte, aufgestaute Gefühle können losgelassen werden, der Körper kann zur Ruhe kommen und sich aus der Kampfstellung lösen. Das Herz kann aufatmen und positive Gefühle aufnehmen, nachdem die negativen Gefühle relativiert worden sind.

- **Anwendung: Das Öl wird um den Brustbereich herum aufgetragen.**

Besonderheit: Meisterflasche (Djwal Khul).

Balance Nr. 65

Violett über Rot

Quintessenz: Der Christus
Pomander: Dunkelrot oder Rot

1. Wer bin ich?: Ich bin gekommen, um das heilende Licht der Liebe Gottes in die Welt zu bringen. Nicht ich allein, sondern gemeinsam können wir diese Erde in ein Paradies verwandeln. Mit vereinten Kräften lassen sich Wunder bewirken, können unvorstellbare Heilkräfte mobilisiert werden, kann das Licht die Dunkelheit durchfluten. Ein Schwerkranker wird wieder gesund, eine verzweifelte Situation wendet sich zum Guten, aus Leid wird Freude. Das alles bewirkt die Kraft des Glaubens. Der Glaube an sich selbst, an andere, an Gott. Dem Glauben entspringt eine Liebe, die mit ihrer Energie Mauern der Einschränkung und der Trauer zum Einstürzen bringt und uns Freiheit, Mut, Freude, Heilung schenkt. Sie transformiert, erneuert, löst Illusionen auf und bringt die Wahrheit ins Bewußtsein.

2. Mein Licht: Einerseits bin ich sehr realistisch und im Alltag gut verankert, andererseits habe ich Zugang zu den geistigen Dimensionen und beziehe sie in meine Handlungen mit ein. Ich entwickele ungeahnte Kräfte, wenn es darum geht, Vorhaben durchzusetzen, die dem Wohl anderer dienen. Es ist mir sehr wichtig, Menschen, denen es an Energie und Durchsetzungskraft mangelt, von meiner Kraft zu geben und ihnen zu helfen, auf die Beine zu kommen und ein sinnerfülltes Leben zu führen. Nur so können wir es zusammen schaffen, dieser verletzten Welt Heilung zu geben. Wir reichen einander in Liebe die Hände, unterstützen, nehmen an und geben weiter. Weil das Leben soviel Sinn für mich hat, bin ich auch leidenschaftlich engagiert. Ich bin mir aber immer bewußt, daß unsere Kraft von Gott kommt.

Mein Schatten: Irgendwann in der Vergangenheit hat sich das Leben für mich als eine unendlich zähe Angelegenheit entpuppt. Finanzielle Nöte oder sogar Probleme, überhaupt ein Dach über dem Kopf zu haben, oder sonstige existentielle Sorgen haben mich im Laufe der Zeit völlig zermürbt, ja mir fast das Rückgrat gebrochen. Ich fühle mich am Ende meiner Kräfte, sehe keine Zukunft mehr. Ich habe keine Verbindung mehr zu einem größeren Ganzen, glaube einfach nicht, daß Gott soviel Ärger zulassen würde, wenn es ihn gäbe. Ich bin gefangen in einem endlosen Kreislauf von frustrierenden Situationen. Kaum ist das eine Problem gelöst, kommt das nächste schon auf mich zu. Am liebsten würde ich einfach davonschweben und anderen die Sorgen hinterlassen.

3. Mein Weg: Ich will meine Energie wieder in die richtigen Vorhaben stecken und mich nicht so vom Alltagsgeschehen ablenken. Wenn ich genausoviel Kraft für meine eigene Bewußtseinserweiterung und für das Wohlergehen anderer aufwende wie für meine Existenzsicherung, kann ich viel erreichen. Ich will jetzt damit beginnen und bitte, daß mir aus meiner derzeitigen Lage herausgeholfen wird und ich wirklich anfangen kann, mich für die Arbeiten einzusetzen, die mich erfüllen und begeistern. Ich öffne mich für die spirituelle Ebene, probiere Meditation oder Gebet und fange eine neue Kommunikation mit Gott an, so wie ich ihn verstehe. Ich habe ein besseres Verhältnis für andere und komme insgesamt viel leichter in der Gesellschaft zurecht.

4. Ausblick: Ich kann mich wieder für das Leben begeistern und mich voll einsetzen. Ich verspüre Energie und Tatendrang für die Verwirklichung konkreter Projekte. Ich habe dazugelernt und bringe diese weisere Lebenseinstellung in meine Arbeit ein. Ich bin viel ruhiger, werde nicht mehr gleich ärgerlich, wenn ich mit Schwierigkeiten konfrontiert bin. Dadurch öffnen sich andere mir gegenüber viel mehr und trauen sich, ihre Gefühle und ihre Zuneigung zu zeigen. Es berührt mich, wieviel ich erhalte. Ich will auch geben. Ich bin beseelt von neuen Ideen, die sich auch um das Thema gegenseitiger Hilfe drehen. Ich nutze meine überschüssige Kraft, um zu helfen, wo ich kann und wo ich gebraucht werde. Das kann ein Gespräch sein, ein Gebet oder eine konkrete Tat. Ich liebe, und ich werde geliebt.

Schattenaspekte auf der Körperebene: Wer davonschweben möchte, weil für ihn das Leben zu kompliziert ist, kann erleben, wie auch der Körper schwer wird. Jeder Schritt kann dann zuviel werden, die Beine sind schwer wie Blei, und es kann mühevoll sein, gegen die ständige Müdigkeit anzukämpfen. Am liebsten würde man den ganzen Tag im Bett bleiben. Schon das morgendliche Aufstehen kann Überwindung kosten, und man schleppt sich durch den Tag. Das kann so weit gehen, daß es vom Gefühl her eine Erleichterung wäre, einfach nur abends einzuschlafen und nie mehr aus einem ewigen Traum zu erwachen. Bei hochschwangeren Frauen kann dieses Gefühl der Schwerfälligkeit auftreten, ebenso bei Frauen, die unter sehr starker Menstruation leiden. Der Kopf ist wie benebelt und völlig losgelöst vom Körper; es ist keine Einheit mehr vorhanden.

Diese Farbkombination will helfen, wieder Energie und Lebenskraft zu bekommen. Sie will helfen, aus der Flucht in die Trägheit und Träumerei herauszukommen und ganz im Hier und Jetzt des Lebens zu sein. Das gilt auch für Neugeborene.

- **Anwendung: Das Öl wird einerseits rund um den Unterbauch (auch gut auf den Fußsohlen) und andererseits am Kopf um dem Haaransatz herum aufgetragen.**

Balance Nr. 66

Hellviolett über Hellrosa

Quintessenz: Lady Nada oder Orion und Angelika
Pomander: Rosa

1. Wer bin ich?: Ich bin eine zarte Seele, voller Träume, die sich um die Liebe drehen. Sie beflügeln mich, geben mir die nötige Kraft, um auf der Erde zu sein. Wo es mir möglich ist, diene ich im Namen dieser Liebe, die von Gott kommt. Dort, wo die Liebe am allermeisten fehlt, ist mein Platz. Ich kann in die finstersten Winkel dieser Welt gehen und kenne keine Angst. Ich weiß, daß ich in meinem Vorhaben, Licht hineinzubringen, beschützt und bestärkt werde. Egal wie laut oder gewaltsam die äußeren Umstände sein mögen, ich gehe in Ruhe und Gelassenheit meiner Berufung nach. Schönheit finde ich überall. Ich bringe Segen, und ich bin selbst gesegnet.

2. Mein Licht: Menschen brauchen Ideale und Träume, durch die sie einen Moment lang ihrem Alltagstrott entfliehen können. Dabei ist es egal, ob es sich um die Stars der Kinoleinwand und der Musikszene oder ob es sich um die Adeligen, die Reichen, die Schönen dieser Welt handelt – oder ob eine Geschichte aus Tausendundeiner Nacht uns von unseren Problemen ablenkt und uns die Vorstellung vermittelt, daß auch wir eines Tages aus unserem Aschenputteldasein erlöst werden und in eine verzauberte, heile Welt voller Glückseligkeit gelangen. Ich kann diese Hoffnung geben, kann das Gefühl vermitteln, daß alles möglich ist, und vor allem, daß jeder ein solches Stück verdient. Ich nehme andere so an, wie sie sind, glaube an sie und ihr Potential und erwecke sie aus Resignation und Depression. Ich tue das, indem ich das Licht in jedem sehr anerkenne und zu dessen Entfaltung motiviere. Die Überzeugung, daß jemand für sich selbst und dann für andere im Leben Wunder bewirken kann, setzt die Energie in Bewegung. Diese Glut entfache ich auf liebevolle, aber intensive Art.
Mein Schatten: Vielleicht ist das Leben so unerträglich für mich gewesen, daß ich jetzt als Aschenputtel ein hartes, armseliges Leben führe, wobei ich überarbeitet bin und zuschauen muß, wie die anderen das Leben genießen. Ich bin überzeugt davon, daß dies mein Los ist und ich im Leben weder Liebe noch Glück verdiene. Eventuell werde ich in meinen Beziehungen, Freundschaften oder meinem Familienkreis mißachtet und ausgenutzt. Um dieses traurige Dasein zu verkraften, lebe ich nur noch in meiner Traumwelt. Ich schwelge in Phantasien, daß ich aus meinem Elend errettet werde und aus mir eine wunderschöne, beliebte Person wird. Ich stecke in Kompensationsmustern fest, die mich im Alltag nicht weiterkommen lassen. Anstelle von passiven Träumen muß ich eine kraftvolle Vision haben und dann kleine Schritte einleiten, um daraus Realität zu machen.

3. Mein Weg: Ich will mich selbst lieben lernen und nicht darauf warten, daß die Liebe von außen kommt. Ist sie erst einmal in mir vorhanden, kann sie sich auch im Außen manifestieren. Ich will für mich sorgen, mich achten, mir mögliche vergangene Fehler verzeihen und an mich glauben. Was kann ich aktiv für mich tun, damit es mir unter den derzeitigen Umständen bessergeht? Etwas ganz Konkretes – keine Flucht in die Traumwelt –, denn das baut mich auf und gibt mir das Gefühl, wertvoll zu sein. Auch ich kann ein schönes, erfülltes Leben führen. Das ist zudem die Voraussetzung, um anderen beizustehen. Ich muß diesen Schritt tun und aus eigener Kraft aus meinem Schattendasein heraustreten. Das Glücksgefühl, daß sich bei meiner Verwandlung vom häßlichen Entlein in einen schönen Schwan einstellt, ist unbeschreiblich und für andere, die das gleiche möchten, ein Beispiel.

4. Ausblick: Ich bin durch eine Metamorphose gegangen. Aus Selbsthaß ist Selbstliebe geworden, und ich liebe mich, so wie ich bin. Ich verdamme mich nicht mehr für Fehler und Schwächen, sondern korrigiere sie und verstehe sie als Entwicklungsprozeß. Ich erkenne meinen inneren Wert und fühle mich glücklich und zufrieden. Ich erfreue mich an den schönen Dingen des Lebens, ohne ihnen in Träumereien und Wunschvorstellungen nachzuhängen. Ich kann meine Gefühle zeigen, kann zärtlich, sanft und liebevoll sein und anderen Mut geben, sich auch zu ändern. Ich bin für andere da, aber nicht mehr unterwürfig dienend, sondern ich gebe aus dem Gefühl der Gleichberechtigung heraus.

Schattenaspekte auf der Körperebene: Wenn nur noch gearbeitet wird, findet der Körper keine Erholung mehr. Nachts kreisen die Gedanken über das, was noch alles zu erledigen ist, unaufhörlich im Kopf herum. So ist es kein Wunder, daß Schlafstörungen auftreten und die innere und äußere Erschöpfung immer größer wird. Chronische Kopfschmerzen spiegeln diese Anspannung. Forderungen und Wünsche bleiben unausgesprochen, dafür sind sie in den Träumen um so lebendiger. Das kann bis zu einer Spaltung der Persönlichkeit führen – in die

Person, die man im wirklichen Leben ist, und die Person, die ihre Traumwelt als Realität ansieht. Wenn diese beiden konträren Selbstbilder zu weit auseinanderdriften, kann es zu einem Zusammenbruch kommen. Weiterhin kann eine Überbeanspruchung von Gelenken, Muskeln und Knochen durch manuelle Arbeit zu chronischen Schmerzen und Entzündungen in diesen Bereichen führen. Bei Frauen zeigen Probleme im Bereich der Geschlechtsorgane, daß die eigene weibliche Seite verletzt ist und Heilung braucht.

Diese Farbkombination will helfen, aus dem einseitigen Muster des ständigen Gebens herauszukommen und zu einem ausgewogenen Verhältnis von Geben und Nehmen zu gelangen, nicht nur aktiv zu sein, sondern sich auch zu erlauben, Momente der Ruhe zu genießen.

- **Anwendung: Das Öl wird rund um den Unterleib aufgetragen, wenn es Probleme in diesem Bereich gibt, ansonsten am Kopf um den Haaransatz herum.**

Balance Nr. 67

Magenta über Magenta

Quintessenz: Pallas Athene
Pomander: Tiefmagenta

1. Wer bin ich?: Ich bin der Liebe wegen hier. Aufgrund einer Empfindung von großer Freude und weil ich eine tiefe Verbundenheit zu den Menschen fühle, will ich meine Energie, meine Fähigkeiten und meine Liebe in all mein Tun einbringen. Ich erahne die strahlende Schönheit, die Gott aus seiner Liebe für uns erschaffen hat. Es ist eine Schwingung, die von innen heraus glücklich macht, die Dankbarkeit hervorbringt und den innigsten Wunsch, dazu beizutragen, eine ähnliche Welt hier auf der Erde zu erschaffen. Jede noch so kleine Geste oder Handlung ist eine Reflexion des Himmelreichs, wenn sie in einem Zustand der Bewußtheit und der Liebe ausgeführt wird. In jedem Moment bin ich mir der Verantwortung meines Tuns bewußt und dabei achtsam in meiner inneren Einstellung. Wohin mein Weg mich auch führt – die Liebe Gottes begleitet mich und spiegelt sich in meinem Leben.

2. Mein Licht: Ich arbeite sehr sorgfältig und bemühe mich. Ich konzentriere mich auf das, was ich tue, um das bestmögliche Resultat zu erzielen. Ich bin immer auch mit ganzem Herzen dabei, vertiefe mich in meine Aufgabe und versuche stets, aus einem Gefühl der Freude heraus zu arbeiten. Ich bin der Meinung, daß selbst die nichtigsten oder als nieder angesehenen Arbeiten viel Spaß und auch Erfüllung bringen können, wenn sie aus der entsprechenden inneren Haltung heraus erledigt werden. Ich tue Dinge mit Leib und Seele und mit viel Liebe, auch im Detail, und gerade deswegen schwingt diese Energie im Endresultat mit. Ich spüre es, wenn aus Lieblosigkeit heraus gehandelt wird. Es schmerzt mich, weil ich genau weiß, daß es anders auch geht und dann viel mehr Befriedigung von allen Beteiligten empfunden wird. Ich liebe mein Leben und drücke es in all meinen Taten aus.
Mein Schatten: Ich leide darunter, daß Menschen so lieblos und achtlos mit vielen Dingen umgehen. Es scheint, daß es nicht der Mühe wert ist, ein wenig Sorgfalt und Liebe zu zeigen. Ich nehme diese allgemeine gesellschaftliche Lieblosigkeit sehr persönlich. Sie macht mich betroffen und traurig. Ich finde keine Freude am Leben. Ich gebe soviel von meiner Energie in alles, was ich tue, hinein – soviel Liebe, und dann merkt es niemand, alle gehen darüber hinweg. Es ist fast, als ob eine kleine wunderschöne Blume im Gras übersehen und zertrampelt wird. Es ist alles sinnlos.

3. Mein Weg: Ich will meine Feinfühligkeit bewahren, aber die Art und Weise, wie Menschen mir im Alltag begegnen, losgelöster von meiner Person sehen. Nur weil jemand einen schlechten Tag hat, bin ich noch lange kein schlechter Mensch. Jeder ist verantwortlich für seine Handlungen. Ich kann nur meinen eigenen Beitrag zur Heilung dieser Erde leisten und es nicht für jemand anders tun. Ich will – egal wie andere sich verhalten – meine Dinge mit Sorgfalt und Liebe erledigen. Ich will weiterhin Zuneigung zeigen und an dem Freude haben, was ich tue, und zwar unabhängig von der Meinung oder Anerkennung der anderen. Ich bin sicher, daß selbst wenn zehn Menschen es nicht registrieren, der elfte diese Liebe erkennen, in sein Herz aufnehmen und in irgendeiner Form weitergeben wird.

4. Ausblick: Ich gehe mit praktischem Beispiel voran. Ich lehre nicht die Theorie der Wirkungskraft von Liebe im Alltag, sondern ich bringe die Liebe ganz konkret in alles, was ich tue, ein. Das ist wirkliche Spiritualität, denn was ich sage, tue ich und bin ich auch. Es gibt hierbei keine Diskrepanz. Das gibt mir Anlaß, viel Freude über mein Leben zu empfinden – zum einen über mich selbst, weil ich in Einklang mit meinen inneren Werten lebe, und zum anderen, weil es soviel gibt, was Spaß macht und Erfüllung bringt. Auch ein Spaziergang im strömenden Regen kann zu einem sinnerfüllten und schönen Ereignis werden. Es gibt keine negativen Erlebnisse, nur solche, aus denen ich dazulernen und das Beste daraus machen kann. Das Leben ist aus dieser Einstellung heraus viel schöner und entspannter. Ich sehe die Welt mit Liebe, aber ohne verklärt zu sein. Ich lebe die Liebe.

Schattenaspekte auf der Körperebene: Die innere Trauer über das Leiden und die Zerstörung in dieser Welt kann sich – vor allem wenn sie ein dunkles Gefühl der Resignation und Hilflosigkeit hervorruft – auch auf der körperlichen Ebene ausdrücken. Wer den Schmerz der Welt zu persönlich nimmt, kann unter Umständen erleben, wie sich entsprechende Erkrankungen am eigenen Körper manifestieren. Es besteht eine so intensive Verbindung, daß nicht nur mitgefühlt, sondern buchstäblich auch mitgelitten wird. So liegt es gar nicht so fern, daß

Sorgen und Nöte, die ein Freund im Kopf hat, bei einem selbst Kopfschmerzen oder Migräne verursachen. Jemand in unserer Nähe, der Schwierigkeiten hat, sich auszudrücken, vermag bei uns eine Halsentzündung hervorzurufen. Wenn ein Freund großen Liebeskummer hat, kann das zu handfesten Herzbeschwerden bei einem selbst führen. Hier liegt eine völlige Identifikation mit der Umwelt vor, die Fähigkeit, absolut zu verschmelzen. Daher fliegen viele körperlichen Beschwerden scheinbar aus heiterem Himmel auf einen zu.

Diese Farbkombination will helfen, gesunde Grenzen zu ziehen, um zwar mitfühlend zu sein, aber nicht gleich die Bürde der anderen zu übernehmen. Dies gilt auch für Neugeborene, die noch ganz Seele und daher energetisch sehr offen sind.

- **Anwendung: Das Öl kann nach Bedarf überall auf dem Körper aufgetragen werden.**

Balance Nr. 68

Blau über Violett

Quintessenz: St. Germain
Pomander: Violett

1. Wer bin ich?: Ich bin tatkräftig, kommunikativ und teamorientiert. Es erfüllt mich sehr, innerhalb einer Gruppe zu arbeiten und zu leben. Ich liebe es, gemeinsam die vorhandenen Ressourcen wirkungsvoll einzusetzen und etwas Neues zu schaffen. Ich glaube an die unendlichen Möglichkeiten, die sich aus der Gemeinschaft ergeben. Alle bringen etwas von sich ein – Inspiration, Talent, Material, Meisterschaft, Liebe, Begeisterung, Mitarbeit –, und so entsteht ein großes gemeinsames Potential an Schaffenskraft. Grundlage dafür sind Kommunikation, Offenheit und die Bereitschaft, zum Wohl des Ganzen etwas zu geben. Das ist die Erfüllung der Botschaft »Wie im Himmelreich so auf Erden«. Es ähnelt einer Musikaufführung: Der Komponist erschafft die Notenvorlage, der Dirigent koordiniert die Orchestermitglieder, die wiederum ihre einzelnen Musikinstrumente und Talente einbringen, und zusammen mit dem Chor, wo jeder seinen Part singt, ertönt ein wunderschöner Klang der Harmonie.

2. Mein Licht: Ich bin sensibel – sowohl nach innen, indem ich meiner Intuition folge als auch nach außen, indem ich Eindrükke und Stimmungen aufnehme. Ich habe häufig gute Einfälle und Ideen, die auch in der Praxis umsetzbar sind und die mich im Alltag ein ganzes Stück weiterbringen. Ich liebe es, wenn Dinge bis zur Realisation gelangen, zum Beispiel wenn aus der Idee, ein Musical zu schreiben, tatsächlich eine Aufführung wird, die erfolgreich ist. Wenn wir der Erde und ihren Bewohnern Heilung und Licht bringen wollen, braucht es solche inspirierten und gleichzeitig tatkräftigen Menschen. Ich habe diese Gabe. Wenn ich sie voll einsetze, fühle ich mich sehr erfüllt und erlebe eine große innere Ruhe. Alles läuft dann nach Plan, ohne Hindernisse. Das Leben begeistert mich.
Mein Schatten: Vielleicht habe ich in der Vergangenheit sehr schlechte Gruppenerfahrungen gemacht. Eventuell bin ich übergangen, überrumpelt oder übervorteilt worden und bin dadurch sehr mißtrauisch geworden. Es ist durchaus die innere Einstellung geworden, daß mich alle Menschen übers Ohr hauen wollen und nur darauf aus sind, mir ein Bein zu stellen. Ich muß dann sehr aufpassen, was ich preisgebe und wieviel ich von mir zeige, sonst werde ich womöglich wieder nur ausgenutzt. Ich ziehe mich daher lieber zurück, vermeide Gruppensituationen oder Familientreffen und gehe meinen eigenen Weg. Ich lasse mich am besten auf gar nichts ein und nehme auch weder Rat noch Hilfe an. Ich kann es allein, ich brauche niemanden. Aber manchmal ist mir doch ganz schön mulmig dabei zumute, das zeige ich aber natürlich niemandem.

3. Mein Weg: Ich will meine äußere Schale ablegen und mich zu den anderen gesellen. So ganz allein auf dieser Welt zu sein macht auch keinen Spaß. Ich brauche andere, um zu spielen, Freude zu haben, aber auch um mich auszutauschen – in der Liebe, in der Arbeit. Ich will meinen zur Schau gestellten Stolz und meine scheinbare Unabhängigkeit abbauen und mir selbst auch eingestehen, daß ich ganz gut Unterstützung, Zärtlichkeit und Anerkennung brauchen kann. Es ist anstrengend, mich abzugrenzen und aus dem Geschehen herauszuhalten, vor allem wenn so viele interessante und kreative Projekte im Umlauf sind, an denen ich teilhaben kann. Ich gehe aus meiner selbstgeschaffenen Einsiedelei heraus und gliedere mich wieder mit Begeisterung und neuem Schwung in das Leben ein. Gemeinsam sind wir stark.

4. Ausblick: Ich habe eine sehr wertvolle Erfahrung gemacht, aus der ich sehr viel gelernt habe. Die Gemeinschaft ist eine der wichtigsten Lebensformen überhaupt. Zusammen zu erleben, weinen, lachen, spielen, lieben, streiten heißt, in einem Gefühl des Einssein miteinander verbunden zu sein. Wir sind ein Teil des Ganzen, jeder hat etwas ganz Einzigartiges beizutragen. Ich bin nie allein oder verlassen und kann in jedem Moment Hilfe annehmen oder auch geben. Ich spüre eine tiefe Zufriedenheit über diese Lebensart und weiß jetzt, daß es trotz Auseinandersetzungen immer wieder die Möglichkeit des Zusammenkommens, des Zusammenfügens gibt. So wie mir die Hand gereicht wurde, so reiche ich anderen die Hand. Das ist Heilung und Kommunikation.

Schattenaspekte auf der Körperebene: Wenn eine Fülle von Ideen und Gedanken vorhanden ist, die aber zurückgehalten werden, weil die Angst besteht, etwas würde weggenommen und nicht ersetzt, ist es denkbar, daß dies zu Blockaden innerhalb der Sinnesorgane – Hals, Ohren, Augen – kommt, mit denen wir hauptsächlich kommunizieren. Halsbeschwerden, Schwerhörigkeit oder auch die Notwendigkeit, eine Brille oder Kontaktlinsen zu tragen, können indirekte Schutzmaßnahmen sein, die auf der körperlichen Ebene eingesetzt werden. Wer schlecht hört, hat eine gute Ausrede, Anweisungen oder Informationen zu ignorieren. Wem durch Heiserkeit oder Halsentzündung das Sprechen schwerfällt, kann sich schweigend in die eigene Stille zurückziehen, und wer ohne Brille nur verschwommen sieht, kann leicht Dinge übergehen. So bleibt die eigene kreative Traumwelt intensiv vorhanden, nur hilft sie in Ermangelung einer effektiven Kommunikation nicht sehr viel weiter. Es ist auch denkbar, daß autistische Kinder derart betroffen sind.

Diese Farbkombination will helfen, die Fülle und Tiefe der Innenwelt nach außen zu bringen und Vertrauen in die Kraft einer Gruppendynamik zu setzen.

- **Anwendung: Das Öl wird um den Hals herum sowie am Kopf um den Haaransatz herum aufgetragen.**

Balance Nr. 69

Magenta über Klar

Quintessenz: Serapis Bey
Pomander: Weiß

1. Wer bin ich?: Ich bin transparent, offenbare mich selbst in meinem Sein. Wenn ich wirklich das volle Licht Gottes erleben will, muß ich mich ganz ohne Hüllen zeigen, so wie ich bin und in allem, was ich tue. Hier gibt es kein Verstecken von vermeintlichen Lastern, Fehlern, Schwächen oder Sünden. Es muß alles ins Bewußtsein gebracht, vergeben und dann losgelassen werden. Dann können die Erkenntnis, die Herrlichkeit und die Fülle, die aus Gott herausstrahlen, in vollem Umfang in mich eindringen. Ich bin mir im klaren darüber, daß ich mich nicht für irgend etwas schämen muß. Ich bin ehrlich, und gerade in dieser Form der Ehrlichkeit, die den Mut hat, alles zu offenbaren, liegt meine enorme Kraft. Ich bin frei von Angst und lebe mein Leben in der größtmöglichen Erfüllung. Das Leben ist ein Abenteuer, das sich lohnt, mit beiden Händen zu greifen.

2. Mein Licht: Ich weiß, wer ich bin, kenne mich in- und auswendig. Diese Klarheit und Selbsterkenntnis hat den Vorteil, daß ich auch meine Bedürfnisse sehe und entsprechend darauf eingehen kann. Da ich meinen Willen konsequent einsetze, um meine Ziele zu verwirklichen, erreiche ich auch eine Menge und habe Erfolg in meinem Tun. In erster Linie geht es mir darum, ein konstruktives Leben zu führen, etwas Sinnvolles in der Gesellschaft zu leisten, was anderen Nutzen bringt und Heilung gibt. Daraus ergibt sich für mich automatisch, daß ich genügend finanzielle Unterstützung erhalte, um meine materiellen Wünsche weitestgehend zu befriedigen. Sorge ich für andere, wird für mich gesorgt, und zwar auf allen Ebenen. Danach lebe ich, und das Ergebnis zeigt, daß ich es richtig mache.
Mein Schatten: Es kann sein, daß ich eine Art Hochmut oder Arroganz aufgrund meiner Erfolge entwickelt habe. Ich bin der Meinung, daß das, was ich persönlich will, auf jeden Fall geschieht und andere, die nicht den gleichen Erfolg haben, ziemlich dumm sind. Außerdem will ich immer höher hinaus und immer mehr besitzen, nur um des Habenwollens, nicht um etwas davon abzugeben. Diese Habgier kann aus einer Situation in der Vergangenheit resultieren, in der ich nicht bekommen habe, was ich wollte. Ich bin nicht geliebt worden und habe auch das Gefühl, daß mir Anerkennung oder Förderung versagt blieb. Es ist viel aufgestaute Wut, aber auch ein Mangel an Selbstwertgefühl in mir entstanden, und ich habe mir geschworen, daß ich mir eines Tages selbst die Dinge geben werde, die ich so schmerzlich vermißt habe. Das Defizit an Liebe, die auch durch materielle Dinge nicht zu ersetzen ist, ist so groß, daß ich unersättlich geworden bin.

3. Mein Weg: Ich will mich umorientieren und in eine neue Richtung gehen. Das Leben besteht nicht nur aus der Sättigung durch Lust und Genuß auf Körperebene, sondern es muß noch einen tieferen Sinn geben. Ich will diese Leere nicht mehr; ich will das Gefühl, daß diese Welt nur aus Gier besteht, loslassen. Es gibt auf jeden Fall Dinge, für die es sich lohnt, seine Energie einzubringen, und ich will damit anfangen. Ich glaube, wir können viel an Wandlung in Richtung einer besseren, liebevolleren Welt erreichen, und ich will daran teilhaben. Diese Nächstenliebe bringt auch Gott in mein Leben und das Gefühl, gebraucht, gefördert und geliebt zu werden. Ich erhalte Gelegenheit zur umfassenden Selbstverwirklichung.

4. Ausblick: Ich habe erkannt, daß Narzißmus nicht glücklich macht, und einen Weg gefunden, meine Energie und Fähigkeiten im Sinne der Weiterentwicklung der Menschen und allen Lebens auf dieser Erde einzubringen. Für andere etwas zu tun, von meinen Gaben abzugeben, das bringt mir ein tiefes Gefühl der Erfüllung. Ich habe meine Lebensaufgabe gefunden und empfinde eine große Freude, Lust am Leben und Dankbarkeit, daß mir die Augen geöffnet wurden. Ich weiß, ich habe Fehler gemacht, aber es ist nun unwichtig. Jetzt lebe ich, und jetzt fühle ich mich großartig. Ich fühle eine große Liebe für andere, denn ohne sie wäre ich nicht ganz. Ich schließe Gott in meine Liebe mit ein, und auch dies läßt mich glücklich sein.

Schattenaspekte auf der Körperebene: Das Gefühl der Unersättlichkeit geht mit der Aufnahme von großen Mengen an geistiger, körperlicher und materieller Nahrung einher. Wenn aber immer nur einverleibt wird, ohne gelegentlich auszusortieren und von den aufgehäuften Dingen weiterzugeben, wird auch viel Unverdauliches gehortet. Im Körper wird dies durch eine Überlastung des gesamten Organismus sichtbar. Die Verdauungsorgane sind überarbeitet, und die Lebenskraft fließt träge. Eigentlich braucht der Körper Ruhe, durch eine Fastenkur beispielsweise oder eine Umstellung auf gesündere Nahrung, damit eine Entgiftung stattfinden kann. Wenn zuviel Unrat im Leben angesammelt wurde, beispielsweise durch eine belastende Familiensituation, die Psyche damit überfordert, aber nicht loslassen kann, kann es auch zu Zwangspausen kommen. Ohnmachtsanfälle oder die Flucht in eine andere Realität (zum Beispiel spiritueller Hochmut bei schlimmen Lebensbedingungen) bieten sich als Möglichkeiten an. Wer zurückhält und nicht weitergibt, erlebt dies auch auf der sexuellen Ebene in Form von Schwierigkeiten, sich hinzugeben.

Diese Farbkombination will dabei helfen, Altes loszulassen und neue, wahrhaftige Werte (vor allem Liebe) in das Leben hineinzulassen.

- **Anwendung: Das Öl kann überall auf dem Körper, je nach Gefühl und Bedarf, aufgetragen werden.**

Balance Nr. 70

Gelb über Klar

Quintessenz: Serapis Bey
Pomander: Weiß

1. Wer bin ich?: Meine fünf Sinne sind hellwach, und ich erfreue mich dazu noch meines sechsten Sinnes. Alles, was um mich herum geschieht, nehme ich wahr, und zwar auch in den feinsten Nuancen des Geschehens. Ich nehme alles auf, füge die einzelnen Puzzleteile in akribischer Kleinarbeit zusammen und gewinne daraus ein Gesamtbild – wie der Archäologe, der aus kleinsten Scherbenteilen ein antikes Gefäß rekonstruiert und für den sich dadurch eine ganze Epoche erschließt. Ich brauche noch nicht einmal alle Teile des Puzzles, denn mit meinem Feinsinn erfasse ich fehlende Stücke intuitiv und setze sie sozusagen feinstofflich ein. Das bringt eine Menge Erkenntnis in die Welt und trägt zum Verständnis des menschlichen Daseins, auch in bezug auf geistige Dimensionen, bei. Es gibt im Leben viel zu entdecken und zu erforschen. Ich sehe das Licht und genieße es.

2. Mein Licht: Ich habe sehr viel Ausdauer, wenn es darum geht, den Dingen auf den Grund zu gehen. Ich habe eine gesunde Neugierde, die mich vorwärtstreibt. Ich will sehen, fühlen, hören, schmecken, riechen, und zwar alles, was mir im Leben begegnet. Wie ein Computer nehme ich die Details auf, verarbeite und analysiere sie und speichere das Ergebnis in meinem Langzeitgedächtnis ab. Dadurch erfahre ich die ganze Fülle des Lebens, und sowohl der Makrokosmos als auch der Mikrokosmos offenbaren sich mir. Es ist eine große Bereicherung für mich, und ich lasse auch andere sehr gern an meinem Wissen und den daraus gewonnenen Erkenntnissen teilhaben. Wissen muß weitergegeben werden, damit es sich vermehrt. Ich freue mich, daß ich auf dem Weg der Weisheit bin.
Mein Schatten: Vielleicht habe ich in der Vergangenheit eine Umgebung erlebt, in der es nur um akademische, intellektuelle Werte ging. »Wissen ist Macht« war das Motto, nach dem ich gelebt habe, und so habe ich mich darauf konzentriert, nur die Dinge zu erfassen, die mich weiterbringen, die mir einen Wissensvorsprung geben. Wenn ich diesen Vorsprung behalten will, muß ich den anderen in meinen Erkenntnissen stets ein Stück voraus sein. Das geht meistens nur, indem ich mein Wissen für mich behalte, es wie einen geheimen Schatz hüte und aufpasse, daß mir niemand zu nahe kommt und es mir nimmt. Dann kann häufig der Eindruck entstehen, ich wäre ein Besserwisser. Vielleicht bin ich auch in der Schule wegen meiner Aufnahmefähigkeit und Klugheit gehänselt und ausgegrenzt worden und stand so mit meinem Talent abseits. Ich war isoliert und habe darunter gelitten. Ich habe dann vielleicht aus Angst vor weiteren Quälereien meinen Wissensdurst unterdrückt und verdrängt.

3. Mein Weg: Ich will keine Angst mehr haben, mein Wissen zu zeigen. Ich brauche mich nicht mehr zu verleugnen, mich kleiner zu machen, als ich bin. Ich will diesen schlafenden Forschergeist wieder wachrütteln und nutzen. Es gibt viel, was ich noch gern herausfinden möchte, und jetzt ist genau der richtige Zeitpunkt dazu. Ich knüpfe an meine Intuition an, die mir sagt, wo ich meine Neugierde, meinen Durst nach größerer Erkenntnis befriedigen kann. Es gibt überall Möglichkeiten dazu. Der Kosmos ist voll unzähliger Mysterien, die darauf warten, entschlüsselt zu werden. Genau hier liegt meine Aufgabe, und hier kann ich der Menschheit zu Licht und Erkenntnis verhelfen. Wenn Rätsel gelöst werden, offenbart sich der Schatz, und ich trage dazu bei. Wenn ich das zeigen kann, was ich in mir aufnehme und verarbeite, dann bin ich in meinem Element. Leben ist Freude.

4. Ausblick: Wenn es auf Erden möglich ist, ein Gefühl der Glückseligkeit zu erleben, dann bin ich nahe dran. Es geht mir einfach gut – von der kleinsten Zelle meines Körpers bis zu meinem Lichtkörper. Ich fühle mich lebendig, wach, geistig voll präsent. Ich nehme am Leben teil, freue mich an dem, was es mir zu bieten hat. Das Durcheinander und die Unklarheiten in meinem Leben haben sich aufgelöst, und ich erkenne jetzt viel mehr, sowohl hinsichtlich bestimmter Zusammenhänge als auch hinsichtlich meines Weges und was ich daraus machen will. Ich begrüße das Leben mit neuer Energie.

Schattenaspekte auf der Körperebene: Negative Erfahrungen im Zusammenhang mit Intelligenz und Weisheit können bei Betroffenen unglaubliche Frustrationen hervorrufen. Das innere Wissen ist vorhanden, kann aber aufgrund diverser Ängste nicht weitergegeben werden. Wissen muß jedoch fließen, wenn die Zeit dafür reif ist.

Probleme in der Verdauung wie Durchfall zeigen, daß nichts mehr aufgenommen werden kann und alles durchfließt. Die Nährstoffe werden vom Körper nicht genügend verwertet. Aber auch Verstopfung zeigt, daß der Körper etwas zurückhält, was eigentlich ausgeschieden (= weitergegeben) werden sollte. Chronische Eßstörungen wie Bulimie oder Magersucht, bei denen Erbrechen und Abführmittel eingesetzt werden, deuten auf eine Verweigerung hin, aufgenommene Nahrung auch sinnvoll zu verarbeiten. Die Angst davor sitzt so tief, daß sie noch unverdaut und schwallartig aus dem Körper entfernt wird und ohne Nutzen in die Kanalisation gelangt. Ob Wissen zurückgehalten wird oder jemand versucht, sich des Wissens zu entledigen, ohne es sinnvoll einzusetzen – auf jeden Fall kostet es eine enorme Kraft. Es ist also kein Wunder, wenn der Körper erschöpft und ausgelaugt ist.

- **Anwendung: Das Öl wird oberhalb des Bauchnabels um den Bauch herum aufgetragen.**

Balance Nr. 71

Rosa über Klar

Quintessenz: Serapis Bey
Pomander: Weiß

1. Wer bin ich?: Ich bin voller Gefühle der Zärtlichkeit und der Liebe. So wie ich selbst empfangen wurde, so empfange ich andere. Die Liebe ist die größte Heilkraft, die es in unserem Leben gibt. Ich weiß genau, wo diese gottgegebene Energie gebraucht wird und wie ich sie weitergeben darf. Es ist ein großer Segen, daß ich daran teilhabe, und ich empfinde tiefe Freude über dieses Geschenk. Ich habe viele Erfahrungen hinter mir, aus denen ich nach und nach die Lehre gezogen habe, daß es außer Liebe nichts wirklich Wichtiges im Leben gibt. Durch meine Lebenserfahrungen habe ich innere Reife und Weisheit erlangt, ich kenne das Leben in seinem ganzen Spektrum von Leid und Freude. Ich erfasse daher, was anderen Menschen zu ihrem Glück fehlt. Ich fühle mich vollkommen erfüllt, habe alles, was ich brauche, und gebe aus einem Gefühl der Fülle heraus meine Liebe weiter.

2. Mein Licht: Dieses überschwengliche Gefühl der Liebe, das ich in mir habe, gebe ich auf verschiedenen Wegen weiter, je nach Erfordernis und Bedürfnis. Es kann im Rahmen eines Heilberufs, aber auch genauso gut viel indirekter und teilweise auch unerkannt geschehen. Ich bin mir der feinstofflichen Kraft der Liebe bewußt, sie ist in der Lage, die Dimensionen von Raum und Zeit zu überwinden, wenn sie aus vollem Herzen und mit dem starken Wunsch zu helfen übermittelt wird. Daher ist es auch möglich, diese Energie der Liebe über den Weg von Absicht und Vorstellung in alles zu lenken: in das Essen, in die Herstellung materieller Dinge, in Botschaften, die über die Medien laufen, in Schriftstücke, in Gedanken an Menschen, die weit weg sind, in jede noch so kleinste Tat. Wenn die Absicht da ist, Liebe zu vermitteln, dann kann ich es auch bewirken. Wenn ich etwas mit Liebe tue, ist es von einer heilenden Schwingung getragen.
Mein Schatten: Vielleicht habe ich in der Vergangenheit negative Erfahrungen mit der Liebe gemacht. Ich bin verleugnet, abgelehnt, verstoßen, verletzt oder gekränkt worden. Vielleicht habe ich die Liebe auch selbst weggestoßen. Jedenfalls habe ich jetzt Angst, mich nochmals auf sie einzulassen. Indem ich die Liebe verleugne, verleugne ich aber gleichzeitig mich selbst. Mich selbst verleugnen bedeutet, das Leben zu verleugnen. Ich fühle mich so miserabel und so weit von der Liebe entfernt, daß ich nur noch viele Tränen weinen könnte. Das Leben ist wie ein Alptraum. Ich bin allein und fühle mich unverstanden. Es ist ein großes Bedürfnis in mir, daß ich zärtlich umarmt werde, geliebt werde und in Geborgenheit meinen alten Kummer ausweinen kann und wieder zu mir finde. Vorher bin ich nicht geheilt und kann wiederum nicht heilen.

3. Mein Weg: Ich will mich von meinen Sorgen befreien und wieder an die Liebe glauben. Sie ist eine große Heilkraft für mich. Ich will sie nutzen, um meine Wunden zu schließen und wieder ein gutes Lebensgefühl zu bekommen. Es ist, als ob ich zu lange draußen in großer Kälte gewesen bin und am Erfrieren war. Nun kann ich auftauen, mich erwärmen, wieder zum Leben zurückfinden und ein klares Gefühl für mich bekommen. Ich lasse mir dabei Zeit, gehe zart mit meinen inneren und äußeren Verletzungen um, und mit viel Geduld heile ich mich. Ich fühle mich durch die Liebe Gottes getragen, die sich in der Fürsorge durch andere um mein Wohlbefinden ausdrückt. Ganz allmählich komme ich wieder auf die Beine, kann weitergehen – nun aber erfüllt von der Kraft der Liebe und dem Wunsch, das zu geben, was ich erhalten habe.

4. Ausblick: Ich erfahre die bedingungslose Liebe. Aus einer Position der Schwäche und Machtlosigkeit hat mir jemand die Hand gereicht, mich hochgehoben und voller Liebe wieder zu Kräften gebracht, ohne dabei eine Gegenleistung von mir zu fordern. Diese Erfahrung hatte einen entscheidenden Einfluß auf mich und führte zu einer Bewußtseinserweiterung. Die Energie, die in dieser selbstlosen Handlung steckte, ist tief in mich eingedrungen und hat mein Leben von innen heraus verändert. Mir ist die Kraft der Liebe bewußt geworden, und ich setze mich dafür ein, daß sie weitergereicht wird, wo immer nötig und auf dem jeweils geeignetsten Weg. Ich fühle mich sehr glücklich und erfahre konkret Gottes reichen Segen in meinem Leben.

Schattenaspekte auf der Körperebene: Da wir in einem Körper leben und uns durch unseren Körper ausdrücken, zeigt sich meistens unsere Liebe, unsere Zärtlichkeit auch auf dieser Ebene. Mit all unseren Sinnen sich gefühlsmäßig und körperlich einem anderen Menschen zu nähern kann uns sehr glücklich machen und uns miteinander eng verbinden. Sollte irgend etwas in der Vergangenheit dieses Gefühl der uneingeschränkten Hingabe und des Loslassens verübelt haben, so wird unser Körper uns das auch indirekt sagen. Probleme im Bereich der

Geschlechts- und Fortpflanzungsorgane können sich dann ergeben, zum Beispiel Geschlechtskrankheiten oder wiederholte Pilzinfektionen, die einen näheren Kontakt erschweren. Aber auch Schwierigkeiten bei der Zeugungsfähigkeit können auftreten. Gerade durch die Geburt eines Kindes wird das Thema Nähe und Liebe intensiv angesprochen, und wenn unbewußt Angst davor besteht, ist die ungewollte Sterilität eine Möglichkeit, dem aus dem Weg zu gehen. Bei Kindern kann es zu Hauterkrankungen wie Neurodermitis oder Milchschorf kommen, die ein Näherkommen und Liebkosen sehr erschweren.

Diese Farbkombination will helfen, zu lieben (vor allem sich selbst) und sich auf sanfte und zärtliche Weise glücklich und geborgen zu fühlen.

- **Anwendung: Das Öl wird um den Unterleib herum aufgetragen, aber auch um den Brustbereich, um unserem Herzen Liebe und Zuwendung zu geben.**

Balance Nr. 72

Blau über Orange

Quintessenz: Lao-Tse und Kwan-Yin oder Sanat Kumara
Pomander: Orange

1. Wer bin ich?: Ich bin gesegnet in der Fülle meiner Existenz. In mir ist eine Quelle der absoluten Freude und Glückseligkeit, die aus meinem Bewußtsein um unseren göttlichen Ursprung entspringt. Ich habe in mir die Erleuchtung erfahren. Mein inneres Licht hat sich in Erkenntnis dieses Zustands in die Unendlichkeit des Einsseins in Gott ausgedehnt und erstrahlt nun in mir und durch mich. Ich bin in dieser Welt und von dieser Welt und doch auch verbunden mit dem Licht. Ich liebe die Kommunikation mit Menschen, erlebe auch die Kommunion mit Gott. Weil ich um diese Verbindung weiß, gehe ich leichten

Schrittes durch mein Leben. Freude ist Lachen und spiegelt sich inmeiner ganzen Mimik wider: in meinen Augen, durch meinen Mund, in meiner Ausstrahlung. Ich lache aus meiner Mitte heraus. Ich lebe gern und zeige den Menschen den Lohn eines erfüllten Lebens.

2. Mein Licht: Ich habe das Glück gehabt, weisen Menschen begegnet zu sein, die mein Lebensziel erkannten und zu meinen Lehrern wurden. Das kann auch indirekt und unbewußt geschehen sein. Mir ist Erkenntnis geschenkt worden, und ich kann Einsicht in die tieferen beziehungsweise höheren Dimensionen unseres Daseins nehmen. Ich sehe, daß alles seinen Platz und seinen Sinn hat und miteinander in Einklang und Harmonie wirkt. Ich bin ein Botschafter, ich offenbare meine Weisheit und mein Licht der Öffentlichkeit. Dies kann über verschiedene Kommunikationswege geschehen – als Trainer, der Vorträge und Seminare hält, oder als Künstler, der über Malen, Singen, Körperausdruck seine Freude zeigt. Ich kann überhaupt meine Freude und Lebenskraft sehr gut über den Körper ausstrahlen. Ich gebe so viel, wie ich kann, und von Herzen.
Mein Schatten: Vielleicht habe ich irgendwann in der Vergangenheit erlebt, wie die Position eines spirituellen oder religiösen Meisters zu niedrigen Zwecken ausgenutzt wurde. Ich habe erlebt, wie im Namen Gottes und unter dem Vorwand, seinem Willen zu folgen, diese Kraft mißbraucht wurde – es kann sich um einen Glaubenskrieg innerhalb eines Landes, die Verfolgung einer Minderheit, oder auch um Grausamkeiten und Einschüchterung innerhalb der Familie gehandelt haben. Was ich gesehen und erlebt habe, hat mir die Freude am Leben genommen und auch meinen Glauben an Gott zerstört. Das Leben verliert seinen Sinn, ich finde keine Ruhe, bin immer auf der Suche und erlebe doch nur Enttäuschung. Ich kann mit niemandem darüber sprechen, denn keiner scheint das gleiche erlebt zu haben und zu wissen, wovon ich spreche. Ich versuche, mich zu betäuben, abzustumpfen, meine Furcht vor weiteren

Greueltaten loszuwerden. Ich muß die Vergangenheit loslassen und anfangen, in der Gegenwart zu leben.

3. Mein Weg: Ich will die Alpträume meiner Vergangenheit loslassen und wieder an Lebensfreude gewinnen. Ich habe eine Menge erlebt und daraus auch viel über menschliches Verhalten gelernt. Wenn ich es schaffe, meine Bitterkeit, Angst und Wut umzuwandeln und daraus eine Botschaft zu formulieren, wie wir es alle anders machen können, dann zeige ich meine eigentliche Weisheit. Ich will meine Aufmerksamkeit von der Destruktion auf die konstruktive Änderung, das Aufzeigen von neuen Wegen, richten. Indem ich dies tue, erlöse ich mich selbst und viele andere. Ich bin Meister meines Lebens. Wo ich nur Dunkelheit gesehen habe, drehe ich meine Wahrnehmung langsam in Richtung Licht. Weil ich mich ausdrücke, befreie ich mich. In mir spukt kein gequälter Geist mehr. Ich fühle einen Lebenssinn, es kommt Freude auf, auch Schaffensfreude und endlich ein Zustand der Ruhe und des Friedens.

4. Ausblick: Ich fühle mich, als ob ich lange Zeit in einem dunklen Kerker angekettet war, nun endlich befreit worden bin und blinzelnd im Sonnenlicht stehe, frei zu gehen, wohin ich will. Es ist, als ob mir ein neues Leben geschenkt worden ist. Wer erlebt hat, was Gefangenschaft bedeutet, für den ist der Wert der Freiheit unermeßlich. Dadurch sehe ich jetzt, wie wertvoll mein Leben ist, wie viele schöne Dinge es gibt. Ich vergeude keine Zeit mehr mit einer negativen Einstellung, sondern konzentriere mich ganz auf die lebendige Fülle des Lebens. Diese Seite will ich offenbaren, sie allen zeigen, die das Licht erkennen wollen. Ich bringe Frieden, ich bringe Weisheit, und ich bringe Freude.

Schattenaspekte auf der Körperebene: Wenn ein traumatisches Ereignis aus der Vergangenheit einen wesentlichen Einfluß auf Körper und Geist hat, ist es gut möglich, daß es auch bei zukünftigen Generationen noch im Zellkern festsitzt und sich als familiäre Veranlagung in bestimmten Erkrankungen zeigt. Das Trauma sitzt sehr tief und wird häufig noch nicht einmal bewußt wahrgenommen. Die Unterdrückungsmechanismen werden übernommen und weitergegeben, sofern keine Heilung von innen nach außen stattgefunden hat. So zählt Suchtverhalten (Alkoholismus) dazu. Aber auch Störungen im Magen-Darm-Bereich wie Colitis ulcerosa sind denkbar. Es kann eine Neigung zu Allergien und Hautausschlägen bestehen oder eine unbewußte Selbstzerstörungstendenz mit der Neigung, sich weiterhin Schmerzen (körperlich und psychisch) zuzufügen. Es kann sein, daß körperlicher Mißbrauch in irgendeiner Form erlebt und verdrängt wurde oder nicht darüber gesprochen werden kann.

Diese Farbkombination will helfen, zum Teil sehr alte Wunden zu heilen und von innen heraus neue konstruktive Lebensmuster aufzubauen.

- **Anwendung: Das Öl wird um den gesamten Oberkörper herum aufgetragen.**

Balance Nr. 73

Gold über Klar

Quintessenz: Serapis Bey
Pomander: Weiß

1. Wer bin ich?: Ich bin begeisterungsfähig, kontaktfreudig und spontan. Ich gehe offen und ohne Vorbehalte auf andere zu, kann Nähe geben, und doch kenne ich meine Grenzen. Ich bin sensibel, intuitiv und habe ein Gespür für die Bedürfnisse anderer Menschen. Wo ich kann, trage ich dazu bei, daß diese erfüllt werden. Ursachen und Wirkungen gewisser Handlungen sehe ich deutlich und kläre, soviel ich kann, auf, damit Fehler sich nicht wiederholen. Das gilt sowohl für meinen eigenen

Lebensbereich als auch den der anderen. Ich selbst weiß genau, welcher Ballast abgeworfen werden muß, um Klarheit zu erlangen. Ich bin kreativ und sehe unzählige Möglichkeiten, um ans Ziel zu gelangen. Getragen werden meine Handlungen jedoch alle von einer Kraft: der Liebe, die von Gott kommt und in uns ist.

2. Mein Licht: Mein Leben ist sehr intensiv und gleichzeitig erfüllt. Jeder Tag bietet mir unzählige neue Erkenntnisse, die ich aus allen Bereichen gewinne. Alle Quellen, die mir helfen, besser zu verstehen, wozu ich hier bin, wozu wir alle hier sind, nutze ich: Bücher, Vorträge, Fernsehen, Seminare, Reisen, Gespräche, Meditation. Meine Konzentrationsfähigkeit, mein wacher Verstand, verbunden mit meiner Intuition, lassen mich klar das Wesentliche vom Unwesentlichen unterscheiden. Ich forsche so lange, bis ich das Gefühl habe, alles an Material gesammelt zu haben, was ich brauche. Dann setze ich es praktisch um. Aus dem Erlebten werden dann Erkenntnisse, die ich tief in mir speichere. Dieses Spektrum an Lebenserfahrung gebe ich in vollem Umfang weiter – als Lehrer, Helfer, Elternteil, Freund. Menschen bedürfen meiner Quelle der Weisheit, und es ist mir eine große Freude, sie weiterzugeben.
Mein Schatten: Vielleicht habe ich in der Vergangenheit zuviel Unstetigkeit und Unruhe in meinem Leben erfahren. Es gab keine Stabilität, keine Sicherheiten, alles war in ständiger Veränderung: Wohnort, Schule, Freunde, vielleicht sogar die Familie. Ich hatte überhaupt nicht die Möglichkeit, meine eigene Erfüllung zu suchen. Keiner hat danach gefragt, und es hätte sowieso keinen Raum für meine Bedürfnisse gegeben. So habe ich mich einfach aufs Überleben in der jeweiligen Situation konzentriert, mich angepaßt und bin so einigermaßen durchgekommen. Aber mir fehlt jedes Gefühl für meine eigene Identität. Wer bin ich, was will ich, woher komme ich, wohin gehe ich? Ich habe keine Antwort auf diese Fragen und habe auch nicht den Antrieb, ihnen nachzugehen. So blieb eine Unklarheit in mir und daraus entstand die große Unsicherheit, ob

ich überhaupt an der richtigen Stelle bin. Ich muß den Faden, den ich irgendwann verloren habe, wieder aufnehmen und ihm bis zu meiner Mitte, meinem Ich, nachgehen.

3. Mein Weg: Ich will Erkenntnis erlangen über mich, mein Leben, meinen Weg. Den Ansporn und die dazu notwendigen Mittel habe ich in der Hand. Ich nutze sie und komme so Schritt für Schritt mir selbst näher. Es ist eigentlich sehr positiv, was ich da erkenne, und ich habe Anlaß zur Freude. Ich kann ganz beruhigt sein. Ich finde Zugang zu Fähigkeiten, die lange Zeit unerkannt in mir geschlummert haben. Ich will sie umsetzen, nutzen, fördern. Ich fühle mich stärker, freier und merke, daß ich mich auf meine eigene Kraft, meine eigene Intuition verlassen kann. Ich weiß jetzt, was ich kann, was ich will und auch, wie ich es erreiche. Ich kann mich unabhängig von anderen im Leben bewegen. Auch andere können diese Erkenntnisse erlangen, und es liegt mir am Herzen, anhand meines Weges zu zeigen, daß es geht. Wir können alle unseren wahren Ursprung und unsere Aufgabe erkennen. Wir tragen alle Weisheit in uns.

4. Ausblick: Ich bin sehr glücklich mit mir und meinem Leben. Ich spüre, daß ich meinen Platz gefunden habe und meine Aufgabe erkenne. Dank meines großen Erfahrungsschatzes habe ich Konsequenzen ziehen können und Erkenntnisse gewonnen; ich bin gereift und um einiges weiser geworden. Ich merke, daß ich nicht mehr an meinem persönlichen Schicksal und an alten Schmerzen festhalte, sondern frei bin, neue Wege zu gehen und andere Möglichkeiten der Erfüllung auszuprobieren. Ich habe wieder Verbindung zu meiner inneren Führung aufgenommen. Ich lebe jetzt.

Schattenaspekte auf der Körperebene: Ein unstabiles Gefühl der eigenen Identität kann sich in Form von Ängsten auf der körperlichen Ebene zeigen. Angstzustände bezüglich der Raumwahrnehmung (Klaustrophobie, Agoraphobie) zeigen sich durch Nervosität, erhöhten Puls, Schweißausbrüche und

Panikgefühle. Die Neigung zur Reisekrankheit, ob auf See oder in der Luft, kann auch auf mangelnde innere Stabilität bezüglich der Umgebung deuten. Man weiß, man ist eigentlich außer Gefahr und sicher, und doch stimmt etwas nicht und läßt die Angst aufflackern. Übelkeit, Erbrechen, Durchfall können auftreten. Festgefahrene Verhaltensmuster und Gewohnheiten bezüglich Körperpflege, Nahrungsmittel usw. (zum Beispiel im Auslandsurlaub trotzdem an eigenen Gebräuchen und Eßgewohnheiten festhalten) zeigen die Notwendigkeit, sich an äußere Dinge zu klammern, damit die eigene Identität gewahrt bleibt.

Diese Farbkombination will helfen, Freude am Dasein zu bekommen und die eigenen inneren Wurzeln zu entdecken.

- **Anwendung: Das Öl wird um den gesamten Bauchbereich herum aufgetragen.**

Balance Nr. 74

Hellgelb über Hellgrün

Quintessenz: Hilarion
Pomander: Smaragdgrün

1. Wer bin ich?: Ich bin aus ganzem Herzen dem Weg des Lichts verbunden. Er bringt Klarheit, Reinigung, Erlösung von Kummer, Schmerz, Leid, Haß und Angst. Ich kenne die Wahrheit und die Kraft des Lichts und der Liebe Gottes. Ich habe erkannt, daß ich diesen Weg der Freude gehen will, und ich beschreite ihn jetzt. Ich habe viel losgelassen, habe viele innere Prüfungen überstanden und daraus gelernt, bin weitergegangen, Schritt für Schritt durch alle Jahreszeiten, unter allen Bedingungen. Ich bin ganz diesem Weg verbunden und lasse mich durch nichts davon abbringen. Ich weiß, daß er mich dorthin bringt, wo ich zu Hause bin. Ich bin auf diesem Weg an einem

Punkt angekommen, wo ich die restlichen Bürden, die überflüssigen Dinge, den Ballast auf körperlicher und geistiger Ebene ablege und erleichtert und daher schnelleren Schrittes weitergehe. Ich gehe zu Gott.

2. Mein Licht: Ich habe eine große Chance in meinem Leben: Erfüllung und Erkenntnis zu erlangen. Intuitiv weiß ich es, und alles, was ich erlebe, und jeder, der mir begegnet, trägt zu diesem Segen bei. Es mag auf den ersten Blick gegenteilig erscheinen, aber alle Erfahrungen entpuppen sich für mich als notwendig und von mir ins Leben gerufen. Ich verstehe, daß ich mir selbst gewisse Reifeprüfungen auferlege, damit ich diesen letzten Abschnitt einer langen Reise ohne Versuchungen und mit klarer Zielrichtung antrete. Fast scheint es dabei so, als würde ich die Themen und Situationen meiner Vergangenheit noch einmal durchlaufen. Aber mein Herz und mein Wille streben in eine Richtung, die über Raum und Zeit hinausgeht und mich in die Liebe und das Einssein führt.
Mein Schatten: Vielleicht bin ich irgendwann in der Vergangenheit von meinem Weg abgeschnitten worden. Es gab damals ein scheinbar unüberwindliches Hindernis, und ich bin stehengeblieben oder sogar zurückgegangen, weil ich aufgegeben habe. Das können Hindernisse sein, die mir durch andere in den Weg gelegt wurden, beispielsweise Abweisungen, Lieblosigkeit, Kaltherzigkeit, Verletzung, Mißbrauch. Oder aber es können Hindernisse sein, die ich selbst als Ausrede vor mir aufgetürmt habe: Mangel an Mut, Angst vor dem Versagen, kein Vertrauen in Gott. Abhängigkeit von schwächenden Substanzen. Ich habe das subjektive Gefühl, versagt zu haben, meine letzte Chance verspielt zu haben, endgültig im Aus zu sein. Eigentlich wäre es leicht, die Blockade entweder zu umgehen oder aus dem Weg zu räumen. Aber ich habe sofort kapituliert, vor mir selbst und vor anderen. Es wird Zeit, daß ich mich durchsetze.

3. Mein Weg: Ich will wieder Anschluß bekommen, will etwaige innere und äußere Blockaden Schritt für Schritt aus dem Weg räumen, damit ich meine Lebensreise fortführen kann. Ich will mit meinen Gefühlen in Kontakt kommen, alte Wunden endgültig heilen und mich für mehr Lebensfreude öffnen. Ich erkenne, daß das Licht in mir und um mich herum ist. Es ist eine Zeit der Reinigung, und zwar auf allen Ebenen. Ich finde zu einem gleichmäßigeren Tempo in meinem Leben, zu einem Rhythmus, der mich viel weiter trägt als bisher: harmonisch, sicher, kraftvoll und ruhig. Die Natur zeigt mir, daß es immer Phasen von Aktivität und Passivität gibt und ich nicht gleich aufgeben und umkehren muß, wenn es scheinbar nicht weitergeht. Überhaupt kann ich mir sehr viel Kraft und Inspiration aus der Natur holen.

4. Ausblick: Ich bin soweit, die Erfahrung der wahrhaftigen Liebe tief in mein Herz eindringen zu lassen. Dafür mußte ich viel Schattenarbeit leisten und Ungeliebtes ans Tageslicht des Bewußtseins holen. Aber es hat sich gelohnt: Ich erfahre jetzt eine Süße des Lebens, die ich nie für möglich gehalten hätte. Ich freue mich über die wiedergewonnene innere Ruhe und Ausgeglichenheit in meinem Leben. Ich entscheide immer mehr im Sinne eines größeren Ziels, bin weitsichtiger in meinen Vorhaben und gleichzeitig ausdauernder. Ich fixiere mich nicht mehr auf äußere Faktoren, die mich angeblich an meinem Fortschritt hindern, sondern bitte um Lösung und höre auch die Antwort, die mir zeigt, wie ich weitergehen kann. Mit jedem Schritt werde ich sicherer, freue ich mich über den zurückgelegten Weg und auf das Licht, das mich am Ziel erwartet.

Schattenaspekte auf der Körperebene: Das Gefühl, von der Liebe abgeschnitten zu sein und in einem Zustand der Lieblosigkeit zu leben, kann den Körper genauso wie die Psyche beeinträchtigen. Er wird entsprechend achtlos behandelt. Auch können Schwierigkeiten bestehen, ihn überhaupt anzunehmen. Frühgeburten, bei denen es häufig lange Zeit nicht sicher ist, ob sie auch gedeihen und weiterleben werden, sind dafür ein Beispiel. Die Seele inkarniert sich und erlebt das Dasein im

Körper als kalt, isoliert und lieblos. Der Aufenthalt im Brutkasten und die fehlende Wärme der Mutter verstärken dieses Empfinden noch weiter. Glücklicherweise wird heute viel Hautkontakt zur Mutter auch bei »Frühchen« gefördert. Wenn Erwachsene stehenbleiben, nicht weiterwachsen oder aber Angst vor dem nächsten Schritt haben, kann sich diese Stagnation auf der körperlichen Ebene vor allem durch Schwäche im Kreislaufsystem ausdrücken. Krampfadern, Thrombosen, plötzliche Gewichtszunahme sind alle ein Zeichen für eineBlokkade im System. Eine Übersäuerung im Gewebe und Ablagerungen in Gefäßen und Gelenken sind ebenfalls Zeichen des Stillstands. Wenn alle inneren Signale nicht beachtet werden, kann sich die Haut durch Ausschläge und allergische Reaktionen bemerkbar machen.

Diese Farbkombination will Mut machen, die nächsten Schritte zu bewältigen und sich für die tiefe Erfahrung der Liebe zu öffnen.

- **Anwendung: Das Öl wird oberhalb des Bauchnabels, einschließlich Brustbereich, aufgetragen.**

Balance Nr. 75

Magenta über Türkis

Quintessenz: Maha Chohan
Pomander: Türkis

1. Wer bin ich?: Ich bin ein Teil der göttlichen Schöpfung. Die Liebe, die ich durch Gott empfange, ist die Quelle meiner Inspiration. Diese Liebe gebe ich in verkleideter Form an die Welt weiter – äußerlich manchmal nicht auf Anhieb sichtbar und oft ganz unscheinbar, aber dennoch heilend. Sofort erkennbar und auch spürbar ist jedoch die Freude, mit der ich diese Botschaft der Liebe übermittle. Kreativität zeigt sich in so vielen Gewändern und ist aus so vielen fließenden Stoffen in allen vorstellbaren und unvorstellbaren schimmernden, lichten und leuchtenden Farben gemacht, daß mir hier keine Grenzen gesetzt sind. Wie ich meine Liebe schöpferisch weitergebe ist nicht vorrangig; viel wichtiger ist das Wissen, daß es aus ganzem Herzen geschieht – was wiederum als Akt der Liebe gilt. So setzt sich die Freude an der Schöpfung auch auf Erden fort.

2. Mein Licht: Ich habe die Möglichkeit, meine Freude am Leben in kreativer Form auszudrücken. Ob ich als Designer Möbel entwerfe, als Schneider aus Samt und Seide Kleider mache oder ob ich Musiker, Schauspieler, Schriftsteller, Computergraphiker bin oder irgendein kreatives Hobby habe – auf jeden Fall zeige ich, daß ich von einer Inspiration getragen werde. Ich bin verbunden mit dem Teil von mir, dem Ideen, Visionen und Fähigkeiten entspringen. Dieser Teil, mein höheres Selbst, ist mit meiner Seele verknüpft und arbeitet als Vermittler zwischen Seele und Persönlichkeit. Mein höheres Selbst empfängt ununterbrochen und unbewußt die Botschaft der absoluten Liebe Gottes und sucht nach Wegen, diesen Strahl auf Erden auszudrücken.
Mein Schatten: Irgendwann in der Vergangenheit habe ich eine schwere Kränkung wegen meines kreativen Ausdrucks hinnehmen müssen. Ich bin ausgelacht worden, weil ich meiner Zeit voraus war oder keiner meine Ausdrucksformen verstanden hat. Vielleicht bin ich auch für völlig unkünstlerisch erklärt worden, nur weil ich dem zeitgenössischen Geschmack nicht entsprach. Mir fehlt nun das Rückgrat, mich trotz Gegenmeinungen durchzusetzen. Ich habe das Gefühl, nicht am richtigen Platz zur richtigen Zeit zu sein. Ich lasse mich leicht davon überzeugen, dumm und unfähig zu sein. Ich fühle mich als Opfer, weil ich verkannt und nicht unterstützt werde. Ich zweifele an Gott und sehe anstelle seiner Liebe nur noch Grausamkeit. Es ist, als ob meine Gliedmaßen amputiert wären, und es tut unendlich weh. Ich bin hilflos.

3. Mein Weg: Ich will diese Liebe, diese Fülle in mir ausdrükken. Will sie spürbar und sichtbar machen. Je mehr ich dies tue, desto stärker kann sich das Licht in die Dunkelheit der Welt ausdehnen. Es ist keine Dekadenz und keine Schande, diese Schönheit widerzuspiegeln, solange sie ein Geschenk an alle und nicht nur an mich ist. Egal wie bizarr mein Ausdruck anderen erscheint, wenn ich mit ganzem Herzen arbeite und meine Liebe und Sorgfalt hineinstecke, dann erschaffe ich wahre Meisterstücke. In ihnen steckt eine sehr starke schöpferische Kraft. Sie sind ein indirektes Geschenk an Gott als Dank für seine Liebe, aber auch an die Menschen als Weitergabe dieser Liebe. Ich will dies auf meine individuelle Art gestalten.

4. Ausblick: Ich stecke all meine Ideen und Gestaltungskraft in das, was ich tue. Damit zeige ich meine Achtung und meine Liebe, die sich an alles Leben auf dieser Erde wendet. Ich bin frei von äußerer Wertung und kann mich ganz auf mein inneres Gefühl verlassen. Was ich sorgfältig und liebevoll erschaffe, ist beseelt und voll heilender Kraft. Gott kann durch alles und durch jeden wirken, so die Bereitschaft da ist, und ich bin dazu bereit. Das Licht manifestiert sich durch mich, und ich vertraue und glaube diesem Ausdruck. Ich fühle mich dabei lebendig und voller Freude. Ich diene Gott und bringe seine Kraft der Liebe in diese Welt. Es ist eine gebende Kraft. Daran ist der wahre Ursprung erkennbar.

Schattenaspekte auf der Körperebene: Das Gefühl, verkannt zu sein, kann zu einer inneren Kapitulation und zum Rückzug führen. Der Zustand des aktiven kreativen Ausdrucks kippt dann ins Gegenteil um und kann Lethargie in allen Lebenssituationen zur Folge haben. Der Mensch verwahrlost sichtbar. Gutes, gesundes Aussehen, Motivation und Lebensfreude scheinen keine Rolle mehr zu spielen, statt dessen beginnt ein Dasein in einer Art Dämmerzustand. Ab und zu kann die Lust am Leben noch aufblitzen, aber dieses Gefühl verfliegt auch schnell wieder. Es fehlt an Ausdauer und Durchhaltevermögen. Dies wird auch sichtbar bei schweren chronischen Erkrankungen (zum Beispiel Rheuma, Arthritis, Rückenverletzungen), die Schmerzen und Einschränkungen nach sich ziehen. Es gelingt unter solchen Umständen nur wenigen Menschen, die notwendige Willenskraft zur Fortführung der eigenen Pläne und Träume aufzubringen (eine dieser Personen war zum Beispiel die Malerin Frieda Kahlo).

Diese Farbkombination will helfen, wieder Lebenskraft und Antrieb zu finden.

- **Anwendung: Das Öl kann überall auf dem Körper je nach Bedarf aufgetragen werden.**

Balance Nr. 76

Hellrosa über Gold

Quintessenz: Lady Portia

Pomander: Gold

1. Wer bin ich?: Ich bin weise. Ich verstehe, daß die Liebe des Menschen höchstes Gut darstellt. Es gibt zwei Gegensätze für uns Menschen: die Welt, die wir erschaffen haben und in der tagtäglich die Angst zu spüren ist, und die Welt, die Gott erschaffen hat und in der die Liebe wohnt. Wie gut ich diese beiden Seiten des Daseins doch kenne! Ich habe die Zweifel, Ängste, Unsicherheiten besiegt, und die Liebe hat Einzug in mein Leben gehalten. Aber dazu mußte ich erst meinen Weg durch die Dunkelheit nehmen, mußte das wahre Licht erkennen. Ich bin einen Irrweg gegangen und habe eingesehen: Allein kann ich nichts. Mein Wille führte mich in die falsche Richtung. In diesem Moment habe ich losgelassen und vertraut. Und siehe da: das Wunder geschah. Ich erkannte von innen heraus den Weg der Liebe und folgte ihm. Gottes Wille ist mein Wille.

2. Mein Licht: Ich habe aus eigener Erfahrung gelernt, daß ich ganz vertrauen muß – daß das Leben es gut mir mit meint und mir das Bestmögliche bietet. Diesem Vertrauen gebe ich mich uneingeschränkt und bedingungslos hin. Ich bin mir ganz sicher, daß mir Gutes widerfahren wird, und so geschieht es auch meistens. Ich habe begriffen, daß mir in der gleichen Form zurückgegeben wird, wie ich selbst gebe. Ich spüre, daß wir alle Zugang zu einem universellen Wissen haben, wenn wir uns nur dafür öffnen. Die These der morphogenetischen Felder, durch die Gedanken und Taten sich telepathisch weitervermitteln, leuchtet mir sehr ein. Demnach ist alles mit allem verbunden. Je liebevoller, verständnisvoller und einsichtiger wir sind, desto mehr kann sich das entsprechende Energiefeld in der Welt ausbreiten. Das gleiche gilt auch im Kleinen: Je mehr ich liebe, desto mehr erfülle ich meine Umgebung mit Liebe. Das Leben ist schön, ich liebe es.
Mein Schatten: Irgendwann in der Vergangenheit muß mir die Liebe einen Schrecken eingejagt haben. Anstelle einer bejahenden, beglückenden, zärtlichen und leidenschaftlichen Erfahrung ist sie für mich die Hölle gewesen. Vielleicht waren in meinem Zuhause als Kind Gefühlsausdruck und Liebesbeweise strengstens untersagt und wurden bestraft, oder aber sie wurden ganz einfach nicht erwidert. Seitdem fällt es mir schwer, Gefühle der Zuneigung und Liebe zu zeigen. Häufig kommt mir die kritische Stimme meines Verstandes zuvor und zählt mir auf, warum ich mich mit liebevollem Verhalten lächerlich machen werde und geradezu prädestiniert bin, damit hereinzufallen. Überhaupt hat mein Intellekt ständig das Sagen und verhindert, daß ich das Leben auch einmal aus vollen Zügen genieße.

3. Mein Weg: Ich will mich überwinden und keine Angst mehr vor dem Ausdruck meiner Gefühle haben. Ich liebe Umarmungen – alle Menschen lieben Umarmungen. Warum also sollte ich keine geben und keine bekommen? Ich will geben und empfangen! Nichterwiderte Liebe aus der Vergangenheit wirft keinen Schatten auf mein jetziges Leben. Ich habe teil an der Liebe. Ich lerne, mich selbst zu lieben, wertzuschätzen, und zwar von innen heraus. Ich muß nicht immer eine Leistung erbringen, um liebenswert zu sein. Ich muß nicht immer eine Antwort auf alles haben, um anerkannt zu sein. Ich muß mich nicht für andere verausgaben. Es reicht, einfach nur ich selbst zu sein. Ich lasse die Erwartungshaltung gegenüber mir selbst und anderen los. Liebe kann nur aus freien Stücken geschenkt werden. Zu dieser Erkenntnis gelange ich jetzt.

4. Ausblick: Ich habe das Leben als Dienstmagd oder Dienstbote hinter mir gelassen und bin in einen inneren Palast gezogen. Ich fühle mich innerlich bestätigt und habe das Gefühl, eine Menge geben zu können. Der Weg zu dieser Wandlung von dem Muster »Ich bekomme nichts« zu »Ich bekomme alles, was ich möchte, so Gott es will« war von Geduld und Ausdauer geprägt. Aber ich habe es geschafft und erlebe nun, wie schön das Leben wirklich ist. Ich spüre die Zuneigung und Liebe, die mir ganz ehrlich entgegengebracht werden. Ich kann jetzt meine Liebe zeigen – um so mehr, seit mir bewußt geworden ist, wie wichtig und bereichernd das für unsere persönliche Entwicklung ist. Leben ist Lieben.

Schattenaspekte auf der Körperebene: Wenn der Verstand fast ausschließlich alle Aktivitäten im Leben bestimmt und keine Zeit für Gefühle vorhanden ist oder sie verdrängt werden, kann es zu einem inneren Zustand der Leere kommen. Menschen, die sich nur dem Berufsleben widmen und keinen Freizeitausgleich schaffen, können hierfür ein Beispiel sein. Es kann zu einer Verhärtung im Gefühlsausdruck kommen, die sich auch in das Privatleben überträgt. Verspannungen und nervöse Beschwerden können die Folge sein. Die fortdauernde nervliche Belastung kann sich auf den Magen schlagen. Die Überreizung laugt den Körper aus und ermattet ihn. Bei Frauen können Probleme im hormonellen Bereich vor allem bezüglich der Fruchtbarkeit auftreten. Die Zeugung eines Kindes sollte ein Akt der Liebe sein, und der Verstand kann durch seinen eigenen Willen (wenn es unbedingt forciert wird) einen Strich durch die Rechnung machen. Oft genug gelingt es, dann ein Kind zu zeugen, wenn das Thema im Kopf fallengelassen wird.

Diese Farbkombination will helfen, bei starker Kopforientiertheit, Gefühle und Liebe auszudrücken und zuzulassen.

- **Anwendung: Das Öl wird um den gesamten Bauchbereich herum aufgetragen.**

Balance Nr. 77

Klar über Magenta

Quintessenz: Pallas Athene
Pomander: Tiefmagenta

1. Wer bin ich? Ich bin Körper, Geist und Seele, in Harmonie vereint und eins mit der Schöpfung. Ich liebe alle Aspekte des Lebens, nehme alle Herausforderungen an und gebe stets mein Bestes. Das ist mein Antrieb, das Elixier, aus dem ich Kraft schöpfe. Ich habe eine starke Verbindung zu Gott; mein Leben wird sehr davon bestimmt. Ich lasse mich führen. Es ist wie der Rückenwind, der mir das Vorwärtsgehen erleichtert. Gottes Liebe ist die Energie, die mich anspornt. Ich fühle die unendliche Kraft, die voller Klang und Farbe durch das Universum pulsiert. Ich werde getragen, inspiriert von dieser alles durchdringenden Liebe. Ich will, daß sie durch mich manifest wird, daß alle, die mir begegnen, erkennen, woher meine Schaffenskraft kommt. Die Liebe, das Licht und die Kraft Gottes fließen durch mich auf die Erde. Ich bin erfüllt.

2. Mein Licht: Ich gebe immer meine ganze Energie in meinen Tag hinein. Egal, welche Aufgaben zu erledigen sind oder welche Menschen mir begegnen, ich bin stets mit Liebe und Fürsorge dabei. Meine grundsätzliche Einstellung allem Leben gegenüber ist von Zuneigung, Verständnis und Hilfsbereitschaft geprägt. Ich helfe und diene, wo ich kann. Durch meinen Zugang zu dem göttlichen Aspekt in mir habe ich hohe Ideale, die ich auch achte. Ich bemühe mich in allem, was ich tue, ein Vorbild zu sein. Das fällt mir nicht schwer und spiegelt mein ehrliches Verlangen, das Licht in mir auszustrahlen. Wenn die Liebe sich ausdrückt, wollen Feste gefeiert werden, und ich bin gern dabei. Spaß muß trotz ernster Aufgaben für mich dazugehören, denn ich will am Leben teilhaben. Gerade dort, wo Menschen zusammenkommen, ist Gott sehr nahe.

Mein Schatten: Irgendwann in der Vergangenheit ist auf meiner Seele herumgetrampelt worden. Das kann durch ein Kindheitstrauma, wie Tod oder Trennung von geliebten Personen ohne vorherige Verabschiedung, geschehen sein oder aber durch Demütigungen auf körperlicher oder seelischer Ebene. Seitdem leide ich sehr, durchzieht eine große Trauer meinen Alltag und läßt mich häufig in Tränen ausbrechen. Ich fühle mich dem äußeren Geschehen völlig ausgeliefert. Ich habe das Gefühl, unzulänglich und der Liebe absolut nicht wert zu sein. Mein inneres Licht ist dabei, zu erlöschen. Ich bin ein Versager und kann den Ansprüchen nicht gerecht werden. Das Leben ist dunkel und düster. Am liebsten würde ich mich ganz entziehen. Ich habe keine Kraft mehr und stecke in einem Leidensmuster fest.

3. Mein Weg: Ich will lernen, Gott zu lieben, aber unter Einbezug meines Lebens auf der Erde. Gott zu lieben ist keine so ernste Angelegenheit, wie ich vielleicht dachte. Es geschieht ganz natürlich, ohne Anstrengung und in den kleinen alltäglichen Dingen. Ich muß mich nicht durch Sonderleistungen der Extraklasse profilieren, um zu beweisen, daß es einen Gott gibt. Alles, was von Gott kommt, ist einfach – auch die Wege, sein Licht in die Welt zu bringen. Die Liebe Gottes ist in mir, und dort muß ich sie als erstes finden. Ich muß aufhören, mich für schuldig und verantwortlich zu erklären, falls es Personen, die ich liebe, nicht gutgeht. Wenn ich mich natürlich und gelassen verhalte, wenn ich zu mir stehe, so wie ich bin, dann liebe ich mich. Erst dann kann ich wirklich diese Liebe nach außen bringen. Ich will Klarheit und Freude haben. Ich will spielen und genießen. Ich will anfangen zu leben.

4. Ausblick: Ich erlebe eine große Transformation in meinem Leben. Ich habe mich aus einem sehr alten Selbstkasteiungsmuster befreit. Ich dachte irrtümlich, daß Gott lieben auch heißt, für ihn zu leiden. Aber ich sehe jetzt, daß das Gegenteil der Fall ist. Gott lieben heißt, sich an seiner Präsenz zu erfreuen und diese Freude klar auszudrücken. Ich soll nicht immer nur geben, ich darf auch empfangen. Ich habe mich sehr von seinen Gaben abgeschnitten, doch nun kann ich sie annehmen. Ich fühle endlich meinen eigenen inneren Reichtum, erkenne die Fülle, die in mir ist. Ich begreife, daß ich der Liebe wert bin, ohne Leistung, nur aus dem Sein heraus. Die Kraft des Lichts dringt in vollem Umfang in mein Bewußtsein. Ich liebe wirklich.

Schattenaspekte auf der Körperebene: Unverarbeitete, seelisch unterdrückte Wunden können körperlich oft über einen plötzlichen und heftigen Ausdruck von Emotionen aufplatzen. Ein nichtiger Anlaß genügt, und die Wut, die Frustration oder der innere Kummer schießt explosionsartig an die Oberfläche. Es scheint fast so zu sein, als ob ein kleiner Teufel wütet und versucht, so viel Verwüstung wie möglich anzurichten. Das kann zu Handgreiflichkeiten gegenüber anderen (zum Beispiel gegenüber den Kindern) führen, aber auch zu Aggressionen gegen die eigene Person (bis hin zum Suizidversuch im Affekt). Dinge, die gerade liebevoll aufgebaut wurden, können in dem Bruchteil einer Sekunde vernichtet werden, wenn von außen etwas nicht ganz planmäßig verläuft. Es kann eine blinde Zerstörungswut herrschen. Schuld daran kann auch ein drastischer Abfall in den Blutzuckerwerten sein (Hypoglykämie), oder Störungen im Hormonhaushalt insgesamt können ein sehr labiles Verhalten bewirken. Andererseits kann die Fixierung auf körperliche Schönheit als Kompensation dienen. Hier wird versucht, die inneren Wunden durch äußere Schönheit glattzubügeln. Schönheitsoperationen und ähnliches sollen dann von außen Glück und Zufriedenheit schenken.

Diese Farbkombination will helfen, die seelischen Wunden von innen heraus zu heilen, Klarheit und Ausgeglichenheit zu schaffen und für die wirklich tiefe Erfahrung der Liebe bereit zu sein.

- **Anwendung: Das Öl kann überall am Körper je nach Bedarf aufgetragen werden.**

Balance Nr. 78

Violett über Tiefmagenta

Quintessenz: Pallas Athene
Pomander: Tiefmagenta

1. Wer bin ich?: Ich bin zuverlässig, ausdauernd und sehr ehrlich. Ich bin, so wie ich bin. Wenn ich mich für eine Sache engagiere, dann mit ganzem Herzen und vollem Einsatz. Wenn ich Verantwortung für etwas übernehme, bin ich absolut verläßlich. So wie man mir vertrauen kann, so vertraue ich mich der Schöpfungskraft Gottes an. Ich helfe anderen, ihre Träume und Wünsche zu verwirklichen. Ich arbeite auch daran, daß meine Vorstellungen sich realisieren, und ich weiß, daß der Welt der Gedanken große Schöpferkraft inneliegt. Wir schaffen uns unsere eigene Welt: schön und voller Liebe, häßlich und voller Angst – oder einen Zustand irgendwo dazwischen. Wir entscheiden selbst, ob wir lachen oder weinen wollen. Ich bin Meister meines eigenen Lebens, aber immer unter der Obhut von Gott. Von der Geburt bis zum Tod kann ich seine Herrlichkeit und seine Macht hier auf Erden sichtbar machen. Das ist sein Wille, das ist mein Wille.

2. Mein Licht: Meine Stärke liegt darin, nicht in die Vergangenheit, sondern nach vorn zu schauen. Auch wenn ich Verluste und Schmerzen erlebe – ob persönlich oder materiell –, weiß ich um die Notwendigkeit, meine Gefühle klar wahrzunehmen, zu respektieren und dann loszulassen, um einen Neubeginn zu starten. Jeder Atemzug ist ein Neubeginn, in jeder Sekunde sterben alte Zellen und werden neue in meinem Körper geboren. Alles trägt Leben in sich. Dieser Impuls zu leben ist heilig, und ich bin hier, um Menschen in der Kraft dieses Lebensausdrucks zu unterstützen. Vitalität ist eine strahlende Energie, die auch unabhängig vom körperlichen Alter wirkt. Ich habe diese Vitalität, mit der Klarheit, Liebe und Durchsetzungsvermögen einhergehen. Wer des Lebens müde ist und nicht mehr weiter weiß, der kommt zu mir, um sich zu regenerieren. Gottes Kraft wirkt durch mich.
Mein Schatten: Vielleicht lag mir in der Vergangenheit die Vorstellung vom Leben nach dem Tod fern. Mir wurde vermittelt, daß ich nur ein Leben habe, das mit dem Tod ende, und damit sei Schluß. Es gebe weder Gott noch eine unsterbliche Seele. Nach dem Tod würde demnach absolute Leere herrschen. So fehlt mir nun ein Gefühl des Eingebundenseins in eine höhere, unendliche Dimension. Das Leben kommt mir eng, sinnlos und völlig lieblos vor. Grausamkeit regiert die Welt: Die Natur wird zerstört, Kriege werden geführt, Millionen sterben an Hunger. Wozu also leben? Wie ein Greis schleppe ich mich schon in jungen Jahren mit einem Gefühl der Resignation und Hoffnungslosigkeit durch das Leben. Was ich in mir fühle, sehe ich auch immer um mich herum und umgekehrt. Es ist einfach alles völlig sinnlos. Ich bin leer, wie ein Roboter ohne Gefühl. Ich brauche jemanden, der das Licht in mir entfacht und mir zeigt, daß es unendlich viel Liebe und damit verbundene Freude am Dasein zu erfahren gibt. Ich muß Tod und Sterben loslassen und Neugeburt und Leben zelebrieren.

3. Mein Weg: Ich will loslassen von der dunklen Trauer der Vergangenheit. Alles stirbt einmal, nur um wieder neu geboren zu werden. Nichts, was jemals erschaffen wurde, geht verloren. Vielleicht ist die physische Form nicht mehr da, doch die Energie existiert weiter und hinterläßt Spuren, manchmal für das physische Auge unsichtbar. Ich kann mich nun auf das Neue konzentrieren, mich darauf freuen und meine Kreativität darauf richten. Anders als Lots Frau, die zur Salzsäule erstarrte, als sie zurückschaute, will ich nun vorwärts blicken und nicht mehr in einem Zustand der Erstarrung leben. Ich will auftauen, Energie schöpfen und weitergehen. Die Raupe vertraut auch instinktiv darauf, daß sie aus dem Kokon als Schmetterling erwacht. So muß ich diese Phase als Ruhepause, Erneuerungs- und Wandlungszeit sehen. Ich vertraue auf meine eigene innere Entfaltung und die Begegnung mit dem Licht.

4. Ausblick: Ich sehe wieder klar und deutlich. Das Leben zeigt sich wieder von seiner Sonnenseite. Ich bin durch ein dunkles Tal gewandert, aber heil am anderen Ende angekommen. Ich bin weiser, ruhiger geworden. Ich spüre, daß unser Leben in viel größeren Bahnen verläuft. Ich fühle die Liebe aus der geistigen Welt, die mich begleitet, beschützt und führt. Ich lasse mich auf dieses Erlebnis ein, vertraue darauf. Mein Leben ändert sich, erhält eine andere Bedeutung. Ich will den Menschen dieses Licht deutlich machen, ihnen die Sicherheit geben, daß wir einen Sinn in unserem Leben haben und eine große kreative Schöpfungskraft als Geschenk Gottes in Händen halten. Wir sollten sie nutzen, um das Licht auf Erden zu manifestieren. Ich sehe, ich fühle. Ich bin.

Schattenaspekte auf der Körperebene: Der Verlust von Menschen, Tieren oder Dingen, die wir sehr lieben, kann in uns ein tiefes Loch entstehen lassen. Aber auch körperliche Gewalteinwirkungen können unsere Psyche in einen Zustand der Erstarrung versetzen. Wenn ein unwiderruflicher Abschied mit seinem Schmerz nicht verarbeitet wird, löst die fortdauernde

Trauer im Körper diverse Beschwerden aus, und Rückzug und Isolation können zu Vereinsamung führen. Das Gefühl, daß es sich nicht mehr zu leben lohnt, zieht eine Vernachlässigung des eigenen Körpers nach sich. Mangelerscheinungen durch andauernden Appetitverlust können sich einstellen. Schlaflosigkeit, chronische Kopfschmerzen, Lethargie und Depressionen können ebenfalls auftreten. Die Verweigerung, am Leben teilzunehmen, kann auch zu geistiger Verwirrung, zu einem Verlust der realistischen Wahrnehmungsfähigkeit führen. Das gilt übrigens auch, wenn der plötzliche Verlust von Pflanzen (zum Beispiel durch Natur- oder Umweltkatastrophen) oder Eigentum, für das ein Leben lang gespart und gearbeitet wurde, erlebt wird, ebenso bei Schwierigkeiten, von einem Lebensabschnitt in den nächsten zu wechseln. Es wird nie mehr so sein, wie es einmal war. Es ist, als ob man ein gebrochenes Herz hätte, das niemals wieder heilt.

Diese Farbkombination will dabei helfen, von der Trauer nach Verlust und Tod einen neuen Übergang zum Leben zu finden.

- **Anwendung: Das Öl wird auf der Stirn sowie am Kopf und um den Haaransatz herum aufgetragen.**

Balance Nr. 79

Orange über Violett

Quintessenz: St. Germain

Pomander: Violett

1. Wer bin ich?: Ich bin mit dem Schicksal der Menschheit sehr verbunden. Es ist die Zeit gekommen, daß wir alle zusammenarbeiten, um der Erde und seinen Bewohnern Licht und Heilung zu bringen. Es ist eine Zeit der Transformation. Ich erkenne die Chancen für eine kollektive Wandlung und will teilhaben an dieser Erneuerung. Ich helfe mit beim Aufbau des

Neuen, bringe Heilung und Kraft, wo sie benötigt werden. Ich trage eine Vision in mir von einem neuen Zeitalter der Liebe, der Zusammenarbeit, der Sättigung aller. Diese Vision, an die ich fest glaube, inspiriert mich; sie gibt mir Kraft, Geduld und Ausdauer. Die Liebe zum Leben ist mein Motor.

2. Mein Licht: Ich bin ein realistischer Mensch und sehe den Tatsachen ins Auge. Auch wenn sie zeitweilig vernichtend erscheinen mögen, so glaube ich immer, daß das Gute siegt und Regeneration aus eigener Kraft geschieht. Ich habe selbst erlebt, wie aus Schutt und Asche wieder Leben entstand, und habe die Zuversicht gewonnen, daß es immer Möglichkeiten gibt weiterzugehen. Gerade in dem Potential, aus dem Nichts etwas zu schaffen, steckt sehr viel Erfüllung. Aus Reichtum noch mehr Reichtum zu schaffen ist leicht, aber aus Armut Reichtum zu schaffen erfordert viel Willenskraft und Einsatz. Es geht um die Freude an der Erschaffung von neuem Reichtum und um die Überwindung innerer Hindernisse. Nichts anderes tue ich, wenn ich Licht und Liebe auf meine ganz persönliche Weise in die Welt bringe. Ich schaffe eine Oase inmitten der Wüste und spende Leben. Es geschieht Transformation, ein beglückendes Gefühl.
Mein Schatten: Ich bin einfach kein Stehaufmännchen. Ich glaube nicht an bessere Zeiten und bin vielmehr ein Pessimist. Statt Beispiele des Erfolgs zu registrieren, sehe ich überall nur die Scherben der Destruktion. Aus dieser inneren Einstellung rührt eine absolute Hoffnungslosigkeit, die bis hin zur Flucht in eine bessere Traumwelt geht: Wozu aufstehen, es bringt sowieso nichts. Ich kann gleich im Bett bleiben. Oder wie ein Unfallopfer, das aus Schock einfach wegläuft, verleugne ich den Tatbestand, aus dem heraus ich anfangen müßte, etwas zu verändern. Wozu soll ich mich abmühen und abrackern, wenn die Welt sowieso durch Umweltverschmutzung oder Atomkriege bald am Ende ist? Da kann ich mir eigentlich gleich den Strick nehmen – oder mich langsam in Form von Suchtverhalten umbringen. Hier muß unbedingt ein Umdenken erfolgen. Auch

wenn alles zerstört ist, setzt sich Leben fort, können Fülle und Schönheit entstehen – wie nach einem vernichtenden Waldbrand, wenn sich die Pflanzenwelt in unglaublicher Schnelle regeneriert.

3. Mein Weg: Ich will leben, und ich will an die Kraft des Lebens glauben. Egal wie viele Prüfungen mir auferlegt worden sind, wieviel Schmerz, Leid, Armut, Hunger oder sonstige widrige Umstände ich überstehen mußte – es dient alles dem Verständnis und dem Aufbau meiner inneren Kraft. Nichts kann mich in die Knie zwingen. Es erwacht ein Kampfgeist in mir. Ich will und ich werde mich nicht unterkriegen lassen. Es gibt absolut keinen Grund dafür. Ich bin nicht diesen weiten Weg gegangen, um dann aufzugeben. Ich will aufstehen und aus der Weisheit meiner Erkenntnisse anderen helfen. Die Welt soll heiler, lichter, liebevoller werden. Ich habe Krieg erlebt, ich setze mich für Frieden ein. Ich habe Haß erlebt, ich fördere die Liebe in dieser Welt. Ich kenne Hunger, ich sorge für die Sättigung anderer. Ich kenne die Einsamkeit, ich kümmere mich darum, daß andere zusammenkommen. Es sterben Pflanzen aus, ich pflanze neue. Kinder werden geschändet, ich nehme sie in Liebe auf. Für alles Destruktive im Leben gibt es einen Gegenpol von Erneuerung und Wachstum. Nur so kann diese Welt zu einem Himmelreich, einem Spiegel Gottes werden. Ich glaube – aus tiefstem Herzen.

4. Ausblick: Ich bin durch eine sehr dunkle Phase in meinem Leben gegangen. Doch das Leben ist jetzt für mich wieder bunter. Es kommt mir vor, als hätte ich den Kampf der Titanen in mir erlebt und gesiegt. Etwas ganz Entscheidendes ist in mir zusammengebrochen, gleichzeitig aber wieder geheilt worden. Wie eine Schlange habe ich meine alte Haut abgestreift und eine neue bekommen. Das Alte ist gestorben, das Neue ist geboren. Ich fühle eine frische Kraft, die durch mich hindurch fließt und mir Hoffnung und Glauben schenkt. Das Leben erscheint mir in neuem Antlitz – leuchtender, freudiger, liebevoller. Ich habe am tiefsten Punkt der absoluten Hoffnungslosigkeit um Hilfe gebeten, und sie ist mir gegeben worden. Es war so einfach und doch so schwer. Ich tue das gleiche für andere, denn ich vergesse meine eigene Errettung nie. Ich lebe ein neues Leben, zum zweiten Mal.

Schattenaspekte auf der Körperebene: Wenn die eigentlich vorhandene Lebenskraft zurückgehalten wird, und ihr Einsatz sinnlos erscheint, ist es kaum verwunderlich, wenn es zu zahlreichen Verspannungen im Körper kommt. Die Muskulatur kann sich verkrampfen, auch nachts während des Schlafs. Unkontrollierbare Zuckungen (Tics) machen es schwer, die eigenen Bewegungen zu koordinieren. Hier gilt: Wer nicht bereit ist, das zu tun, was er eigentlich sollte, wird eben vom Körper daran erinnert, daß der feste Deckel auf dem Topf gelockert und geöffnet werden muß. Fehlender Energiefluß kann sich auch in Form einer chronischen Verstopfung bemerkbar machen. Aus lauter Angst, ein Risiko einzugehen, kann es passieren, daß allergische und asthmatische Anfälle den Bewegungsfreiraum erheblich reduzieren. Jeder Übergang in eine neue Lebensphase ist wie ein Tod und eine Neugeburt. Wer Probleme damit hat und den Übergang verzögern will, kann auch mit verzögerten Symptomen rechnen. Ein Beispiel ist Akne bei Erwachsenen, die noch innerlich in der Pubertät stehengeblieben sind, oder langanhaltende klimakterische Beschwerden bei Frauen, die das Älterwerden nicht annehmen.

Diese Farbkombination will helfen, Wandlungsphasen abzuschließen und die neuen Lebensaufgaben und -möglichkeiten mit beiden Händen anzupacken.

- **Anwendung: Das Öl wird rund um den Unterleib sowie am Kopf um den Haaransatz herum aufgetragen.**

Balance Nr. 80

Rot über Rosa

Quintessenz: Lady Nada oder Orion und Angelika
Pomander: Rosa

1. Wer bin ich?: Ich bin sehr gefühlsbetont und voller Energie, durch die ich lebendigen Anteil am Leben genieße. Vor allem die Liebe beschwingt mich zu großen, fast heroischen Taten. Für die Liebe tue ich alles, denn sie macht das Leben so lohnenswert und wunderschön. Hier geht es mir nicht um die körperliche Liebe, sondern um die Seelenliebe, die Liebe von Herz zu Herz, von Gott zu mir und von mir zu Gott. Diese Kraft, die so vereinigt und verbindet, läßt mich Berge erklimmen, Flüsse durchqueren und Täler durchschreiten. Wenn mein Herz angefeuert ist, beseelt durch dieses Gefühl der Liebe, dann kann ich alle Hindernisse mit Leichtigkeit überwinden. Mein Glaube an diese Liebe schafft Wunder.

Mit der gleichen Intensität, mit der ich liebe, lebe ich auch. Ich bin leidenschaftlich, zärtlich, sanft, kraftvoll und motivierend. Wenn ich diese Gefühle in ein Projekt, das mir sehr am Herzen liegt, stecke, erlebe ich Erfolg. Aber es muß von Liebe getragen sein.

2. Mein Licht: Ich kann mich mit sehr viel Begeisterung in eine Sache einbringen, vor allem wenn ich von ihr überzeugt bin und sie mich vom Herzensgefühl her anspricht. Ich erspüre die Kraft, die hinter Dingen steckt, und identifiziere mich sofort damit. Ob es ein Musikstück, ein Gemälde, ein Buch oder ein Film ist – wenn mich etwas berührt, dann erfaßt es mich ganz und gar. So ist es auch mit den Beziehungen zu anderen Menschen. Für Liebespartner, Freunde, Familienangehörige gebe ich alles. Meine Liebe kennt keine Grenzen, ich bin loyal und großzügig, geduldig und weise. Ich bin noch zur Stelle, wenn alle anderen das sinkende Schiff schon längst verlassen

haben. In der dunkelsten Stunde des Daseins ist auf mich Verlaß. Meine Kraft und meine Liebe sind treue Begleiter.
Mein Schatten: Es kann in der Vergangenheit geschehen sein, daß ich meine ganze Kraft und auch meine materiellen Ressourcen in eine Liebe gesteckt und damit eine große Enttäuschung erlebt habe, die ich bis zum heutigen Tag nicht überwinden konnte. Meine Gedanken und mein Tun waren von einer reinen, hingebungsvollen Liebe geprägt, die aber nur ausgenutzt worden ist. Ich bin wütend und verärgert, weil ich so mißbraucht worden bin. Diese Wut ist selbstzerfleischend, sie frißt mich auf, zerstört meine Lebenskraft, raubt mir die Sinne. Wie soll mein Leben nach einer solchen Erfahrung weitergehen? Ich habe gar nicht mehr die Kraft dazu und lebe in dem Eindruck, daß ich nie mehr in meinem Leben wieder lieben werde. Ich muß sehen, daß ich nicht nur auf der körperlichen Ebene Liebe erfahre, sondern daß es eine geistige Liebe gibt, die immer und in gleicher Stärke für mich da ist.

3. Mein Weg: Ich will meine Frustration und meine Wut loslassen, alle Lieblosigkeiten und Verletzungen, die mir je geschehen sind, verzeihen und in der Liebe neu beginnen. Zunächst bedeutet das, mich selbst zu lieben. Nur weil ich Abweisung erfahren habe, heißt das nicht, daß ich nicht liebenswert wäre. Ich bin es! Nicht nur das – ich habe selbst viel Liebe in mir, die darauf wartet, ausgedrückt zu werden. Ich vertraue jetzt einfach darauf, daß ich mit der Liebe schöne, beglückende und bereichernde Erfahrungen machen werde, und gebe von dieser Energie weiter. Ich fühle mich dabei viel besser, denn ich halte nicht mehr zurück. Ich habe wieder Kraft und Zuversicht. Die Liebe hat in jedem Leben Platz, auch in meinem. Sie ist ein Ausdruck der göttlichen Schöpfung. Ich nehme sie an.

4. Ausblick: Meine alten Wunden sind verheilt, und ich habe ganz neue Wege gefunden, mein inneres Gefühl der Liebe und Verbundenheit auszudrücken. Es gibt viele Menschen, die niemals diese zärtliche Energie erleben und die sie aber sosehr für ihr Seelenwachstum brauchen. Ich bin nicht mehr abhängig von einer körperlichen Liebe und der Erwiderung von Liebe. Ich habe erkannt, daß sehr viel Freude und Erfüllung in dem reinen Ausdruck der bedingungslosen Liebe stecken. Alle Wege, wie ich diese Liebe manifestieren kann, wie ich sie spürbar oder sichtbar machen kann, sind mir recht. Ich setze meine ganze Kraft dafür ein. Ich erlebe die göttliche Liebe, die aus reiner Freude aus sich selbst heraus gibt.

Schattenaspekte auf der Körperebene: Wenn die körperliche Liebe ohne die eigentlich dazugehörige geistige Liebe exzessiv gelebt wird, gerät der Mensch in eine unharmonische Situation. Es wird nur der physische Pol der Vereinigung gelebt. Die seelischen Aspekte der Verbindung werden ignoriert. Kein Wunder also, daß der Körper ganz massiv auf dieses Ungleichgewicht aufmerksam macht. In unserer Zeit ist beispielsweise die HIV-Infektion bei Erwachsenen eine entsprechende Ausdrucksform. Die Sexualität erlebt durch sie starke Einschränkungen, und es müssen Nähe und auf der geistigen Ebene Liebe gefunden werden. Aber auch andere degenerative Erkrankungen lassen in Beziehungen eine neue Ebene des Zusammenseins und der Liebe aufkommen, wenn durch den leidenden Körper die Sexualität eingeschränkt wird. Wenn zuviel Energie in die Liebe zu einem anderen Menschen gesteckt wird und die eigenen Bedürfnisse dabei zurückgestellt werden, kann der Körper in einen Zustand der Schwäche geraten. Streßsymptomatik als Folge der erlebten Frustration ist ebenfalls denkbar.

Diese Farbkombination will helfen, mehr Balance zwischen Körper und Geist in bezug auf die Liebe zu bringen. Kindern will sie helfen, die eigenen Bedürfnisse mehr wahrzunehmen und sich nicht in völligem Gehorsam allen Wünschen von Bezugspersonen zu fügen.

- **Anwendung: Das Öl wird um den gesamten Unterbauch herum aufgetragen.**

Balance Nr. 81

Rosa über Rosa

Quintessenz: Lady Nada oder Orion und Angelika
Pomander: Rosa

1. Wer bin ich?: Ich bin durch und durch Liebe. Mein Körper drückt seine Liebe zum Leben durch seine Kraft und Gesundheit aus. Mein Geist ist wach und klar und zeigt so die Liebe. Meine Seele schwingt in der reinen, bedingungslosen Liebe Gottes. Alles badet im Licht der Liebe. In Liebe wird Leben erschaffen, sich immer fortsetzend, ewig. Die Schönheit, die dabei entsteht, ist unbeschreiblich. Ich trage diese reine Liebe, die nur geben möchte, in mir. Keine Anfechtungen der äußeren Welt können diese innere Kraft von mir nehmen. Die unendliche Güte der Liebe, von Gott gegeben, trägt mich durch alle Widrigkeiten, läßt mich wachsen, vermittelt mir immer mehr Verständnis und Vergebung. Äußere Formen sind unwichtig, es zählt nur die innere Liebe, die nach außen strahlt. Ich sehe dieses Licht in allem. Es ist die Wahrheit, in der wir gemeinsam sind.

2. Mein Licht: Sanft und einfühlsam gehe ich mit Menschen um. Ich bin warmherzig und verständnisvoll und arbeite deswegen gern in Bereichen, in denen ich dieses Mitgefühl sinnvoll einsetzen kann. Nächstenliebe ist sehr wichtig in der heutigen Zeit. Wir brauchen Anlaufstellen, wo wir unsere Not zeigen können und neue Hoffnung schöpfen. Das kann ich geben. Ich habe viel Kraft und auch ein inneres Gefühl der Berufung zum Dienst am Nächsten. Es kann viel Liebe durch mich hindurchfließen, ohne daß ich dabei ermüde. Ich bin dabei nicht aufopfernd, sondern achte darauf, daß mir meine Reserven erhalten bleiben. Ich habe einen gesunden Selbsterhaltungstrieb, denn ich weiß, daß ich nur so effektiv bleibe. Ich akzeptiere mich mit all meinen irdischen Schwächen und stehe auch dazu.

Genauso akzeptiere ich andere mit ihren Schwächen, was mich sehr beliebt macht. Menschen fühlen sich von mir wirklich geliebt.
Mein Schatten: Irgendwann in der fernen Vergangenheit habe ich sehr dafür büßen müssen, so zu sein, wie ich bin. Die Welt um mich herum war lieblos und an keinerlei Gefühlen von Zärtlichkeit, Liebe oder Nähe interessiert. Ich bin ausgelacht, abgewiesen, verstoßen worden. Man hat auf meinen Gefühlen herumgetrampelt und meine hohen Ideale der Liebe verachtet. In der Welt der Betriebsamkeit, des Kampfes und Überlebens hat meine zarte Energie angeblich nichts zu suchen. Nach tiefen seelischen Verletzungen habe ich gelernt, meine Gefühle für mich zu behalten. Eine Tür ist zugegangen. Ich habe mir die Ausgrenzung zu Herzen genommen und mich selbst ausgestoßen. Ich habe nur noch ein Gefühl des Ekels mir selbst und auch meinen Peinigern gegenüber. Ich werde Stück für Stück vernichtet, und ich trage auch dazu bei, mich selbst zu vernichten. Ich bin der Liebe nicht wert.

3. Mein Weg: Ich will wieder an mich selbst glauben. So wie ich bin, bin ich ganz und gar liebenswert. Es gibt nichts in mir, was ich in irgendeiner Art und Weise ändern müßte, um mehr geliebt zu werden. Für Gott sind unsere äußeren körperlichen Hüllen keine Realität und demnach völlig unwichtig für eine Bewertung. Gott bewertet sowieso nicht, er liebt einfach nur alles, was er jemals erschaffen hat. Ich will dieses Gefühl der Liebe verinnerlichen, mich an dessen Existenz erinnern. Ich will unabhängig von äußeren Reaktionen meinen Weg der Liebe gehen. Ich habe Liebe in mir, die ich weitergeben will. Ich erwarte nichts zurück. Ich will einfach geben. Im bedingungslosen Geben werde ich Erfüllung finden, vielleicht indirekt. Die Liebe kommt nicht im direkten Gegenzug zurück aus der Richtung, in die ich sie gelenkt habe, sondern nimmt ganz unerwartet andere Wege. Aber sie ist da. Ich habe Liebe in das Universum abgegeben und erhalte sie zurück, das ist sicher.

4. Ausblick: Es war ein langer Weg, bis ich es geschafft habe, von der Selbstverurteilung zur Selbstakzeptanz, ja Liebe zu gelangen. Aber diese Veränderung der inneren Einstellung hat stattgefunden – dank der Hilfe anderer, die mir ihre bedingungslose Liebe und Bestätigung gegeben haben. Nun kann auch ich aus dem Gefühl der Annahme und Liebe heraus anderen diese gleiche Kraft vermitteln. Ich finde eine neue Beziehung zu Gott, egal wie er sich für mich darstellt, und zu seiner Liebe. Ich vertraue mich vollkommen seiner Führung an. Ich begreife jetzt, daß seine Liebe niemals an Bedingungen geknüpft wird und immer für mich da ist, egal ob ich sie erwidere oder nicht. Genauso will auch ich meine Liebe, meine Kraft weitergeben, und immer mehr gelingt es mir.

Schattenaspekte auf der Körperebene: Selbstverachtung ist vielleicht eines der schmerzhaftesten Gefühle. Sie kann sich auf der körperlichen Ebene durch autoaggressive Erkrankungen oder Verhaltensmuster äußern, das heißt, der Körper wird Stück für Stück zerstört. Nervenentzündungen, Gangrän, Zellentartung können dann auftreten. »Liebe geht durch den Magen«, sagt der Volksmund, und so ist es auch möglich, daß das Eßverhalten erheblich gestört ist. Aus der Verweigerung, Liebe anzunehmen, entsteht auch die Verweigerung, Essen zu sich zu nehmen, oder aber der Zwang ist da, es wieder schnell loszuwerden (durch Abführmittel oder Erbrechen). Oder aber das Defizit an Liebe wird durch übermäßiges Essen ausgeglichen. Magersucht und Übergewicht können die Folgen sein. Störungen im Bereich der Fortpflanzungsorgane können auf Ängste hinweisen, die Frauen in bezug auf ihre Weiblichkeit hegen.

Diese Farbkombination will helfen, sich für die Liebe zu sich selbst zu öffnen sowie alle weiblichen Aspekte anzunehmen.

- **Anwendung: Das Öl wird um den gesamten Unterbauch herum aufgetragen.**

Balance Nr. 82

Grün über Orange

Quintessenz: Lao-Tse und Kwan-Yin oder Sanat Kumara
Pomander: Orange

1. Wer bin ich?: Ich bin sehr offen für die Chancen, die das Leben mir bietet. Ich erkenne, daß die Erde ein Ort ist, an dem unbegrenzte Entfaltungsmöglichkeiten vorhanden sind. Es gibt fast keine Einschränkungen, die nicht mit Wille, Mut und Tatkraft überwunden werden können. In meinem Herzen trage ich eine Vision. Es ist die Vision der Glückseligkeit auf Erden, der Vervollkommnung unseres Daseins, die Vereinigung in Gott. Doch erkenne ich die mühevollen Schritte, die wir in unserem Leben gehen müssen, um auf diesen erleuchteten Pfad zu gelangen. Viele Prüfungen und Hindernisse müssen überwunden werden, und unser Wille muß ganz auf das Ziel ausgerichtet sein. Doch will ich diesen Weg in Freude gehen, denn er ist die Wahrheit. Ich lasse mich führen, spüre intuitiv, ob ich richtigliege, und entscheide mich dann mit vollem Einsatz für diesen Weg.

2. Mein Licht: Ich habe einen starken Überlebenswillen, der mich durch die ärgsten Schwierigkeiten hindurchträgt. Mag sein, daß ich kurzfristig in die Knie gezwungen werde, aber irgendwann stehe ich auf, wische mir die Tränen aus den Augen und gehe weiter.

Ich will leben. Das macht gleichzeitig meine unglaubliche innere Stärke aus, die für andere spürbar ist und auf sie eine magnetische Anziehungskraft ausübt. Meine Willensstärke hilft mir bei der Realisierung meiner Ziele. Ich will zur Harmonie und zum Frieden dieser Erde beitragen und habe viele Ideen, wie dies möglich ist. Ich bin sehr intuitiv, besitze aber gleichzeitig einen ausgeprägten Intellekt. Ich kann beide Seiten aktivieren und vereinen: Emotionen und Verstand. Es freut

mich sehr, wenn meine Ideen und Ansichten Gehör finden. Sie tragen zur Erhöhung der Lebensqualität bei.
Mein Schatten: Irgendwann in der Vergangenheit bin ich auf schlimmste Weise in die Knie gezwungen worden. Nun bin ich am Boden zerstört. Ich habe erlebt, daß eine Welt, die ich für wahr hielt, wie ein Kartenhaus in sich zusammengebrochen ist, und die Angst sitzt mir tief im Nacken. Es kann sich dabei um ein wohlgehütetes Familiengeheimnis handeln, das mir erst sehr spät offenbart wurde, oder aber um handfeste Lügen, die mir eine Scheinwelt vorgegaukelt haben. Ich merke jetzt, daß die Welt völlig anders ist, als ich dachte, viel schlimmer und verlogener. Das nimmt mir die Lebensfreude, den Raum zum Atmen und Fühlen. Ich weiß nicht, woran ich bin. Meine Identität ist unklar. Ich muß die Stücke aufsammeln und zu einem neuen Ganzen zusammenfügen. Die Realität kann nur Wahrheit spiegeln. Doch diese Wahrheit muß ich erst begreifen und integrieren.

3. Mein Weg: Ich will die Realität annehmen, so wie sie sich mir zeigt. Es mag sein, daß ich in der Vergangenheit hintergangen und belogen wurde, aber ich lasse es jetzt los. Ich habe keine Angst. Ich erkenne, daß es aus der damaligen Sicht keine andere Perspektive zu geben schien. Ich lerne, was es wirklich heißt zu vergeben. Ich kann trotzdem vertrauen, und das Leben ist weiterhin lebenswert. Ich lasse los von unflexiblen Lebenseinstellungen und begreife, daß es viele Varianten der Wahrheit in unserem Leben gibt. Was ich für wahr und gut empfinde, ist noch lange nicht in Übereinstimmung mit den Überzeugungen meines Nächsten. Nur wenn ich mein Herz öffne, mich für die innere Weisheit freimache, erkenne ich eine universelle, einheitliche Wahrheit – lebenspendend, freudebringend.

4. Ausblick: Ich habe viel dazugelernt. Meine Naivität ist einer inneren Reife gewichen, die sich aus Erfahrung und Erkenntnis zusammensetzt. Diese Welt zeigt sich häufig falsch, aber ich habe inzwischen gelernt, mit Hilfe meiner Intuition zu spüren, ob ich der Wahrheit oder einer Lüge lausche. Zu allen Zeiten hat es viele falsche Prediger gegeben, aber ich erkenne sie. Ich muß sie nicht denunzieren, ich lasse sie einfach los, gebe ihnen keine Energie. Ich kann Illusion und Realität auseinanderhalten. Mehr und mehr entscheide ich mich für die Realität von Gottes Gegenwart in meinem Leben. Es gibt mir ein Gefühl der Freude, erfüllt mein Leben mit Sinn und hält jeder Anfechtung stand. Ich fühle mich geborgen und sicher. Ich habe meinen Platz gefunden und bin dankbar dafür. Das Leben offenbart sich mir in seiner Fülle.

Schattenaspekte auf der Körperebene: Wenn Unwahrheiten für lange Zeit aufrechterhalten werden, manchmal auch über Generationen hinweg, werden häufig alle Lebensbereiche mit einbezogen. Die Tarnung geht in Fleisch und Blut über, und irgendwann erscheint es, als ob die Lüge Wahrheit wäre. Vielleicht würde auch nie etwas davon ins Bewußtsein dringen, gäbe es da nicht den Körper. Er wird sich irgendwann bemerkbar machen. Wenn von Kindesbeinen an eine Neigung zu Allergien und Heuschnupfen besteht, wenn es zu ständigen Erkältungen und grippalen Infekten kommt, dann wird deutlich, daß der eigentlich vorhandene Lebensraum eingeschränkt ist. Bei Erwachsenen kann es zu Suchtverhalten kommen, zum Beispiel Arbeitssucht oder Alkoholismus, wobei das Nach-innen-Schauen vermieden wird. Herzbeschwerden ohne erkennbare organische Ursache können darauf hinweisen, daß hier ein Herzensproblem versteckt liegt. Ängste und Unsicherheiten können aus dem Nichts auftauchen und das Gefühl aufkommen lassen, daß irgend etwas nicht stimmt. Die Intuition sagt, daß etwas nicht in Ordnung ist, aber der Verstand blockiert es, der Sache wirklich auf den Grund zu gehen (zum Beispiel wenn berechtigterweise das Gefühl der Eifersucht vorhanden ist, aber durch Verleugnung seitens des Partners das Problem wieder verdrängt wird). Die innere Stabilität ist gestört, es kann zu einer Abwehrschwäche und Häufung von Infektionserkrankungen wie Erkältungen kommen.

Diese Farbkombination will helfen, zu sich selbst und der eigenen Intuition zu stehen und wieder Vertrauen in das Leben zu gewinnen.

- **Anwendung: Das Öl wird um den ganzen Oberkörper herum aufgetragen.**

Balance Nr. 83

Türkis über Gold

Quintessenz: Lady Portia

Pomander: Gold

1. Wer bin ich?: Ich bin ein Teil des Ganzen. Deswegen bin ich einer globalen Kommunikation sehr zugetan. Ich liebe es, mich mit vielen Menschen zu verbinden, und genieße dieses Zeitalter der Telefone, Faxgeräte, Computer mit ihren diversen Möglichkeiten, weltweit zu kommunizieren. In Sekundenschnelle bin ich mit der anderen Seite der Welt verbunden und erhalte von dort Informationen, Gefühle, Liebe und gebe sie auch. Das ist aufregend und spannend. Immer schwieriger wird das Geheimhalten, das Zurückhalten von Wissen und Gefühlen, denn immer transparenter ist das ganze System. Der neue technische Fortschritt mit seinen Datenautobahnen erinnert an eine längst vergangene Zeit, in der es üblich war, alles Wissen auf telepathischem Weg abzurufen und zu kommunizieren. Die Kraft des Lichts macht alles sichtbar, versteckt nichts. So ist auch die Energie Gottes eine alles offenlegende Kraft. Wir nähern uns dieser Schwingung mit bahnbrechender Geschwindigkeit, und es begeistert mich dabeizusein. Wir öffnen uns ganz.

2. Mein Licht: Ich bin ein Gemeinschaftsmensch. Ich liebe es, mich auf verschiedenen Wegen mitzuteilen und auszutauschen. Ich habe eine Flut von Ideen, Gedanken, Visionen, die ich sehr gern weitergebe. Ich bin ganz offen, was Kommunika-

tion angeht. Ich stelle sicher, daß meine Botschaft auch beim Empfänger ankommt. Ob geschrieben, gemalt, getanzt, gesungen, gesprochen, gestikuliert. Hauptsache, ich erreiche den Partner. Ich gehe intuitiv und sehr feinfühlig vor, entwickele viel Phantasie und Kreativität bei der zweckmäßigsten Übermittlung, und so erhalte ich auch sehr klare und verständliche Antworten. Im echten Austausch liegt die Möglichkeit des Wachstums, der Entfaltung. Konstruktive Kritik, die ich bereitwillig annehme, gibt mir die Chance, besser zu werden, zufriedener zu sein, mehr Erfüllung zu finden.
Mein Schatten: Irgendwann in meiner Vergangenheit war ich zu offen, zu auskunftsfreudig und auch zu wißbegierig. Es ist fast so, als ob ich einen Teil meiner Seele verraten hätte und nun extreme Angst verspüre, jemals wieder zuviel von mir zu offenbaren. Oberflächliche Kommunikation kann ich ertragen, aber sobald es tiefer geht und Schichten berührt, die ich längst zugeschüttet habe, reagiere ich mit Ablehnung. Ich verschließe mich, ziehe mich zurück und will diese tiefere Kommunikation auf keinen Fall zulassen. Durch diese Angst vor der Entblößung leidet auch meine Kreativität. Ich bin blockiert, finde keine Inspiration. Wie ein starker Filter lasse ich nur ganz bestimmte Botschaften durch und versuche zu kontrollieren, was mir persönlich nutzt und was nicht.

3. Mein Weg: Ich will mich wieder für die Kommunikation öffnen und nicht mehr über meinen Verstand steuern, wer mit mir in Verbindung tritt und wer nicht. Ich fühle mehr aus dem Herzen, wem ich vertrauen kann. Meine Intuition ist in diesem Zusammenhang sehr geschärft; ich muß auf sie hören. Ich will mich aus der Isolation befreien und mit Menschen zusammenkommen, auf welchem Weg auch immer. Das Leben ist so bunt und aufregend; ich genieße es. Ich passe mich dem technischen Fortschritt an und nehme ihn voll in Anspruch, um mir bei der Verbindung zu anderen Menschen helfen zu lassen. Ich erlange wieder ein Gefühl dafür, wie es ist, über Raum und Zeit hinaus miteinander in Verbindung zu stehen. Es ist spannend.

4. Ausblick: Ich habe keine Ängste mehr zu sein, wie ich bin. Keiner verrät mich, verfolgt mich, schüchtert mich ein. Das alles ist vorbei, und ich kann meine Kreativität voll entfalten. Selbst in den entferntesten Winkeln dieser Erde ist es möglich, in Verbindung zu bleiben. Wir sind niemals allein, sondern stets miteinander verbunden. Immer mehr offenbart sich dieses geistige Gesetz in der Welt, das heißt auf der materiellen Ebene via moderner Technologien. Per Kabel kommunizieren wir in Sekundenschnelle intensiv miteinander. Es ist Teil der Anhebung der Energie. Dieser Fortschritt mag für manche ein Schrecken sein, doch ist er Ausdruck unseres Strebens nach Einssein.

Schattenaspekte auf der Körperebene: Wer Angst hat, seine Meinung zu äußern und statt dessen lieber schweigt und sein Wissen unterdrückt, kann auf Dauer sehr viel inneren Streß erleben. Dieser Streß kann beispielsweise auf den Magen schlagen. Beschwerden nach dem Essen wie Völlegefühl oder Sodbrennen können auftreten. Verstopfung mit dem Gefühl des Blähbauchs zeigen im übertragenen Sinne, daß etwas zurückgehalten wird. Nervosität und Frustration können eine starke innere Unruhe hervorrufen, die bis hin zu Engegefühlen im Brustkorb führen kann. Die starken Emotionen können Schwankungen in den Adrenalin- und Blutzuckerwerten hervorrufen. Die Atmung ist flach, der Körper kommt nur schwer in die wirkliche Spannung. Die Haut kann empfindlich sein.

Diese Farbkombination will helfen, Ängste zu bewältigen und den Mut zum eigenen Ausdruck der Kreativität zu finden.

- **Anwendung: Das Öl wird rund um den gesamten Oberkörper aufgetragen.**

Balance Nr. 84

Rosa über Rot

Quintessenz: Der Christus
Pomander: Dunkelrot oder Rot

1. Wer bin ich?: Ich bin wie ein Kelch voller Liebe: lebendig, überfließend, erquickend. Ich habe das Gefühl, an einen Strom der Liebe angeschlossen zu sein. Diese Energie belebt mich, gibt mir Kraft. Ich spüre die Bedürfnisse anderer Menschen – individuell und kollektiv –, gehe darauf ein und gebe, was ich geben kann. Ich tauche ganz in den Moment des Hier und Jetzt ein, ohne aber meine Weitsicht zu verlieren. Daher erfasse ich intuitiv, wann ich meine Energie aktiv einbringen kann und wann ich mich passiv verhalten soll, um zu empfangen. Um zu geben, muß ich auch in die Stille gehen können; dann halte ich das hohe Niveau meiner Energie. Ich fühle mich der Erde sehr verbunden, spüre auch hier, wann ich aktiv und wann ich passiv sein muß. Ich spende Kraft und Liebe, wo es mir möglich ist in bezug auf Körper, Geist und Seele.

2. Mein Licht: Ich habe viel Energie, mit der ich behutsam umgehe. Ich bin sehr empfindsam, mitfühlend und liebevoll. Meine Ausdauer auf der körperlichen Ebene ist groß, und ich kann eine Menge innerhalb eines Tages schaffen. Dabei gerate ich jedoch nicht in Eile; auch bei großer Arbeitsbelastung bin ich sehr ruhig und gelassen. Ich vergesse nie, wie wichtig der liebevolle Umgang mit allem ist. Ich sorge gerne für andere Menschen, aber auch für Tiere und für die Natur. Ich fühle mich dazu berufen, und ich finde hierbei meine Erfüllung. Es ist für mich selbstverständlich, dazu beizutragen, daß in unserer Welt mehr Liebe weilt. Ich bin großzügig im Geben, denn ich habe nicht das Gefühl, von meiner Substanz zu geben. Eher fließt meine Energie in einem unendlichen Kreislauf, angeschlossen an eine Kraft, die größer ist als ich und die für alles sorgt.

Mein Schatten: Vielleicht bin ich in der Vergangenheit zu kurz gekommen. Ich habe nicht so viel Liebe und Fürsorge erhalten, wie ich gebraucht hätte. Gerade in einer Zeit, in der ich viel seelische Nahrung in Form von Mitgefühl, Annahme und Zuneigung gebraucht hätte, ist sie mir vorenthalten worden. Ich trage eine große Wut in mir wegen dieses Defizits und habe den Eindruck, daß nichts und niemand dies je wiedergutmachen kann. Auch wenn ich heute so viel Liebe erhalten kann, wie ich brauche – ich kann sie nicht annehmen beziehungsweise die Gabe nicht erkennen. Zu sehr stecke ich in der Vergangenheit fest und in dem Gefühl, nicht das erhalten zu haben, was mir zusteht. Das schwächt mich und hindert mich daran, selbst Liebe zu geben. Ich lebe in der ständigen Frustration, nicht genug zu haben.

3. Mein Weg: Ich will mich für die Liebe im Hier und Jetzt öffnen. Egal was in der Vergangenheit war, jetzt erhalte ich die Aufmerksamkeit und Achtung, die ich brauche. Meinen Ärger über mangelnde Fürsorge und Liebe lasse ich los und bin statt dessen bereit, mich der Fülle des Lebens hinzugeben. Aus meiner trüben, stagnierenden Lebensenergie wird wieder eine fließende, klare und bewußte Kraft. Ich nehme wieder Verbindung zu meiner schöpferischen Seite auf und spüre den stetigen Rhythmus des Lebens. Ich überwinden meine Apathie und finde Freude an der Arbeit. Ich spüre die Liebe, die mir gegeben wird, und genieße sie in vollen Zügen. Ich fühle mich reich und will von diesem Reichtum geben. Ich nehme die Momente des Gebens und Empfangens in vollem Umfang an.

4. Ausblick: Ich habe Energie und Vitalität. Ich mache etwas aus jedem Tag – in dem Bewußtsein, daß jeder Moment mir Erfüllung bringt und ich ebenfalls in jedem Moment Erfüllung geben kann. Ich bin ein Teil der Schöpfung, und als solcher erkenne ich jetzt meinen Wert. Ich fühle mich verbunden mit allem Leben, auch mit Gott, und schöpfe aus diesem Wissen meine Kraft, die ich einsetze, wo sie gebraucht wird. Ich fühle mich in der Liebe reich beschenkt, denn ich sehe, wieviel mir gegeben wird. Ich habe losgelassen, habe mich geöffnet und habe meine Gaben endlich erkannt. Nun gebe ich sie in Liebe weiter und in der Hoffnung, daß sie wiederum Früchte tragen. Ich habe viel überwunden. Mir ist die Kraft der Erkenntnis gegeben worden, und aus ihr heraus wirke ich tagtäglich.

Schattenaspekte auf der Körperebene: Alle Energie wird in die Vergangenheit gelenkt, und es ist viel Zorn und Wut aufgestaut worden. »Hätte«, »wäre«, »wenn« gehören zum Lieblingsvokabular. So bleibt zur Bewältigung des Alltags nicht viel Kraft übrig. Es kann daraufhin zu Erschöpfungszuständen und einer allgemeinen Lethargie sowie Antriebsarmut kommen. Das innere Stehenbleiben kann sich körperlich durch mangelnde Bewegung und Unlust an jeglicher sportlicher Betätigung bemerkbar machen. Ein schlaffer Venentonus mit der Neigung zu Krampfadern und Bindegewebsschwäche (blaue Flecken) kann auftreten. Unlust in der Sexualität ist keine Seltenheit. Potenzprobleme können in diesem Bereich ebenfalls in Erscheinung treten. Damit hält man sich die Liebe effektiv vom Leibe. Eigentlich sind sehr viel Lebenskraft und Leidenschaft vorhanden, sie werden nur in die falsche Richtung gelenkt.

Diese Farbkombination will helfen, die Energien wieder in die Gegenwart zu bringen und über den Körper sinnvoll einzusetzen.

- **Anwendung: Das Öl wird um den ganzen Unterbauch herum aufgetragen.**

Balance Nr. 85

Türkis über Klar

Quintessenz: Serapis Bey
Pomander: Weiß

1. Wer bin ich?: Ich bin lebendig und kreativ in meinem Ausdruck. Schon immer ist mir die Gabe einer schier unerschöpflichen Phantasie zu eigen gewesen, die mir viele Visionen und Erkenntnisse schenkt. Ich liebe es, diese inneren Eingebungen im Außen zu manifestieren. Es bringt mir sehr viel Freude und Erfüllung, leicht und spielerisch, doch klar und verständlich meine Botschaft zu übermitteln. Unkompliziert und einfach in der Sprache, steckt doch eine unsichtbare Kraft dahinter, die viel Bewegung in sich trägt. Ich habe ein Gespür für die Wahrheit, weiß intuitiv, ob ich auf dem richtigen Weg bin. Indem ich mit all meiner Energie, mit all meinem Gefühl mein inneres Wissen darbiete – ob sprachlich oder auf andere Art und Weise –, übermittele ich intensiv und eindringlich diese Kraft des Lichts und der Liebe. Weil ich alles einbringe, bin ich glaubwürdig. Ich spiele und ich spreche aus ganzem Herzen.

2. Mein Licht: Meine Sensibilität gibt mir ein Gespür für die wahrhaftigen Dinge im Leben. Ich lasse mich von meiner Intuition führen und reagiere auf meine innere Stimme. Ich bin sehr vielseitig und flexibel. Ich kann mich in allen Lebenssituationen zurechtfinden und mit dem Fluß des Lebens mitgehen. Wichtig ist dabei nur, daß ich dem Gefühl meines Herzens folge. Wenn mein allererster Impuls ein Ja ist, dann lasse ich mich getrost auf das Geschehen ein. Ich bin sehr verspielt und weiß, wie wichtig dieser Ausgleich zu unserer täglichen Arbeit ist. Über das Medium Spiel dringe ich viel leichter in die höheren Aspekte meines Seins ein und verschaffe mir Einsicht und Klarheit. Diese Leichtigkeit, die ich ausstrahle, wirkt anziehend.

Mein Schatten: Vielleicht bin ich so sensibel und offen, ist meine Phantasie so ausgeprägt, daß ich kein Gefühl dafür habe, ob ich richtig oder falsch liege. Es entsteht eine Art Verwirrung über den Ansturm all der inneren Bilder, da ich sie nicht richtig einsortieren kann. Ich leide darunter, kann aber mit niemandem darüber sprechen, weil ich spüre, daß das Problem zu abstrakt ist, um verstanden zu werden. Unsicherheit schleicht sich ein, und ich habe Schwierigkeiten, mich zu artikulieren. Ich leide stumm. Meine Empfindsamkeit zieht mich in die falsche Richtung und blockiert mich in meiner Energie. Ich verliere meine spielerische Seite, nehme alles sehr ernst. Das geht so weit, daß ich handlungsunfähig bin und wie gelähmt kein Gespür mehr für mein Leben und meinen Weg habe. Ich fühle mich vom wirklichen Leben abgeschnitten.

3. Mein Weg: Ich will mehr Klarheit über die Qualität meiner Gefühle und meiner inneren Bilder bekommen, damit ich erkennen kann, wie ich meine Fähigkeiten konstruktiv einsetzen. Ich will mit meiner Zeit besser umgehen und neben der Arbeit auch Pausen zum Spielen einplanen. Ich finde Menschen, denen ich mich anvertrauen kann. So lerne ich langsam, mich zu artikulieren und mich auszudrücken, um mein Innerstes zu offenbaren. So öffnet sich wieder eine Tür in mir. Ich spüre einen kreativen Impuls erwachen. Meine Eindrücke sind erfaßbar und nachvollziehbar. Ich nutze sie, um meine Lebensklugheit weiterzugeben. Ich bin wieder in Kontakt mit meiner inneren Stimme und kann ihre deutlichen Botschaften in meinen Alltag integrieren und sie umsetzen. Ich freue mich, daß ich bin.

4. Ausblick: Ich weiß, was ich will, und nutze meine Kreativität, um den Weg zu meiner Erfüllung zu finden. Ich habe gelernt, daß mir immer Möglichkeiten offenstehen, um weiterzukommen, und ich überlasse mich dem Fluß des Lebens. Ich vertraue meiner Intuition und meiner Weisheit. Ich fühle mich sicher und geborgen. Ich habe Blockaden gelöst, Schwierigkeiten überwunden und dadurch viele Erkenntnisse gewonnen. Ich drücke meine Gefühle auf kraftvolle Art aus, von Herz zu Herz. Ich berühre andere, bin in Kontakt, kommuniziere. Ich spüre eine unbändige Leichtigkeit des Seins, die mich beflügelt. Ich fühle mich frei. Nichts hält mich fest, ich kann gehen, wohin meine innere Stimme mich führt.

Schattenaspekte auf der Körperebene: Wer seinen individuellen, kreativen Lebensausdruck aus Angst vor Mißverständnissen zum Schweigen bringt, kann auch mit Schwierigkeiten in den Kommunikationszentren des Körpers rechnen. Das Herz, Zentrum der Gefühle und der Liebe, kann sich bemerkbar machen. Herzrasen oder -pochen, wenn es darum geht, etwas mitzuteilen, ist dann ein typisches Merkmal von Lampenfieber. Zu flache und zu schnelle Atmung kann eine Hyperventilation erzeugen. Die Panik kann so groß werden, daß die innere Stimme, die sich gerade zu Wort melden wollte, völlig verstummt. Stimmbandprobleme bei Sängern vor einem Auftritt sind ein Beispiel oder wenn ein Schauspieler seinen Text auf der Bühne vergißt. Es kann zu plötzlichen Erkrankungen vor wichtigen Terminen kommen, bei denen es darum geht, Gefühle und Ideen vorzustellen. Die Abhängigkeit von Substanzen, die eine enthemmende Wirkung haben (zum Beispiel Alkohol, Drogen) und damit Mut machen und Schüchternheit überwinden, kann ebenfalls ein Thema sein.

Diese Farbkombination will helfen, Nervosität, Ängste und mangelndes Selbstwertgefühl auszugleichen, und dazu ermutigen, die eigene Intuition ganz natürlich auszudrücken.

- **Anwendung: Das Öl wird um den gesamten Brustbereich herum aufgetragen.**

Balance Nr. 86

Klar über Türkis

Quintessenz: Maha Chohan
Pomander: Türkis

1. Wer bin ich?: Ich bin aufnahmefähig, gefühlvoll und mitteilsam. Ich bin mit dem Universum verbunden und kann mein Bewußtsein jenseits von Raum und Zeit einsetzen. Ich bin ein Teil des ewigen Kreislaufs, ein Teil des lebendigen »Ich bin«. Verbunden mit dem kollektiven Wissen dieser Erde, sehe ich deutlich Ursache und Wirkung allen Geschehens seit Anbeginn des Lebens. Ich kann mich ganz und gar in eine Sache einbringen, mich auf sie konzentrieren und ohne Ablenkung spüren, worauf es im wesentlichen ankommt. Sehr klar lebe ich vollkommen im gegenwärtigen Moment. Alles hilft mir auf meinem Weg, dient mir als Quelle der Erkenntnis. Meine inneren Bilder, Träume und Visionen sind meine Boten auf meinem Weg ins Licht. Ich bin ein Kind der Liebe.

2. Mein Licht: Ich bin sehr kreativ und finde für alle problematischen Situationen, egal wie außergewöhnlich sie sein mögen, eine konstruktive Lösung. Ich weiß, was ich tun muß, um etwas zu erreichen, denn ich bin mit meiner inneren Führung sehr verbunden. Mein Einfallsreichtum hilft, aus dem Nichts etwas aufzubauen. So setze ich mich genau dort ein, wo ein Mangel herrscht: an Energie, an Wissen, an Liebe. Ich bringe Hoffnung, Klarheit und die Kraft, aus sich selbst heraus etwas zu erschaffen. Diese Motivation kann direkt vermittelt werden oder auch indirekt über Bilder, Texte, Tanz, Musik. Ich kann mich dem jeweiligen Rhythmus anpassen und die effektivsten Mittel einsetzen, um mich auszudrücken. Ich zeige den Zeitgeist, so wie er sich mir darstellt, aber ich bin frei und unabhängig davon.

Mein Schatten: Irgendwie habe ich mich in Komplikationen verwickelt, aus denen ich nicht herauskomme. Wie ein Sog zieht es mich herunter in die Tiefe, das nimmt mir meine Lebensfreude und raubt mir meinen Atem. Ich habe das Gefühl, in einer persönlichen Hölle eingeschlossen zu sein, und leide sehr. Ich finde nicht mehr aus meiner Misere heraus und stagniere. Mir fehlt der Zugang zu mir selbst und zu anderen; ich kann nicht genau ausdrücken, was mir fehlt. Ich weiß nur, daß etwas nicht in Ordnung ist, ich nicht ganz bin. Ich bin unausgeglichen, löse mich häufig in Tränen auf, kann aber nicht erklären, warum. Ich fühle mich von meiner inneren Stimme abgeschnitten. Mir fehlt ein Gefühl dafür, was ich will und wie es weitergehen soll. Es ist, als ob ich im Dunklen umherirre. Ich bin dabei, meinen Weg zu verlieren.

3. Mein Weg: Ich will tief einatmen, meinen Kummer loslassen und wieder eine Perspektive für mein Leben gewinnen. Ich will ein genaueres Gespür für meine Gefühle bekommen, ihnen nachgehen und ihre Quelle erkennen. Ich will wieder Kontakt zu meiner inneren weisen Instanz haben, diese leise Stimme, die mir sagt, was mit mir los ist und was ich am besten tun sollte. Ich will Zuversicht, Freude und Liebe erleben. Ich richte meine Aufmerksamkeit auf meine inneren Bilder und Botschaften und weg von äußeren Geschehnissen, die vielleicht einen negativen Einfluß haben. Ich will wieder lachen, meinen Humor zurückgewinnen, spielerisch und ausgelassen sein. Ich erlebe wieder Freude am Leben und bringe dies spürbar und sichtbar zum Ausdruck.

4. Ausblick: Ich habe viel erlöst, vieles endgültig losgelassen und damit Klarheit in mein Leben gebracht. Ich finde die vielen Möglichkeiten, die das Leben mir bietet, aufregend und motivierend. Ich empfange wieder eine Fülle von inneren Impulsen und Ideen, wie ich mein Leben gestalten kann. Ich nutze diese wiedergewonnene Kreativität, um meine Dankbarkeit und meine Liebe zum Ausdruck zu bringen. Ich freue mich über das Licht, das ich nach all der empfundenen Dunkelheit erlebe, und spüre eine neue Dimension meiner schöpferischen Kraft. Wie auch immer sich diese Energie manifestiert, sie zeigt mir und anderen auf einfachstem Weg, wie wir Heilung und Liebe erfahren können, sowohl im Nehmen als auch im Geben.

Schattenaspekte auf der Körperebene: Das Gefühl, völlig neben sich zu stehen und total aufgelöst zu sein, ist sehr entmutigend und kann sich als depressive Verstimmung bemerkbar machen. Die Abwehrkräfte des Körpers sind geschwächt, und damit erhöht sich die Neigung, an Infektionen zu erkranken. Schmerzen im Brustkorb, ausgelöst durch bronchiale Infekte, Asthma oder streßbedingte Herzschmerzen, erschweren die Atmung und Entspannung. Das körperliche Leiden kann chronisch werden und geht dann mit dem Gefühl einher, niemals wieder auf die Beine zu kommen. Die Schwäche und der subjektive Eindruck, am Ende der eigenen Kraft angekommen zu sein, zermürben und machen sich auch in der äußeren Erscheinung sichtbar. Blasse Haut oder Hautunreinheiten, dunkle Schatten unter den Augen zeugen von dem leidvollen Geschehen, das sich im Inneren abspielt.

Diese Farbkombination will helfen, Leidensmuster loszulassen und Heilung und Klarheit hereinzubringen.

- **Anwendung: Das Öl wird um den Brustbereich herum aufgetragen.**

Balance Nr. 87

Koralle über Koralle

Quintessenz: Lao-Tse und Kwan-Ying oder Sanat Kumara

Pomander: Rosa oder Gold

1. Wer bin ich?: Ich bin eingebettet in dem Gefühl des Geliebtseins. Diese Liebe erfüllt mich, beglückt mich, macht mich selig. Das Wissen, daß ich bedingungslos geliebt werde, macht mein Herz ganz offen, meine Seele ganz weit. Die ganze Schönheit des Lebens offenbart sich mir. Ich sehe und ich liebe das Licht, die Sonne und die Wärme. Die Natur gibt aus ihrer Fülle, ohne jemals eine Gegenleistung zu erwarten. Auch ich spüre diesen Impuls in mir: einfach zu geben, aus Freude am Dasein. Ich bin spontan in meinen Aktivitäten, aber immer aus dem inneren Gefühl heraus, das Richtige zu tun. Ich trage eine Weisheit in mir, die aus einer höheren Quelle stammt, und ich vertraue mich ihrer Führung ganz und gar an. Sie ist verbunden mit der göttlichen Liebe und hilft mir in unendlicher Geduld, meinen Weg zu gehen. Ich spüre die Liebe, die uns allen zur Verfügung steht, doch nicht von dieser Welt ist.

2. Mein Licht: Meine Gefühle sind sehr intensiv und ausgeprägt. Ich habe eine Affinität zu den schönen Dingen im Leben, denn ich spüre, daß sie in ihrer Harmonie und ihrem Licht sehr viel Energie vermitteln können. Es geht hier nicht um materiellen Reichtum, sondern um den Ausdruck der Liebe. Das kann sich in einem kostbaren Objekt, aber ebenso in einer Blume manifestieren. Beide sind mit unendlicher Sorgfalt, Geduld und Hingabe entstanden. Da ich einen Blick für diese Dinge habe, empfinde ich sehr viel Freude und Liebe gegenüber allem Lebendigem. Mein Sinn für Schönheit und Ästhetik hilft anderen bei ihrem eigenen, individuellen Ausdruck der Liebe. Ich verwirkliche mich, indem ich anderen bei ihrer Selbstverwirklichung helfe. Ich lebe intensiv, und ich lebe gern.
Mein Schatten: Irgendwann in der Vergangenheit sind meine Feinfühligkeit, mein Sinn für Schönheit und Liebe vielleicht falsch interpretiert worden. Eventuell ist diese sehr ätherische Schwingung auf die physische Ebene heruntergedrückt und als Lustgefühl, Verlangen, Gier oder Abhängigkeit verstanden worden. Eigentlich will ich etwas ausdrücken, was nicht von dieser Welt ist, doch ich werde mißverstanden und finde keine Resonanz. Die große Angst vor dieser hohen Kraft der Liebe und der Weisheit läßt mich Erfahrungen machen, die mich von

der Zerbrechlichkeit und Unmöglichkeit solcher Ideale überzeugen. Ich fühle mich für die Intensität und Zartheit meiner Gefühle bestraft und lerne, sie zu verstecken. Ich offenbare niemanden mehr meine wahre Identität aus Angst vor Verfolgung oder Bestrafung.

3. Mein Weg: Ich will lernen zu vertrauen und mich erneut für den Ausdruck der Liebe öffnen. Ich spüre eine Freude in mir, die sich endlich wieder zeigen will. Die schmerzhaften Ereignisse meines Lebens will ich nicht mehr festhalten, sondern mich für die schönen Momente öffnen. In jedem Sonnenstrahl, in jedem Regentropfen und in jedem Lachen sehe ich Kraft und Liebe. Ich will meine Gefühle zeigen, dazu beitragen, daß diese Welt eine Welt voller Schönheit und Harmonie ist. Ich finde Zugang zu meiner Intuition, meiner inneren Weisheit. Ich habe viel erlebt und viel erfahren, doch nun komme ich wieder zurück zu meinen Wurzeln. Ich erlebe, wie es ist, sich von der Erkenntnis tragen zu lassen, daß die Liebe der Schlüssel zur Erlösung allen Schmerzes, aller Angst, allen Kummers ist. Liebe zeigt sich tausendfach jeden Tag, auch wenn ich es nicht wahrhaben will. Ich muß nur spüren, sehen, fühlen, hören, glauben.

4. Ausblick: Ich erlebe die Liebe in ihrer Reinheit und Intensität. Sanft, zärtlich und zugleich kraftvoll wird sie Teil meines Lebens. Ich spüre eine unendlich große Freude über das Wiedererkennen dieser Energie. Sie trägt mich, beschwingt mich, gibt mir ein Gefühl der Geborgenheit, der Kraft, der Freude. Es ist eine sehr reiche Empfindung, und sie kommt von Herzen. Ich spüre, wie alles miteinander verbunden ist, in ständiger Interaktion in einem ewigen Kreislauf pulsiert. Diese Glückseligkeit vermittele ich in allem, was ich tue. Ob ich mit den Händen, mit Maschinen oder mit dem Kopf arbeite, ich tue es mit Begeisterung und mit Liebe. Es macht mir Spaß. Die Ergebnisse meiner Arbeit zeugen von meinem Glücksgefühl. Ich lebe und liebe jetzt.

Schattenaspekte auf der Körperebene: Die hohe Kraft der reinen Liebe, wie sie beispielsweise von Kindern ausgedrückt wird, kann unter unglücklichen Umständen zum Opfer der körperlichen Begierde werden. Zwei Gegenpole prallen hier auf sehr destruktive Weise aufeinander. Wo immer eine zarte Seele von der rauhen Wirklichkeit vereinnahmt wird, zeichnen sich Narben ab. Auf der körperlichen Ebene kann Mißbrauch geschehen sein. Dieser kann, muß aber nicht nur sexueller Art gewesen sein. Jegliche Form von Mißhandlung, auch Prügeln, gehört dazu. Bei sehr sensiblen Personen reicht es aus, Zeuge eines solchen Geschehens zu sein, um die körperlichen Folgen eines Schocks davonzutragen. Es kann dann eine unbewußte Selbstzerstörungstendenz bestehen, die sich sowohl beim Kind als auch beim Erwachsenen in einer erhöhten Unfallneigung (Auto- oder Fahrradunfälle, Knochenbrüche durch Stürze usw.) zeigt. Bei Frauen kann es zu Unterleibsproblemen kommen (wiederholte Pilzinfektionen der Scheide, Blasenentzündungen, menstruelle Probleme usw.). Aber auch Verweigerung von Nahrung, Durchfallerkrankungen und Abmagerung können zu einem völligen inneren Rückzug führen. Hier herrscht das Gefühl, daß Sterben – Loslassen des Körpers – eine Gnade wäre und Erlösung von den Qualen bringen würde.

Diese Farbkombination hat eine sehr wirkungsvolle und feine Schwingung und will ganz sanft und liebevoll dabei helfen, die Vergangenheit zu bewältigen und das Vertrauen zu bekommen, in der Gegenwart diese zarte Liebe zu erfahren.

- **Anwendung: Das Öl wird auf dem Unterbauch herum aufgetragen. Es ist außerdem festgestellt worden, daß es besonders wirksam ist, wenn es auf der ganzen rechten Körperseite aufgetragen wird – also vom Fußknöchel rechts seitwärts hoch bis zum Ohrläppchen. Das Öl hat Ähnlichkeit mit der B26 (Orange über Orange) und hilft, Schocks und Traumata zu heilen.**

Balance Nr. 88

Grün über Blau

Quintessenz: El Morya
Pomander: Saphirblau oder Königsblau

1. Wer bin ich?: Ich bin ruhig, gelassen und engagiert in allem, was ich tue. Ich fühle mich mit der Natur sehr verbunden. In ihr finde ich Inspiration und kreative Eingebungen, die ich am liebsten in künstlerischer Form ausdrücke. In der Natur kann ich durchatmen und mich energetisch öffnen. Ich habe ein Feingefühl für die höheren Wahrheiten und erfasse intuitiv, wenn ich es mit geistig-seelischen Aspekten unseres Daseins zu tun habe. Ich brauche Nähe zu anderen Menschen und zeige gern meine Liebe und Zuneigung. Ich verbinde mich mit dem Leben und fühle einen tiefen Frieden in mir. Es ist ein Frieden, dem unser göttliches Sein zugrunde liegt und der die heilende Kraft der Stille und des Einsseins, der Harmonie und des Segens schenkt. Alles ist in Wahrheit eins, ohne Anfang und ohne Ende. Mein Herz schlägt im Rhythmus mit dieser einen Kraft.

2. Mein Licht: Ich habe sehr viele kreative Ideen, die ich gestalterisch umsetze; das kann über das Schreiben, Malen oder auch über das Sprechen geschehen. Meine Ausdrucksform ist sehr lebendig und bezieht oft die Naturelemente mit ein. Die Jahreszeiten mit ihren verschiedenen Farben, Formen und Temperamenten haben einen großen Einfluß auf mich, ebenfalls die unterschiedlichen Rhythmen von Tag und Nacht. Hier spüre ich eine Energie, die größer ist als wir Menschen und mit der ich mich verbinden kann. Daher hole ich mir gern Inspiration von verschiedenen Landschaften, denn jede trägt ihre eigene Signatur. Ich höre sehr auf meine innere Führung und brauche diesen Kontakt, um meine Gefühle und meine persönliche Wahrheit zu äußern. Ich bin zufrieden und glücklich mit meinem Leben.

Mein Schatten: Vielleicht habe ich in der Vergangenheit eine große Enttäuschung erlebt. Ich habe Kontakt gesucht, Nähe und Liebe und wollte offen sein, eventuell gegenüber meinem Vater, einem Bruder oder Lehrer. Aber meine Offenheit, meine Wärme, meine Sensibilität, meine Liebe und meine Suche nach Nähe wurden ins Lächerliche gezogen und abgewiesen. Vielmehr wurden Disziplin, Leistung, Stärke und materieller Wohlstand belohnt. Ich habe gelernt, meine wirklichen Bedürfnisse zu verleugnen, und mir statt dessen eine harte Schale zugelegt. Für die Natur habe ich nun kein Auge und keine Zeit, denn ich muß mich in meiner Arbeit beweisen. Ich bin hart, ich bin unverletzlich und unbesiegbar. Aber ganz tief in mir bin ich auch einsam und voller Sehnsucht.

3. Mein Weg: Ich will endlich mein wahres Ich nach außen hin zeigen. Ich muß nicht immer stark sein. Es ist auch in Ordnung, um Hilfe und Unterstützung zu bitten und meine Bedürfnisse nach Nähe und Liebe zuzulassen. Ich kann meine innere Stimme, die ich so lange zugunsten der äußeren geknebelt habe, wieder befreien und zuhören, was sie mir zu sagen hat. Ich brauche keine Angst vor Verleumdung zu haben, denn die Vergangenheit ist nicht mehr relevant. Ich erkenne die Vielfalt und Fülle der Natur und wie sie sich dem Fluß des Lebens hingibt. Ich löse mich von meiner Verkrampfung und öffne mich für ein Gefühl der Entspannung und des Vertrauens im Hier und Jetzt. Ich finde wieder Zugang zu meiner kreativen Seite und fange an, sie so auszudrücken, daß es mir Freude macht. Ich befreie mich von Angst und Unsicherheit und lasse die Liebe in mein Leben eintreten.

4. Ausblick: Ich habe in mir Ruhe gefunden – nach all den durchlebten Stürmen. Es ist wieder Klarheit und Licht in mein Leben gelangt, so daß ich durchatmen kann und sich ein positives, bejahendes Gefühl in mir ausbreitet. Es ist, als ob ich eingesperrt und in Ketten gelegt war und nun befreit bin. Ich richte mich nicht mehr ausschließlich nach den Kriterien der

Umwelt, sondern tue das, was für mich wichtig ist, auch wenn es sich um einen neuen Pfad handelt. Ich nutze meine Sensitivität auf schöpferische Weise, auch um anderen die Vision einer neuen Welt zu vermitteln. Ich gebe meine Wärme und meine Liebe weiter, unabhängig von der Reaktion der anderen, und vertraue nun darauf, daß ich an eine unendliche Quelle der Liebe angeschlossen bin. Die Natur ist für mich ein Spiegel dieser Kraft, und ich schließe mich an sie an.

Schattenaspekte auf der Körperebene: Wer so hart ist, daß er jegliche Gefühle der Liebe und Nähe abweist, wird sich einen Ersatz dafür suchen, denn das Bedürfnis danach bleibt bestehen. So ist es beispielsweise gut möglich, daß Arbeitswut zunächst einmal von diesem inneren Hunger ablenkt. Streßsymptomatik mit Rücken- und Schulterverspannungen kann auftreten. Sowie jedoch einen Moment lang Ruhe einkehrt, schreit die Seele nach dieser Liebe. Da die Liebe verleugnet und nicht angenommen wird, muß eine andere Ebene der Befriedigung gefunden werden. Am leichtesten gelingt dies über das Essen. Essen stillt kurzfristig diesen Ruf nach Liebe; langfristig erweist es sich jedoch als Falle. Übergewicht kann die Folge sein, was wiederum als Abwehrmechanismus dient, um sich der körperlichen Liebe und Nähe zu einer anderen Person zu entziehen. Die Atemwege können betroffen sein und Herzbeschwerden aufflackern, die auf eine Blockade in diesem Bereich hinweisen. Es fehlt die Ruhe und Entspannung, um seinen Gefühlen der Liebe und der Zärtlichkeit wirklich freien Lauf zu lassen.

Diese Farbkombination will dabei helfen, das Geben und Nehmen von Liebe zuzulassen und bei aller Betriebsamkeit mehr Ruhe und Gelassenheit im Leben zu erfahren.

- **Anwendung: Das Öl wird um den gesamten Brustbereich sowie um den Hals herum aufgetragen.**

Balance Nr. 89

Rot über Tiefmagenta

Quintessenz: Pallas Athene

Pomander: Tiefmagenta

1. Wer bin ich?: Ich bin voller Kraft und Liebe. Ich spüre den Puls der Zeit und passe mich den jeweiligen Rhythmen an: mal langsam, mal schnell. Ich spüre den Klang der Zeit, auch hier wiege ich mich im Takt, gehe in die innere Stille oder in die äußere Lautstärke. Alles verändert sich, und ich verändere mich mit. Diese Flexibilität und Anpassungsfähigkeit birgt eine immense Energie in sich – eine Energie, die für jegliche Art von Transformation nötig ist. Es ist eine Kraft, die die Hände in Liebe ausstreckt, in die wir uns hineingeben können und von der wir Heilung und Erneuerung erfahren. Es ist die Schwingung der alles vergebenden und ewig währenden Liebe Gottes, die ich spüre und an die ich angeschlossen bin. Die Welt braucht diese heilende Energie. Ich lasse geschehen.

2. Mein Licht: Ich setze meine Energie optimal ein. Ich kann lange Phasen der Aktivität ohne Verausgabung durchstehen und nutze dann die Ruhepausen gut aus, um mich zu regenerieren. Dadurch kann ich sehr viel Arbeit ohne Ermüdung erledigen. Ich weiß, wo ich meine Kraft sinnvoll einsetzen kann und vermag mich schnell an die jeweilige Umgebung und an die Anforderungen anzupassen. Dadurch fällt es mir leicht, neue Landschaften, neue Kulturen und neue Menschen kennenzulernen und ihre Lebensrhythmen anzunehmen. Ich erfasse die Schwingung auf einer tieferen Ebene und gehe automatisch in Resonanz dazu. Weil ich offen bin und sehr viel Liebe für das Leben an sich empfinde, habe ich die Fähigkeit zu heilen. Das, was jeweils gebraucht wird, kann durch mich als Kanal hindurchfließen. Ich empfange Liebe, und ich gebe Liebe, wo sie als heilende Kraft gebraucht wird.

Mein Schatten: Vielleicht hat in der Vergangenheit irgend etwas dazu beigetragen, daß meine Fähigkeit, ein Kanal für die heilende Energie zu sein, blockiert wurde. Das kann passiert sein, weil meine starke Ausstrahlung anziehend wirkte und auf der physischen Ebene mißbraucht wurde. Oder ich bin mit extremen und schockierenden Situationen konfrontiert worden. Vielleicht habe ich das Gefühl, daß ich etwas Furchtbares getan habe. Die Folge ist, daß ich abrupt diesen Kanal zumachte. Es ist nun, als ob eine riesige Lawine mir den Weg versperrt. Ich bin wütend, verärgert, frustriert. Ich brauche ein Ventil, da ich nicht mehr vorwärtskomme. Entweder neige ich dann zu Aggressivität oder unvorhersehbaren, explosiven Gefühlsausbrüchen, oder aber ich verfalle in Resignation und völlige Lethargie. Es fällt mir dann schwer, morgens aufzustehen, und ich bin ständig todmüde.

3. Mein Weg: Ich will meine Blockaden lösen, so daß meine Energien wieder frei fließen können. Ich tue, was dafür nötig ist, auf der körperlichen und auf der geistigen Ebene. Ich hole die Hilfe, die ich brauche, um das Leid meiner Vergangenheit zu erlösen. Ich bete, damit die Kraft der Liebe sich wieder ihren Weg durch mich hindurch bahnt. Ich schaffe es, meinen Ärger und meine Frustration in Zufriedenheit und Erfüllung zu transformieren. Was ich brauche, um meinen weiteren Weg zu gehen, erhalte ich. Ich finde aus der Erschöpfung wieder in eine neue Energie hinein. Ich habe Freude am Leben, ich will daran teilhaben. Ich vertraue mich dem Strom der Liebe an, und ich bin bereit, ihre unendliche Kraft als Geschenk anzunehmen und weiterzugeben. Die Liebe versetzt Berge, ich erlebe es jetzt.

4. Ausblick: Ich habe viel Tatkraft und Energie, um meine täglichen Aufgaben zu bewältigen. Ich fühle große Dankbarkeit für meine wiedergewonnene Kraft. Die neuen Lebensperspektiven, die sich mir bieten, sind aufregend, und ich kann sie als Chance zur Weiterentwicklung annehmen. Der existentielle

Lebenskampf liegt hinter mir, und ich empfinde Überfluß in allem, was ich sehe. Es wird mir viel gegeben, auf allen Ebenen, und die Zeit ist jetzt gekommen, um weiterzugeben. Ich spüre meine innere Veränderung, und sie ist auch nach außen hin sichtbar. Diese Wandlung inspiriert mich und die, die mit mir in Kontakt kommen. Ich hätte niemals gedacht, daß ich so intensiv fühlen und lieben kann.

Schattenaspekte auf der Körperebene: Wenn sich sehr viel an Emotionen über längere Zeit hinweg aufgestaut hat, ohne daß für Entlastung oder Klärung gesorgt wurde, kann es irgendwann zum völligen Zusammenbruch kommen. Der Körper ist dann ebenfalls vollkommen erschöpft. Chronische Müdigkeit ist eine Folge. Auch können die Abwehrkräfte geschwächt sein. Krankheit zwingt den Betroffenen dann zur Ruhe. Aber auch tiefe Enttäuschungen und Verletzungen im Bereich der Liebe können den Körper in seiner Aktivität plötzlich stark einschränken. Das Leben erscheint nicht mehr lebenswert. Der Körper stagniert in seiner Energie und verfällt in eine Art tiefen Schlaf (wie in dem Märchen Dornröschen). Alle Funktionen sind verlangsamt, so auch der Stoffwechsel.

Diese Farbkombination will helfen, die körpereigenen Energien wieder zu aktivieren und in die richtige Bahn zu lenken, damit das Leben weitergeht.

- **Anwendung: Das Öl kann rund um den Unterbauch aufgetragen werden. Es wirkt auch sehr gut, wenn es auf den Fußsohlen eingerieben wird.**

Balance Nr. 90

Gold über Tiefmagenta

Quintessenz: Pallas Athene
Pomander: Tiefmagenta

1. Wer bin ich?: Ich bin wißbegierig und interessiere mich für die Wahrheit. Auf der Suche nach meinem persönlichen Gral, nach meiner Erfüllung, bin ich bereit, mich vielen Prüfungen zu stellen. Ich bin mir sicher, daß ich auf dem richtigen Weg bin. Ich habe im Laufe meines Lebens erkannt, daß das Äußere zugleich ein Spiegel für das Innere ist, und so rücke ich meinem Ziel immer näher, in mir und in meinem Leben einen Zustand der Glückseligkeit zu erlangen.

Ich weiß, wer ich bin, und spüre, daß ich nach Hause gehe – dort, wo ich vor langer Zeit hergekommen bin. Ich fühle die Liebe, die mich stets begleitet und beschützt. Ich spüre die Anwesenheit Gottes in meinem Leben. Und immer mehr erlebe ich Momente des vollkommenen Glücks, der absoluten, reinen Erkenntnis, der bedingungslosen Liebe. Immer mehr dehnen sich solche Momente aus, und ich spüre, daß wir alle der Ewigkeit näher rücken.

2. Mein Licht: Auf meinem Weg begleiten mich die Tugenden Mut und Ehrlichkeit. Ich habe den Mut, mich meinen inneren Ängsten zu stellen, sie ohne Verzerrung zu sehen, wie sie sind. Ich habe die Ehrlichkeit, meine Unsicherheiten und Unzulänglichkeiten anzunehmen. Ich verstecke mich nicht hinter einer falschen Fassade, sondern arbeite an der Überwindung und Erlösung meiner Schattenbereiche. Ich bin dem Licht der Erkenntnis sehr nahe, und gerade deswegen kann es sein, daß ich noch einmal massiv mit meinen eigenen inneren Dämonen konfrontiert werde oder sie sich in verkleideter Form in der äußeren Welt manifestieren. Doch es gibt etwas, was mich alle Probleme überwinden läßt, und das ist mein Glaube und meine

Liebe. Das Schwert der Erkenntnis richtet nicht, sondern hilft loszulassen. Alles ist, wie es ist, und es ist gut so.
Mein Schatten: Vielleicht habe ich mich in der Vergangenheit aus Überlebensnotwendigkeit hinter einer Maske versteckt. Obwohl ich eine große Furcht in mir verspürte und ich mich am liebsten versteckt hätte, habe ich so getan, als ob ich überhaupt keine Angst verspüren würde. Ich habe »Attacke!« gebrüllt und bin losgelaufen. Eigentlich hatte ich wackelige Knie und keine Ahnung, in welche Richtung ich den Angriff vornehmen soll. Ich habe mich aufgeplustert, so getan, als ob ich groß und stark wäre. In mir fühlte ich mich aber klein und hilflos. Das mag damals sinnvoll gewesen sein, doch jetzt kann ich mir meine Gefühle der Schwäche eingestehen. Sonst vergesse ich, daß ich nur eine zeitlich beschränkte Rolle gespielt habe, und die Maske erhält eine eigene Dynamik, die mich dann in eine falsche Richtung zerrt.

3. Mein Weg: Ich will endlich zur Ruhe kommen, indem ich zu meiner wahren Identität stehe. Ich brauche keine falsche Persona anzunehmen, um akzeptiert zu werden. Ich kann so sein, wie ich wirklich bin. Auch so werde ich geliebt. Ich will keine Angst mehr davor haben, enttarnt zu werden. Indem ich zu mir stehe, wirke ich gleichzeitig entwaffnend. Ich will meine Ängste annehmen und Wege finden, sie aufzulösen. Leben ist nicht nur Kampf, sondern auch Freude und vor allen Dingen Liebe. Unter meinen Ängsten steckt ein riesiges Reservoir an Liebe, das darauf wartet, genutzt und an die Oberfläche gebracht zu werden. Ich bin dabei, meine Kernthemen ans Licht zu holen. Ich sehe, wie unbegründet meine Ängste sind und wie sich das monströse Schattenspiel an der Wand in ein harmloses Fingertheater verwandelt. Dann kommt das Lachen von Herzen.

4. Ausblick: Das Leben offenbart sich mir auf wundervolle Art und Weise. Dadurch, daß ich bereit war, meine Schattenseiten zu konfrontieren, erlebe ich ein einmaliges Gefühl der völligen Absolution meiner Vergangenheit. Das ähnelt den Sonnenstrahlen, die nach einem schweren Wolkenbruch das Land wieder in helles Licht tauchen. Alles ist gereinigt, geläutert, erneuert. Eine große Freude steigt in mir auf, ich kann mich und die Welt in Liebe umarmen. Ich habe die Gelassenheit, alles anzunehmen, wie es ist, und spüre die Erleichterung, die dies mit sich bringt. Ich habe Kraft, Weisheit, Liebe – und bin dabei wunschlos glücklich.

Schattenaspekte auf der Körperebene: Wer sich aufplustert und so tut, als sei er größer und stärker, als er wirklich ist, steht unter einer großen Anspannung. Die Angst, daß diese Verkleidung durchschaut wird, geht buchstäblich unter die Haut. So ist es gut möglich, daß Allergien, Ekzeme und sonstige Hautprobleme darauf hinweisen, daß man sich in seiner Haut nicht besonders wohl fühlt. Die Nervosität, die daraus folgt, sich einer Sache zu widmen, der man eigentlich noch nicht gewachsen ist, kann sich vor allen Dingen in der Magengegend bemerkbar machen. Heftige Magenschmerzen, die plötzlich oder wiederholt auftreten sowie Krämpfe machen die Anspannung deutlich. Die Unverträglichkeit von schweren, fettigen oder sehr süßen Speisen zeigt, wie sehr man bereits an die Grenze der Belastbarkeit des Organismus gekommen ist.

Diese Farbkombination will dabei helfen, zu seinem wahren Ich zu stehen, wie auch immer dieses Ich in Erscheinung tritt.

- **Anwendung: Das Öl wird um den gesamten Bauch herum aufgetragen.**

Balance Nr. 91

Olivgrün über Olivgrün

Quintessenz: Hilarion oder Djwal Khul

Pomander: Olivgrün

1. Wer bin ich?: Ich bin zielstrebig, couragiert, ehrlich und offen für Abenteuer, die mich auf neue Pfade führen. Ich wage mich in das dunkle Dickicht eines unbekannten Dschungels hinein, weil ich weiß, daß ich nichts zu befürchten habe und irgendwann wieder auf Licht und Sonnenschein stoße. Ich bin ein Vorreiter, probiere aus, und wenn der Weg Glück und Segen verheißt, rufe ich die anderen herbei, mir zu folgen. Mein Geschick, mein Eingestimmtsein auf die Natur, mein sechster Sinn und meine Furchtlosigkeit begleiten mich stets auf meinen Reisen. Ich bin niemals allein. Meine Liebe für das Leben ist groß, und genauso spüre ich, daß auch ich in eine größere, übergeordnete Liebe eingebettet bin. Für die Wahrheit dieser Liebe will ich mich mit all meiner zur Verfügung stehenden Kraft einsetzen, auch wenn es mich Strapazen und Tränen kosten möge. Ich stehe dazu, und wenn nötig, gebe ich alles, was ich habe. Denn Frieden, Liebe, Glückseligkeit und Erfüllung sind Güter, die nicht von dieser Welt und daher auf der materiellen Ebene unbezahlbar sind.

2. Mein Licht: Ich bin sehr mit der Natur und den Erdenergien verbunden. Vor allem die warme Jahreszeit gibt mir Kraft, Inspiration und Motivation. Alles ist in dieser Periode auf Wachstum ausgerichtet, und ich empfinde mich ebenfalls in einer Art Expansionsphase. Ich habe das Potential, mich über das normale Maß hinaus auszudehnen und zu entfalten. Damit setze ich neue Maßstäbe, gebe anderen die Motivation zu wachsen. Es ist ein Prozeß, der Mut erfordert, denn ich beschreite diesen Weg zunächst allein. Ich muß vorausgehen, meine innere Stimme führt mich in diese Richtung, und weil ich gefühlsbetont mit ihr in Einklang stehe, gehorche ich ihr auch. Ich habe Erfolg, weil ich von diesem Schritt zutiefst überzeugt bin, und ich kann zu Recht eine große Freude darüber empfinden. Es ist eine tiefe Befriedigung, diese Wagnisse einzugehen und Erfolg zu haben. Ich bin ein Vorbild und meiner Zeit voraus.

Mein Schatten: Vielleicht ist mein Selbstwertgefühl in der Vergangenheit nicht genährt, sondern sabotiert worden. Ich setze kein Vertrauen in die Stimme meines Herzens, die mir zuflüstert, ich solle mich auf neue Wege begeben. Ich höre diese Botschaft, aber ich bin mir meiner Suche nicht sehr sicher, und daher passiert es, daß ich etwas riskiere, etwas Neues beginne, aber ganz schnell kalte Füße bekomme und mich wieder auf sicheres, bekanntes Terrain begebe. Ich gehe einen Schritt vorwärts und zwei Schritte zurück. Ich werde dann ärgerlich, wenn andere mit mehr Durchhaltevermögen mich überholen, und es kann sein, daß ich ihnen ganz subtil ein Bein stelle, damit sie in ihrem Tempo gedrosselt werden. Ich möchte führen, ich spüre, daß ich es kann. Und doch ist es, als ob ein Gummiband an meinem Rücken befestigt wäre und ich nach einer gewissen Wegstrecke zurückfalle. Wo bleiben die Lebensfreude, der Mut und das Vertrauen? Ich muß sie wiederfinden.

3. Mein Weg: Ich will meiner Intuition und meinen Fähigkeiten vertrauen. Ich weiß, welche Richtung ich einschlagen muß, um wirklich voranzukommen, und ich fasse den Mut, den ersten Schritt zu tun. Ein Schritt nach dem anderen, ohne Hast und mit Bedacht – und ich spüre, wie es weitergeht. Ich komme vorwärts und erhalte Unterstützung, Eingebungen, Kraft, Inspiration, gute Laune, alles, was ich auf meinem Weg brauche. Und auch wenn ich für kurze Zeit das Gefühl bekomme, überfordert zu sein, so halte ich durch. Ich bitte um Hilfe, um Liebe, um Durchhaltevermögen. Wenn ich bei mir bleibe, in mir ruhe und nicht in Panik gerate, höre und erlebe ich die Antwort. Ich will den Weg des Herzens gehen. Ich will glücklich und erfüllt sein. Deswegen bin ich auch bereit, mich diesem Ziel ganz hinzugeben.

4. Ausblick: Ich habe meine Unsicherheiten überwunden und erkannt, daß wir alle wertvoll sind und eine wichtige Aufgabe im Leben haben. Jeder Weg scheint einzigartig zu sein, und doch gehen wir alle in eine Richtung. Ich zeige den Weg in ein neues Zeitalter, das Freude, Heilung, Liebe verspricht. Ich fühle, das es eine viel realere Ebene gibt als unsere Welt, und folge dieser Vision. Ich bin nicht allein, denn auch vor mir ist jemand diesen Weg gegangen und reicht mir die Hand, um mich zu führen. Über Zeit und Raum hinaus sind wir alle miteinander verbunden, gehen wir alle gemeinsam, zeitgleich in eine neue Dimension der Liebe und des Lichts. Vielleicht erahne ich dies nur im Unterbewußtsein, doch spüre ich eine neue Kraft in mir, und es tun sich ungeahnte Möglichkeiten für mich auf. Die Prophezeiung erfüllt sich.

Schattenaspekte auf der Körperebene: Einen Schritt vorwärts und zwei zurück zu gehen bedeutet, einen enorm langen Weg im Leben zurückzulegen, um an sein Ziel zu gelangen. Das Durchhaltevermögen kann dann irgendwann nachlassen und sich durch körperliche Schwäche zeigen. Die Nerven sind überlastet, und es kann zu melancholischen Verstimmungen kommen. Magenkrämpfe, Übelkeit und Erbrechen können sich bei Überanstrengung und Angst einstellen. Die Tendenz, leicht zu frieren, deutet auf die Erschöpfung des Körpers hin. Das Herz kann durch den Dauerstreß überlastet sein, und es kommt zu Engegefühlen bis hin zu Angina-pectoris-Anfällen. Die mangelnde Kraft läßt die Schultern nach vorn hängen. Die Wirbelsäule kann verkrümmt sein und schmerzen. Die Atmung ist beeinträchtigt und die Sauerstoffzufuhr zum Körper nicht optimal, was noch mehr zur Ermüdung beiträgt.

Diese Farbkombination will helfen, sich der Altlasten zu entledigen und an Entschlossenheit zu gewinnen.

- **Anwendung: Das Öl wird um den gesamten Bauch, einschließlich Brustbereich, aufgetragen.**

Balance Nr. 92

Koralle über Olivgrün

Quintessenz: Hilarion oder Djwal Khul
Pomander: Olivgrün

1. Wer bin ich?: Ich bin erschaffen in der Vereinigung von Geben und Empfangen, von Liebe und Vernunft, von Wahrheit und Weisheit. In der Verschmelzung beider Pole bin ich geboren. In einem explosiven, bewegenden Moment der Erkenntnis sah ich das Licht, aber auch gleichzeitig die Dunkelheit – sah ich Realität und Illusion. Ich sah die Auswirkungen von Liebe und Freude für uns, und ich sah, was Verleumdung und Angst in unserer Welt anrichten. Ich sah, und mein Bewußtsein dehnte sich über Raum und Zeit hinaus aus, wurde ein Teil des Ganzen. Seit diesem Erlebnis setze ich meine ganze Energie dafür ein, daß wir gemeinsam das Kraftfeld der Liebe auf unserem Planeten verstärken. Ich will helfen, die Dunkelheit aufzulösen, und das befreiende Gefühl der Freude, das sich durch das Licht entfaltet, fördern.

2. Mein Licht: Ich bin sensibel und habe eine gute Wahrnehmungsfähigkeit. Ich erkenne die Schwingungen um mich herum sehr deutlich und kann differenzieren, was davon hilfreich ist und was nicht. Ich bin sehr ruhig und ausgeglichen, jedoch ohne dabei meine Dynamik zu verlieren. Ich bin gradlinig in meinen Handlungen, ohne daß es mir an Herzlichkeit und Wärme fehlt. Ich spüre intuitiv, was für mich und auch für andere die richtige Entscheidung ist, und agiere auch entsprechend. Es geht mir um die Gemeinschaft und das Wohlergehen aller. In der Zusammenarbeit läßt sich alles erreichen. Ich bin daher sehr teamorientiert und erachte den Beitrag des einzelnen zum Ganzen als wesentlich. Ich gebe mein Wissen, meine Kraft und meine Liebe ohne Einschränkung weiter. Ich erlebe dabei sehr viel Erfüllung.

Mein Schatten: Vielleicht bin ich in der Vergangenheit ein wenig in die falsche Richtung gelaufen. Statt meiner inneren Stimme zu folgen, habe ich mich von grandiosen Versprechungen in die Irre leiten lassen. Mir ist Sicherheit, Reichtum, Unterstützung zugesagt worden, und ich habe nicht nachgeprüft, ob es auch stimmt. Ich war einfach gutgläubig und bin dann hintergangen worden. Zurückgeblieben ist das Gefühl, auf etwas hereingefallen und auch betrogen worden zu sein. Ich habe mich geöffnet, und ich bin getäuscht worden. Ich reagiere darauf auf zweierlei Weise: Ich bin nun hart, berechnend und lieblos, damit ich die Oberhand habe und mir so etwas nicht noch einmal passiert, oder aber ich lebe ängstlich, unsicher und völlig zurückgezogen. In beiden Fällen habe ich meine warme, herzliche, liebende Seite abgewürgt. Sie will sich wieder zeigen. Sie wird in dieser Welt zu diesem Zeitpunkt gebraucht.

3. Mein Weg: Ich will meiner inneren Führung vertrauen. Ich will einerseits nicht mehr vor der Liebe zurückschrecken, weil ich Angst habe, verletzt zu werden, und ich will andererseits nicht mehr mit Macht die Liebe erzwingen. Ich lerne, Schritt für Schritt der Liebe und ihrer unendlichen Kraft zu vertrauen. Es treten Menschen in mein Leben, die mir echte Zuneigung und Liebe schenken, ohne Gegenleistung zu erwarten. Wenn mein Herz sich zuschnürt und ich Vorbehalte spüre, kann ich auch nein sagen. Ich kann entscheiden, was ich in mein Leben hineinlassen will. Ebenso kann ich entscheiden, was ich weitergebe. Ich will ein Gefühl der Lebensfreude vermitteln, des gegenseitigen Vertrauens, der Liebe. Ich bin offen dafür, daß Ereignisse auf mich zukommen, die diese Kraft verstärken.

4. Ausblick: Ich erlebe wieder ein Gleichgewicht in meinem Leben. Ich bin aktiv, entscheidungsfreudig und durchsetzungsstark, dabei aber liebevoll, reflektierend und sinnlich. Diese scheinbar unvereinbaren Gegensätze habe ich in Harmonie zusammengefügt. Denn ich erkenne, daß alle Anteile ihren Platz in meinem Leben haben müssen, wenn es harmonisch verlaufen soll. Das Ergebnis ist ein Gefühl der inneren Ruhe und des Erfülltseins, weil alle Aspekte in mir gelebt werden. Dadurch kann ich eine konstruktive Energie schaffen, die auf Liebe und Respekt füreinander beruht und uns alle auf den Weg in Richtung Frieden bringt. In der wahrhaftigen Vereinigung liegt der Schlüssel zum Licht.

Schattenaspekte auf der Körperebene: Menschen können körperlich völlig unterschiedlich auf ein und dieselbe Situation reagieren. Die Entscheidung über Flucht oder Kampf beziehungsweise Verteidigung ist ein gutes Beispiel dafür. Wenn Gefahr droht, kann der Körper mit Panik, Angst und einer Flucht reagieren. Die Gesichtszüge sind angespannt. Die Angst verursacht Magenschmerzen, Durchfall, Verkrampfung, um nur einige Störungen zu nennen. Die Kehrseite ist die Kampfbereitschaft. Der Körper stellt sich auf Aggression ein. Adrenalin wird ausgeschüttet, man ist hellwach, der Blutdruck steigt, der Puls beschleunigt sich, die Verdauungstätigkeit wird auf Sparflamme (Verstopfung) gestellt, damit die Energie extern verfügbar ist. In beiden Fällen geht es um das nackte Überleben. Mit der Sexualität verläuft es ähnlich: Entweder wird Sexualität gemieden oder losgelöst von Gefühlen der Liebe und Zuneigung gelebt. Es fehlen die innere Ruhe, die Entspannung, die Lebensfreude.

Diese Farbkombination will helfen, Liebe, Nähe, Zuneigung, Zärtlichkeit und Vertrauen in die zwischenmenschlichen Beziehungen zu bringen.

- **Anwendung: Das Öl wird um den gesamten Bauchbereich herum aufgetragen.**

Balance Nr. 93

Koralle über Türkis

Quintessenz: Maha Chohan

Pomander: Türkis

1. Wer bin ich?: Ich bin mit den göttlichen Aspekten des Empfangens und Gebens verbunden. Ich nehme in Liebe an, ich gebe in Liebe weiter, und ich freue mich darüber in der Tiefe meines Seins. Es ist ein Akt der Schöpfung, der sowohl den männlichen als auch den weiblichen Teil vollkommen integriert. Als Ausdruck der Freude über die Erschaffung der Liebe pflanzt sich diese Energie bis in alle Ewigkeit fort. Ich schwimme im Meer des universellen Bewußtseins und habe Zugang zu Bildern und Visionen, die mein Leben entscheidend beeinflussen. Meine Hellsichtigkeit überbrückt Vergangenheit und Zukunft, fügt alles zusammen und bringt es in die Gegenwart. Ich spüre, wie Gott in meinem Leben wirkt, mich führt, inspiriert, liebt. Ich gebe diese Kraft weiter.

2. Mein Licht: Ich bin sehr kreativ und habe immer viele gute Ideen, wie ich etwas umsetzen und verwirklichen kann. Mein Einfallsreichtum gibt mir Sicherheit, denn ich sehe immer Möglichkeiten voranzuschreiten. Ich brauche Zärtlichkeit und Liebe in meinem Leben, das Gefühl, in eine Gemeinschaft eingebettet zu sein. Dafür bin ich bereit, selbst einiges hineinzugeben. Gemeinsam sind wir stark, haben wir die Kraft und können wir uns die gegenseitige Liebe und Unterstützung geben, die in unserer Welt so dringend nötig sind. Es macht mir viel Freude zu sehen, wie andere wachsen und sich weiterentwickeln, dadurch habe ich selbst Anteil an diesem Erfolg. Ich bin ein Teil dieser Erde, und im Zusammenspiel fördern wir uns gegenseitig, helfen wir uns auf unserem Weg. Wir wollen alle Liebe, Erfüllung, Freude. Nur gemeinsam können wir dieses Ziel erreichen.

Mein Schatten: Vielleicht ist in der Vergangenheit meine Kreativität als lächerlich angesehen worden. Meine Ideen waren zu utopisch, idealistisch und sind nicht ernst genommen worden. Ich bin als Außenseiter oder Sonderling innerhalb der Gemeinschaft betrachtet worden und stand dann abseits des Geschehens. Anstelle von Liebe ist mir Verachtung gezeigt worden. Oder aber ich habe andere auf ähnliche Weise verurteilt und ausgegrenzt. Die Folge ist ein Gefühl des Ungeliebtseins, der Angst, sich auszudrücken, und ein Mangel an Lebensfreude. Eventuell entstanden diese Gefühle in der Kindheit – zu Hause oder in der Schule. Statt Wärme und Zuneigung empfinde ich nun Hemmung und auch Wut über die Ungerechtigkeit dieser Welt. Ich muß meinen Blickwinkel verändern und anstelle von Mangel die Fülle erkennen.

3. Mein Weg: Ich will meiner inneren Kreativität mehr trauen und ihr folgen. Ich will nicht mehr von äußeren Meinungen abhängig sein, sondern meinem eigenen Impuls folgen. Ich muß nicht warten, bis mir jemand Anerkennung und Liebe entgegenbringt. Wenn ich die Hand ausstrecke, meine Kraft und meine Liebe gebe, dann spüre ich sofort Resonanz. Vielleicht nicht auf direktem Weg, aber irgendwann sind mir die Früchte meines Gebens sicher. Ich will diese Lebensfreude, die ich in meinen kreativen Phasen erlebe, weitervermitteln. Ich will, daß dieser Funke in meiner Arbeit auf andere überspringt. So wie der Delphin frei im Ozean aus Freude heraus Purzelbäume in der Luft schlägt, so will auch ich mich aus der Freude heraus ausdrücken. Ich halte nichts zurück, ich leugne nichts. Ich bin, und ich liebe es zu zeigen, wie ich bin.

4. Ausblick: Ich fühle mich lebendig, vital und bin mit all meinen Sinnen wach. Ich habe gelernt, meine innere Hemmschwelle zu überwinden und auch unabhängig von äußerer Kritik meine Gefühle, meine inneren Bilder auszudrücken und darzustellen. Endlich erlebe ich die Integration meiner inneren Welt mit der Außenwelt. Ich stehe zu mir, wie ich bin, ja ich liebe mich, so wie ich bin. Und es geschieht das Wunder, das ich vorbehaltlos akzeptiert und auch geliebt werde. Ich kann ganz authentisch in meinem Ausdruck sein und werde angenommen. Nicht nur ich, sondern auch die Kraft, die durch mich fließt, findet Anklang. Soviel verändert sich so schnell, und doch gelange ich immer mehr zu der Erkenntnis, daß es um Gemeinschaft, Liebe, Toleranz, Frieden und einen Weg, all dies zu vermitteln, geht. Dieses Wissen ist in mir, und es ist die Wahrheit.

Schattenaspekte auf der Körperebene: Ein ständiges Gefühl von Mangel kann auf Dauer den gesamten Organismus schwächen. Das Immunsystem ist dann betroffen und in seiner Funktion herabgesetzt. Ständige Erkrankungen sind die Folge (grippale Infekte, Beschwerden im Magen-Darm-Bereich usw.). Dies wiederum schürt die Ängste vor einer weiteren Ansteckungsgefahr, und so ist es möglich, sich in Hypochondrie hineinzusteigern. Jedes noch so kleine Symptom wird dann sofort mit einer Batterie von Mitteln bekämpft. Doch so wird mit Kanonen auf Spatzen geschossen, und der Körper muß es alles, sowohl energetisch als auch chemisch, verarbeiten. Die Angst, sich anzustecken, läßt den Rückzug antreten. In den eigenen vier Wänden fühlt man sich vor negativen fremden Einflüssen sicher, und der nähere Kontakt mit anderen wird gemieden; das gilt auch für die Sexualität. »Bleib mir vom Leib, sonst stekke ich mich an« ist eine typische Reaktion in einer solchen Situation. Das Gefühl, ein Opfer zu sein, lebt damit auf der körperlichen Ebene weiter.

Diese Farbkombination will helfen, die eigene Kraft aufzubauen, ein gutes Selbstgefühl zu entwickeln und Freude am eigenen Ausdruck zu finden.

- **Anwendung: Das Öl wird vom Unterbauch bis einschließlich Brustbereich rundum aufgetragen.**

Balance Nr. 94

Hellblau über Hellgelb

Quintessenz: Kuthumi

Pomander: Gelb

1. Wer bin ich? Ich bin dabei, einen neuen Weg zu beschreiten. Ich habe die Vergangenheit losgelassen: meine Ängste, meine Unsicherheiten, aber auch allen Wohlstand, materielle Absicherung, meine vertraute Umgebung. Ich halte mein Schwert in der Hand und habe den Mut, die Entschlossenheit und die Weitsicht, die Verbindung zum Alten abzutrennen und mich ganz dem Neuen zu widmen. Die Freude ist groß, denn ich folge dem Willen Gottes. Ich gehe den mir vorbestimmten Weg ohne Zaudern und mit dem unbeschreiblichen Hochgefühl, daß ich das Richtige tue. Trotz aller äußeren Turbulenzen bin ich ganz ruhig, zuversichtlich und voller Vertrauen. Die Zeit der Verwirklichung ist da – voller Intensität, auch Unruhe und doch mit unendlicher Freude und einem Frieden, die beide nicht von dieser Welt sind.

2. Mein Licht: Ich habe eine schnelle Auffassungsgabe und kann mich leicht in Situationen hineindenken. Lösungen und neue Strategien fallen mir spontan ein und bewähren sich meist in kürzester Zeit. Ich bin auch sehr anpassungsfähig und überall zu Hause. Ob auf dem Land oder in der Stadt: ich kann mich überall schnell einleben und die guten Seiten genießen. Ich erfülle mir und anderen gern Wünsche, sofern sie nicht nur materieller Art sind. Ich genieße das Leben und bin dadurch sehr erfüllt. Ich versuche, diese Lebensfreude weiterzugeben und somit meinen Beitrag zum Sonnenschein auf Erden beizutragen. Ich begreife, daß ich in einem ewigen Zyklus eingebettet bin und alles, was ich weitergebe, mir zurückgegeben wird. Nichts wird mir weggenommen, es sei denn kraft meiner eigenen Gedanken. Ich gebe aus der Fülle heraus.

Mein Schatten: Vielleicht habe ich mich irgendwann in der Vergangenheit nicht getraut, alte Gewohnheiten hinter mir zu lassen und einfach in eine ganz neue Richtung zu gehen. Eventuell bin ich in einer sehr gehemmten, in Konventionen erstarrten Umgebung aufgewachsen, und Ungewohntes wirkt bedrohlich und feindlich auf mich. Aus Angst vor Veränderung und der damit zunächst einhergehenden Unruhe verharre ich an meinem alten Platz und verändere mich auch innerlich nicht. Ich bringe jeglicher Veränderung Widerstand entgegen, und so verweigere ich mich aus Angst vor dem Unbekannten jeder Weiterentwicklung. Ich stumpfe ab, lebe meinen Alltagstrott und erlebe Abwechslung höchstens durch Bücher, Filme oder in meinen Phantasien. Ich wage mich nicht wirklich in die große weite Welt hinaus. Das deprimiert mich manchmal – macht mich traurig. Aber so ist das Leben – es gibt kein Entrinnen.

3. Mein Weg: Ich will Abwechslung und Veränderung in mein Leben bringen. Ich weiß, daß ich Gelegenheit dazu bekomme, und ich habe den Mut, das Risiko auf mich zu nehmen. Ich spüre intuitiv, daß ich für diesen Einsatz belohnt werde. Ich muß nicht gleich Pionierarbeit leisten; es können auch kleine Schritte in eine neue Richtung sein, die meinem Leben aber einen ganz neuen Sinn geben. Ich spüre die Freude über dieses Wagnis, diesen Erfolg und bin stolz auf mich. Es ist schon lange her, daß ich so ein gutes Gefühl hatte. Mein Erfolg gibt mir recht, und so tue ich die nächsten Schritte. Ich werde immer sicherer, immer ruhiger und gelassener in meinem Ausdruck. Ich weiß, daß ich endlich meinen vorbestimmten Weg gehe. Ich erfülle meine Aufgabe, trage zur Erhellung und Erhöhung der Energie auf diesem Planeten bei. Ich bin mit ganzem Herzen und mit ganzem Einsatz dabei.

4. Ausblick: Mein persönlicher Wille steht in Einklang mit dem Willen Gottes für mich. Ich kämpfe nicht mehr gegen etwas, sondern arbeite für etwas. Ich bin sehr glücklich über diese Wendung und sehe dadurch viel Potential für mich in diesem

Leben. Ich habe den Sprung aus meiner eigenen kleinen abgegrenzten Welt in ein viel größeres, übergeordnetes Dasein geschafft. Ich nehme alles aus der höheren Perspektive wahr, und ich lebe aus dieser Sicht. Gleichzeitig bin ich ein Träger des Lichts. Meine Läuterung ist ein Teil der universellen Läuterung, der höheren Bewußtheit, der Rückkehr der alten materiellen Welt zur Suche nach Wahrheit, nach Liebe. In der Veränderung liegt die Chance der Erneuerung, und die Gewißheit, daß unser Weg Bestand hat, bringt Frieden, Erkenntnis und ein Loslassen von Angst mit sich.

Schattenaspekte der Körperebene: Das Gefühl der Unsicherheit, wenn es ansteht, die gewohnte Umgebung aufzugeben und Neues in das Leben hineinzulassen, kann sich sehr hartnäckig auf der körperlichen Ebene zeigen. Der Körper kann dann als Ausrede dienen, warum es doch besser wäre, dort zu bleiben, wo man ist. Vor allem bei Allergien wird dies sehr deutlich. Heuschnupfen im Sommer beeinträchtigt die Bewegungsfreiheit in der Natur und zwingt dazu, sich schlimmstenfalls nur in geschlossenen Räumen aufzuhalten. Asthmatiker müssen bei übermäßiger Bewegung oder Aufregung mit Anfällen rechnen und sind daher immer auf der Hut. Menschen, die an Nahrungsmittelallergien leiden, werden in der Auswahl der Lebensmittel eingeschränkt. Neues auszuprobieren erscheint dann oft zu riskant. Die Haut ist dabei sehr empfindlich und reagiert sichtbar auf Unverträglichkeiten aller Art. Überhaupt sind die Organe, die in Kontakt zu der Außenwelt stehen, am meisten betroffen: Die Augen tränen und sind gerötet, die Nase läuft, und die Schleimhäute sind geschwollen, die Haut ist oft gerötet oder hat Ausschlag, und die Atemwege sind verstopft. Die übermäßige Ausschüttung von Histamin versetzt den Körper in ständige Kampfbereitschaft gegenüber der Umwelt. Die innere Frustration, die durch die Stagnation des eigenen Wegs ausgelöst wird, ist deutlich spürbar.

Diese Farbkombination will dabei helfen, mehr Vertrauen in die eigene Kraft zu bekommen und sie für eine Weiterentwicklung zu entfalten.

- **Anwendung: Das Öl wird oberhalb des Bauchnabels bis einschließlich Brustbereich um den Körper herum aufgetragen. Ist der Hals betroffen, kann auch hier das Öl eingerieben werden.**

Besonderheit: Trägt den Namen »Erzengel Michael«.

Balance Nr. 95

Magenta über Gold

Quintessenz: Lady Portia
Pomander: Gold

1. Wer bin ich?: Ich bin dynamisch, hellsichtig, mitfühlend und fürsorglich. Ich habe ein absolut sicheres Gespür für die wesentlichen Dinge im Leben. Es ist, als ob mich eine unsichtbare Hand mit sehr viel Liebe in die richtige Richtung schubst. Häufig merke ich erst im nachhinein, wie großartig diese geistige Führung ist, denn in den kleinen Veränderungen des Alltags sehe ich den größeren Zusammenhang nicht immer auf Anhieb. Aber immer mehr lerne ich absolutes Vertrauen in diese Führung zu haben, denn ich werde wahrhaftig mit so viel Liebe, Sanftheit und Verständnis von einer Lebensphase in die nächste geführt, daß es mir manchmal den Atem verschlägt. Ich gewinne tiefe Einsichten und Erkenntnisse, die mir mit unendlicher Geduld meinen Platz in diesem Leben zeigen. Ich spüre, wie die Liebe Gottes mich im Alltag begleitet, und sie ist auch spürbar durch mich.

2. Mein Licht: Jetzt ist die Zeit gekommen, unseren wahren Ursprung zu erkennen. Obwohl wir auf große Offenbarungen

warten, müssen wir wissen, daß Gott sich in den kleinen, einfachen Dingen zeigt. So gilt es in jedem Moment, achtsam zu sein. Ich habe gelernt, nicht in der Vergangenheit oder in der Zukunft zu verweilen, sondern ganz wahrhaftig mit all meinen Sinnen im Hier und Jetzt zu leben. Mit einem ganz scharfen Blick für meine Gegenwart sehe und erkenne ich die wichtigen Zeichen und die Liebe, die uns allen gegeben wird. In jedem Moment kann sich der Phönix aus der Asche erheben, kann sich ein Neubeginn, eine Geburt vollziehen. In jedem Moment bin ich bereit, loszulassen und anzunehmen. Nicht morgen, sondern jetzt in diesem Augenblick.
Mein Schatten: Vielleicht habe ich in der Vergangenheit große persönliche Verluste erlebt, weil ich zu sehr in alten Geschichten hängengeblieben bin. Existentielle Ängste und ein Gefühl von »Warum ich?« haben meine weitere Entwicklung verhindert. Ich bin im Sumpf meiner Ängste steckengeblieben und war damit nicht mehr in der Lage, die Liebe und Fürsorge wahrzunehmen, die mir tagtäglich entgegengebracht wurden. Ich weiß keinen Ausweg, erkenne die helfende Hand nicht und sehe nur noch den Untergang. Ich bin völlig durcheinander und habe mein Ziel aus den Augen verloren. Ich sehne mich nach Liebe und Geborgenheit, aber ich habe das Gefühl, in einer Wüste umherzuirren. Es ist weit und breit keine Rettung in Sicht. Ich blicke zurück, woher ich gekommen bin, und spähe in die Ferne, wo ich die Erlösung erhoffe, und übersehe dabei, daß die ganze Zeit die Antwort auf meine Fragen und meinen Kummer vor mir liegt.

3. Mein Weg: Ich will mich vom Gestern lösen, nicht mehr über das Morgen nachdenken und mich statt dessen ganz in die Qualität des Heute begeben. Gestern ist vorbei und morgen noch nicht angebrochen, und so liegen beide Zeitqualitäten außerhalb meiner Reichweite. Heute, hier und jetzt, kann ich wirksam sein, kann ich Liebe geben, kann ich Freude empfinden und mich entfalten. Das bedeutet nicht, daß ich sorglos und achtlos lebe. Wenn ich in der Kraft der Liebe wirke, beeinflusse ich gleichzeitig auch die Zukunft. Ich will nicht mehr »ab morgen werde ich . . .« sagen, sondern »Ab sofort tue ich . . .«. Verzögerung schafft nur erneut Frustration. Je länger wir leben, je mehr wir das Universum erforschen und verstehen, desto näher rückt unsere Zukunft heran, beschleunigt sich aber gleichzeitig auch die Zeit. Ab jetzt habe ich Zeit – Zeit, meine Gefühle auszudrücken, Zeit für eine Umarmung. Zeit, mich an einer Blume auf der Wiese zu erfreuen.

4. Ausblick: Ich fühle mich wie neugeboren. Ich fühle mich wie ein glückliches Kind: verspielt, zufrieden, geliebt. Wie kleine Kinder, die kein Zeitgefühl haben, dehnt sich das Hier und Jetzt unendlich aus. Ich komme wieder in diese Qualität des Erlebens hinein und erkenne damit auch die Zeichen, die uns jetzt im Augenblick für unsere Transformation gegeben werden. Es gilt nicht mehr »Ich war« oder »Ich werde«, sondern »ICH BIN«. Wer bin ich? Liebe ich mich, so wie ich bin? Liebe ich mein Leben, so wie es ist? Liebe ich die Menschen um mich herum, so wie sie sind? Ich kann das jetzt von Herzen bejahen. Um dies zu ermöglichen, mußte ich jedoch Schmerzen, Tränen, Leiden, Wut, Ärger und Angst annehmen, verarbeiten und dann loslassen. Nun erst konnte ich verzeihen, mir selbst, allen anderen und Gott. Jetzt bin ich wie der Phönix, der aus der Asche emporsteigt, wiedergeboren im Licht.

Schattenaspekte auf der Körperebene: Die innere Verweigerung, heute etwas zu tun, und statt dessen in der Vergangenheit oder in der Zukunft zu schwelgen, bedeutet die Ablehnung der Heilung für sich selbst, wobei sich alle möglichen Krankheitssymptome herausbilden können. Es ist, als ob der letzte kleine Schritt zur endgültigen Erlösung die größte Hürde darstellt. Vor diesem Schritt wird davongelaufen, vielleicht aus der Furcht heraus, daß wir nach diesem Schritt nicht »alles« (das heißt die Ganzheit) sondern »nichts« (das heißt den totalen Verlust) erfahren. So können sich psychosomatische Erkrankungen, geistige Störungen, aber auch Abhängigkeiten von suchterzeugenden Substanzen oder Gewohnheiten als Ausweichmanöver manifestieren. Jegliche Therapiemöglichkeiten oder Heilungsmethoden werden entweder abgelehnt oder erweisen sich als unwirksam. Es erfolgt die Flucht in die Tagträumerei, wobei die guten alten Zeiten heraufbeschworen oder große Pläne geschmiedet werden, was ab morgen alles anders werden wird. Aber das Morgen kommt, und alles bleibt, so wie es war.

Diese Farbkombination will dabei helfen, sich aus Verleugnung und Selbstverurteilung zu befreien und die heilende Hilfe anzunehmen, die gerade in diesem Moment zur Verfügung steht.

- **Anwendung: Das Öl wird rund um den Bauch sowie am Kopf um den Haaransatz herum aufgetragen.**

Besonderheit: Trägt den Namen »Erzengel Gabriel«.

Balance Nr. 96

Königsblau über Königsblau

Quintessenz: El Morya
Pomander: Königsblau

1. Wer bin ich?: Ich bin an das universelle göttliche Bewußtsein angeschlossen, jener leisen Stimme in mir. Ich spüre, ich höre, ich sehe die höheren Ebenen allen Seins. Ich verbinde mich mit den Klängen, dem Licht, der kosmischen Energie. Ich bin ein Vermittler zwischen Himmel und Erde. In dem Ausdruck meiner schöpferischen Gaben liegt meine Kraft. Diese Kreativität hat eine heilende Wirkung auf meine Umgebung. In mir ist tiefe Ruhe und Sicherheit. Meine innere Harmonie strahlt in meine Umgebung aus. Wo Chaos und Unklarheit herrschen, bringe ich Ordnung und Erkenntnis. Ich lasse mich inspirieren und bin eine Quelle der Inspiration für andere. Ich folge dem mir vorbestimmten Pfad mit sicherem Schritt. Es ist eine Zeit der Erfüllung.

2. Mein Licht: Meine Feinfühligkeit gibt mir ein Gespür für die Wahrheit. Ich habe mediale Fähigkeiten, die sich vielfältig äußern können. Vorahnungen, die sich bewahrheiten, sind keine Seltenheit. Ein extrem feines Gehör für Töne oder die Fähigkeit, feinstoffliche Schwingungen wahrzunehmen (zum Beispiel die Aura von Lebewesen) ist Ausdruck meiner Sensitivität. Auch im Traum oder in der Meditation empfangene innere Bilder und Visionen, die höhere Botschaften enthalten, sind möglich. Diese Eindrücke wollen nach außen weitergegeben werden. Ich diene als Kanal. Ich bin selbstsicher, und so finde ich auch die richtigen Wege, um diese Botschaften und Eingebungen auf schöpferische Weise in die Welt zu tragen. Ich diene dabei als Übermittler des Lichts. Dieses Licht heilt.
Mein Schatten: Durch meine hohe Sensibilität kann es ein, daß ich das Gefühl habe, anders zu sein als die Menschen um mich herum. Ich gehöre irgendwie nicht dazu. Ich fühle mich dadurch einsam, ausgeschlossen und nicht dazugehörig. Eventuell besteht die Gefahr spirituellen Hochmuts, denn dadurch, daß ich eine so feinfühlige Wahrnehmung habe, gewinne ich den Eindruck, meine Umwelt sei unwissend und dumm. Meine inneren Eingebungen mögen so vergeistigt sein, daß ich keinen Weg weiß, sie nach außen hin sichtbar zu machen. Keiner würde sie verstehen, oder man würde mich für verrückt erklären. Doch die Diskrepanz zwischen meiner inneren und der äußeren Welt kann so groß werden, daß ich daran zu zerbrechen drohe. Es ist schwierig, die Brücke zwischen beiden Dimensionen zu finden. Entweder ich ziehe mich völlig in mein Schneckenhaus zurück, oder ich passe mich der Normalität an und vergesse meine extrasensorischen Gaben.

3. Mein Weg: Ich will auf meine innere Führung vertrauen und den Gedanken, Bildern und Impulsen, die in mir aufsteigen, Achtung entgegenbringen. Ich will Wege finden, diese Empfindungen auf kreative Weise zu vermitteln. Indem ich weitergebe, empfange ich gleichzeitig. So stärke ich die mir geschenkten Talente. Ich arbeite daran, meine Verdrängungsmechanismen aufzulösen und mehr Ordnung und Struktur in mein Leben zu bringen. Dadurch gewinne ich mehr Klarheit und Raum, um nach innen zu gehen und meine Ideen wahrzunehmen. Ich will mich für die Vorstellung öffnen, daß ich nicht allein bin, sondern eingebettet in ein ganzheitliches, universelles Geschehen existiere. Ich will meinen Glauben und mein Vertrauen stärken.

4. Ausblick: Ich habe Klarheit in mir. Ich weiß, daß ich zum richtigen Zeitpunkt am richtigen Ort bin und das Richtige tue. Ich folge meiner Intuition und bin so im Einklang mit meinem höheren Selbst. Ich erhöre und werde deswegen erhört. Mein Gefühl der Einsamkeit hat sich in ein Gefühl des Einsseins mit dem Leben gewandelt. Meine Sensibilität findet jetzt ihren sinnvollen Ausdruck und bringt heilende Energie, für mich und für andere. Ich weiß, daß ich manchmal neue Pfade betreten muß, aber ich tue es nun mit einem sicheren Gefühl in mir. Ich lasse mich führen und tue das, was mir aufgetragen wird, solange ich fühle, daß ich mich in Harmonie mit dieser Aufgabe befinde. Ich sehe mein Lebensziel jetzt deutlich vor mir und leite die notwendigen Schritte ein, um dorthin zu gelangen. Ich lasse mich nicht mehr von meinem Vorhaben abbringen, sondern bin ganz bei mir.

Schattenaspekte auf der Körperebene: Wer Angst vor der Verbindung mit dieser weisen inneren Instanz hat und diese Kommunikation vermeiden will oder Schwierigkeiten hat, sie mit der äußeren Welt in Einklang zu bringen, kann erleben, wie auch in den körperlichen Kommunikationszentren Blockaden auftreten. Chronische Nebenhöhlenbeschwerden, rezidivierende Hals- und/oder Mandelentzündungen, Ohrinfektionen oder Beschwerden mit den Augen machen deutlich, daß die Verbindung von innen nach außen und umgekehrt ins Stocken geraten ist. Der Kopf ist »dicht«, und der Energiefluß zwischen Körper und Geist wird erschwert. Das Gefühl, von der Außenwelt nicht verstanden zu werden, kann zu Depressionen und Vereinsamung führen.

Diese Farbkombination will helfen, die Sinne auf die Innenschau zu richten und das Empfangene dann ganz bewußt im Außen zu manifestieren.

- **Anwendung: Das Öl wird um den Hals herum bis hoch zur Stirn aufgetragen.**

Besonderheit: Trägt den Namen »Erzengel Raphael«.

Balance Nr. 97

Gold über Königsblau

Quintessenz: El Morya
Pomander: Königsblau

1. Wer bin ich?: Ich bin mir meines inneren Lichts bewußt. Ich folge meinem Weg und glaube daran, daß eine unendliche schöpferische Kraft in mir ist und hinter mir steht. Mit beiden Füßen stehe ich sicher im Leben, bin aber dennoch in Kontakt mit meinen höheren göttlichen Aspekten. Ich bin in meiner Mitte angekommen, befinde mich in Balance mit mir und meiner Umwelt. Mein Herz ist offen für die Energie der reinen, bedingungslosen Liebe. Diese Kraft fließt durch mich und bringt Erkenntnis, wo vorher Unwissenheit war. Tief in mir ist die Quelle innerer Glückseligkeit, die eine Erfüllung mit sich bringt, die nicht von dieser Welt ist. Dennoch ist sie für die Welt bestimmt, damit Licht werde, wo vorher Dunkelheit herrschte. Ich bin mir meiner Aufgabe bewußt und folge ihr in Freude. An meinem Glücksgefühl erkenne ich meine wahre Berufung.

2. Mein Licht: Ich habe die Gabe, Erkenntnis zu vermitteln, und zwar in einer Art und Weise, die unaufdringlich ist, aber dennoch die tieferen Schichten des Bewußtseins erreicht. Ob durch ein Theaterstück, Gedicht, Spiel, Bild oder scheinbar lockeres Gespräch – stets geht es mir darum, daß durch den

Enthusiasmus und die Lebendigkeit, die sich in meinen Ideen und Botschaften zeigen, der Funke auf andere überspringt. Ich bin bei allem, was ich tue, mit ganzem Einsatz und mit vollem Herzen dabei. Das ist spürbar, und so ziehe ich Aufmerksamkeit auf mich. Ich bin ein Beispiel dafür, daß der Wille Berge versetzen kann. Ich stehe in Verbindung mit meinem höheren Selbst. Die Freude am Dasein gibt mir ein sattes Gefühl der Zufriedenheit, und ich empfinde das Leben als lebenswert und schön.

Mein Schatten: Es kann sein, daß ich zu sehr durch Unsicherheit und Ängste von außen her beeinflußt worden bin. Die Lebensumstände waren so, daß mir scheinbar die Existenzgrundlage entglitt. Seitdem herrscht in mir Orientierungslosigkeit. So als ob man mir die Augen verbunden und mich an einer Wegkreuzung im Kreis gedreht hätte, weiß ich nicht mehr so recht, ob ich das Falsche tue oder meine wahren Ziele verfolge. Diese Ängste rauben mir meine innere Zufriedenheit und Sicherheit, und ich habe oft Angst, Entscheidungen zu treffen, weil sie womöglich falsch sein könnten. Vor lauter Überlebenskampf im Alltag habe ich den Blick nach innen und den Kontakt nach oben verloren. Das erschwert auch den Zugang zur Herzensliebe sowie die Kommunikation mit anderen.

3. Mein Weg: Ich will mein Potential einlösen und die Fähigkeiten, die in mir sind, ans Tageslicht fördern. Ich will den Zugang zu meinen inneren Ressourcen finden und sie für meine Entfaltung nutzen. Indem ich verstärkt in Kontakt mit den höheren Aspekten in mir bin und mich durch sie führen lasse, erfahre ich mehr Bestätigung und Sicherheit in meinem Leben. Ich will eine neue Dimension der Ruhe und des Glücklichseins in mir spüren. Ich wünsche mir Möglichkeiten, die in mir vorhandenen Bilder und Ideen so weiterzuentwickeln, daß andere Menschen daraus an Kraft gewinnen und neue Impulse für ihr Leben schöpfen können. Ich will meine Ängste loslassen und darauf vertrauen, daß ich meine Ziele erreiche und mir jegliche dafür nötige Unterstützung zur Verfügung steht.

4. Ausblick: Ich bin aus mir selbst heraus glücklich und im Einklang mit mir, der Welt und dem Universum. Meine Unsicherheiten und alten seelischen Verletzungen sind überwunden, und ich entfalte meine schöpferische Kraft. Ich stehe in Verbindung mit meinem höheren Selbst und empfange seine Botschaften der Liebe und Weisheit. Diese Erkenntnisse gebe ich bedingungslos und von Herzen weiter. Jeder Tag ist voller Lebendigkeit und Schönheit. Meine innere Wandlung und meine Öffnung haben auch mein äußeres Leben auf wunderbare Weise verändert. Ich fühle mich ausgeglichen und ganz in meiner Mitte. Ich ruhe in mir und spüre, wie ich getragen werde und mich auf meinem Weg entfalten kann.

Schattenaspekte auf der Körperebene: Wenn die äußeren Lebensumstände Angst und innere Unruhe erzeugen, kann dies auf der körperlichen Ebene zu allergischen Reaktionen führen. Die ständige Kampfbereitschaft des Körpers gegenüber vermeintlichen Feinden wie Nahrungsmittel, Blüten, Gräser, Staub usw. erschöpft und dämpft den Lebensgeist. Auf der Haut kann es zu Ausschlägen kommen. Die Atmung kann erschwert sein, oder Asthma tritt auf. Wen das Leben zu sehr in die Ecke drängt und vom eigentlich vorhergesehenen Weg abschneidet, der kann das auch als Engegefühl im Herzbereich spüren.

Diese Farbkombination will helfen, etwaige Ängste zu erlösen und Vertrauen in die innere Führung sowie mehr Mut bei der Durchsetzung der eigenen Ideen und Visionen zu bekommen.

- **Anwendung: Das Öl wird um den Oberkörper herum bis hoch zur Stirn aufgetragen.**

Besonderheit: Trägt den Namen »Erzengel Uriel«.

Die Quintessenzen

Die Quintessenzen wirken auf unseren feinstofflichen Körper und helfen uns, auf höchstmöglicher Ebene eine Verbindung zu der Essenz der jeweiligen Farbe aufzunehmen. Sie werden zur Einstimmung auf unsere seelischen Aspekte benutzt und eignen sich daher vor allem für die Meditation, die Tiefenentspannung oder für energetische Prozesse in einer Therapie. Mir persönlich haben die Quintessenzen sehr geholfen, regelmäßig zu meditieren. Es war wie ein Ritual, vorher eine Quintessenz zu benutzen, die mir half, den notwendigen Raum sowie Abstand vom Alltag zu gewinnen.

Die Quintessenzen beziehen sich auf die Meisterflaschen von Aura-Soma, das sind die Balance-Flaschen B50 bis B64. Sie wirken als Verbindung zwischen der Quelle allen Seins, also Gott, und der Schöpfung, also uns. In der Regel gibt es eine Quintessenz, mit der wir uns besonders gut verbinden. Meistens ist es die Quintessenz, die unserer ersten Balance-Flasche zugeordnet wird, was dem Meister entspricht, mit dem unsere Seele am meisten in Resonanz steht. Allerdings gibt es hier Ausnahmen. Kommen in der Flaschenauswahl Meisterflaschen vor, wird die Quintessenz benutzt, die von der dritten Flasche vorgegeben wird. Haben Sie beispielsweise die B45, Türkis über Magenta, in der ersten und die B50, Hellblau über Hellblau, in der dritten Position, dann ist für Sie nicht Pallas Athene, sondern El Morya die wichtigere Quintessenz. Aura-Soma bietet ein Probeset aller Quintessenzen an. Das ist eine gute Möglichkeit, auch über den Geruchssinn herauszufinden, ob Sie sich zu einer bestimmten Quintessenz hingezogen fühlen oder nicht.

Auf die Bedeutung der Meister bin ich bereits am Anfang des Buchs kurz eingegangen. Die Quintessenzen haben eine sehr feine und hohe Schwingung und können eine starke Wirkung auf uns ausüben, wenn wir uns entsprechend darauf einstellen. Für mich hat jede Quintessenz ihren eigenen Charakter. Sie verbinden uns mit unserem jeweiligen »Lieblingsmeister« – sind auch in bestimmten Lebensphasen für uns da. Immer wieder gehen wir durch ähnliche Prozesse – jeden Tag, jeden Monat, jedes Jahr, ein Leben lang. Irgendwann kommt der Moment, daß wir mit Schwierigkeiten konfrontiert werden. Plötzlich stecken wir fest.

In dieser Situation eine Quintessenz zu benutzen und über diesen Knoten zu reflektieren kann eine enorme Wirkung haben. Damit anschaulich wird, wann wir welche Quintessenz heranziehen können, gebe ich im folgenden Beispiele für die jeweiligen Angstmuster. Die Meister arbeiten Hand in Hand; gemeinsam helfen sie uns, Selbstverwirklichung zu erreichen. Doch sollten wir nicht vergessen, daß die Meister-Quintessenzen in einem noch viel größeren Rahmen wirksam sind, als hier erläutert.

Nehmen wir an, eine Schülerin namens Stefanie hat gerade das Abitur gemacht und ist unschlüssig, ob sie studieren soll oder nicht. In diesem Moment ist es hilfreich, die Energie von *El Morya* in ihr Leben eintreten zu lassen. Durch sie bekommt sie ein stärkeres Gefühl von innerer Sicherheit. El Morya erleichtert den Entschluß, das für sie Richtige zu tun. Stefanie entscheidet sich für ein Studium.

Dennoch ist sie häufig unsicher und weiß nicht, ob sie es wirklich schaffen wird. Hier kann die Unterstützung von *Kuthumi* von Vorteil sein. Stefanie bekommt mehr Sicherheit und sammelt während ihres Studiums das notwendige Fachwissen. Sie promoviert, und ihre Berufskarriere beginnt.

Nun packt sie die Begeisterung. Tag und Nacht arbeitet sie, um beruflich Erfolg zu haben. *Lady Nada* hilft ihr in dieser Phase, bei allem Arbeitselan ihre persönlichen Bedürfnisse nicht zu vergessen und nicht nur der Arbeit, sondern auch der Liebe einen Platz in ihrem Leben zu geben.

Jedes neue Projekt erfordert am Anfang eine Menge Arbeit. Stefanie fragt sich, ob diese Anstrengung überhaupt einen Sinn hat und ob sie nicht dabei ist, in die falsche Richtung zu gehen. Hier kann die Quintessenz *Hilarion* helfen, wieder Verbindung mit der Intuition aufzunehmen, und ein Gefühl dafür vermitteln, was wichtig und was unwesentlich ist.

Danach folgt ein Phase des Ordnens. Stefanie klärt Dinge und verschafft sich einen Überblick, wie's weitergehen soll. Sie gewinnt ein besseres Gefühl für die richtigen Handlungsschritte und ist zielorientierter. Dabei hilft *Serapis Bey.*

Damit sie diesen Prozeß auch mit dem nötigen Durchhaltevermögen und Vertrauen bis zum Ende durchsteht, kann ihr die Quintessenz *Der Christus* viel Unterstützung geben. Stefanie entwickelt die Kraft und Motivation, weiter voranzukommen, und erhält die liebevolle Hilfe, die sie dabei braucht. Der übergeordnete Sinn ihres Lebens wird ihr nun bewußt.

Gerade wenn wir auf dem Zenit unseres Glücks und Erfolgs angelangt sind, kann etwas aus heiterem Himmel geschehen und unseren Höhenflug abrupt beenden. Vielleicht fühlen wir uns plötzlich festgefahren. Wir haben unsere Karriere aufgebaut, alles läuft wie geschmiert, und dennoch beschleicht uns das Gefühl der Leere. Stefanie hat nun das Gefühl, an einer Wegkreuzung auf ihrem Lebensweg zu stehen. Soll sie sich weiterhin für die Karriere oder für eine eigene Familie oder für etwas ganz anderes entscheiden? Hier kann die Energie von *St. Germain* helfen, den Knoten zu lösen und die Änderungen vorzunehmen, die den innersten Bedürfnissen am meisten entsprechen.

In einer derartigen Wandlungsphase im Leben können sich innere Dämone lautstark zu Wort melden. Rückzug scheint angesichts der grausamen Realität dieser Welt das Richtige zu sein. Stefanie beispielsweise hat Angst vor den Konsequenzen größerer Veränderungen. Gerade jetzt hilft *Pallas Athene,* sich nicht von den eigenen Vorhaben abbringen zu lassen, wieder einen Lichtfunken am Horizont zu erkennen und Träume ernst zu nehmen. Diese Quintessenz bringt wieder Optimismus ins Leben, es erscheint erneut schön und lebenswert.

Stefanie entscheidet sich dafür, ihre Karriere aufzugeben und ihrem Kindertraum nachzugehen und sich im kreativen Bereich zu verwirklichen. Sie wagt einen Neuanfang und findet eine Lehrstelle bei einer Goldschmiedin. Dafür muß sie jedoch in eine andere Stadt ziehen. *Orion und Angelika* helfen ihr bei der Verwirklichung ihres Vorhabens.

Alle Bekannten und Verwandten erklären Stefanie für vollkommen verrückt: Vorher hatte sie doch so gut verdient, und nun will sie sich in eine ungewisse Zukunft stürzen. Kaum jemand versteht ihren Entschluß. So laut sind diese urteilenden Stimmen, daß sie selbst verunsichert wird und nicht weiß, ob sie an diesem scheinbar verrückten Vorhaben festhalten soll. Gerade jetzt unterstützt sie die Quintessenz *Lady Portia,* indem sie hilft, sich nicht von diesen kritischen Stimmen beeinflussen zu lassen, sondern zu den eigenen Wünschen zu stehen.

Langsam schafft es Stefanie, sich in ihr neues Leben hineinzufinden und alte Lebensgewohnheiten loszulassen. Manchmal kommt sie sich als Einzelkämpferin vor, da sie einen völlig anderen Weg eingeschlagen hat, als es der gesellschaftlichen Norm entspricht. Hier helfen *Lao-Tse und Kwan-Yin,* indem sie Vertrauen in die eigenen Entscheidungen vermitteln und bei der Verwirklichung der neuen Aufgabe energetisch unterstützen.

Stefanie beendet ihre Lehre und wird Goldschmiedin. Sie arbeitet gern und entwickelt viele kreative Ideen. Dennoch spürt sie, daß es noch Erfahrungen aus ihrer Vergangenheit gibt, die sie klären möchte. In ihrer Kindheit sind einige Dinge passiert, die sie noch immer nicht verarbeitet hat, und sie hat das Gefühl, diese Themen nun endgültig loslassen zu können, um wirklich das eigene Potential zu entfalten. Hierbei hilft ihr *Sanat Kumara.* Die tieferen Schattenbereiche können endlich erlöst werden.

Stefanie hat nun das Gefühl, viel Weisheit und Reife erlangt zu haben. Aufgrund ihrer Erfahrungen und ihres Talents als

Goldschmiedin wird sie gebeten, ihre Einsichten in einem Seminar weiterzuvermitteln. Sie soll Menschen, die ihrem Leben eine neue Richtung geben möchten, auf diese Weise beistehen. Doch hat Stefanie Angst vor diesem Schritt. Sie fühlt sich nicht kompetent genug. Hier hilft die Quintessenz *Maha Chohan* weiter. Diese türkisfarbene Energie unterstützt dabei, Wissen weiterzugeben, damit andere davon profitieren.

Stefanie fängt an, nebenbei Fortbildungsseminare zu veranstalten. Sie kommt bei Menschen gut an und kann ihre Botschaften lebendig und gefühlvoll vermitteln. Man bittet sie, ihren Beruf als Goldschmiedin ganz aufzugeben und nur als Seminarleiterin zu arbeiten. Sie soll Menschen helfen, ihre Berufung zu finden. Stefanie ist sich unsicher, ob sie noch einmal in ihrem Leben einen solchen Neubeginn wagen soll. Schließlich ist sie nicht mehr die Jüngste, und sie hat das Gefühl, schon zum alten Eisen zu gehören. Doch sieht sie auch das Potential und die nächste Entwicklungsstufe, die ein solcher Schritt in ihrem Leben bringen würde. Hier hilft nun *Djwal Khul* dabei, sich für einen neuen Weg zu entscheiden, der der eigenen Wahrheit entspricht.

Der Kreislauf beginnt nun von vorn: El Morya hilft, sich auf den höchsten Willen auszurichten und diesem Schritt zuzustimmen, Kuthumi hilft, dazu zu stehen, der Intuition zu folgen und sich nicht verunsichern zu lassen und so fort.

Natürlich wirken die Quintessenzen auch in positiven Momenten unseres Lebens. Aber eigentlich brauchen wir ihre energetische Unterstützung dann nicht, sondern können uns aus eigener Kraft durchs Leben bewegen. Meiner Meinung nach sollten wir die Quintessenzen nur dann benutzen, wenn wir sie wirklich brauchen, dann nimmt man die Quintessenzen als spirituelle Energien wahr: sonst wäre es, als ob wir im Überfluß lebten und trotz Sättigung nach noch mehr verlangen würden. Uns wird gegeben, wenn wir etwas brauchen. Wenn wir also die Energien der Quintessenzen benötigen, erhalten wir sie auch. Ansonsten wird nicht viel passieren.

Die Anwendung der Quintessenzen

Die Essenz wird auf der Innenseite des linken Handgelenks aufgetragen. Geben Sie drei Tropfen auf diese Stelle, und legen Sie Ihre rechte Hand darüber – Pulsader auf Pulsader. Reiben Sie die Handgelenke sanft aneinander. Nun heben Sie Ihre Arme in die Höhe und stellen sich vor, wie Sie von dieser spirituellen Kraft der Essenz etwas an die Welt abgeben. Schwingen Sie Ihre Arme nach vorn, als ob Sie Flügel hätten und diese nun nach vorn bewegen würden. Schwingen Sie die Arme so weit nach vorn, daß sie sich überkreuzen, und bewegen Sie sie langsam mit dieser schwingenden Bewegung nach unten. Verweilen Sie einen Moment in Höhe Ihres Herzens und gehen dann langsam weiter nach unten, bis Sie mit Ihren Händen fast den Boden berühren. Fächeln Sie die Essenz auf diese Weise in Ihre Aura ein. Dann bringen Sie Ihre Hände wieder in Gesichtshöhe zusammen und atmen den Duft tief ein. Nehmen Sie drei tiefe Atemzüge. Lassen Sie die Energie in sich hineinströmen. Sie sind dann offen, um diese feinstofflichen Kräfte zu empfangen.

Die Beschreibung der 14 Quintessenzen

1. El Morya

Farbstrahl: Blau

Meisterflasche: Balance Nr. 50, Hellblau über Hellblau

El Morya hilft, die Verbindung zur inneren Stimme aufzunehmen und sie deutlicher wahrzunehmen. Es ist die Stimme unserer Seele, nicht unseres Egos. Sie soll sich mehr und mehr in unserem Leben Gehör verschaffen, je weiter wir auf unserem Pfad voranschreiten. Vertrauen wir dieser Stimme und lassen uns von ihr führen, wohin auch immer der Weg gehen mag, erleben wir die Möglichkeit, Sorgen abzugeben und uns der schützenden Kraft Gottes zu unterstellen. Wer diese Hingabe erreicht, welche Widrigkeiten im Leben auch herrschen mögen, wird eine tiefe innere Ruhe und Gewißheit erfahren. Es ist der Schritt, mit dem Kämpfen aufzuhören und statt dessen das sichere Vertrauen zu verspüren, daß alles in unserem Leben einen Sinn hat. Wenn wir entspannt und ruhig fragen, werden wir auch Antworten erhalten.

Wenn es uns gelingt, unsere Zwänge, Vorstellungen und Wünsche aufzugeben, wenn wir unseren eigenen Willen unterordnen und wir uns für einen noch so kleinen Moment für den Willen Gottes öffnen, ist es, als ob uns eine riesige Bürde, die wir seit Anbeginn der Zeit mit uns herumtragen, abgenommen wird. Wir brauchen kein schweres Gepäck auf unserem Weg mitzunehmen, weil wir darauf vertrauen, daß wir zur richtigen Zeit am richtigen Platz das erhalten, was wir für die nächste Etappe brauchen. Wir spüren dann, daß wir nicht allein auf unserem Weg sind, und empfinden Geborgenheit und Sicherheit. Wir lassen los, und wir lassen den Willen Gottes geschehen.

Angstmuster, die auf den Ruf nach El Morya hindeuten könnten: Ich bin überlastet und weiß nicht, was ich zuerst erledigen soll. Vor lauter Bäumen sehe ich den Wald nicht mehr. Ich versuche, Dinge durchzusetzen, aber mir stellen sich dabei Hindernisse in den Weg. Ich neige zu Dominanz. Ich bin fast nur in Aktion und gönne mir keine Zeit für Entspannung. Kaum habe ich das eine Problem mühsam beseitigt, türmt sich schon das nächste vor mir auf. Ich bin häufig unsicher, ob ich die richtige Entscheidung getroffen habe, und bereue Dinge oft im nachhinein. Ich habe keine Ahnung, was ich mit meinem Leben anfangen soll. Ich lasse mich leicht durch andere Menschen beeinflussen, etwas zu tun, was ich eigentlich nicht will.

2. Kuthumi

Farbstrahl: Gelb

Meisterflasche: Balance Nr. 51, Hellgelb über Hellgelb

Kuthumi hilft, den Zugang zum kollektiven Wissen und zu unserer Intuition zu finden. Es ist das Wissen, das sich seit der Entstehung der Erde angesammelt hat und ganz konkret von unserem gemeinsamen Leben auf diesem Planeten handelt sowie von den geistigen Gesetzen und spirituellen Weisheiten jenseits von Raum und Zeit erzählt. Es ist wie ein globales Energienetz, das die Welt umspannt und zu dem alle Geschöpfe Zugang haben können. Meistens begnügen wir uns mit kleinsten Teilbereichen dieses Wissens, und es sind die Weisen unter uns, die ihr Blickfeld erweitern können und so mehr sehen, fühlen, hören und spüren. Wer Déjà-vu-Erlebnisse, Vorausahnungen, Geistesblitze oder Offenbarungen erfährt, erlebt, wie sich für diesen Moment das Tor zu jenem Reich öffnet. Wir haben die Möglichkeit, das Wesentliche, das hinter allem Lebendigen steckt, zu erfahren (und zwar hinsichtlich Vergangenheit, Gegenwart und Zukunft). Der Zutritt zu den Energien der Pflanzen, Mineralien, Tiere und auch von uns Menschen wird uns gewährt. Kommunikation mit Feen, Elfen, Devas oder Engeln werden ermöglicht. Wir können mitfühlen und uns auf ihre Botschaften einschwingen. Wir erweitern unser Dasein und erleben nicht nur die physische Dimension, sondern auch die geistige Dimension allen Seins. Wir erkennen die Verbundenheit allen Lebens innerhalb von Raum und Zeit sowie jenseits davon. Voraussetzung dafür ist die Bereitschaft, uns mit kindlicher Offenheit, Neugierde, Staunen und ohne Angst auf diese Erweiterung unserer Perspektive einzulassen. Nur so lernen wir dazu.

Angstmuster, die auf den Ruf nach Kuthumi hindeuten könnten: Ich werde es nie begreifen, ich bin zu dumm dazu.

Ich kann es nicht. Ich schaffe es nicht. Ich habe Angst, es könnte schiefgehen. Ich bin ein Feigling, ich traue mir nichts zu. Ich glaube nur an das, was ich mit meinen eigenen Augen sehe. Ich glaube nur an dieses eine Leben, danach kommt nichts. Das Leben ist voller Gefahren. Es gibt nichts zu lachen. Wer an Geister oder Engel glaubt, spinnt. Es ist besser, den Spatz in der Hand zu halten, als nach der Taube auf dem Dach zu greifen. Jeder Mensch ist auf sich selbst gestellt und muß sehen, wie er zurechtkommt. Ich bin völlig unkreativ, mir fehlt jegliche Phantasie. Ich akzeptiere nur das, was wissenschaftlich erwiesen ist.

3. Lady Nada

Farbstrahl: Rosa

Meisterflasche: Balance Nr. 52, Hellrosa über Hellrosa

Lady Nada hilft, sich für die Kraft der reinen Liebe zu öffnen. Es ist die Liebe, die von Herz zu Herz auf der höchsten Seinsebene fließt. Es ist die Liebe, die nichts erwartet und auch nichts fordert. Sie *ist* einfach nur, egal ob sie angenommen wird oder nicht. Diese Liebe, die keine Bedingungen stellt, ist eine sehr mächtige und auch heilende Energie. Es ist die Liebe von Gott zu uns. Es wird gesagt, daß diese Liebe sich auf der geistigen Ebene als unvorstellbar schöne Kaskade von Farbe und Klang ausdrückt, die in Harmonie über die empfundene Glückseligkeit und Freude durch das Universum schwingt. So hilft uns Lady Nada, unsere Sinne über den Kanal der Liebe ebenfalls für diese Dimension von Farbe und Klang zu öffnen. Liebe zu erfahren heißt, das Leben viel bunter zu erleben. Unschöne Töne werden gutmütig überhört. Wir stehen in völliger Resonanz zu dem Gefühl von Liebe, haben uns eingestimmt auf diese Wellenlänge und schwingen taktgleich mit. Disharmonien werden auf allen Ebenen aufgehoben, was auch die starke und reinigende Heilkraft der Liebe erklärt. Wir sehen Fehler und

Schwächen, aber wir akzeptieren sie als einen Teil des Lebens auf Erden. Sie üben keinen Einfluß auf die Liebe aus, die wir für uns selbst und für andere Lebewesen empfinden. Wir können uns ohne Vorbehalte für den Strom der Liebe öffnen.

Angstmuster, die auf den Ruf nach Lady Nada hindeuten könnten: Ich hasse mein Aussehen und damit mich selbst. Mein Glas ist immer nur halb leer und niemals halb voll. Keiner liebt mich. Diese Welt ist ein düsteres Gefängnis voller Haß und Krieg. Es gibt immer nur schlechte Nachrichten, niemals gute. Ich habe es nicht verdient, geliebt zu werden. Ich tue soviel Gutes, aber nie bekomme ich etwas zurück. Ich habe schon so viel verbrochen, daß ich es nie wiedergutmachen kann. Ich habe es verdient, für meine Sünden bestraft zu werden. Niemand versteht mich. Ich fühle mich schuldig. Meine weibliche Seite muß ich verleugnen, sie ist auf meinem Weg nur hinderlich. Ein Mann zu sein heißt, hart und unnachgiebig zu sein und niemals seine wahren Gefühle von Liebe zu zeigen. Frauen sind schwach. Mit gefühlvoller Musik kann ich nichts anfangen – es tut mir in den Ohren weh, sie zu hören.

4. Hilarion

Farbstrahl: Grün

Meisterflasche: Balance Nr. 53, Hellgrün über Hellgrün oder Balance Nr. 63, Smaragdgrün über Hellgrün (gemeinsam mit Djwal Khul)

Hilarion hilft, die eigene Berufung zu erkennen und ihr im Leben auch zu folgen. Zunächst einmal durchleben wir dabei verschiedene Phasen: Wir entscheiden uns (auch unbewußt) für die Suche nach Selbsterkenntnis, wollen wissen, wer wir sind, was wir sind und wozu wir sind. Es ist die energetische Zusage, sein Leben nach einer höheren Ordnung zu richten. Allein diese innere Zustimmung erwirkt eine enorme Bewußtseinserweiterung. Wir erkennen plötzlich Zusammenhänge und sehen ganz neue Perspektiven im Leben. (Das kann auch durch plötzliche äußere Einflüsse vollkommen unvorhergesehen eintreten.) Der nächste Schritt besteht darin, diese neue und junge Kraft zu stützen und sie wirklich ins Leben zu bringen. Das geschieht über die Liebe. Unser Herz muß weit und offen sein und zu der bevorstehenden Reise ja sagen. Wir müssen uns freuen, uns lebendig fühlen, motiviert sein. Wenn wir dann mit ganzem Herzen bei der Sache sind, tritt Hilarion in Erscheinung. Durch ihn erkennen wir die nächsten Schritte, entwickeln wir ein Feingespür für den wahren Weg ins Licht und wissen intuitiv, ob der nächste Wegweiser uns in die Irre führt oder auf dem richtigen Pfad weitergehen läßt. Er hilft uns, ein Tempo einzuhalten, bei dem wir vorankommen, jedoch nicht außer Atem oder ins Stolpern geraten. Wir lernen, wo es nötig ist, Ruhepausen einzulegen, in die innere Stille zu gehen, damit wir die nächsten Schritte erkennen können. Das gilt für alle Situationen im Leben, ob privat oder beruflich.

Angstmuster die auf den Ruf nach Hilarion hindeuten: Ich sehe keine Zukunft. Es ist alles so aussichtslos. Mein Leben verläuft in völlig chaotischen Bahnen. Mir fehlt die Motivation, etwas zu tun. Meine Arbeit macht mir keinen Spaß. Es muß doch noch andere Möglichkeiten im Leben geben. Das ist mir alles zu oberflächlich; ich will einen sinnvollen Beitrag zum Leben auf diesem Planeten leisten. Nie habe ich genug Zeit. Ich bin immer nur am Arbeiten. Ich kann mich gar nicht erinnern, wann ich das letzte Mal Urlaub hatte und mich entspannen konnte. Mein inneres Gefühl sagt mir, daß das noch nicht alles im Leben gewesen sein kann. Ich möchte endlich etwas tun, was mir wirklich Spaß macht. Wohin soll ich gehen? Wenn ich könnte, würde ich heute alles ganz anders machen. Ich wünschte, es würde jemand kommen und mir sagen, was ich tun soll.

5. Serapis Bey

Farbstrahl: Weiß (Klar)

Meisterflasche: Balance Nr. 54, Klar über Klar

Serapis Bey hilft uns, unseren Lebensweg mit einem Gefühl von Klarheit und Leichtigkeit zu gehen und uns von Ballast aus der Vergangenheit zu befreien. Dazu müssen wir jedoch bereit sein, die Themen, die wir außer Sichtweite in unseren tiefen Schattenbereichen versteckt haben, zu erkennen. Erst wenn wir sehen, womit wir es zu tun haben, können wir eine Lösung, Erlösung erreichen. Ob es dabei um Verhaltensweisen geht, die innerhalb einer Familie seit langer Zeit von einer Generation an die nächste weitergegeben werden, oder es um unser Karma geht – Serapis Bey bringt es ans Licht. Haben wir erst einmal erkannt, daß uns ein bestimmtes Denkmuster das Leben erschwert, besteht der nächste Schritt darin, es endgültig loszulassen. Doch loslassen können wir es nur, wenn wir es ganz und gar angenommen haben, es als Bestandteil unserer Person akzeptieren konnten, und zwar ohne dabei negativ zu werten. Wir haben viele unnötige Lasten mit uns herumgetragen, etliche Blockaden hinderten uns am Voranschreiten, und nun, da wir uns dessen bewußt geworden sind, können wir uns davon frei machen und weitergehen. Es ist nicht nötig, ständig zurückzukehren und sich anzuschauen, was man so lange mit sich herumgeschleppt hat. Serapis Bey hilft uns, die Vergangenheit hinter uns zu lassen und uns von unserer selbstauferlegten Schuld zu befreien. Wir erfahren Vergebung und können sie dann weitergeben. Es ist wie ein klärender Reinigungsprozeß. Wir erleben die hohe Schwingung des Lichts, das in uns und um uns herum existiert. Serapis Bey befreit von negativen Energien und harmonisiert.

Angstmuster, die auf den Ruf nach Serapis Bey hindeuten könnten: Das wird mir alles zuviel. Ich komme einfach nicht mehr weiter. Es ist, als ob etwas mich umklammert und zurückhält. Ich stecke fest. Ich bin häufig ohne äußeren Grund sehr traurig und muß weinen. Mein Leben ist wie ein riesiger Berg, den ich mühsam besteigen muß. Ich habe keine Ahnung, in welche Richtung mein Leben verläuft. Ich sehe keinen Sinn in dem, was ich tue. Ich fühle mich wie benebelt. Ich habe kein Glück im Leben. Ich bin ein Pechvogel. Bei allem, was schiefläuft, bin ich schuld. Ich habe den klaren Durchblick verloren. Alles, was ich neu anfange, breche ich nach kurzer Zeit wieder ab. Ich neige zu destruktivem Verhalten. Ich bereue ständig, Dinge nicht getan oder sie falsch getan zu haben. Ich schmiede häufig Pläne für morgen, die ich aber gar nicht erst umsetze, wenn es soweit ist. Ich hätte gern Hilfe und Unterstützung bei der Klärung meiner Probleme und weiß nicht, an wen ich mich wenden soll.

6. Der Christus

Farbstrahl: Rot

Meisterflasche: Balance Nr. 55, Klar über Rot

Der Christus hilft uns, nach notwendigen Klärungsprozessen die Kraft für unser neues Schaffen zu bekommen. Wie ein Kelch, aus dem abgestandene Reste ausgeschüttet wurden und der von innen und außen gereinigt und mit neuer, vitaler Flüssigkeit aufgefüllt wird, so erleben wir einen Strom der Kraft in uns hineinfließen. Es ist dies der allmächtige Strahl der Liebe Gottes, die uns ganz und gar erfüllt. Es ist die Liebe, die uns inspiriert und in uns den Herzenswunsch wach werden läßt, mit Hingabe zu dienen. Alles, was wir dann tun, ist beseelt von dem Vorhaben, es in Liebe und mit Liebe zu vollbringen. Aus der Fülle heraus erfolgt das Geben aus eigenem Antrieb und im Bewußtsein, daß die Quelle nie versiegt. Wenn wir dann erleben, wie wir Feuer und Flamme für diese Energie der selbstlosen Liebe werden, erleben wir auch eine nie für möglich gehaltene

Kraft und Ausdauer bei all unseren Vorhaben. Der Christus gibt uns Mitgefühl und Verständnis für das Leid und die Schmerzen anderer. Aus dem Verstehen entsteht der Wunsch, für Linderung zu sorgen, woraus wiederum Taten folgen. Wir lieben aus ganzem Herzen und vertrauen der Führung Gottes, die uns zeigt, wo und wann wir helfen und unterstützen können. An uns selbst erfahren wir die Wirkung der Liebe, auf daß wir sie dann weitergeben können. Wie erleben die Energie des »Ich bin«.

Angstmuster, die auf den Ruf nach Christus hindeuten könnten: Ich lebe im Dauerzustand der geistigen und körperlichen Erschöpfung. Mir fehlt der notwendige Antrieb für mein Leben. Ich habe das Gefühl, daß keiner mich liebt. Ich habe schon soviel in meinem Leben gegeben, jetzt sind die anderen auch mal dran. Ich tue nur etwas für dich, wenn du etwas für mich tust. Ich verstehe überhaupt nicht, wo das Problem liegt. Jeder ist seines Glückes Schmied. Wer leidet, hat es sich selbst zuzuschreiben. Es gibt niemanden in meinem Leben, den ich lieben kann. Ich verstehe dich nicht; du verstehst mich nicht. Ich werde nur ausgenutzt. Ich bin viel zu gutmütig für dieses Leben. Ich habe manchmal das Gefühl, ich werde übers Ohr gehauen. Wenn jemand mir einen Liebesbeweis erbringt, lehne ich erst einmal ungläubig ab. Ich bin der Meinung, daß die göttliche Liebe sich in Form von Wundern manifestieren muß, sonst ist sie nicht echt. Nichts im Leben ist umsonst, auch die Liebe nicht.

7. St. Germain

Farbstrahl: Violett

Meisterflasche: Balance Nr. 56, Hellviolett über Hellviolett

St. Germain hilft uns, die bedingungslose Liebe, die uns zuteil wird, in unserem Leben in eine heilende Energie umzusetzen. Es nutzt wenig, die Schwingung der reinen Liebe zu erfahren, aber nicht zu wissen, was wir damit anfangen können oder wie wir sie weitergeben. Das wäre, als ob einem Hungernden eine Konservendose geschenkt wird, er aber nicht weiß, wie er sie öffnen kann. St. Germain hilft uns ganz pragmatisch, wie wir diese große Kraft der Liebe, die uns geschenkt wird, in die richtigen Bahnen lenken können, und zwar sowohl für unsere eigene Heilung als auch für die Heilung anderer. So kann es sein, daß wir spontan kreative Eingebungen für unser Leben erhalten. Heilung bedeutet immer Veränderung, vor allem im Denken. Wir ändern unsere innere Haltung, aus der heraus sich dann Änderungen im Außen ergeben. Wir erhalten die Energie und die Mittel, etwas zum Positiven zu wandeln, ohne jedoch den Schattenbereich zu überspringen oder zu ignorieren. Dieses Potential an Wandlungsenergie auch wirklich zu nutzen, und zwar aus unserer Mitte heraus, ohne innerlich aus dem Gleichgewicht zu geraten, ist hier die Aufgabe. Je mehr wir diese heilende Kraft zulassen, desto größer wird unsere innere Ruhe und Zufriedenheit. Wir empfangen nicht nur die Liebe Gottes, wir geben sie auch weiter. St. Germain unterstützt uns bei diesem Schritt.

Angstmuster, die auf den Ruf nach St. Germain hindeuten könnten: Es steckt eine Menge in mir, aber ich weiß nicht, wie ich es ins Leben bringen soll. Ich habe das Gefühl, daß ich auf dem falschen Dampfer sitze. Ich weiß nicht, was ich mit mir anfangen soll. Mir geht es nicht gut. Mein Leben müßte sich ändern, aber ich weiß nicht, wie. Ich habe viele Ideen, aber mir fehlt es an Möglichkeiten, sie zu verwirklichen. Ich möchte endlich wieder gesund werden. Ich bin immer so unausgeglichen und weiß nicht, warum. Wenn ich doch nur helfen könnte. Es muß doch einen Weg geben, in dieser Welt einen sinnvollen Beitrag zu leisten. Es gibt viel zu wenig, worüber man heutzutage lachen kann. Ich habe jede Menge spirituelle Ratgeber gelesen und esoterische Seminare besucht und auch einiges dabei gelernt, aber ich habe das Gefühl, all das nicht wirklich in meinen Alltag integrieren zu können.

8. Pallas Athene

Farbstrahl: Magenta

Meisterflasche: Balance Nr. 57, Hellrosa über Hellblau

Pallas Athene hilft uns zusammen mit Aeolus, die vollendete Schönheit und Fülle der Schöpfung Gottes zu erkennen, und zwar bis in die unscheinbarste und kleinste Einheit des Lebens hinein. Wer diesen Reichtum erkennt, hat Heilung erfahren. Das Geschenk ist das Erlebnis, in allem die schöpferische Kraft Gottes zu sehen. Wer dies auf einer unbewußten Ebene erfährt, kann dazu tendieren, diese geistige Fülle in Form von materiellem Reichtum darzustellen. Vielmehr jedoch gehen wir in Resonanz mit der Fülle der Natur, die uns kostenlos und in beispielloser Schönheit geschenkt wird. Ein atemberaubender Sonnenuntergang oder ein Regenbogen beseelt und beflügelt uns. Wir sind dankbar für das, was uns gegeben wird. Aus dieser Schwingung heraus ist es sehr viel einfacher, unsere Liebe bedingungslos zu verströmen. Pallas Athene und Aeolus lassen uns teilhaben an der unendlichen Fülle des Universums, schenken uns Visionen und Träume zu unserer eigenen Erfüllung und geben uns die Kraft, all dies *jetzt* zu erleben. Anstelle von Mangel erleben wir Fülle.

Angstmuster, die auf den Ruf nach Pallas Athene und Aeolus hindeuten könnten: Das Leben ist grausam. Ich hasse die Menschen, sie zerstören alles. Die Bäume sterben ab, die Natur ist krank. Überall, wo ich hinschaue, gibt es nur Bettler, Obdachlose und Armut. Der Alltag ist ein einziger Überlebenskampf. Allen anderen geht es gut, nur mir nicht. Ich habe keine Zeit für Naturerlebnisse, ich bin zu sehr am Arbeitsplatz eingespannt. Ich finde Wohlstand und Reichtum abscheulich. Wer spirituell ist, muß ein karges Leben führen. Der ganze Überfluß macht mich krank. Es gibt soviel Not, Leiden, Hunger und Zerstörung in der Welt; das deprimiert mich. Wozu noch Träume und Visionen haben – wir zerstören ja unsere Erde durch Umweltverschmutzung und Kriege. Ich glaube nicht an die Kraft der Träume. Ich kann mir meine Träume nie merken, würde es aber gern. Die armen Kinder, die in eine so furchtbare Welt hineingeboren werden. Wir haben alle keine Zukunftsperspektive. Ich arbeite viel, damit ich einen hohen Lebensstandard genießen und mir etwas leisten kann. Wer arm ist, hat selbst schuld. Ohne materiellen Reichtum ist man ein Niemand in dieser Gesellschaft.

9. Orion und Angelika

Farbstrahl: Rosa

Meisterflasche: Balance Nr. 58, Hellblau über Hellrosa

Orion und Angelika helfen uns bei unseren Vorhaben, nicht in die Irre zu gehen oder uns durch Ablenkungsmanöver zu verlieren. Wir behalten unser Ziel im Auge, sind offen für unsere Umgebung und bleiben dennoch ganz bei uns. So wie die Sterne am Himmel früher ein Wegweiser für Schiffsreisende waren, so zeigen uns Orion und Angelika, in welche Richtung wir gehen müssen, um sicher am richtigen Ort anzukommen. Der Mensch auf Erden blickt in den Himmel und erkennt seine Richtung und seine Bestimmung. Uns wird eine geistige Energie als Unterstützung, als Wegbegleiter mitgegeben; wir müssen sie nur annehmen. Wenn wir erschöpft, verzagt und mutlos sind, erhalten wir Kraft und neue Impulse, um weiterzugehen. Wenn wir in die falsche Richtung abdriften, werden wir ganz sanft wieder in die richtige Bahn gelenkt. Wenn wir unser Tempo beschleunigen, werden wir vor unerwarteten und plötzlich auftauchenden Hindernissen auf unserem Weg rechtzeitig gewarnt. Wir erhalten ein sicheres Geleit auf unserem Weg nach Hause. Unsere Schutzengel spielen dabei eine wichtige Rolle; sie bilden die Brücke zwischen Himmel und Erde. Orion und Angelika achten darauf, daß wir an unserem Bestimmungsort gut ankommen und nichts in der alten Welt zurücklassen oder vergessen.

Angstmuster, die auf den Ruf nach Orion und Angelika hindeuten könnten: Ich bleibe lieber daheim. In einer fremden Umgebung fühle ich mich nicht wohl. Wenn ich unterwegs bin, verliere ich häufig die Orientierung und weiß nicht mehr, wo ich bin. Nach Langstreckenflügen bin ich völlig erschöpft und brauche Tage, bis ich mich wieder erhole. Ich stehe häufig total neben mir und weiß nicht mehr ein noch aus. Ich bin bereit, etwas Neues zu riskieren, aber nicht allein. Ich mag nicht allein sein. Es fällt mir sehr schwer, an Schutzengel zu glauben. Dinge, die ich angefangen habe, bringe ich häufig nicht zum Abschluß, sondern breche mittendrin ab. Ich habe immer zu wenig Zeit – es ist häufig so, daß sie mir unter den Fingern zerrinnt. Ich habe das Gefühl, ich schaffe es nie, an mein Ziel zu kommen. Ich habe Angst vor einem bevorstehenden Umzug.

10. Lady Portia

Farbstrahl: Gold

Meisterflasche: Balance Nr. 59, Hellgelb über Hellrosa

Lady Portia hilft uns, auf unserem Lebensweg und bei der Erfüllung unserer Lebensaufgabe sanft und urteilsfrei mit uns selbst und unserer Umwelt zu sein. Wir mögen noch soviel Hilfe, Schutz oder Heilung erfahren, doch kann es uns immer wieder passieren, daß wir bei einer neuen Phase in Schwierigkeiten geraten oder Fehler machen. Solche Momente können sich als sehr destruktiv erweisen und mächtige Stolpersteine darstellen, die uns in eine tiefe Ohnmacht stürzen und uns an unserem Vorankommen erheblich hindern. Wer aber dazu neigt, seine Umgebung sehr kritisch zu beurteilen, und in jeder Suppe ein Haar findet, kann davon ausgehen, daß er einen genauso kritischen Maßstab bei sich selbst anlegt. Doch daraus erwachsen nur tiefe Schuld- und Schamgefühle, in denen wir wie in einem Schlammloch steckenbleiben. Lady Portia verhilft uns zu Weitsicht und tiefen Einblicken, damit wir erkennen, daß die Dinge so sind, wie sie sind. Wir lernen Situationen und Personen anzunehmen, sie zu durchschauen, das heißt, ihre Licht- und Schattenseiten wahrzunehmen, jedoch ohne dabei zu werten. Wenn deutlich wird, daß eine Entscheidung oder eine Tat im Sinne der Weiterentwicklung nicht richtig war, dann verfolgen wir diesen Weg nicht weiter, sondern biegen ab in eine neue Richtung, ohne lange an der Stelle des Unglücks zu verweilen. Wir korrigieren, was zu korrigieren ist, lernen unsere Lektion daraus, räumen den Unrat beiseite, schauen nach vorn und treten dann in den nächsten Lebensabschnitt ein.

Angstmuster, die auf den Ruf nach Lady Portia hindeuten könnten: Ich lerne nie aus meinen Fehlern. Ich trete immer wieder auf der Stelle. Ich habe oft ein schlechtes Gewissen. Ich verheimliche Verhaltensweisen aus Angst, deswegen verurteilt zu werden. Ich reagiere hypersensibel auf Kritik. Ich kenne kaum Menschen, die ich wirklich achten und respektieren kann. Ich fühle mich für alles, was schiefläuft, verantwortlich. Ich habe einen sehr schwachen Willen. Ich habe immer Angst, daß mir während der Arbeit ein Fehler unterläuft. Ich bin ein Versager. Aus mir wird nie etwas. Es ist alles meine Schuld. Ich fühle mich dumm und häßlich. Lerne ich nie dazu? Wenn einmal etwas schiefläuft, muß ich immer und immer wieder daran denken. Mich plagen Tag und Nacht diese Schuldgefühle.

11. Lao-Tse und Kwan-Yin

Farbstrahl: Orange oder Koralle

Meisterflasche: Balance Nr. 60, Blau über Klar

Lao-Tse und Kwan-Yin helfen uns, an das notwendige Wissen und an die Mittel zu kommen, die wir zur Erfüllung unserer

Lebensaufgabe brauchen. Nichts geschieht rein zufällig im Leben, wir sind immer zum richtigen Zeitpunkt am richtigen Ort und tun das für uns Richtige (auch wenn es manchmal wie das genaue Gegenteil erscheint). Jede noch so unscheinbare oder zufällige Begegnung mit anderen Menschen hat ihren Sinn und hilft uns weiter. Wir stehen an einer Bushaltestelle und lesen an einer Litfaßsäule von einem Vortrag, der für unsere momentane Situation wichtig ist. Wir laufen an einer Buchhandlung vorbei und sehen aus dem Augenwinkel ein Buch über ein Thema, mit dem wir uns gerade befassen. Wir reden mit einem Kollegen im Büro und stellen fest, daß der die Antworten auf unsere Fragen hat. Es ist wie eine Kette von Ereignissen und Begegnungen, die uns Stück für Stück weiterbringen. Hier geht es darum, daß wir vertrauen, das zu erhalten, was wir sinnvollerweise gerade benötigen. Das kann auf der materiellen Ebene oder auf der geistigen Ebene sein (wir entdecken zum Beispiel plötzlich ungeahnte Fähigkeiten in uns). Aber auch Wachsamkeit und Sensibilität in der Wahrnehmung der äußeren und inneren Impulse ist gerade jetzt wichtig. Die Antwort liegt manchmal in den unscheinbarsten Kleinigkeiten, doch kommt es stets auch darauf an, daß wir Gelegenheiten ergreifen.

Wer schmerzhafte Erfahrungen gemacht hat, erhält Hilfe, um zu heilen und das Erlebte als Teil des Reifeprozesses zu integrieren. Durch Lao-Tse und Kwan-Yin bekommen wir liebevolle Unterstützung auf all unseren Wegen und können die Erfahrung machen, daß ein Vertrauen uns unendlichen inneren Frieden schenkt. Hierin steckt ein tiefes Wandlungspotential. Unser Leben verändert sich, und tiefe Freude kann sich entfalten.

Angstmuster, die auf den Ruf nach Lao-Tse und Kwan-Yin hindeuten könnten: Mir fehlt das Wissen, um meine Pläne zu realisieren. Ich kenne niemanden, der mir weiterhelfen könnte. Ich habe keine Ahnung, wie ich an die nötigen Informationen gelange. Immer kommen mir andere zuvor. Seitdem ich das schlimme Erlebnis hatte, besteht mein Leben aus Rückzug.

Ich komme aus meinem Schmerz nicht heraus. Ich kann mit niemandem über meine Gefühle reden. Mir fehlen die Mittel, um weiterzukommen. Am liebsten tanze ich gleichzeitig auf allen Hochzeiten. Es gibt so viele Möglichkeiten; ich kann mich nicht für eine einzige entscheiden. Mich bestraft das Leben. Alle anderen erhalten Hilfe und Unterstützung, nur ich nicht. Ich habe das Gefühl, ich müßte mehr unternehmen und nicht soviel zu Hause sitzen. Mir fehlt der nötige Drive, um etwas Neues anzufangen. Es zieht sich alles endlos hin und ist so schwerfällig. Ich habe Angst vor Veränderung.

12. Sanat Kumara

Farbstrahl: Koralle oder Orange

Meisterflasche: Balance Nr. 61, Hellrosa über Hellgelb

Sanat Kumara – zusammen mit der Energie von Lady Venus Kumara – gibt uns die Kraft, die verborgensten Schattenbereiche in uns anzuschauen, ihre Wunden zu heilen und sie in die Schatztruhe unserer Erfahrungen hineinzulegen. Häufig sind es starke Verletzungen (zum Beispiel Mißbrauch von Körper oder Geist), die uns schon sehr lange großen Kummer und viele Schwierigkeiten bereiten und deren Verleugnung uns viel Kraft kostet. Egal wo und in welchem Bereich dieser wunde Punkt in uns liegt, wir erhalten das, was wir zur ganzheitlichen Heilung benötigen. Wo noch Klärung in diesem Lebensabschnitt nötig ist, wird uns jetzt Gelegenheit dazu gegeben. Danach kommt der Moment, daß wir von jemandem, der Heilung erfahren hat, zu jemandem werden, der selbst Heilung gibt. Es ist eine Art Geburt für ein neues Verständnis für das Leben. Wir kommen in Berührung mit unserer spirituellen Seite und fangen an, sie in unseren Alltag wahrhaftig zu integrieren. Begnadete Heiler sind ein Kanal für die vereinigende Kraft der Liebe Gottes und können idealerweise jedem, der sie benötigt, diese Energie uneingeschränkt zur Verfügung stellen. So wirken auch Sanat Kumara und Lady Venus Kumara. Sie geben uns ein Gefühl der Verbundenheit, des Einsseins mit allem Leben und ermöglichen eine intensive Erfahrung der selbstlosen Liebe. Wir werden ganz und gelangen dadurch in unsere Mitte.

Angstmuster, die auf den Ruf nach Sanat Kumara hindeuten könnten: Ich habe das Gefühl, es steckt noch etwas Unerlöstes in mir, aber es ist mir nicht bewußt, was die Ursache ist. Ich breche häufig ohne Grund in Tränen aus. Den einen Tag geht es mir gut, und am nächsten bin ich völlig verzweifelt. Ich erlebe große Gemütsschwankungen ohne erkennbare Ursache. Es ist, als ob aus der Tiefe meiner Seele etwas für einen kurzen Moment an die Oberfläche schwappt, und ich erlebe einen unglaublichen Schmerz und großen Kummer. Keiner hilft mir weiter. Ich fühle mich häufig ängstlich und allein gelassen. Ich traue mich nicht an alte, ungeklärte Lebensthemen heran. Ich fühle mich verletzt.

13. Maha Chohan

Farbstrahl: Türkis

Meisterflasche: Balance Nr. 62, Helltürkis über Helltürkis

Maha Chohan hilft uns dabei, unsere Erkenntnis, unsere Gaben, unser Wissen und unsere Energie weiterzugeben. Wer verschiedene Stufen der Selbsterkenntnis und der Heilung erklommen hat, wer Höhen und Tiefen durchlebt hat, erreicht irgendwann einen Punkt im Leben, an dem bewußt wird, daß enorm viel Weisheit und Wissen in einem steckt und nun eigentlich der Zeitpunkt gekommen ist, dies zum Wohl und zur Heilung anderer Lebewesen einzusetzen. Wir treten dann im übertragenen Sinn in die Funktion des Lehrers hinein; wir zeigen anderen an unserem eigenen Beispiel, wie wir den Weg bewältigt haben, und erleichtern es ihnen dadurch, diesem Pfad ebenfalls zu folgen. Wie wir unsere Lebenserfahrung, Weisheiten und Erkenntnisse weitergeben, unterliegt keiner bestimmten Regel. Im Gegenteil, der Phantasie und der Kreativität sind keine Grenzen gesetzt. Wichtig ist nur, die Botschaften so zu vermitteln, daß sie verständlich sind und auch das Herz der Zuhörer, Zuschauer oder Leser erreichen. Ob dabei getanzt, gesungen, gespielt, gesprochen oder geschrieben wird, ist nebensächlich. Es kommt darauf an, daß der einfachste und direkteste Weg der Kommunikation für die jeweilige Botschaft gewählt wird. Maha Chohan hilft uns mit Ideen und Impulsen, unser Wissen am effektivsten umzusetzen und weiterzugeben. Durch ihn können wir auch an archetypische Symbole und Bilder gelangen, die der Heilung dienen. Maha Chohan bringt uns mit der geistigen und der irdischen Ebene in Verbindung und hilft uns, in unsere Rolle als Botschafter für die Liebe Gottes hineinzuwachsen.

Angstmuster, die auf den Ruf nach Maha Chohan hindeuten könnten: Ich traue mich nicht auf die Bühne. Ich bin sehr schüchtern. Wenn ich vor Publikum auftreten muß, leide ich unter Lampenfieber. Ich hätte viel mitzuteilen, aber mir fehlen dann immer die Worte. Was ich erlebt habe, ist eigentlich nicht der Rede wert. Ich denke nicht im Traum daran, mein Wissen weiterzugeben: Nachher wird es gestohlen und zu falschen Zwecken mißbraucht. Ich bin in den musischen Fächern gänzlich unbegabt. Ich habe zwei linke Hände. Ich halte mich für vollkommen untalentiert und einfallslos. Ich traue mich nicht, vor mehreren Personen meine Meinung zu vertreten und meine Gedanken zu äußern. Wenn ich das, was ich denke und meine zu wissen, preisgebe, werde ich für völlig verrückt erklärt. Ich habe Angst, nicht ernst genommen zu werden. Ich habe Angst vor Kritik.

14. Djwal Khul

Farbstrahl: Grün

Meisterflasche: Balance Nr. 64, Grün über Klar oder Balance Nr. 63, Smaragdgrün über Hellgrün (gemeinsam mit Hilarion)

Djwal Khul hilft uns auf die Sprünge, wenn wir in unserem Leben nicht mehr weiter wissen. Wir können uns nicht entscheiden, in welche Richtung wir gehen sollen, und stehen unschlüssig vor der Weggabelung. Uns fehlt der Mut, eine für uns wichtige Entscheidung zu treffen. Oder wir haben etwas freiwillig oder unfreiwillig hinter uns gelassen und beendet. Wie geht es nun weiter? Welche neue Herausforderung oder Aufgabe haben wir nun zu bewältigen? Solche Phasen im Leben zeichnen sich vor allem durch viele unbeantwortete Fragen aus, die wir uns selbst und der Außenwelt gestellt haben. Ein neuer Zyklus, ein Neuanfang steht uns bevor. Das kann ein Lebensabschnitt sein oder ein äußerer Umstand, der uns zu einem Umdenken zwingt (zum Beispiel Verlust des Arbeitsplatzes, Trennung vom Partner, Berufsanfang oder -ende). Djwal Khul unterstützt uns zunächst darin, Panik und Ängste zu überwinden und nicht überstürzt zu handeln. Wer in einem Irrgarten versucht, den Ausgang zu finden, erlebt, wie ein unbedachtes Drauflosrennen zu Desorientierung führt. Man findet den Weg nicht mehr heraus. Hier wird uns geholfen, eine Atempause einzulegen, nachzudenken und zu spüren, wie der nächste richtige Schritt aussieht. Mit Djwal Khul haben wir die Möglichkeit, nach innen zu hören und zu fühlen, was unter den jeweiligen Umständen das Beste für uns ist. Aber auch äußere Zeichen können sehr wertvolle Hinweise auf die bevorstehende neue Reise geben. So wie die Natur sich von außen über das Klima Impulse zur nächsten Wachstums- oder Ruhephase holt, so kann auch für uns die Außenwelt zu einem Wegweiser werden. Es geht hier vor allem um den für uns wahren Weg.

Angstmuster, die auf den Ruf nach Djwal Khul hindeuten könnten: Ich weiß nicht mehr weiter. Ich muß mich beruflich umorientieren. Mein Familienleben bricht auseinander. Ich habe mich gerade von meinen Partner getrennt und das Gefühl, in ein tiefes Loch gefallen zu sein. Ich bin umgezogen, aber ich fühle mich sehr fremd in der neuen Umgebung. Ich habe Schwierigkeiten, mich an meine neuen Lebensbedingungen anzupassen. Es ist, als ob ich ziel- und planlos durch das Leben irre. Wenn ich nur wüßte, wozu ich hier bin. Ich habe keine Ahnung, was ich als nächstes tun soll. Ich fühle mich häufig einsam und allein. Ich habe den Eindruck, daß meine Freunde und ich uns in verschiedene Richtungen entwickeln. Ich wünschte, ich hätte irgendwelche äußeren Anhaltspunkte, die mir helfen würden herauszufinden, welchen Weg ich einschlagen soll.

Die Pomander

Die Pomander sind Essenzen, die wir in unsere Aura einfächeln. Das ist das elektromagnetische Feld, das unseren physischen Körper umgibt. Die Farbschwingungen der Pomander verhelfen uns zur Ganzheit, sie geben uns Schutz und Heilung. Sie bestehen aus 49 Kräuterextrakten und aus ätherischen Ölen; sieben Kräuter werden jeweils einem der sieben Chakren zugeordnet.

Es gibt viele Einsatzmöglichkeiten der Pomander. Sie können nach persönlicher Wahl zu verschiedenen Anlässen benutzt werden oder ihre Wirkung auch in Räumen entfalten. Für Therapeuten sind sie sowohl in der Eigenanwendung als auch bei der Behandlung von Patienten sehr wertvoll. Sie geben Schutz vor negativen Energien, ermöglichen aber dennoch die Entfaltung von positiven Kräften. Ihre Wirkung ist sanft und hält etwa zwei Stunden an.

Es gibt nichts Schöneres, als jemandem einen Pomander in die Aura zu fächeln: Die Person steht mit geschlossenen Augen vor Ihnen. Sie sollten genug Platz haben, um sich gut um den anderen Körper herumbewegen zu können. Nehmen Sie einige Tropfen beispielsweise des rosafarbenen Pomanders in Ihre Handfläche, und fächeln Sie ihn mit langsamen und sanften Bewegungen in etwa zwanzig Zentimeter Entfernung vom Körper in die Aura ein: rund um den Körper, von oben nach unten. Wenn Sie fertig sind, machen Sie streichende Bewegung von unten nach oben und lassen die Person die Augen wieder öffnen. Auch bei bettlägerigen Menschen ist diese energetische Massage eine Wohltat.

Die Anwendung der Pomander

Öffnen Sie das Fläschchen, und geben Sie drei Tropfen auf Ihre linke Handfläche. Reiben Sie sanft Ihre Hände zusammen. Nun breiten Sie Ihre Arme über Ihrem Kopf aus, öffnen die Handflächen und stellen sich vor, wie die Energien der Farbe, der Kräuter und der Kristalle an die Welt abgegeben werden. Dann stellen Sie sich vor, Ihre Hände wären wie eine Dusche, aus der die Pomander-Energie auf Sie herabfließt. Mit sanften Streichbewegungen fahren Sie an Ihrem Körper in einem Abstand von einigen Zentimetern hinunter; halten Sie die beiden geöffneten Hände dabei eine Weile in Höhe Ihres Herzens. Alles, was Ihnen auf dem Herzen liegt, soll geklärt werden. Dann gehen sie weiter nach unten. Vergessen Sie bei der »Massage« nicht, Ihren Hinterkopf und Rücken einzubeziehen. Fächeln Sie den Pomander in Ihre ganze Aura ein. Wenn Sie bei den Füßen angelangt sind, geben Sie in Ihrer Vorstellung der Erde von dieser heilenden Energie der Farbe, Kräuter und Kristalle ab, und führen Sie dann langsam die Hände wieder hoch, öffnen Sie sie vor Ihrem Gesicht und atmen den Duft ein. Dreimal tief bis in den Bauch hinein einatmen.

Der Pomander, der zu der Farbe der unteren Hälfte der ersten Balance-Flasche paßt, wird zur Anwendung empfohlen.

Auch für die Pomander gibt es ein Geschenkset, das alle Pomander in Probefläschchen enthält.

Die Beschreibung der 14 Pomander

1. Der weiße Pomander

Der weiße Pomander war der erste seiner Art, der von Vicky Wall hergestellt wurde. Er entstand aus Kräutern, die sie bereits rund fünfzehn Jahre vor der Gründung von Aura-Soma gesammelt und in Alkohol konserviert hatte, ohne dabei genau zu wissen, wofür sie sie verwenden sollte. Der Pomander entstand 1986, kurz vor dem Reaktorunglück in Tschernobyl, und so wird deutlich, daß er viel mit Reinigung, Klärung, aber auch Schutz in extrem verunreinigenden Situationen oder Zuständen zu tun hat. Da er das gesamte Farbspektrum enthält, sind seine Nutzungsmöglichkeiten am umfangreichsten. So wird er von Aura-Soma auch liebevoll als »Arzt im weißen Kittel« bezeichnet.

Wenn der Körper durch Reizstoffe oder Allergene überfordert ist, hilft der weiße Pomander bei dem Entgiftungsprozeß. Er eignet sich für die Reinigung der Aura, nachdem man sich beispielsweise in verrauchten Räumen aufgehalten hat oder spürt, daß negative Energien bei einem »klebengeblieben« sind. Demnach kann er auch helfen, Räume energetisch zu reinigen und zu neutralisieren. Es wirkt eher auf den ganzen Körper als auf einzelne Bereiche. Es schützt, indem er wie ein Lichtmantel um uns herumgelegt wird und uns hilft, energetische und physische Unwetter heil zu überstehen.

Hilfreiche Erfahrungen sind mit dem weißen Pomander gemacht worden

- bei offenen Wunden, die schlecht verheilen (eher auf den Verband träufeln als direkt auf die offene Wunde, letzteres geht nur bei sehr kleinen Verletzungen).
- beim Zahnarzt, um Blutungen und Schmerzen zu stillen.
- bei Herpes zoster.

- bei Insektenstichen.
- bei Tieren mit nässenden Ohrenentzündungen (vor allem Hunde und Katzen).
- zur Entgiftung während einer Fastenkur.
- bei Nasennebenhöhlen-Entzündungen.
- bei Allergien mit Reaktion der Schleimhäute (Heuschnupfen, Nahrungsmittelallergie).
- bei Reizung der Ohrläppchen durch Ohrringe.
- bei Fuß- oder Nagelbettpilz.
- um alle Chakren miteinander zu harmonisieren.
- bei der Reinigung von Kristallen, Balance-Ölen von Aura Soma oder Räumen (Entfernung von Negativ- oder Fremdenergien und Aufladung mit positiven Lichtenergien).
- um die Kraft einer klaren Aura zu spüren.

2. Der rosafarbene Pomander

Der rosafarbene Pomander öffnet uns für die Schwingung der (Selbst-)Liebe. Er hat eine beruhigende und besänftigende Wirkung, vor allem wenn die Gemüter sich zu sehr erhitzt haben. Er hilft, Spannungen und Aggressionen abzubauen, und sorgt für eine liebevollere Atmosphäre.

Der rosafarbene Pomander bringt alle Mitglieder einer Gruppe auf eine gemeinsame Wellenlänge und ist deswegen sehr gut vor Vorträgen in Seminarräumen einzusetzen. Besonders Kinder lieben diesen Pomander, wohl auch weil er sehr auf die Herzenergie wirkt und Reinheit und Bedingungslosigkeit vermittelt. Wo Lieblosigkeit herrscht, kann er Menschen wieder in Kontakt mit Gefühlen von Wärme, Zuneigung und Liebe kommen lassen. Er hilft, den eigenen weiblichen Anteil anzunehmen und als wertvolle Kraft anzuerkennen.

Hilfreiche Erfahrungen mit dem rosafarbenen Pomander sind gemacht worden:

- in Situationen, wo Mitgefühl und Liebe nötig sind.
- wenn die Stimmung aggressiv und gereizt ist.
- wenn es an Eigenliebe und Selbstakzeptanz mangelt.
- wenn es schwierig ist, das Gefühl der Liebe auszudrücken oder zu zeigen.
- um alle Beteiligten an einem Strang ziehen zu lassen.
- bei Schwierigkeiten im Bereich des Urogenitalbereichs.
- wenn das Hormonsystem in Ungleichgewicht geraten ist.
- wenn leichte Probleme im Bereich des Gehörs oder der Augen bestehen.
- zur Verstärkung der Energie von Rosenquarz.
- um das Gefühl der bedingungslosen Liebe zu erfahren.

3. Der dunkelrote Pomander

Der dunkelrote und der rote Pomander (siehe weiter unten) ähneln sich sehr in ihren Eigenschaften und unterscheiden sich hauptsächlich durch die Intensität ihrer Wirkung. So wirkt der dunkelrote Pomander in extremen Lebenslagen, in denen es in irgendeiner Form ums Ganze geht. Er hilft in Situationen, in denen man das Gefühl hat, daß ein bißchen Unterstützung nicht ausreicht, sondern umfassende Rettungsmaßnahmen nötig sind. So ist beispielsweise der rote Pomander nützlich, wenn es darum geht, sich etwas von der Umgebung abzugrenzen und nicht ganz so offen zu sein. Der dunkelrote Pomander sollte gewählt werden, wenn eine Bedrohung gefühlt wird und negative Energien die eigene Kraft erheblich zu beeinflussen und zu beeinträchtigen scheinen. Wer völlig in himmlischen Sphären schwebt und die Realität aus den Augen verloren hat, tut gut daran, sich mit dem dunkelroten Pomander auf die Erde zurückzubringen. Wer den Eindruck hat, unter negativem Fremdeinfluß zu stehen, kann mit Hilfe des Pomanders einen

Schutzwall aufbauen. Wenn die Lebenskraft fast am Ende ist, hilft dieser Pomander, die letzten Energiereserven zu mobilisieren.

Hilfreiche Erfahrungen mit dem dunkelroten Pomander sind gemacht worden:

- als Schutz in bedrohlichen Situationen.
- wenn negative Einflüsse das eigene Wohlbefinden erheblich beeinträchtigen.
- wenn »böse Geister« das Leben zur Hölle machen.
- wenn man mit schwarzmagischen Kräften in Kontakt gekommen ist und sich diesem Einfluß entziehen will.
- um nach Situationen, bei denen es wirklich um Leben und Tod ging, wieder auf die Beine zu kommen.
- um die unwillkommenen leidenschaftlichen Begierden anderer abzuwehren.
- nach starken körperlichen und seelischen Verletzungen, zum Beispiel durch Vergewaltigung, um erst einmal für Schutz zu sorgen.
- um nicht völlig abzuheben und den Boden unter den Füßen zu verlieren.
- wenn auf extreme Weise Liebe mit Sex verwechselt wird.
- bei negativen Erdenergien (zum Beispiel gekreuzte Wasseradern, schädliche Erdstrahlen).
- um Räume und Plätze von aufgestauter negativer Energie zu befreien.
- um die vorhandene Urkraft der Mutter Erde zu spüren.

4. Der rote Pomander

Der rote Pomander hat eine allgemein kräftigende und schützende Energie. Er hilft, nach der Meditation wieder im Hier und Jetzt anzukommen, und ermöglicht generell die Verbindung zu den Erdenergien. Wer nach Begegnungen mit anderen Menschen oft Erschöpfung spürt, kann unbewußt zu sehr dazu neigen, die eigene Energie abzugeben, und dabei das Gefühl haben, leer zurückzubleiben. Der rote Pomander hilft, sich abzugrenzen und das Geben und Nehmen von Energien in ein gesünderes Mittelmaß zu bringen. Wer schnell ermüdet oder bereits morgens mit einem Gefühl der Lethargie aufwacht, kann ebenfalls von dieser roten Energie profitieren. Wer sich oft unverstanden fühlt, deswegen leicht aus der Haut fährt und dann abgewiesen wird, erfährt durch den roten Pomander mehr innere Stabilität und dadurch Ruhe. Die sensiblen Antennen sind dann nicht so weit ausgefahren, und man bleibt mehr bei sich. Wer Probleme hat, den Körper unabhängig von seiner Form und Größe anzunehmen, und deswegen Schwierigkeiten im Bereich der Sexualität erlebt, erhält durch den roten Pomander eine wertvolle Unterstützung bei der Heilung alter Wunden, die bezüglich des Körpers irgendwann entstanden sind und die in ihrer hemmenden Energie noch negative Auswirkungen haben.

Hilfreiche Erfahrungen mit dem roten Pomander sind gemacht worden:

- beim Auftanken mit Kraft und Elan.
- um den Körper als Vehikel zu sehen, über das sich die Liebe ausdrückt, und nicht als eigenständige Macht.
- um Rachegefühle zu lindern, die durch verschmähte Liebe entstanden sind.
- um bei Eisenmangel die Assimilation von Eisen im Körper zu unterstützen.
- um einen trägen Kreislauf und chronisch niedrigen Blutdruck in Schwung zu bringen.
- in Situationen, die schwächend, aber nicht lebensbedrohlich sind.
- zur Stärkung der Abwehrkräfte des Körpers.
- wenn man zu sehr ins Spirituelle abgedriftet ist und mehr im Leben stehen sollte.
- um den Hormonhaushalt wieder auszugleichen.
- um die Kraft der Liebe zu spüren.

5. Der orangefarbene Pomander

Der orangefarbene Pomander ist meiner Meinung nach ein echter Lebensretter. Seine Kraft schafft vor allem bei tiefsitzenden Ängsten ein Gefühl von Sicherheit und Geborgenheit.

Wer einen Schock oder ein Trauma erlebt hat, das noch tief in den Knochen, im Gewebe und in der Aura sitzt, gerät mit seinen Energien aus dem Gleichgewicht. Das elektromagnetische Feld des Körpers wird dadurch geschwächt (laut Aura-Soma entsteht dann vor allem auf der linken Körperseite im Brustbereich eine Art energetisches Loch, aus dem die eigene Energie ständig entweichen kann, gleichzeitig aber auch Energien von außen unkontrolliert eindringen können), und solange wir nicht wieder in unsere Mitte gelangen, kommen wir über diese Erfahrung nicht hinweg. Der orangefarbene Pomander hilft auf wunderbare Weise, dieses energetische Loch wieder zu schließen. Er hilft, über traumatische Ereignisse – und mögen sie noch so weit in der Vergangenheit liegen – hinwegzukommen und wieder Freude am Leben zu spüren.

Bei Kindern, die nachts Alpträume haben oder die versehentlich ins Bett nässen, liegt der Verdacht nahe, daß die kindliche Aura zu offen ist. Etwaige Lücken im energetischen Feld des Körpers können durch den orangefarbenen Pomander wieder geschlossen werden.

Hilfreiche Erfahrungen mit dem orangefarbenen Pomander sind gemacht worden:

- wenn extreme Schwierigkeiten bestehen, die Vergangenheit loszulassen.
- um Traumata und Schocksituationen zu heilen.
- um energetische »Lecks« im elektromagnetischen Feld des Körpers zu schließen.
- bei plötzlichen Hitzewallungen (zum Beispiel im Klimakterium).

- wenn die Angst im Bauch sitzt und dieser Bereich verkrampft ist.
- um nach schwierigen Lebenslagen wieder Freude empfinden zu können.
- bei Warzen auf der Haut (ein Zeichen, das die Energien geschwächt sind und körperfremde Organismen sich heimisch machen konnten).
- bei Berührungsängsten und Problemen in Zusammenhang mit technischen Geräten und Maschinen.
- um an die eigene Quelle der Inspiration heranzukommen.
- um herzhaft lachen und sich freuen zu können.

6. Der goldene Pomander

Der goldene Pomander hilft dabei, irrationale Ängste und Phobien zu bewältigen und mehr Vertrauen in die eigene Intuition und Weisheit zu bekommen. Vor allem Menschen, die Angst haben, zu sich selbst und den eigenen Bedürfnissen zu stehen und deswegen zu »Notlügen« und Heimlichtuerei neigen, werden dabei unterstützt, an die Ursachen dieses Verhaltens zu kommen und damit die teilweise schon sehr lange bestehende Kette von Verstrickungen endlich zu unterbrechen. Wer des öfteren erlebt hat, daß er bestraft wurde, weil die kundgetane Weisheit und Erkenntnis unbequem, sensationell, neuartig, ungeheuerlich und deswegen abzulehnen war, wird immer mehr Ängste diesbezüglich entwickeln (hier sei zum Beispiel an das Wissen und die Verfolgung der Hexen erinnert). Diese Weisheit zu unterdrücken kostet viel Kraft und wird manchmal nur durch Betäubung dieser inneren Stimme erreicht. So ist der goldene Pomander hilfreich bei Suchttendenzen, die sich aus inneren Ängsten und tiefen Unsicherheiten ergeben. Er hilft dabei, sich diese Ängste bewußtzumachen, damit sie bearbeitet werden können. Die zum Teil sehr alten Muster können dann endlich erlöst werden.

Hilfreiche Erfahrungen mit dem goldenen Pomander sind gemacht worden:

- um Suchtverhalten von der Wurzel her zu bearbeiten und zu erlösen.
- um das eigene Ich ganz anzunehmen und wahrhaftig dazu zu stehen, egal wie die Umgebung darüber denken oder urteilen könnte.
- um innere Spannungen, die durch ständige unterschwellige Ängste entstehen, zu lockern.
- um destruktiven Verhaltensweisen und Denkmustern auf die Schliche zu kommen.
- bei Problemen innerhalb einer hierarchischen Gruppenstruktur (Machtthema).
- um mit der inneren Weisheit in Verbindung zu treten.
- bei schweren Depressionen, die aus Angst vor der Bewältigung des Lebens entstehen.
- wenn es Schwierigkeiten bei der Aufnahme von Nahrung gibt (zum Beispiel ständige Übelkeit und Erbrechen, chronische Durchfälle, Hungern).
- bei Nahrungsmittelallergien.
- um den Stoffwechsel positiv zu beeinflussen.
- bei Problemen im Bereich der Leber und der Gallenblase.

7. Der gelbe Pomander

Der gelbe Pomander hilft dabei, Mut und Selbstvertrauen zu entwickeln. Wer vor Prüfungen oder in Vorstellungsgesprächen erlebt, daß ein Gefühl der Verzweiflung sich festsetzt und eine völlige Verkrampfung der Energien bewirkt, kann durch diesen Pomander Unterstützung erfahren. Wer sich an Projekten festgebissen hat, die viel Konzentration und den Einsatz des Intellekts erfordern, kann irgendwann eine Art Leerlauf erleben. Die Inspiration fließt nicht mehr, die Konzentration läßt nach, und es können Zweifel auftauchen. Diese innere Zermürbung durch die geistige Überanstrengung kann sich auch körperlich bemerkbar machen, beispielsweise durch die Bauchspeicheldrüse. Wer sehr nervös ist und schnell aus der Haut fährt, dem flößt dieser Pomander mehr Zuversicht und Gelassenheit ein. Der gelbe Pomander hilft, unseren Verstand mit unseren Gefühlen in Einklang zu bringen. Wer das Licht und die Sonne braucht, um sich lebendig und gesund zu fühlen, kann mit Hilfe des gelben Pomanders in den dunkleren Tagen des Winters mehr lichte Energie in die eigene Umgebung bringen.

Hilfreiche Erfahrungen mit dem gelben Pomander sind gemacht worden:

- bei Prüfungsängsten.
- bei Konzentrationsmangel.
- bei Winterdepression.
- bei Nervosität.
- bei dem Gefühl, intellektuell ausgebrannt zu sein.
- bei angstbedingter Verkrampfung.
- bei Problemen in der Verarbeitung von Nährstoffen durch den Körper.
- wenn eine Denkblockade vorliegt.
- um nicht mehr so ängstlich zu sein.
- wenn der Körper vor Angst gelähmt ist.
- bei Asthma oder sonstigen Atembeschwerden, die durch Ängste oder Nervosität ausgelöst werden.

Achtung: Ängstliche, nervöse Menschen sollten den gelben Pomander wohldosiert anwenden, damit kein Überflutungseffekt entsteht.

8. Der olivgrüne Pomander

Der olivgrüne Pomander hilft, Zweifel und Unsicherheiten zu überwinden, die durch eine bevorstehende notwendige Lebensveränderung auftreten können. Wer nicht entscheiden kann, welcher Schritt für ihn der richtige ist, dem wird durch den olivgrünen Pomander geholfen, nach innen zu horchen und Bauch- und Herzgefühl zu einer Antwort verschmelzen zu lassen. Wenn also beispielsweise unser Herz uns sagt, wir sollten ein neues Berufsumfeld suchen, dann hilft uns unser Verstand dabei, die einzelnen notwendigen Schritte einzuleiten, und zwar ruhig und gezielt. Sind nur Herz und Emotionen beteiligt, kann es zu überstürzten und voreiligen Reaktionen kommen (zum Beispiel zur sofortigen Kündigung des jetzigen Arbeitsplatzes, noch bevor ein neuer da ist). Ist nur unser Verstand an der Sache interessiert, kann es passieren, daß wir ein Angebot aus rein wirtschaftlichen Überlegungen akzeptieren und nicht, weil wir uns durch das neue Umfeld sehr angesprochen fühlen. Der olivgrüne Pomander hilft also, beide Aspekte, Gefühl und Verstand, zusammenzubringen. Wohl deshalb wird diese Farbe mit der neuen selbstbewußten Weiblichkeit in Verbindung gebracht. Viele Frauen schaffen es heute gut, ihre weibliche Seite und ihre intellektuellen Fähigkeiten unter einen Hut zu bringen und dadurch wichtige und wertvolle Positionen innerhalb der Gesellschaft zu erlangen. Aber auch Männern hilft der Pomander, die eigene Gefühlswelt mehr nach außen hin zu leben und dadurch an dieser neuen Energie teilzuhaben.

Hilfreiche Erfahrungen mit dem olivgrünen Pomander sind gemacht worden:

- wenn es um wichtige Entscheidungen in unserem Leben geht.
- um Mut zu haben, neue Chancen zu ergreifen.
- um zu erkennen, was für unsere seelische Entwicklung

wichtig ist und wie wir es am besten in unser Leben integrieren.

- wenn Frauen versuchen, Familie und Beruf zu verbinden, und dabei das Gefühl haben, beiden Seiten nicht gerecht zu werden.
- bei Menschen, die neidisch darauf sind, was andere besitzen, tun oder erreicht haben.
- als Antiseptikum durch seine antibakterielle Wirkung.
- bei Störungen der Atemwege, vor allem bei ängstlichen, nervösen Menschen.
- um die Atmung zu vertiefen.

9. Der smaragdgrüne Pomander

Der smaragdgrüne Pomander hilft, sich auf der Gefühlsebene klar auszudrücken und zu zeigen, und er verschafft auch Zugang zur inneren Gefühlswelt. Er baut somit eine Brücke zwischen Innen und Außen. Der smaragdgrüne Pomander läßt uns Verbindung zu der Schönheit und Harmonie der Natur aufnehmen und uns an ihre Energien anschließen. In Situationen, wo uns die unendliche Weite der Natur fehlt und wir uns eingeengt und in die Ecke gedrängt fühlen, erhalten wir durch diesen Pomander mehr Raum. Er dient aber gleichzeitig auch der Abgrenzung, zum Beispiel von Patienten oder wenn Menschen über einen längeren Zeitraum dicht zusammengedrängt sind (Flugzeug). So hilft er einem Therapeuten zwischen zwei Behandlungen, wieder ganz bei sich selbst anzukommen, das Alte loszulassen und neutral und unvorbelastet auf das Neue zuzugehen. Der smaragdgrüne Pomander wirkt auf der körperlichen Ebene auf Herz und Lunge, also dort, wo es im Körper ebenfalls um Enge und Weite geht.

Hilfreiche Erfahrungen mit dem smaragdgrünen Pomander sind gemacht worden:

- um Gefühle zuzulassen und auszudrücken.
- um sich Raum zu verschaffen, wenn man sich eingeengt fühlt.
- bei einem Neuanfang im Leben.
- um nach einem hektischen Tag zur Ruhe zu kommen.
- um inneres Gleichgewicht zu erlangen.
- wenn es schwerfällt, Entscheidungen zu treffen.
- beim Eindruck, in die Enge getrieben zu werden.
- wenn es an eigenem Platz und Raum fehlt.
- als energetischer Reiniger, beispielsweise zwischen zwei Behandlungen eines Therapeuten.
- bei Beschwerden im Atmungstrakt (Bronchitis, Asthma, Heuschnupfen usw.).
- bei Herz-Kreislauf-Beschwerden.
- bei Insuffizienzen (zum Beispiel Lungenödem, Stauungen im Lymphsystem).
- bei erhöhter Anfälligkeit für Infektionen.
- um die eigene Wahrheit im Leben zu finden.

10. Der türkisfarbene Pomander

Der türkisfarbene Pomander hilft uns, aus dem Gefühl der Einsamkeit zu kommen. Wir handeln nicht mehr nur für uns allein, sondern im Sinne des Ganzen, und dienen einer höheren Ordnung. Um dies zu erreichen, müssen unsere Kommunikationsfähigkeiten gefördert werden: Möglichst viele Menschen erreichen, damit Botschaften sich schnell verbreiten, und lebendige Anteilnahme und Aufmerksamkeit gewinnen, das alles ist hierbei wichtig. Der türkisfarbene Pomander hilft, die eigene Kreativität zu fördern und ihr einen Ausdruck zu verleihen, der interessant und anziehend wirkt. Der nächste Schritt ist, ein breites Publikum zu erreichen, und auch hier unterstützt dieser Pomander, die Scheu vor den Massenmedien zu überwinden. Berührungsängste mit Computern werden abgebaut, und der Umgang mit der Kommunikationstechnologie wird gefördert. Vor allem der Kontakt von Herz zu Herz ist hier gemeint, auch wenn dazu elektronische Übertragungsmethoden eingesetzt werden. Wer Schwierigkeiten hat, in der Öffentlichkeit aufzutreten und vor Publikum zu sprechen, kann durch den türkisfarbenen Pomander Hemmschwellen abbauen. Überhaupt hilft diese Energie, Schüchternheit in bezug auf das eigene Auftreten zu überwinden. Bei aller Gemeinschaftsarbeit ist dennoch Eigenverantwortung im Fühlen und Handeln wichtig, denn es geht nicht darum, sich einer Herde anzuschließen, sondern als Vermittler der individuellen Inspiration und Kreativität einen Beitrag zum Heilsein der Erde zu leisten.

Hilfreiche Erfahrungen mit dem türkisfarbenen Pomander sind gemacht worden:

- bei Lampenfieber vor öffentlichen Auftritten.
- wenn die Quelle der inneren Inspiration versiegt.
- um den eigenen Gefühlen Ausdruck zu verleihen.
- bei Berührungsängsten hinsichtlich der neuen Technologien wie Internet usw.
- bei einer inneren Abwehrhaltung gegenüber den Massenmedien.
- wenn man nicht mehr allein oder zu zweit ist, sondern durch eine Gruppe eine andere Ebene der Kommunikation erreicht, bei der jedoch auch Gefühle ausgelebt werden (zum Beispiel das erste Kind, Großfamilie).
- um neue kreative Möglichkeiten auszuprobieren.
- in der Arbeit mit Kristallen.
- beim intuitiven Zugang zu der energetischen Ebene der Pflanzenwelt (Devas).
- bei Problemen im Bereich der Atemwege (Asthma, Bronchitis, Erkältungen).
- bei einer Immunschwäche mit erhöhter Neigung zu Infektionen.

- bei Hauterkrankungen (Berührungsängste), zum Beispiel Psoriasis.
- um sich von Herzen zu freuen und dies auf kreative Weise zu zeigen.

11. Der saphirblaue Pomander

Der saphirblaue Pomander kann als energetischer Schutzmantel betrachtet werden. Er gibt uns ein Gefühl von Geborgenheit und Sicherheit in Situationen, in denen wir Gefahr laufen, unsere Stabilität zu verlieren. Wie ein Zaubermantel, der uns vor Bösewichten schützt, geleitet uns diese blaue Energie sicher nach Hause. Vor allem sensible, empfindsame Menschen profitieren von dieser Begleitung. Wir sind alle im übertragenen Sinne »unterwegs« auf einer Lebensreise und geraten immer wieder in Situationen, die uns betroffen machen. Der saphirblaue Pomander läßt das Gefühl der Panik und Ohnmacht zugunsten einer ruhigeren inneren Haltung weichen. Wenn wir nicht mehr so kopflos sind und klarer und ruhiger denken können, sind wir auch in der Lage, unsere innere Stimme zu vernehmen, die uns dann auf unserem Weg weiterhilft. Es ist diese Stimme, der wir höchste Beachtung schenken müssen, denn sie kennt unser Ziel und weiß, wie wir am besten dorthin gelangen. Dieser Pomander hilft außerdem sicherzustellen, daß wir tatsächlich unsere eigene innere Stimme wahrnehmen und nicht äußeren Einflüssen erliegen. Wir können dann echte innere Klärungsarbeit leisten. So werden uns dann vielleicht Momente großer Inspiration geschenkt. Wer unter einem starken Leidensdruck steht, ob körperlich oder psychisch, erlebt ein Gefühl von Loslassen und Frieden. Diese saphirblaue Essenz hilft bei den Übergängen der wiederkehrenden Zyklen von Tod-Leben-Geburt.

Hilfreiche Erfahrungen mit dem saphirblauen Pomander sind gemacht worden:

- bei Schwierigkeiten mit einem Rollentausch (zum Beispiel er betreut als Hausmann die Kinder, sie macht Karriere).
- bei überkritischem Verhalten sich selbst und anderen gegenüber.
- bei schwerkranken Menschen.
- in der Sterbebegleitung.
- von Hebammen bei der Begleitung von Schwangerschaft und Geburt.
- von alleinerziehenden Vätern.
- wenn der Hals durch ständige Infektionen und Entzündungen sich als Schwachstelle des Körpers erweist.
- bei Beschwerden im Kehlkopfbereich.
- bei Schluckbeschwerden ohne erkennbare Ursache.
- bei einer allgemeinen Immunschwäche.
- wenn in schwierigen Situationen ein Bedürfnis nach Schutz und Geborgenheit besteht.
- um mit unserer inneren Stimme (dem höheren Selbst) in Kontakt zu kommen und dieser Quelle zu vertrauen.

Achtung: Wenn Sie in homöopathischer Behandlung sind, fragen Sie bitte Ihren Therapeuten/Ihre Therapeutin, ob er oder sie keine Einwände gegen die Benutzung des Pomanders hat, da Pfefferminzessenz enthalten ist.

12. Der königsblaue Pomander

Der königsblaue Pomander öffnet den Zugang zu der spirituellen Welt, in der wir vom Wesenskern her eigentlich zu Hause sind. Wir werden empfänglich für die Kommunikation, die der reinen und bedingungslosen Liebe entspringt. Sensitive Menschen können auf sanfte und sichere Weise erleben, wie sich ihre Wahrnehmung steigert und sie hellsichtige, hellhörige oder telepathische Fähigkeiten entwickeln. Wer in einer »normalen« Umgebung lebt, kann Probleme haben, diese Sensitivität in die Alltagsrealität zu integrieren. Das Gefühl, mit niemandem darüber sprechen zu können, weil das Erlebte einfach zu fremdartig ist, kann große innere Not schaffen. Anders zu sein als andere und damit ausgegrenzt zu sein erzeugt eine innere Einsamkeit. Ähnlich geht es Menschen, die extrem schwierige Lebenssituationen bewältigen müssen und sich depressiv fühlen, weil sie meinen, daß sie auf dieser Welt ganz allein sind. Der königsblaue Pomander hilft, diese Einsamkeit zu überwinden und aus der Isolation zu kommen. Das Potential zur Wandlung ist jetzt sehr groß, denn Menschen, die es geschafft haben, vom Tiefpunkt wieder emporzusteigen, werden oft zum Vorbild für andere.

Es ist der Pomander, der in Zeiten der Transformation eine große Hilfe ist. Nachdem das Bewußtsein im Körper fest verankert war, zog es Suchende oft in die Gegenrichtung, also in die himmlischen Sphären. Sie verließen das Gruppengeschehen und gingen allein auf die Reise. Doch dann gilt es in der dritten Phase, wieder zurückzukehren, und zwar in die Mitte des Geschehens. Sowohl Körper als auch Seele sollen nun miteinander und füreinander im Sinne der göttlichen Führung wirken. Beide Aspekte werden relativiert und ins Sein integriert.

Hilfreiche Erfahrungen mit dem königsblauen Pomander sind gemacht worden:

- als Schutz, wenn sich Hellsichtigkeit, Hellhörigkeit oder die Telepathie verstärken, und um sicherzustellen, daß der richtige Kanal gewählt wird und der Sender auch lichte Absichten hat.
- um Inspiration jenseits von Raum und Zeit zu erhalten.
- um beim Sprechen in der Öffentlichkeit die Energie fließen zu lassen und die richtigen Wort zu finden.
- um wieder Anschluß ans Leben zu finden.
- um traurige Erlebnisse auf friedliche Weise abzuschließen.
- bei der Neigung zur Introvertiertheit.

- wenn man etwas weiß und es nicht weitergibt.
- um das Gefühl zu vermitteln: Da ist eine Quelle, aus der ich Schutz und Hilfe erfahre. Ich bin nicht allein.
- bei chronischen Beschwerden im Hals-, Nasen- und Ohrenbereich.

Achtung: Wenn Sie in homöopathischer Behandlung sind, fragen Sie bitte Ihren Therapeuten/Ihre Therapeutin, ob er/sie keine Einwände gegen die Benutzung des Pomanders hat, da Pfefferminzessenz enthalten ist.

13. Der violette Pomander

Der violette Pomander hilft, Verbindung mit unseren höchsten Seelenaspekten aufzunehmen und über Meditation oder Entspannungstechniken Zugang zu unserem innersten göttlichen Kern zu bekommen. Wir stehen mit beiden Beinen fest auf der Erde und können dennoch bis in den Himmel wachsen, ohne den Halt zu verlieren. Hier finden wir die Antworten auf unsere Fragen, erfahren wir die nächsten Schritte, die in unserem irdischen Dasein relevant sind, erhalten wir Liebe und den Mut, diese Schritte zu gehen. Wer zuviel denkt und nicht genug handelt, erhält durch den violetten Pomander einen sanften Schubs in die richtige Richtung. Wer einen Moment lang eine Oase der Ruhe und Entspannung aufsuchen will, um dann gestärkt und mit neuer Energie wieder aktiv in den Alltag zu gehen, wird in diesem Pomander einen guten Freund finden. Ebenso diejenigen unter uns, die viele gute Ideen und eigentlich eine Menge Energie haben, aber sich durch Lethargie und Trägheit aus der Verantwortung ziehen. Dieser Pomander unterstützt uns dabei, in einer aktiven Welt Momente der Muße zu finden und umgekehrt in einer passiven, stillen Umgebung trotzdem aktiv zu bleiben. So hilft er sowohl am Anfang des Lebens als auch am Ende – das heißt in der Kindheit und im höheren Alter –, nicht zu sehr einem Pol zu verfallen, sondern möglichst ein Gleichgewicht zu erreichen. Er hilft jedem, der erschütternde Erlebnisse noch nicht verarbeitet hat, loszulassen und neue, leichtere Energien hereinzubringen.

Hilfreiche Erfahrungen mit dem violetten Pomander sind gemacht worden:

- in allen hektischen Situationen , um zu beruhigen.
- vor einer Meditation, um in einen tieferen meditativen Zustand zu kommen.
- wenn das Gedankenkarussell im Kopf nicht aufhören will.
- um tiefe Trauer und Erschütterungen im Leben zu verarbeiten und in Lebensweisheit umzuwandeln.
- um Heilungsprozesse des Körpers und der Psyche zu unterstützen.
- bei der unterstützenden Begleitung einer Krebsbehandlung.
- bei spannungsbedingten Kopfschmerzen und Migräneanfällen.
- bei Beschwerden mit den Augen oder mit den Ohren.
- um beide Gehirnhälften auszubalancieren.

14. Der tiefmagentafarbene Pomander

Der tiefmagentafarbene Pomander wirkt auf den gesamten Körper und kann, je nach Situation und Notwendigkeit, sowohl belebend als auch beruhigend sein. Vor allem für Menschen, die dazu neigen, sehr viel von ihrer Energie und Zeit anderen zu widmen, ist dieser Pomander ein großer Kraftspender. Einzelne Energiezentren, die überarbeitet sind, werden regeneriert. Dieser Pomander unterstützt Menschen, die als »Retter« tätig sind (das kann im Bereich Polizei, Feuerwehr, Krankenhaus, Seelsorge o. ä. sein). Er hilft, akute Notfälle aller Art energetisch und körperlich zu verarbeiten und zu überwinden. Der tiefmagentafarbene Pomander ermöglicht, in einen Zustand der inneren Leere und Stille während der Meditation zu kommen, der jenseits eigener Visionen oder Wunschvorstellungen liegt: »Dein Wille geschehe auf Erden wie im Himmel.« Menschen, die in einer dunklen, depressiven Phase stecken, hilft dieser Pomander, sich hier wieder herauszuarbeiten. Ähnlich einer Raupe, die in ihrem Kokon in der dunklen Erde vergraben ist und nun den Impuls erhält, sich ans Tageslicht zu bewegen, um sich eines neuen Daseins als Schmetterling zu erfreuen.

Der Pomander ist auch hilfreich, wenn wir am Detail kleben und den übergeordneten Sinn aus den Augen verloren haben.

Hilfreiche Erfahrungen mit dem tiefmagentafarbenen Pomander sind gemacht worden:

- in Notfallsituationen – sowohl für Betroffene als auch für Helfer.
- um bei großer Trauer wieder ins Leben zurückzufinden.
- um die Energiefelder, die »verstopft« sind, zu reinigen und neu zu beleben.
- wenn wir unsere ganze Liebe weitergeben, damit wir auch spüren, daß wir Liebe »von oben« erhalten.
- bei Problemen im Bereich des Gehirns, zum Beispiel bei Epilepsie.
- wenn wir Schwierigkeiten haben, unser irdisches Dasein mit unserem spirituellen Selbst zu verbinden (zum Beispiel bei gespaltener Persönlichkeit oder Schizophrenie).
- bei hoher Begabung, die sich nach außen hin anders darstellt (zum Beispiel bei einer Leseschwäche).
- zur Ausbalancierung beider Gehirnhälften.
- bei der Arbeit mit Meridianen und Energiepunkten (zum Beispiel Akupunktur, Reflexzonentherapie, Shiatsu), der Pomander hilft, nach der Behandlung die jeweils bearbeitenden Endpunkte energetisch zu schließen (ein oder zwei Tropfen auf die Punkte tun).
- um sich mit dem gesamten Spektrum des Daseins zu verbinden.

Aura-Soma und die Engelkräfte

Innerhalb von einem Jahr sind bei Aura-Soma vier neue Farbkombinationen entstanden: die Balance-Flaschen 94 bis 97. Sie wurden nach den vier Erzengeln Michael, Gabriel, Raphael und Uriel benannt. Die Reihenfolge ihres Erscheinens spielt eine wichtige Rolle und kann als Botschaft verstanden werden.

Der Lebensbaum ist das Hauptsymbol der Kabbala, einem uralten Weisheitssystem, und stellt die Kräfte dar, die in uns und im gesamten Universum miteinander und gegeneinander wirken. Sehr vereinfacht ausgedrückt, symbolisiert die Krone des Lebensbaums das Himmelreich und die Wurzeln die Erde. Dazwischen liegen, quasi den Stamm entlang, verschiedene Pfade, die wir auf unserem Weg vom Himmel auf die Erde und zurück beschreiten.

Erzengel Michael wird der Krone zugeordnet, er ist auch als erster in den Balance-Ölen (Balance Nr. 94, Hellblau über Hellgelb) erschienen. Auf dem Weg nach unten folgen dann Erzengel Gabriel (Balance Nr. 95, Magenta über Gold) sowie Erzengel Raphael (Balance Nr. 96, Königsblau über Königsblau). Als letzter erscheint Erzengel Uriel (Balance Nr. 97, Gold über Königsblau), der im Lebensbaum seine Zuordnung ganz unten im Malkuth findet, der Erde. Wir erkennen also einen Abstieg der vier Erzengelkräfte vom Himmel auf die Erde.

Damit will ich nicht auf eine besondere Wirkungskraft dieser neueren Balance-Flaschen hinweisen, sondern es sei daran erinnert, daß wir die Unterstützung der Engel in unserem Leben aktiv suchen sollten. Nachdem die Engel sich in den letzten Jahren großer Nachfrage erfreut haben, hat dieser Trend heute ein wenig nachgelassen. Zu schnell lassen wir uns von unseren Sinnen verführen und erleben dann eine Übersättigung. Es wird daraufhin ein neuer Impuls und Reiz gesucht. Doch wer sich auf die spirituelle Reise macht, muß Beharrlichkeit und Ausdauer zeigen.

So wie die Farbkombinationen von Aura-Soma Vermittler sind, durch die wir unser inneres Licht nach außen hin sichtbar machen können, so sind die Engel ebenfalls Vermittler zwischen Gott und unserem Leben als Menschen auf Erden – ähnlich den Meistern. Es geht hier nicht darum, irgendwelche magischen Kräfte von außen zu erhalten, sondern die eigenen, ganz konkret vorhandenen inneren Energien zu entfalten. Wir tragen unbegrenzte schöpferische und liebende Energien in uns, wir nutzen sie nur viel zu selten und begrenzen uns durch unseren Körper und unser Verhalten.

Sich der eigenen Kraft mit Hilfe der durch Aura-Soma unterstützten Innenschau gewahr zu werden führt uns zu unserem eigenen wunderbaren Potential. Es ist eine heilige Kommunikation mit uns selbst. Auch die Kommunikation mit den Engeln bedeutet eine Verbindung mit den höheren Aspekten unseres Daseins und kann von großer Hilfe für unsere Entwicklung sein.

Wenn die Erzengel sich über Aura-Soma bemerkbar machen, dann geschieht dies meines Erachtens, um uns zu diesem Zeitpunkt daran zu erinnern, daß wir achtsam bleiben und unseren Weg in Liebe weitergehen. Wir sollten uns auf die Unterstützung besinnen, die wir aus den höheren geistigen Dimensionen empfangen, wenn wir uns nur für sie öffnen.

Ausblick

Die Farben und die Energien, die in dem Heilungssystem von Aura-Soma vorhanden sind, helfen Ihnen dabei, mit Liebe das eigene Leben zu bewundern. Machen Sie sich bewußt, daß Sie einzigartig und unersetzbar sind, daß Sie das Licht sind. Diese innere lichtvolle Quelle im Leben sprudeln zu lassen, trotz Leid, Schmerzen und Dunkelheit, die ebenfalls zu unserer Erfahrung gehören, ist deshalb wichtig, weil Sie damit nicht nur selbst einen gewaltigen Entwicklungsschritt tun, sondern auch anderen bei der gleichen Tat helfen. Einer steht dem anderen bei. Alle für einen, einer für alle. Es ist so wichtig, den Glauben an uns selbst zu finden, zu bewahren und auszustrahlen.

Sie haben mit den Balance-Ölen, den Quintessenzen, und den Pomandern von Aura-Soma eine einzigartige Möglichkeit, an Hilfe und Selbsterkenntnis zu gelangen. Sie holen das ans Tageslicht, was als Potential in Ihnen steckt. Sie zeigen über den Weg der Farben, wer Sie sind.

Als Menschen haben wir alle das gleiche Bedürfnis: Wir sehnen uns nach der Liebe, wir sehnen uns nach Erfüllung, wir wollen ein Leben mit Sinn führen, etwas von Wert hinterlassen. Die Farben geben uns einen Schlüssel in die Hand, wie wir unserer Bestimmung folgen und das Wunder des Lebens erfahren – wie wir die Liebe in unser Leben holen.

Anhang

Farbtabelle

Farbe	Bedeutung
Rot	**1. Chakra** (Basischakra = am Ende des Steißbeins). Hat Einfluß auf Wirbelsäule, Knochen, Blut, Darm, Nebennieren. Gibt Energie, Bewußtsein, erdet und ist ein Symbol der leidenschaftlichen Liebe. Hilft u. a. bei Wut, Enttäuschung, Aggressionen, Erschöpfung.
Rosa	**1. Chakra** (Basischakra) und **4. Chakra** (Herzchakra). Hat Einfluß auf das Hormonsystem und die Geschlechtsorgane. Hilft, bedingungslos zu lieben, die eigenen weiblichen Anteile zu akzeptieren, Mitgefühl und Fürsorge zu empfinden sowie sich für Nähe und Liebe zu öffnen.
Koralle	**2. Chakra** (Sakralchakra = oberhalb der Schamhaargrenze). **3. Chakra** (Solarplexuschakra = 3 cm oberhalb des Bauchnabels) und **4. Chakra** (Herzchakra). Hat Einfluß auf die Ausscheidungsorgane (Blase, Niere, Darm, Haut) sowie auf die Geschlechtsorgane und das Hormonsystem. Hilft, sich selbst zu lieben, bei der Bewußtseinserweiterung, bei der Heilung tiefer seelischer Verletzungen.
Orange	**2. Chakra** (Sakralchakra). Hat Einfluß auf Fortpflanzungsorgane (Eierstöcke, Prostata,

	Hoden), Nieren, Milz, Verdauung, Keimdrüsen. Hilft, traumatische Ereignisse zu überwinden, die Vergangenheit loszulassen. Bringt Bewußtseinserweiterung, Glückseligkeit, Einsicht.
Gold	**2. Chakra** (Sakralchakra) und **3. Chakra** (Solarplexuschakra). Hat Einfluß auf Nerven, Darm, Haut. Hilft, Zugang zur inneren Weisheit zu finden und sich glücklich zu fühlen sowie tiefsitzende Ängste und Frustrationen loszulassen.
Gelb	**3. Chakra** (Solarplexuschakra). Hat Einfluß auf Leber, Magen, Galle, Bauchspeicheldrüse, das vegetative Nervensystem. Hilft, Zuversicht und Selbstvertrauen aufzubauen, nervöse Verspannungen aufzulösen sowie mehr Klarheit für den eigenen Weg zu erlangen.
Olivgrün	**3. Chakra** (Solarplexuschakra) und **4. Chakra** (Herzchakra). Hat Einfluß auf Gallenblase, Dickdarm, Lungen. Hilft, Verbitterung über vergangene Ungerechtigkeiten zu überwinden; hilft Frauen, ihre Führungsqualitäten zu entfalten.
Grün	**4. Chakra** (Herzchakra). Hat Einfluß auf Herz, Lunge, Kreislauf, Haut, Hände sowie die Thymusdrüse. Hilft, entzündliche Prozesse zu hemmen, bringt Gleichgewicht und hilft, Entscheidungen zu treffen. Hilfreich bei Engegefühlen (z. B. Klaustrophobie), bei der Wahrheitssuche und bei emotionalen Problemen.
Türkis	**Ananda-Khanda-Zentrum** (= zwischen Herz und Hals auf der rechten Seite). Hat Einfluß auf Herz, Kehle, Thymusdrüse, Lungen, Kreislauf. Hilft, mit den eigenen Gefühlen in Kontakt zu kommen und diese auf kreative Weise auszudrücken; hilft Ängste vor öffentlichen Auftritten zu überwinden sowie die Verbindung zu der Mineralwelt aufzunehmen (z. B. Kristallarbeit).

Blau	**5. Chakra** (Halschakra). Hat Einfluß auf Stimme, Kehle, Bronchien, Lunge, Schilddrüse, Nebenschilddrüse. Hilft, innerlich zur Ruhe zu kommen, Gefühle der Einsamkeit und Unzufriedenheit zu überwinden sowie die Wahrnehmungsfähigkeit zu erhöhen.
Königsblau	**6. Chakra** (Stirnchakra oder Drittes Auge = zwischen den Augenbrauen über der Nasenwurzel). Hat Einfluß auf Nase, Ohren, Augen, Gesicht, Kleinhirn, Hirnanhangsdrüse. Hilft, sensitive Fähigkeiten zu entwickeln (Hellsichtigkeit usw.) sowie bei Depressionen und Konzentrationsmangel.
Violett	**7. Chakra** (Kronenchakra = in der Mitte des Scheitels). Hat Einfluß auf Schädel, Großhirn, Zirbeldrüse. Hilft bei Heilungsprozessen – sowohl körperlich als auch spirituell – und in Zeiten der Transformation.
Magenta	**8. Chakra** (im Ätherleib über dem 7. Chakra). Hat Einfluß auf das Hormonsystem und die Geschlechtsorgane und wirkt sich positiv auf den ganzen Körper aus. Hilft, mehr Mitgefühl zu entwickeln, öffnet für die göttliche Liebe und dafür, mehr Sorgfalt für die kleinen alltäglichen Dinge aufzuwenden.
Klar/Weiß	Spricht **alle Chakren** an, weil es alle Farben enthält, und wirkt somit auch auf den ganzen Körper. Hilft bei entgiftenden und reinigenden Prozessen – sowohl spirituell, emotional, mental als auch körperlich.

Bezugsquellen

Die aufgeführten Produkte können unter den nachfolgenden Adressen bestellt werden:

Aura-Soma Austria
Hanni Reichlin-Meldegg
Silbergasse 45/1
A-1190 Wien
Telefon: 01 / 3 68 87 87
Telefax: 01 / 26 88 78 74

Chrüter-Drogerie Egger
Renate und Jörg Egger
Unterstadt 28
CH-8200 Schaffhausen
Telefon: 052 / 6 24 50 30
Telefax: 052 / 6 24 64 57

Literatur

Amber, Reuben: Color Therapy. Aurora Press, Santa Fe 1983.

Andrews, Ted: How to Heal with Color. Llewellyn Publications, St. Paul, 2. Aufl. 1993.

Biesinger, Albert/Braun, Gerhard: Gott in Farben sehen. Kösel, München 1995.

Birren, Faber: Color Psychology and Color Therapy. Citadel Press, Secaucus 1992.

Birren, Faber: The Symbolism of Color. Citadel Press, Secaucus 1989.

Birren, Faber: Color – A Survey in Words and Pictures, Citadel Press, Secaucus 1963.

Brusatin, Manlio: A History of Colors. Shambhala, Boston/London 1991.

Dalichow, Irene/Booth, Mike: Aura-Soma – Heilung durch Farbe, Pflanzen- und Edelsteinenergie. Knaur, München, 4. Aufl. 1995.

Dalichow, Irene/Booth, Mike: Das Aura-Soma-Praxisbuch. Goldmann, München 1995.

Dethlefsen, Thorwald/Dahlke, Rüdiger: Krankheit als Weg. Goldmann, München 1990.

Gimbel, Theo: Forum, Sound, Colour, and Healing. C.W. Daniel, Saffron Walden 1990.

Gimbel, Theo: Healing Through Colour. C.W. Daniel, Saffron Walden 1991.

Gimbel, Theo: The Book of Colour Healing. Gaia Books, London 1994.

Gimbel, Theo: The Colour Therapy Workbook. Element Book, Longmead 1993.

Muths, Christa: Farbtherapie. Mit Farben heilen – der sanfte Weg zur Gesundheit. Heyne, München 4. Aufl. 1991.

Riedel, Ingrid: Farben – in Religion, Gesellschaft, Kunst und Psychotherapie. Kreuz, Stuttgart 1983.

Wall, Vicky: Aura Soma. Das Wunder der Farbheilung und die Geschichte eines Lebens. Edition Sternenprinz, Freiburg 1998.

Wilson Annie/Lilla Bek: Farbtherapie – Der sanfte Weg zur Heilung. Scherz, Bern/München/Wien, 5. Aufl. 1989.

Danksagung

Ich möchte mich ganz herzlich bei Iris Rebilas und Constanze Sträter für die freundliche Unterstützung bedanken.

Ebenfalls bedanken möchte ich mich bei Olivia Baerend, meiner Lektorin beim Goldmann Verlag, die mir mit Rat und Tat während der Entstehung dieses Buches zur Seite stand, sowie bei Christine Schrödl, meiner Redakteurin, die mir eine wunderbare Hilfe gewesen ist.

Danke auch allen anderen Menschen, die mir während meiner Arbeit mit Aura-Soma begegnet sind und mich in meinem Lernprozeß liebevoll begleitet haben.

Und last but not least möchte ich meinem Schutzengel für seine geduldige und bedingungslose Begleitung danken.